현장 중심

산업(건설)안전과 중대재해
전략적 대응

저자   조성주

이승현

감수   길기관

산업안전보건법

중대재해 처벌 등에 관한 법률

환경과 질병

한국건설안전경영연구소

현장 중심

산업(건설)안전과 중대재해
전략적 대응

저자 조성주
     이승현
감수 길기관

산업안전보건법
중대재해처벌 등에 관한 법률
환경과 질병

생각나눔

한국건설안전경영연구소

항상 어려운 노동환경의 여건 속에서 묵묵히 봉직하고 있는 산업현장 여러분들의 노고에 경의를 표합니다.

경제사회의 성장과 변화는 산업 구조의 다양화를 가져왔고, 삶의 가치가 사람 중심의 가치로 바뀌면서 산업안전의 개념도 사람 중심의 공익성이 강조되는 가운데 산업재해에 대한 사회적 관심이 한층 높아지고 있습니다.

이러한 변화 속에서 산업재해를 줄이기 위해 정부는 중대재해처벌법 등 각종 제도를 마련하여 시행하고 있고, 기업은 재해 예방에 기술과 비용을 투자하고 있지만, 고용노동부 산재 발생 현황에 따르면 재해는 줄지 않고 오히려 대형화 다양화하고 있어 이를 둘러싼 이런저런 문제들로 일선에 있는 여러분들의 고충이 매우 심하리라 생각합니다.

산업안전보건법은 사업주가 산업현장에서 발생할 수 있는 유해·위험 방지를 위한 안전·보건상의 필요한 조치사항을 규정하여 사업주로 하여금 지키게 함으로써 재해를 예방하고, 이를 위반하였을 경우 소위 '중대재해처벌 등에 관한 법률', '산업안전보건법' 위반의 죄가 성립되는데, 이때 형사소송법의 절차가 진행됩니다.

필자는 여러분들이 산업현장에서 평소 안전관리는 물론, 사고가 발생했을 때, 실무적으로 효과적인 재해관리로 건전한 직장생활과 기업활동을 영위하는 데 조금이나마 도움이 되고자 필자가 직접 경험한 현장 중심의 실무 경험과 함께 법규와 판례를 연계하면서 『산업(건설)안전과 중대재해 전략적 대응』이라는 제목으로 본 책자를 마련하였습니다.

특히, 중대재해 발생 시 산업안전 등 관련법의 이해, 그리고 치밀한 사고원인분석으로 대처 능력을 높여 중대재해 발생 시 필연적으로 겪을 수밖에 없는 수사와 관련하여 산업현장의 안전·관리책임자와 경영 책임자에게 향후 진행될 수사 방향을 예측하고, 이에 전략적으로 대응할 수 있는 방향을 제시하고자 함에 역점을 두었습니다.

책자의 내용에는 필자의 개인적인 의견이 일부 포함되어 있으며, 이는 행정청의 공식 견해와는 무관하고, 사례에 수록된 중대재해에 대한 사고의 원인 분석은 현장을 중심으로 한 사실 관계에 근거한 원인 분석으로, 어디까지나 필자의 사견임을 일러두며, 본 책자가 산업 현장에서 재해를 직접 관리하는 여러분들에게 조금이나마 보탬이 되기를 바랍니다.

2025. 3.

조성주, 이승현

추천의 글

'건설의 기본은 안전, 안전이 곧 경쟁력입니다.'

건설업은 다양한 산업군과 현장에서 중요한 역할을 담당하며, 안전이야말로 성공의 기반이 됩니다. 이 책은 「중대재해처벌법」과 「산업안전보건법」의 핵심을 명확히 짚어내고, 건설업계가 직면한 법적·실무적 과제를 해결할 수 있는 전략적 방향을 제시합니다. 건설업 관계자들이 더욱 안전한 환경에서 지속 가능한 성장을 이루는 데 이 책이 큰 도움이 되리라 확신합니다.

대한전문건설협회 회장 윤학수

'현장의 안전이 대한민국 건설의 미래를 지킵니다.'

국내 건설산업은 지속적인 성장과 함께, 안전을 최우선 가치로 삼아야 할 중요한 과제에 직면해 있습니다. 이 책은 「중대재해처벌법」과 「산업안전보건법」의 적용과 실무적 대응 방안을 명확하게 제시하여, 건설업계 종사자들이 안전한 현장을 조성하는 데 실질적인 도움을 줄 것입니다. 건설산업의 발전과 안전문화 정착을 위한 필독서로 적극 추천합니다.

대한건설협회 경기도회 회장 황근순

'기술의 발전은 안전에서 시작됩니다.'

첨단 기술이 적용되는 현대 산업 환경에서 안전은 선택이 아니라 필수입니다. 이 책은 「중대재해처벌법」과 「산업안전보건법」의 핵심 내용을 기술적 관점에서 분석하고, 산업 현장에서 효과적으로 적용할 수 있는 예방 및 대응 전략을 제시합니다. 기술인의 사명은 안전한 사회를 구현하는 데 있으며, 이 책이 대한민국 기술인들에게 산업 안전에 대한 필수 지침서가 될 것이라 확신합니다.

한국기술사회 회장   장덕배

'중대재해를 넘어 안전문화를 향해!'

건설업계는 항상 높은 위험성과 맞서야 하는 특수한 환경 속에 있습니다. 이 책은 「중대재해처벌법」과 「산업안전보건법」의 핵심을 짚어주고, 실제 사례를 통해 실효성 있는 안전관리 방안을 제시합니다. 건설 안전의 실질적 개선과 재해 예방을 위한 현장의 교과서로 이 책을 적극 추천합니다.

(사)한국건설인진흥협회 회장   한정보

'안전은 시공의 시작이자 완성입니다.'

산업재해를 예방하기 위해서는 기술적 전문성과 더불어 철저한 안전관리 체계가 필수적입니다. 건축시공 현장에서 반드시 알아야 할 법적·실무적 지식을 제공하며, 중대재해 예방을 위한 전략적 지침을 제시하는 이 책이 건설기술인 여러분께 현장의 안전과 품질을 한 단계 끌어올리는 데 귀중한 길잡이가 될 것입니다.

(사)한국건축시공기술사협회 회장 이영출

'현장의 기술이 빛나려면 안전이 그 기반이 되어야 합니다.'

산업현장은 끊임없이 변화하며, 기술이 발전할수록 안전의 중요성은 더욱 커지고 있습니다. 기술인들이 실무에서 직면하는 산업안전과 법적 문제들을 해결할 수 있도록 단순한 법 해설을 넘어, 현실적인 대응 전략과 사고 예방을 위한 통찰을 제공하는 이 책은, 모든 산업 기술인이 반드시 읽어야 할 필독서라 확신합니다.

(사)대한산업현장기술협회 회장 손우화

'법적 리스크에서 안전으로.'

　「중대재해처벌법」시행 이후, 산업계는 복잡한 법적 의무와 형사 책임의 경계에서 많은 도전에 직면해 있습니다. 이 책은 현장과 실무의 관점에서 중대재해의 법적, 실무적 대응 전략을 명쾌히 풀어내고 있습니다. 법과 현장을 잇는 다리 역할을 하는 이 책이 산업계 관계자들에게 든든한 동반자가 되길 기대합니다.

　(사)한국건설법무학회 회장　박상열

목 차

제3편_ 중대재해와 수사 실무 • 175

제4편_ 중대재해 원인분석과 전략적 대응 • 223

제1편

산업안전보건법

1. 목적

산업사회의 발달에 따른 산업 구조의 변화로 날이 갈수록 위험 요소도 복잡·다양화하고 있고, 이에 대응키 위한 각종 규범과 제도도 복잡화되고 있다.

산업안전보건법(이하 '법'이라 함) 제1조에서 "이 법은 산업안전보건에 관한 기준을 확립하고, 그 책임의 소재를 명확하게 하여 산업재해를 예방하고 쾌적한 작업환경을 조성함으로써 노무를 제공하는 자의 안전 및 보건을 유지·증진함을 목적으로 한다."라고 정의하고 있다.

이때 '산업안전기준'은 법 제38조 제4항에서 고용노동부령에 위임하고 있는 '산업안전 기준에 관한 규칙'을 말하고, 책임의 소재를 명확히 한다 함은 기준을 지켜야 할 책임과 의무가 있는 자가 그 기준을 지켰는지의 책임소재를 명확히 하는 것으로써 근로자의 의무는 법 제6조와 법 제40조에서 규정하고 있고, 나머지는 모두 사업주에게 의무를 넓고 두텁게 부과하고 있다.

법 제6조에서 근로자는 이 법과 이 법에 의한 명령에서 정하는 산업재해예방을 위한 기준을 지켜야 하며, 사업주 또는 근로기준법 제101조에 따른 근로감독관 및 공단 등 관계인이 실시하는 산업재해에 관한 조치에 따라야 하는 의무를 부과하고 있고, 법 제40조에서 근로자는 제38조(안전 조치) 및 제39조(보건조치)의 규정에 의하여 사업주가 한 조치로서 고용노동부령이 정하는 조치사항을 지키도록 의무화하고 있다.

특히, 2020. 1. 16.부터 시행되고 있는 개정법에서는 사업주의 의무에 특수형태 근로종사자로부터 노무를 제공받는 자와 물건의 수거·배달 등을 중개하는 자를 포함하였고(법 5조 제1항), ① 기계 기구와 그 밖의 설비를 설계·제조 또는 수입한 자, ② 원재료 등을 제조·수입하는 자, ③ 건설물을 발주 설계하는 자에게도 이 법과 명령으로 정하는 기준을 지켜야 하고, 이러한 산업 활동으로 인하여 발생하는 산업재해를 방지하기 위하여 필요한 조치를 하도록 의무를 구체화하는 한편, 고객의 폭언 등으로 인한 근로자의 건강장해 예방조치의무를 강화하였다.

2. 사업주 및 근로자의 개념

(1) 사업주와 사용자의 구분

산업안전보건법에서 사업주라 함은 "근로자를 사용하여 사업을 하는 자"를 말하고, 근로기준법에서 사용자라 함은 "사업주 또는 사업 경영담당자 그 밖에 근로자에 관한 사항에 대하여 사업주를 위하여 행위 하는 자"로 규정하고 있다.

* 중대재해처벌법의 사업주(법 제2조 제8호): 자신이 사업을 영위하는 자, 타인의 노무를 제공받아 사업을 하는 자

여기서 경영 담당자라 함은 사업 경영 일반에 대하여 권한과 책임을 지는 자로서 사업주로부터 사업 경영의 전부 또는 일부에 대하여 포괄적인 위임을 받고 대외적으로 사업을 대표하거나 대리하는 자를 말한다.

이와 같이 산안법에서는 '사용자'가 아닌 '사업주'로 하고 있고, 이때 사업주는 법인의 경우에는 법인 자체를 의미하고 개인인 경우 개인 대표자를 의미한다.

- 법인에서 전무, 상무, 이사 등은 명칭 여하에 불구하고, 사업 경영 일반에 대하여 사업주로부터 사업의 일부에 대하여 포괄적으로 위임을 받고 경영에 참가한다면 사용자라 하겠음.
- 현장소장은 사업의 일부를 포괄적으로 위임받았다고 하기보다는 현장에 대한 관리, 즉, 직무수행 권한의 일부를 제한적으로 위임받았다고 봄이 타당하고, 그렇다면 산안법상으로는 근로자로서 행위자에 해당한다고 보아야 함.

따라서 '사업주'란 어떤 사업에서의 경영주체로서 경영상의 손익계산이 귀속하는 자를 가리키는 것이므로 법인의 경우 법인 그 자체가 사업주이고, 그 회사의 대표이사는 법인을 대표할 뿐, 법상의 사업주라고 볼 수 없으므로 건설 현장에서 직접 근로자들을 지휘, 감독하지 않았다면 처벌할 수 없다. (대법원 1994. 5. 24. 선고 94도660 / 의정부지법 2005. 3. 31. 선고 2004노1726 참조)

수차의 도급에 의해 사업이 행하여지는 건설 현장의 경우 일반적으로 원수급인, 하수급인,

재하수급인으로 각각 사업주가 혼재하고, 법인 또는 개인사업주로부터 권한을 위임받아 그 사업주를 대리하여 행위 하는 자도 혼재함으로 입건할 경우 피의자는 다수가 될 수밖에 없다.

(2) 근로자의 판단 기준

근로기준법에서 근로자라 함은 "직업의 종류와 관계없이 임금을 목적으로 사업이나 사업장에 근로를 제공하는 자."라고 규정하고 있다. (근로기준법 제2조 제1항 제1호) 근로자인지 사용자인지 여부의 판단은 단순히 명칭이나 직위를 보고 판단하는 것은 아니고, 고용, 위임, 도급 등 계약의 형식에 관계없이 그 실질에 있어 사업 또는 사업장에서 임금을 목적으로 종속적인 관계에서 사용자에게 근로를 제공하였는지의 여부에 따라 판단한다.

구체적으로 보면, 업무의 내용이 사용자에 의해 정해지는지의 여부, 취업 규칙, 복무 규정, 인사 규정 등의 적용을 받는지의 여부, 사용자로부터 구체적이고 직접적인 지휘감독을 받는지의 여부, 사용자에 의해 근무 시간과 장소가 지정되고, 이에 구속을 받는지의 여부, 비품, 원자재, 작업 도구 등의 소유관계, 기본급이나 고정급이 정하여져 있는지의 여부, 근로 제공 관계의 계속성과 사용자에게 전속성의 유무와 정도, 사회보장제도 등 다른 법령에 의해 근로자 지위를 인정해야 하는지, 기타 양 당사자의 경제적 사회적 조건 등을 종합적으로 고려하여 판단한다.

여기서 소위 "오야지"가 사업주인지 또는 근로자인지가 가끔 문제가 되고 있으나 이 또한, 위 기준과 구체적 사실관계를 따져 판단해야 할 것이고, '오야지'[1](또는 팀장)는 건설 현장에서 공사의 일부분을 하도급받은 하도급 업자로서 하도급 공사를 진행하기 위하여 '오야지'가 직접 근로자를 채용하고, 임금 등 근로 조건을 결정하였다면 달리 볼 사정이 없는 한 원칙적으로 근로기준법상 근로자가 아닌, 사업주에 해당한다. (근기 68207-1980. 2002. 5. 21.)

지입차주의 운전기사에 대하여는 택시, 화물, 중기 등을 사실상 소유하고 있는 차주 겸 운전자는 대외적으로는 회사가 사업의 주체이므로 회사를 사업주로 보고, 차주 겸 운전자는 근로자로 보되, 차주 스스로 개척한 수요처와 직접 거래하는 등 회사의 구체적 지시·감독이 이뤄지지 아니하고 스스로 사업을 행하는 경우에는 근로자로 보지 아니한다.

---

1) 오야지: 공사책임자(팀장)를 뜻하며, 흔히 공사현장 협력업체의 (재)하도급 받은, 면허 없는 업자를 일본식으로 지칭하는 말

- 건설기계관리법에서 건설기계대여업을 개별적으로 할 수 있도록 함에 따라 지입 차주를 근로자로 보지 않도록 하였고(근기 68207-1182, 1994. 7. 25.)

- 화물자동차운수사업법에서 화물자동차도 지입제가 허용됨에 따라 지입차주도 자신의 계산하에 수입 금액을 자신의 소득으로 하되 회사에 지입료와 제세공과금만 납부하는 경우 근로자가 아닌 것으로 해석한다. (근기 68201-695, 2000. 3. 10.)

【판례】

사업주의 안전상의 조치 의무는 작업장 내의 모든 사람에게 적용되는 것이 아니라 사업주와 실질적인 고용관계가 있는 근로자에 대하여만 적용되는바, 공사에 필요한 작업을 위하여 일일 임대차 계약에 의하여 임차한 카고트럭의 소유자 겸 운전자가 작업 중 현장에서 사망한 사안에서 임차인이 사업주와 피해자 사이에 실질적인 고용관계가 성립하였다고 보기 어려워, 사업주가 법 제23조의 안전상의 조치 의무를 부담한다고 할 수 없다. (대구지법 2007. 2. 13. 선고 2006고정3671 판결 항소심, 대법원 2013. 7. 11. 선고 2012다57040 판결)

(3) 중대재해처벌법에서의 수범자로서 '경영책임자'

중대재해처벌법에서의 사업주의 개념은 산업안전보건법과 동일하나, 사업주를 경영책임자 등과 구분하여 법인 또는 기관으로 표현하고, 법인 또는 기관을 의무 대상에 포함하고 있는 점에 비추어 볼 때, 기관은 사업주가 아닌 감독자로써의 지위에서 처벌을 병과하는 것에 한정하는 것으로 해석이 되고, 중대재해처벌법에서의 경영책임자는 행위자로써의 수범자가 되는 것으로 해석이 된다. (상시근로자 5인 미만의 개인사업주 또는 경영책임자 제외)

제3조(적용 범위): 상시근로자가 5명 미만인 사업 또는 사업장의 사업주(개인사업주에 한한다. 이하 같다.) 또는 경영 책임자 등에게는 이 장의 규정을 적용하지 아니한다.

(4) 작업지휘자의 지위

작업지휘자는 그 팀 또는 반원들 중에서 그 작업에 가장 정통하고, 구성원들과 친화력이 있으며, 경험이 많은 자를 작업지휘자로 지정하여 당해 작업을 지휘·통제함으로써 위험을 방지하려는 취지로 이해된다.

따라서 명칭 여하에 불구하고 대부분 작업지휘자는 반드시 관리감독자로 지정해야 하는 것은 아니며, 이 같은 제도적 취지는 안전관리총괄책임자 또는 안전관리자 기타 관리감독자가 어느 한 작업 장소에만 머물러 작업을 직접 지휘통제 할 수가 없기 때문인 것으로 이해하며, 대부분 팀장 또는 작업반장이 친화력과 업무에 정통하기 때문에 이들을 작업지휘자로 지정하고 있는 것이 일반이다.

사업주는 아래 작업 시 작업지휘자를 지정하여 작업계획서에 따라 작업을 지휘하도록 하여야 하고(안전보건규칙 제39조 제1항), 항타기나 항발기를 조립·해체·변경 또는 이동하여 작업을 하는 경우 작업지휘자를 지정하여 지휘·감독하도록 하여야 한다.(제2항)

안전보건규칙 제38조 제1항 中
- 차량계 하역운반기계 등을 사용하는 작업
- 2m 이상 지반굴착작업
- 교량(상부구조가 금속 또는 콘크리트로 구성되는 교량이므로 높이가 5m 이상이거나 최대 지간 길이가 30m 이상인 교량이 설치·해체·변경 작업
- 구축물, 건축물, 그 밖의 시설물 등(이하 '구축물 등'이라 한다.)의 해체 작업
- 중량물의 취급 작업
- 항타기·항발기 조립·해체·변경 또는 이동하여 작업 시

⇒ 작업지휘자는 지정서 운영 및 작업계획서상에 이름을 명기하여 '지정 및 배치' 여부를 명확히 함
⇒ 작업지휘자는 작업계획서 내용을 충분히 숙지하고 있어야 하며, 다음의 직무 등에 관해 구체적인 임무를 수행

- 작업 순서, 작업 방법과 근로자의 배치를 결정하고 해당 작업을 지휘
- 재료의 결함 유무 또는 기구 및 공구의 기능을 점검하고 불량품 제거
- 작업 중 보호구의 착용 상황 감시
- 관계 근로자 이외의 사람 출입금지 조치 등

다만, 작업 장소에 다른 근로자가 접근할 수 없거나 한 대의 차량계 하역운반기계 등을 운전하는 작업으로서 주위에 근로자가 없어 충돌 위험이 없는 경우에는 작업지휘자를 지정하지 않을 수 있다. 〈개정 2023. 11. 14.〉

(5) 직장, 조장, 반장의 지위

산업안전보건기준에 관한 규칙(약칭: 안전보건규칙) 제35조에서 건설업의 경우, 직장·조장 및 반장의 지위에서 그 작업을 직접 지휘·감독하는 자를 관리감독자의 개념에 포함시키고 있는바, "생산과 관련되는 업무와 소속 직원을 직접 지휘 감독하는 부서의 장 또는 그 직위를 담당하는 자"를 관리감독자로 하고 있음에 비추어 볼 때, 건설업의 경우 관리감독자와 작업지휘자 간에 직무의 권한과 범위에 대한 구분이 명확하지 않다.

건설업에서 부서의 장은 공사, 공무, 전기, 안전, 자재 등 각 부서의 장이 되고, 이들이 실제로 법령에서 정하고 있는 관리감독자의 직무를 수행하고 있고, 관리감독자의 직무 범위에는 ① 안전한 작업 방법을 결정하고, ② 재료의 결함 유무와, ③ 공구의 기능을 점검하는 업무를 수행하여야 하는데, 규칙 제35조는 부서의 장과 조장, 직장, 반장과의 직무 및 지휘·감독의 범위에 대한 명확한 경계선이 없어 법적인 지위책임의 소재 문제가 발생할 수 있다.

물리적으로 해석하여 직장·조장 및 반장을 관리감독자로 하여 안전한 작업 방법을 결정하도록 권한을 부여한다면, 직장·조장 및 반장이 각 부서장과의 업무 지휘·통제권이 충돌하는 모순이 생기고, 현실적으로 직장·조장·반장에게 안전한 작업 방법을 결정하도록 법적 책임을 부여한 근거가 없음에도 규칙으로 책임을 부여한다면 안전관리체계가 혼탁해지며, 이 때문에 직장·조장·반장에게 법 제16조(관리감독자)에서 정한 직무까지 실제로 부여한 것인가에 대하여는 따로 생각해 볼 필요가 있다.

다만, 부서의 장이 없고, 직장·조장·반장이라는 이름으로 이들이 관리감독자의 직무까지 수행한다면 명칭 여하에 불구하고 관리감독자로의 해석이 가능하다.

(6) 건설공사 시공 참여

2008년도에 건설산업기본법을 개정하면서 법 제2조 제13호와 제29조 제2항 단서조항을 삭제함으로써 건설면허가 없는 자의 공사도급 금지 법적 근거를 정비하였다.

이는 과거 위 단서조항에 따라 건설면허가 없는 자에게도 제한적으로 공사를 도급받아 시공에 참여케 하여 왔으나 부실공사를 유발할 수 있다는 우려에서 단서조항을 삭제하여 과거로 되돌려 놓은 것에 불과하다.

'근로기준법 제44조의2'에서 "건설업자가 아닌 하수급인이 그가 사용한 근로자에게 임금을 지급하지 못한 경우에는 그 직상수급인은 하수급인과 연대하여 하수급인이 사용한 근로자의 임금을 지급할 책임이 있다."라고 규정하고 있어 건설업자가 아닌 하수급인으로서의 '오야지'를 사용자로 인정하고 있고, 면허의 유무는 별개의 문제이다.

건설산업기본법상 도급이라 함은 건설 공사를 완성할 것을 조건으로 하는 당사자 간 계약을 말하므로, 여기서 공사의 일부에 대하여 '오야지'에게 인건비 도급을 주었을 경우 이를 법상 '건설 공사'를 완성할 것을 조건으로 한 도급 공사로 보기는 사실상 어렵고, 이 법의 단서 조항 삭제가 실정법에서 '오야지' 같은 기능 인력을 대상으로 직접 근로계약을 체결하도록 하면서 인건비 도급을 금지시킨 것으로 해석한다면 이는 계약의 자유권 및 국민의 생존권 침해 오해의 소지가 있고, 다른 법익과의 충돌 문제도 있어 위 해석에는 수긍하기가 어렵다.

건설 현장에서 '오야지'들에게 인건비를 도급을 주든, 기능인력을 직영근로자로 고용하여 사용하는 문제는 당사자들 간 선택의 문제이지 규제 대상이 아니며, 다만, 건설 공사는 기능에만 국한하는 것이 아니고, 자재의 선택과 구입, 시공 방법, 공사 기간 등 계약 조건도 동반되므로 '오야지'에게 건설 공사를 하도급으로 하여 공사에 참여하는 것을 금지시킨 것으로 보아야 함.

3. 중대재해

(1) 중대재해 범위(산업안전보건법 시행규칙 제3조)

① 사망자가 1인 이상 발생한 재해
② 3월 이상의 요양을 요하는 부상자가 동시에 2인 이상 발생한 재해
③ 부상자 또는 직업성 질병자가 동시에 10인 이상 발생한 재해

고용노동부는 중대재해가 발생한 해당 작업과 그와 동일한 작업, 또는 재해가 다시 발생할 급박한 위험이 있거나, 주변으로 확산될 수 있다고 판단되는 경우 안전이 확보될 때까지 현장에 대하여 작업의 중지명령과 해제 운영 시스템을 가동하고, 사업주는 재해 발생 상황을 즉시 보고하여야 한다. **(법 제54조, 제55조 참조)**

(2) 작업중지 명령

사망 재해 발생 시 2차 재해 또는 동종 재해 등이 발생할 우려가 있는 경우 원칙적으로 사업장 전체에 대하여 전면작업을 중지하고, 근로자나 국민의 생명 안전에 중대한 영향을 미치거나 시민 생활 필수 서비스에 해당하는 경우 등은 사고 발생 작업에 대해서만 부분작업중지명령을 하도록 운영하고 있다(**예: 원자력 시설, 수도, 전기, 가스, 통신, 의료 등**).

구체적으로 보면, 중대재해가 발생한 사업장에서 다시 산업재해가 발생할 급박한 위험이 있는 경우 ▲해당 작업과, ▲중대재해가 발생한 작업과 동일한 작업에 대해서만 부분 작업중지를 하도록 하고, 예외적으로 토사·구축물의 붕괴, 화재·폭발, 유해하거나 위험한 물질의 누출 등으로 인하여 중대재해가 발생하여 그 재해가 발생한 장소 주변으로 산업재해가 확산될 수 있다고 판단되는 등 불가피한 경우에만 사업장 전면 작업중지를 할 수 있도록 하고 있다.

작업중지 명령의 경우 고용노동부장관의 작업중지는 즉시강제로써의 성격을 가지며, 기업 활동을 강하게 규제하는 조치이므로, 과잉금지원칙에 따라 필요한도 내에서 최소한으로

규정하여야 한다는 의미이고, 한 현장에 부분 작업중지로 작업중지의 목적을 충분히 달성할 수 있음에도 불구하고 다른 현장에까지 무리하게 확산함으로써 기업 활동을 위축시켜서는 안 된다는 것을 부분작업중지 명령의 취지로 이해된다.

동일 기업의 다른 현장의 기계·설비 등에 안전성 문제가 있다고 판단되는 경우, 고용노동부장관(근로감독관)의 시정조치 등을 통해 안전 문제를 해소할 수 있을 것으로 판단되고, 시정조치 등을 이행하지 않아 유해·위험상태가 해소되지 않는 경우 등에는 부분작업중지를 할 수 있다.

그리고, 중대재해의 원인이 해소되지 않아 작업자 또는 일반인에게 2차 피해가 발생할 위험이 있는 경우는 토사 붕괴, 화재 폭발, 유독물질 유출, 추락, 전도, 질식 등 유형이 있다.

[사례 1] 높이가 2m 이상인 장소에서의 작업으로서 작업발판, 안전난간 또는 안전방망이 전반적으로 설치되지 않아 추락사고의 우려가 현저히 큰 경우

[사례 2] 비계, 거푸집 동바리, 흙막이 지보공 등 가시설물의 설치가 기준에 적합하지 않거나 부적합한 자재의 설치 또는 사용 불량으로 붕괴사고의 우려가 큰 경우

[사례 3] 토사, 구축물, 공작물 등의 변형 또는 변위가 발생하거나 예상되어 붕괴 사고의 우려가 큰 경우

[사례 4] 화학 물질 취급공정에서 부속설비의 심각한 고장, 변형 등으로 중대 산업사고 발생의 우려가 큰 경우

[사례 6] 밀폐공간 작업으로 작업 전 산소 농도 측정을 하지 않거나 적정공기 기준을 준수하지 않아 산소결핍에 의한 질식 사고의 우려가 큰 경우

[사례 7] 관리 대상 유해물질의 가스·증기 또는 분진의 발산원을 밀폐하는 설비 또는 국소배기장치를 설치하지 않아 취급근로자의 건강장해가 현저히 우려되는 경우

중대재해 발생 시 작업중지 처분이 제재 조치가 아닌 행정상 급박한 위험을 제거하기 위한 즉시강제로써 작업중지 명령을 하려면 즉시강제의 요건과 절차를 갖추어야 한다.

행정상 '즉시강제'란 급박한 행정상 장해를 제거할 필요가 있으나 미리 의무를 부과할 시간적 여유가 없을 때, 또는 그 성질상 의무를 부과해서는 목적 달성이 곤란한 경우에, 직접 국민의 신체 또는 재산에 실력을 가하여 행정상 필요한 상태를 실현하는 행정집행이다.
특히, 행정상 즉시강제는 아래와 같은 조건이 있다.
① 행정상 장해가 존재할 것
② 장해가 급박하여 의무를 부과할 시간적 여유가 없거나 성질상 의무를 부과해서는 목적 달성이 곤란할 것 등의 엄격한 요건을 갖추어야 한다.
③ 그 목적을 위하여 필요한 최소한도 내에서 행사되어야 한다.

행정강제는 행정상 강제집행을 원칙으로 하며, 법치국가적 요청인 예측 가능성과 법적 안정성에 반하고, 기본권 침해의 소지가 큰 권력 작용인 행정상 즉시강제는 어디까지나 예외적인 강제수단이라고 할 것이다.

이러한 행정상 즉시강제는 엄격한 실정법상의 근거를 필요로 할 뿐만 아니라, 그 발동에 있어서는 법규의 범위 안에서도 다시 행정상의 장해가 목전에 급박하고, 다른 수단으로는 행정 목적을 달성할 수 없는 경우이어야 하며, 이런 경우에도 그 행사는 필요 최소한도에 그쳐야 함을 내용으로 하는 條理상의 한계에 기속된다(**헌법재판소 2002. 10. 31. 2000 헌가12).**

(3) 작업중지 해제 절차
① 자체적으로 시정 지시에 대한 안전·보건 시정조치 계획 수립 및 개선 작업 허가 요청
② 점검 및 개선 작업 허가
③ 안전·보건 실태 점검 및 개선 조치
④ 향후 작업 계획 수립 및 작업 중지 해지 요청: 해제신청서 제출
⑤ 근로감독관 현장 확인: 근로자 의견 청취
⑥ 작업중지 해제 여부 결정(외부 인사 포함된 위원회에서 4일 이내에 결정) 및 통보

⑦ 근로감독관 안전 작업 확인

⑧ 사업주 안전 작업 이행 상황 보고

※ 노동청 작업중지 해제 절차

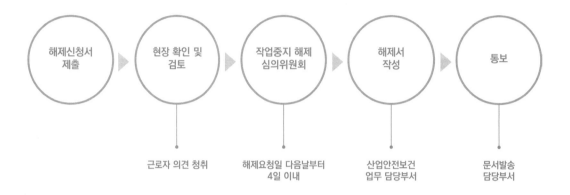

해제신청서 제출 → 현장 확인 및 검토 → 작업중지 해제 심의위원회 → 해제서 작성 → 통보

근로자 의견 청취 | 해제요청일 다음날부터 4일 이내 | 산업안전보건 업무 담당부서 | 문서발송 담당부서

(4) 사고 원인 분석 시 고려 사항

중대재해가 발생한 경우, 고용노동부장관은 사고의 원인을 조사할 수 있고, 사업주에게 안전보건계획의 수립과 시행, 그 밖에 필요한 사항을 명할 수 있으며, 이때 사고의 원인을 조사한다 함은 실제로는 수사에 착수한다는 의미이고, 주로, 작업중지명령, 안전진단명령, 재해예방 대책 수립 보고명령, 등 행정작용이 수반된다.

사고의 원인 규명과 분석은 고용노동부와 산업안전공단의 합동으로 이루어지지만, 이 경우는 인명의 피해라는 결과에서 출발하여 수사라는 개념에서 사고의 원인을 찾고, 사업주가 취하여야 할 안전 조치가 어떤 것이 있고, 그 안전 조치를 이행하지 아니한 것이 무엇인지에 초점을 맞추고 있을 뿐, 작업자의 작업 동작이나, 기타 근로자가 취하여야 할 안전상의 조치 의무의 이행 여부는 대부분 분석 내용에서 생략되므로, 사고의 원인 분석은 자체적으로 따로 할 필요가 있으며, 이 부분은 제4편 '중대재해 원인 분석과 전략적 대응' 편에서 다시 다루기로 한다.

사고의 원인 분석 목적은 어디까지나 동종사고의 재발방지를 위한 대책수립 내지는 근로자 교육 자료로 활용하는 데 있으므로, 기업의 입장에서는 매우 중요하며, 형사처벌을 전제로 하는 경찰 또는 고용노동부의 조사활동과는 달리 별도로 객관적이고 체계적으로 사고의 원인을 엄격하게 조사 분석할 필요가 있고, 아래 사항들이 고려의 대상이 될 수 있다.

① 피재자의 신장, 몸무게, 시력 등 신체 조건의 특징

② 환경 조건에 따른 작업 방법의 적합성 여부

③ 사고 발생 경로

④ 작업 방법의 선택 과정

⑤ 안전성 확보 내용

⑥ 산업안전기준에 관한 규칙, 지침 등 검토

⑦ 더 안전한 다른 작업 방법 찾아보기. 이때 현재의 작업 방법과 위험성·실현 가능성을 비교 검토

⑧ 고용노동부의 사고 원인 조사와 비교 분석 및 문제점 보강

⑨ 판례 등 과거 유사 사례

⑩ 사고의 원인 규명 도출 및 재발 방지 대안 마련

4. 비정상(비정형)작업

　정상적인 작업이란 고정된 시설과 장비에 의하여 미리 정해진 매뉴얼에 따라 같은 작업이 계속적 반복적으로 이루어지는 일상적인 작업을 말하고, 비정상작업이란, 우발적인 기계장치의 고장 수리와 같이 불특정 지역에서 임의의 작업자가 설비나 도구를 사용하여 일시적으로 행하는 작업을 말한다.

(1) 비정상(비정형)작업의 특징

　① 작업 환경이 일정하지 않다.

　② 사용하는 장비, 도구가 유동적이며, 관리가 산만하다.

　③ 작업팀 구성이 고정적이지 않아 조직력이 약해 작업통제의 획일성이 떨어진다.

　④ 작업의 대상과 숙련도에 따른 위험예측이 부족하다.

　⑤ 정상 작업에 비해 작업 기준의 설정이 미흡하다.

　⑥ 사전 안전 교육에 한계가 있다.

　⑦ 관리감독자가 모르는 사이에 이루어지는 경우도 많다.

(2) 비정상(비정형)작업의 위험성

　비정상작업의 위험성은 말 그대로 비정상적인 작업 방법과 안일한 사고방식이 문제이다. 비정상적인 작업은 인력의 조달이 대부분 인력 시장과 외국인 근로자 등에서 찾는 경우가 허다하여 의사소통의 한계성도 있지만, 대부분 위험에 적응하지 못하는 경우보다 위험 자체를 예측하는 능력이 떨어진다.

　그 원인은 체계적인 작업계획이 사전에 마련되지 못하여 작업 순서와 작업 방법이 정상 작업에 비해 일정치 못하고, 행동 범위가 불규칙적이기 때문에 돌발적인 위험 상황에 대처하는 능력에 한계가 있다.

불규칙적인 작업 방법의 변화는 그만큼 위험의 발생 가능성을 높여주고, 위험의 예측을 어렵게 할 뿐만 아니라, 위험이 발생했을 경우 대처하는 행동이 둔화될 수밖에 없다. 비정상작업의 대표적인 유형으로는 기계설비의 수리, 탱크의 청소, 보일러의 수리 또는 설치 후 시험가동, 시운전, 기계설비의 해체작업 시 예상치 못한 이상이 발생하였을 경우 응급처치 작업, 전원 작업 등을 들 수가 있다.

(3) 비정상(비정형)작업의 안전 대책

1) 안전관리 체계: 비정상작업을 할 때는 경험이 풍부한 숙련자가 작업을 지휘하도록 하고, 비상사태 발생 시 적절히 대응할 수 있도록 사전 교육이 필요하다.

2) 작업환경의 정비: 어두운 장소에서는 조명을 충분히 확보하고, 협소한 장소, 고소작업, 밀폐된 공간 등 유해·위험한 장소에서 작업을 할 때는 개인 보호구의 사용은 물론, 비상시 긴급 피난을 할 수 있는 대책을 갖추어야 하고, 이에 대한 사전 교육을 철저히 하여야 한다.

3) 작업 방법의 사전 숙지 및 준수: 작업 순서와 작업 방법은 안전성 확보의 필수조건이다.
   i. 세밀한 현장 파악을 통해 작업 방법을 결정하고, ii. 사전 교육, iii. 위험 상황에 대비한 감독 체계 구축이 요구된다.

4) 점검·수리: 설치 매뉴얼과 점검 Check List에 따라 점검을 한 후, 시운전을 통해 확인하는 것은 필수조건이다. 새로운 기계를 설치할 경우, 이음 부분, 나사의 조임 부분이 제대로 안 되는 경우가 있고, 때로는 작업자의 실수로 연결 부분이 누락되는 경우도 있다. 시 운전 중, 기계의 떨림 현상, 이상한 소리가 들린다면 시운전을 멈추고 원점에서 기술자를 동반하여 정밀 점검을 하여야 한다.

5. 위험성 평가(산업안전보건법 제36조)

위험성 평가란 유해·위험 요인을 파악하고 부상 또는 질병 발생 가능성과 중대성을 추정·결정하고 감소대책을 수립해 시행하는 일련의 과정으로 최근 중대재해처벌법과 관련하여 판결에서 형량 결정에 중요한 영향을 미치고 있으며, 감독청에서는 더욱 행정을 강화하는 방향으로 역량이 집중될 전망이다.

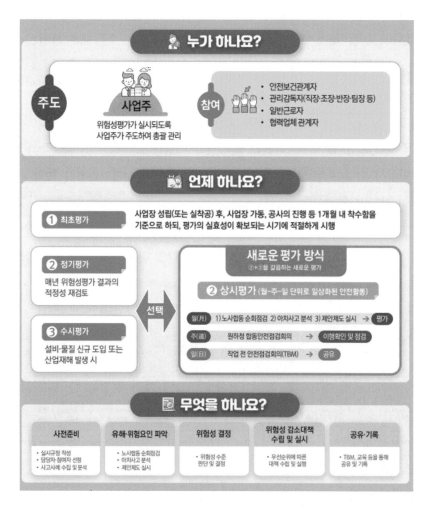

※ 새로운 방식의 위험성 평가 개요(고용노동부)

「산업안전보건법」 제36조에서는 사업주가 스스로 위험성 평가를 실시하도록 의무를 부여하고 있으며, 「사업장 위험성 평가에 관한 지침」(고시)에서는 위험성 평가의 방법, 절차, 시기 및 그 밖에 필요한 사항을 규정하고 있다.

(1) 위험성 평가의 실시

1) 사업주는 건설물, 기계·기구·설비, 원재료, 가스, 증기, 분진, 근로자의 작업 행동, 또는 그 밖의 업무로 인한 유해·위험 요인을 찾아내어 부상 및 질병으로 이어질 수 있는 위험성의 크기가 허용 가능한 범위인지를 평가하여야 하고, 그 결과에 따라 이 법과 이 법에 따른 명령에 따른 조치를 하여야 하며, 근로자에 대한 위험 또는 건강장해를 방지하기 위하여 필요한 경우에는 추가적인 조치를 하여야 한다.

2) 사업주는 제1항에 따른 평가 시 고용노동부장관이 정하여 고시하는 바에 따라 해당 작업장의 근로자를 참여시켜야 한다.

3) 사업주는 제1항에 따른 평가의 결과와 조치사항을 고용노동부령으로 정하는 바에 따라 기록하여 보존하여야 한다. (3년간)

4) 제1항에 따른 평가의 방법, 절차 및 시기, 그 밖에 필요한 사항은 고용노동부장관이 정하여 고시한다.

(2) 위험성 평가 실시 내용 및 결과의 기록·보존(시행규칙 제37조)

사업주가 위험성 평가의 결과와 조치사항을 기록·보존할 때에는 다음 각 호의 사항이 포함되어야 한다.

① 위험성 평가 대상의 유해·위험 요인
② 위험성 결정의 내용
③ 위험성 결정에 따른 조치의 내용
④ 그 밖에 위험성 평가의 실시내용을 확인하기 위하여 필요한 사항으로써 고용노동부장관이 정하여 고시하는 사항

(3) 위험성 평가 지침개정 주요 내용

1) 위험성 평가의 재정의

부상·질병 가능성과 중대성 측정 의무화를 제외하고, 본래 취지에 맞게 위험 요인 파악 및 개선 대책에 집중토록 재정의

2) 평가 방법 다양화
빈도·강도의 계량적 산출 방법뿐만 아니라 중소기업이 쉽게 위험성 평가를 할 수 있도록 체크리스트·OPS(One Point Sheet)·3단계 판단법 등의 방법 제시

3) 평가 시기 명확화
최초·수시·정기평가 체계를 유지하되, 유해·위험 요인 전체를 검토하는 최초평가, 유해·위험 요인 변화에 따른 수시평가, 정기적인 위험성 평가 재검토 방식으로 개편하고 상시평가 신설

(4) 단계별 평가 절차

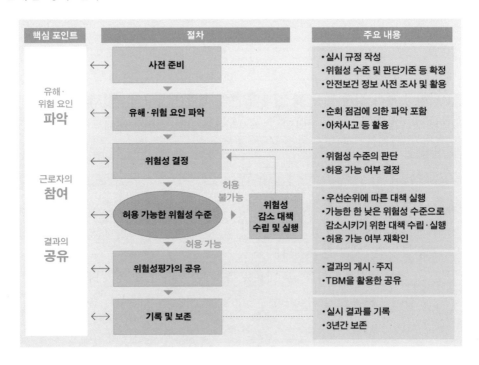

1) 사전준비
위험성 평가 실시 규정을 작성하고, 위험성의 수준과 그 수준의 판단 기준을 정하며,

위험성 평가에 필요한 각종 자료를 수집하는 단계이다. 【5인 미만(건설공사 1억 원 미만) 면제】

2) 유해·위험 요인 파악

사업장 순회 점검, 근로자들의 상시적인 제안 제도, 유해위험방지계획서, 산업안전관리계획서 등 기존 계획서와 연동하여 발굴.

3) 위험성 결정

사전준비 단계에서 미리 설정한 위험성의 판단 수준과 사업장에서 허용 가능한 위험성의 크기 등을 활용하여, 유해·위험 요인의 위험성이 허용 가능한 수준인지를 추정·판단하고 결정하는 단계이다.

4) 위험성 감소대책 수립 및 실행

위험성을 결정한 결과 유해·위험 요인의 위험 수준이 사업장에서 허용 가능한 수준을 넘는다면, 합리적으로 실천 가능한 범위에서 유해·위험 요인의 위험성을 가능한 낮은 수준으로 감소시키기 위한 대책을 수립하고 실행하는 단계이다.

5) 위험성 평가 결과 공유

파악한 유해·위험 요인과 각 유해·위험 요인별 위험성의 수준, 그 위험성의 수준을 결정한 방법, 그에 따른 조치 사항 등을 기록하고, 근로자들이 보기 쉬운 곳에 게시하며 작업 전 안전 점검 회의(TBM) 등을 통해 근로자들에게 위험성 평가 실시 결과를 공유하는 단계이다.

6) 이행 확인 점검 / 기록 보존

이행 상태를 상시 확인하며 관리하는 단계이다.

(5) 위험성 평가 방법

종전에는 위험성 평가를 할 때 위험 가능성과 중대성을 조합한 빈도·강도법만을 사용하도록 하였는데, 위험의 가능성과 중대성을 수치로 나타내어 덧셈·곱셈·행렬 등으로 계산하여 위험성의 크기를 계산해야만 위험평가를 할 수 있다 보니 중·소규모 사업장에서는 위험성 평가를 하기 어렵고 복잡하다는 의견이 많아 개정된 고시에서는 체크리스트법, 위험성 수준 3단계 판단법, 핵심 요인 기술법 등의 방법을 도입하여, 위험성의 크기를 계산하지 않고도 위험성 평가를 실시할 수 있도록 하였다.

위 방법들은 중·소규모 사업장에서 공정이 간단하고 유해·위험 요인이 적은 경우에 권장되는 방법들에 해당하며, 제시된 위험성 평가의 방법들은 위험성 평가의 절차를 반영한 방법들로 사업주는 한 가지 방법에만 국한하지 않고, 사업장에 따라 적절하게 조합하여 위험성 평가를 실시할 수도 있다.

※ 위험성 평가의 방법(고시 제7조)

1) 사업주는 다음과 같은 방법으로 위험성 평가를 실시하여야 한다.
   ① 안전보건관리책임자 등 해당 사업장에서 사업의 실시를 총괄 관리하는 사람에게 위험성 평가의 실시를 총괄 관리하게 할 것
   ② 사업장의 안전관리자, 보건관리자 등이 위험성 평가의 실시에 관하여 안전보건관리책임자를 보좌하고 지도·조언하게 할 것
   ③ 유해·위험 요인을 파악하고 그 결과에 따른 개선조치를 시행할 것
   ④ 기계·기구, 설비 등과 관련된 위험성 평가에는 해당 기계·기구, 설비 등에 전문지식을 갖춘 사람을 참여하게 할 것
   ⑤ 안전·보건 관리자의 선임의무가 없는 경우에는 제2호에 따른 업무를 수행할 사람을 지정하는 등 그 밖에 위험성 평가를 위한 체제를 구축할 것

2) 사업주는 제1항에서 정하고 있는 자에 대해 위험성 평가를 실시하기 위해 필요한 교육을 실시하여야 한다. 이 경우 위험성 평가에 대해 외부에서 교육을 받았거나, 관련 학문을 전공하여 관련 지식이 풍부한 경우에는 필요한 부분만 교육을 실시하거나 교육을 생략할 수 있다.

3) 사업주가 위험성 평가를 실시하는 경우에는 산업안전·보건 전문가 또는 전문 기관의 컨설팅을 받을 수 있다.

4) 사업주는 사업장의 규모와 특성 등을 고려하여 다음 각 호의 위험성 평가 방법 중한 가지 이상을 선정하여 위험성 평가를 실시할 수 있다.

① 위험 가능성과 중대성을 조합한 빈도·강도법

② 체크리스트(Checklist)법

③ 위험성 수준 3단계(저·중·고) 판단법

④ 핵심요인 기술(One Point Sheet)법

⑤ 그 외 규칙 제50조 제1항 제2호 각 목의 방법

– 빈도·강도법

빈도·강도법은 우리 사업장에서 파악된 유해·위험 요인이 얼마나 위험한지를 판단하기 위해 위험성의 빈도(가능성)와 강도(중대성)를 곱셈, 덧셈, 행렬 등의 방법으로 조합하여 위험성의 크기(수준)를 산출해 보고, 이 위험성의 크기가 허용 가능한 수준인지를 살펴보는 방법임.

– 체크리스트법

이 방법은 평가 대상에 대해 미리 준비한 세부 목록을 사용하여 위험성 평가를 하는 방법으로, 일반적으로 각 항목에 대해 'O' 또는 'x' 등으로 표시하여, 목록에 제시된 유해·위험 요인의 위험성이 우리 사업장에서 허용 가능한 수준의 위험인지를 판단한다.
여기서 가장 중요한 것은 법령, 고시 및 지침을 참고하고 경험이 많은 사람의 주도하에 체크리스트를 작성하는 것이다.

– 위험성 수준 3단계 판단법

이 판단법은, 위험성 결정을 위해 유해·위험 요인의 위험성을 가늠하고 판단할 때, 위험성 수준을 '상·중·하' 또는 '고·중·저'와 같이 간략하게 구분하고, 직관적으로 이해할 수 있도록 위험성의 수준을 표시하는 방법으로 소규모 사업장에 적합한 방법이다.

– 핵심요인 기술법

이 법은 영국 산업안전부 건청(HSE), 국제노동기구(ILO)에서 위험성 수준이 높지 않고, 유해·위험 요인이 많지 않은 중·소규모 사업장의 위험성 평가를 위해 안내한 내용에 따른 방법으로, 단계적으로 핵심 질문에 답변하는 방법으로 간략하게 위험성 평가를 실시하는 방법임. 전등교체, 부품교체 등 유해·위험 요인이 적고 간단한 작업에 대해서 위험성 평가 내용을 기록할 수 있다.

5) 관리감독자의 위험성 평가 역할

안전관리자 등의 업무를 외부 전문기관에 위탁을 주거나, 안전관리자 등의 선임 의무가 없는 중·소규모 사업장의 경우에는 사업주가 관리감독자나 현장관리자 중 위험성 평가의 실시에 관하여 보좌·지도·조언할 사람을 지정하는 등 사업장 내 위험성 평가를 위한 체제를 구축하여야 한다.

관리감독자는 현장을 잘 아는 중간 관리자로서, 사업주가 목표로 하는 위험성 평가의 모습을 이해하고, 그 중심이 되어 다음과 같은 역할을 수행해야 한다.

① 사업주의 위험성 평가에 대한 방침을 근로자들에게 올바르게 전달

② 위험성 평가를 효과적으로 실시하기 위한 적절한 인원을 배치

③ 위험성 평가 참여자에 대해 교육 실시

④ 위험성 평가 실시 전반을 관리하고 내용과 결과를 분석

(6) 위험성 평가 시기

위험성 평가는 실시 시기에 따라 최초, 수시, 정기, 상시평가로 구분한다.

1) 최초 평가

사업장이 성립된 날(착공일)로부터 1개월 이내에 착수하여야 하며, 가급적 작업 개시 이후 지체 없이 최초평가를 함으로써 곧바로 사업장의 안전을 확보하는 것이 바람직하며, 이때 시공계획서. 유해위험방지계획서, 안전관리계획서 등을 활용한다.

2) 수시평가

건설 현장의 경우 공사의 종류와 특성에 따라 유해·위험 요인이 고정되어 있지 않고, 수시로 발생, 변경, 소멸을 반복하므로 그때그때의 작업 조건에 따라 해당 유해·위험 요인에 대한 위험성 평가를 한다.

例) 기계, 기구 등의 신규 도입, 변경으로 인한 추가적인 유해·위험 요인 발생

3) 정기평가

이는 최초평가와 수시평가를 실시하고 그동안 성과를 1년 주기로 재평가하는 것으로 최초평가와 수시평가 때 미흡한 부분을 발견 보완하는 것이다.

특히 중대재해가 발생했을 때는 '해당 유해·위험 요인'에 대해 수시로 위험성 평가를 하여 동종의 위험성을 낮추기 위한 노력을 하여야 한다.

4) 상시평가

상시평가는 유해·위험 요인이 자주 변동하여 일일이 수시평가를 실시하기 어려운 경우에 평가를 실시하는 경우로, **상시평가를 한 경우에는 수시평가, 정기평가를 실시한 것으로 간주한다.**

5) 상시 위험성 평가 방법

가) 위험성 평가 시기

상시 위험성 평가는 최초 위험성 평가를 실시한 날로부터 매월 1회 이상, 즉 매월 1회 내지는 2회, 혹은 그 이상의 주기로 작업 수행 근로자를 포함하여 실시한다.

나) 위험성 평가 대상

예정된 위험성 평가 주기(최대 1개월 이내) 내에 예상되는 공사를 대상으로 공정·작업별로 유해·위험 요인을 빠짐없이 찾아내어 위험성 평가를 실시한다.

- 이때, 최초 위험성 평가 결과와 안전보건공단에서 제공하는 『사고사망 핵심위험 요인(SIF) 평가표』를 활용하여 해당 공사에 대한 위험성을 평가할 수 있다.

다) 상시 위험성 평가 절차

- 상시 위험성 평가는 월 1회 이상 노사합동 순회점검 등으로 유해·위험 요인 발굴 및 위험성 결정, 감소대책을 수립한 후
- 매주 안전보건관리책임자, 안전관리자(보건관리자), 관리감독자 등을 중심으로 유해·위험 요인과 위험성 감소 대책에 대해 공유·논의 및 이행 상황을 점검하고
- 매 작업일마다 작업 전 안전 점검 회의(TBM)를 통해 근로자에 공유·주지시킨다.

사례) 월 1회 이상 제안 제도, 아차 사고 확인, 근로자 참여 사업장 순회점검을 통해 위험성 평가를 실시하고, 매주 안전·보건 관리자 논의 후, 매 작업일마다 TBM 실시하는 경우 등

※ 건축물 시공 단계에서의 위험 요인 확인·개선 시기(고용노동부 예시)

위험성 평가 종류	시 기	주 체	위험 요인 확인 대상	비 고
최초 위험 요인 확인[원청] (최초 위험성 평가)	착공 시	원청	전 공정	위험성 평가
최초 위험 요인 확인[협력업체] (최초 위험성 평가)	공정별	협력업체	협력업체 담당 전 공정	위험성 평가
정기 위험 요인 확인 (정기 위험성 평가)	매년	원청 협력업체	전 공정	위험성 평가
수시 위험 요인 확인	2주 1회	원청 협력업체	2주 내 계획된 공정	위험성 평가
일일 위험 요인 확인	작업 전일	원청 협력업체	계획에 없던 작업 계획 중 주요 위험 작업	공정회의
작업 전 안전 점검	작업 전	작업반장 (관리감독자)	담당 업무	TBM

⋯▶ 산업 현장의 현실과는 무관하게 법적 핵심은 끝없는 평가와 개선을 요구함

6) 근로자 참여 확대 및 평가 결과의 공유

근로자들은 경험적으로 유해·위험 요인이 갖고 있는 위험의 발생 가능성과 그 위험이 가져오는 피해의 중대성에 대한 정보를 잘 알고 있기 때문에 근로자들의 위험성 평가 숲 과정에 참여를 보장 및 공유: TBM 활용 등

※ 고시 제6조(근로자 참여)

사업주는 위험성 평가를 실시할 때, 법 제36조 제2항에 따라 다음 각 호에 해당하는 경우 해당 작업에 종사하는 근로자를 참여시켜야 한다.

① 유해·위험 요인의 위험성 수준을 판단하는 기준을 마련하고, 유해·위험 요인별로 허용 가능한 위험성 수준을 정하거나 변경하는 경우
② 해당 사업장의 유해·위험 요인을 파악하는 경우
③ 유해·위험 요인의 위험성이 허용 가능한 수준인지를 결정하는 경우
④ 위험성 감소 대책을 수립하여 실행하는 경우
⑤ 위험성 감소 대책 실행 여부를 확인하는 경우

(7) 위험성 평가 대상의 선정

평가 대상의 선정은 새로운 영역에서 찾을 것이 아니라, 과거의 경험에 따른 재해 발생 유형, 재해 발생 통계 자료, 안전관리계획서, 유해위험방지계획서, 안전공단에서 제공되는 정보 등 자료를 활용하여 건설공사의 경우, 건축공사, 토목공사, 엔지니어링 등 공사 특성에 맞추어 당해 현장의 공정별로 위험 예측 가능성을 반영하여 선정한다.

(8) 위험성의 결정 내용

위험성 결정이란, 유해위험 요인별로 추정한 위험성의 크기가 허용 가능한 범위인지를 판단하는 것으로, 위험성을 결정하기 위해서는 허용 가능한 범위를 먼저 결정하여야 한다.

허용 가능한 위험성은 산업안전보건법에서 정하고 있는 기준, 즉 산업안전기준에 관한 규칙과 같거나 그 이상일 것이 요구된다.

중대재해가 발생하였을 경우, 위험성 평가를 제대로 하였는가 하는 것이 판례에서 항상 문제가 되고 있다.

(9) 점검 의무

반기 1회 이상. 다만, 산안법에 따라 위험성 평가를 연 1회 실시하고, 그 결과를 경영 책임자가 보고받은 경우에는 위 점검 의무를 반기 1회(연 2회) 모두 실시한 것으로 간주한다.

사례) 위험성 평가 Flow(안전학회 자료 참고)

위험성 평가 절차 작성(조직원의 참여와 운영이 가능한 수준)
  → 일정 주기별 협의체 회의: 매 2주마다 / 협력업체 소장이 작성
  → 1차 검토(공사과장) → 2차 검토(안전관리자) → 최종 승인(현장소장)
  → 위험 등급 구분(상, 중, 하)
  → 책임자와 조치 기간 정함(협의체 회의 시)
  → 위험성 평가 반영한 공종별 안전교육(협력업체 소장 중심) / 아침 TBM 시 당일 조치 사
     항 확인
  → 준수 여부 매일 점검·평가 → 반복
  → 위험 관리 수준 향상

※ 건설 현장 위험성 평가 요약: 현장 특성을 반영하고 규모에 적합하게 시스템을 구성하는 것이
   중요

(10) 중소기업 위험성 평가 체계

중소기업은 실제 현장에서 위험성 평가의 행위를 많은 부분 실시하고 있으나 (예: 재해예방기술지도, 유해위험방지계획서, 안전관리계획서, TBM 등) 대기업처럼 체계가 정리되어 있지 않은 경우가 대부분이며, 이해도 부족 및 어려운 용어 등의 혼선으로 마치 위험성 평가를 미실시하고 있는 것으로 오해를 받는 일이 생길 수 있다. 위험성 평가에서 요구하는 부분과 현재 실시되고 있는 안전활동을 현실에 맞게 잘 정리하고, 할 수 있는 부분부터 차근차근 준

비할 필요가 있으며, 소규모 사업장에서는 **복잡하지 않고, 쉽고 간편하게 하면서 지키지 못할 절차나 형식보다는 현실에 맞추어 실행에 옮길 수 있도록 하는 것이 무엇보다 중요하다.**

1) 사전 준비 사항

   가. 위험성 평가 실시 규정을 기업 특성에 맞게 회사 내부에서 작성

   나. 위험성 평가를 담당하는 담당자를 지정: 소규모 기업의 경우 안전 보건 관리 담당자가 이 업무를 수행하게 함

   다. 중·소규모 사업장에서는 인력의 사정에 따라 1인 2역의 업무 겸임도 가능

2) 근로자들의 참여

   가. 직조 반장 등 관리 감독자, 현장의 근로자 약간이라도 참여하여 위험성 선정 회의 등 실시

   나. 순회 점검 방법 등 사전 결정

   다. 상시적인 위험 요인을 파악하기 위해서 간소하게 제안 제도 운영

   - 제안함을 설치하고 근로자들의 의견들을 듣기 위한 청취 회의 등을 마련

   - 아차 사고 신고함이나 게시판 등을 적절한 곳에 설치해서 평시에 위험 요인을 항상 파악하는 노력 필요

3) 상시평가: 월, 주, 일 단위로 일상적으로 위험을 관리하는 활동

   가. 미리 참석자를 선정해서 통보하고, 경영 책임자, 안전 관련 담당자, 근로자 등 적정 규모의 인원으로 실시

   나. 월 단위로 위험성 평가를 하며, 그 내용을 주 단위로 일정한 날을 정하고 월간 안전 합동 점검 회의를 개최

   일 단위에는 작업 전 안전 점검 회의(TBM) 활용

4) 평가 회의

   가. 순회 점검 포인트에 대해 사전 공유하고 사업장을 직접 순회 점검 필요

   나. 위험 요인을 파악: 파악이 어려울 경우 핸드폰으로 사진 촬영 활용

   다. 파악된 위험 요소들을 목록화 작업

   라. 회의를 통해서 각각의 위험성을 결정

마. 3단계 판별법(위험도 상, 중, 하) 사용

5) 대책 마련: 위험을 다 파악하고 위험의 크기를 결정했으면, 그에 맞는 적절한 대책들을 마련
   가. 월 주 단위에서 논의된 사항 그리고 당일 작업 계획에 따른 위험을 주지시켜 줌
   나. 안전보건공단에서 위험성 평가 지원 시스템 KRAS 자료들을 활용

6) 보고 및 기록
   가. 위험성 평가를 한 결과들에 대해서는 보고하고 기록할 것
   나. 사업주는 위험성 평가 결과를 반드시 보고받고 결과에 따르는 필요한 조치를 해야 함

7) 일반적으로 사업주는 위험성 평가의 총괄 관리자가 되고, 부서장은 위험성 평가 실시의 책임자, 현장 관리감독자는 위험성 평가의 실행 담당자가 된 안전·보건 관리자는 위험성 평가의 실시를 지원하는 역할을 하고, 근로자 위험성 평가의 실시 주체로 참여한다.

8) 사업장이 스스로 위험성 평가를 실시하기 어려운 경우에는 외부 전문가(기관)의 컨설팅을 전체적으로 또는 부분적으로 받을 수 있다.
다만, 외부 전문가(기관)의 지원을 받는 경우에도 위험성 평가의 최종 책임은 사업주에게 있고, 기본적으로 사업주(안전보건관리책임자)가 중심이 되어 위험성 평가를 실시한다.

9) 외부전문가(기관)의 지원을 받는 경우, 사업장에 대한 충분한 정보를 제공한다.
중·소규모 사업장은 위험성 평가의 체제 구축을 위해서 외부 전문기관이나 안전단에 위험성 평가 컨설팅을 신청하여 전문적인 지도·조언을 받을 경우에도 사업주 또는 안전보건관리책임자는 위험성 평가에 대한 목적과 방향을 참여자들에게 전하고 사업장 전체를 하나의 방침*에 따라 유도하는 것이 중요하다.

※ 위험성 평가의 핵심

1) 당해 현장의 위험 요인이 무엇인지 그것을 먼저 찾고,

2) 이것을 개선하려면 어떻게 해야 할까 하는 것을 노사가 같이 생각을 하여 기록하고,

3) 정리해 놓은 위험성 평가를, 그다음에 6개월에 한 번씩 점검하는 것이다.

※ 제조업의 경우에는 기계장치가 고정되어 있어 위험 요소 평가 대상의 선정이 비교적 쉽지만, 건설업의 경우 같은 장소에서 위험 요소의 발생과 소멸, 변경 등이 빈번하여 세심한 주의가 요구된다.

6. 안전 조치(산업안전보건법 제38조)

산업안전보건법 제38조는 위반행위에 대한 형사처벌 규정을 두고 있어(제167조 제1항, 제168조 제1호), 법 위반이 없도록 각별한 주의가 필요하다.

(1) 관련법

1) 사업주는 다음 각 호의 어느 하나에 해당하는 위험으로 인한 산업재해를 예방하기 위하여 필요한 조치를 하여야 한다.
   ① 기계, 기구 기타 설비에 의한 위험
   ② 폭발성, 발화성 및 인화성 물질 등에 의한 위험
   ③ 전기, 열, 기타 에너지에 의한 위험

2) 사업주는 굴착, 채석, 하역, 벌목, 운송, 조작, 운반, 해체, 중량물 취급, 그 밖의 작업을 할 때, 불량한 작업 방법[2] 등에 의한 위험으로 인한 산업재해를 예방하기 위하여 필요한 조치를 하여야 한다.

3) 사업주는 근로자가 다음 각 호의 어느 하나에 해당하는 장소에서 작업을 할 때 발생할 수 있는 산업재해를 예방하기 위하여 필요한 조치를 하여야 한다.
   ① 근로자가 추락할 위험이 있는 장소
   ② 토사·구축물 등이 붕괴할 우려가 있는 장소
   ③ 물체가 떨어지거나 날아올 위험이 있는 장소
   ④ 천재지변으로 인한 위험이 발생할 우려가 있는 장소

4) 사업주가 제1항부터 제3항까지의 규정에 따라 하여야 하는 조치(이하 '안전 조치'라 한다.)에 관한 사항은 고용노동부령으로 정한다.

이와 같이 【산업안전보건법 제38조에서 위임한 안전 조치 기준은 열기주의에 따라 열기한 것으로 사업주가 본 규칙에 정한 기준을 위반하지 않는 한 처벌 대상이 될 수가 없다.】
→ 죄형법정주의[3]

---

2) 불량한 작업 방법: 안전 조치를 마련하지 아니하였거나, 규칙에서 정하고 있는 기준에 미달하는 안전 조치 작업을 의미함.
3) 죄형법정주의: 어떤 행위가 범죄로 처벌되기 위해서는 행위 이전에 미리 성문의 법률로 규정되어 있어야 한다는 원칙

이 때문에 산업안전보건법 위반의 죄는 사업주가 법령에서 정한 기준을 위반하지 아니한 이상, 비록 필요한 조치를 취하지 아니한 것을 이유로 하여 처벌을 할 수는 없다는 것이 판례의 입장이다.

산업재해 발생의 위험한 작업은 무수히 많지만, 크게 보면 아래와 같다.

① 토사·구축물의 붕괴   ② 기계, 기구 등의 전도·협착·절단·충돌

③ 추락   ④ 비계, 거푸집 작업

⑤ 건설용 리프트 운행 장소   ⑥ 굴착, 발파, 토사 붕괴

⑦ 파쇄·해체   ⑧ 감전

⑨ 물체의 낙하·비래·차량계 하역운반 기계 또는 차량계 건설 기계 운전 등

한편, 정부는 수시로 산업안전보건법을 일부 개정하여 사업주의 안전 조치 의무를 강화해 왔는데 최근에 법을 전부 개정·보완하였다.

(2) 주요 개정 내용

1) 유해위험물질을 제조·취급하는 설비를 수리하거나, 청소하거나, 개조 등의 작업을 도급할 경우, 도급인은 수급인에게 작업의 유연성과 위험성, 작업상 주의사항, 긴급 조치 등의 정보를 제공하여야 함

2) 수급인이 안전보건 기준 등 법령을 위반하면 도급인이 시정지시 등 조치를 취하여야 함(500만 원 이하의 과태료)

3) 안전 관리 기준

① 50억 이상 120억 미만(토목: 150억 미만) 공사 현장에도 안전관리자 선임, 단, 겸임 가능. (23년 7월 1일 이후 착공 현장)

② 보건 관리 업무 전문 기관 위탁 금지

③ 안전관리비 사용 내역 매월 작성

④ 이동크레인, 차량 탑재형 고소작업대 안전 검사 대상 추가

⑤ 계단 난간 기둥 사이가 25cm 이하인 경우 중간 난간대 설치 생략 등 안전기준 마련

이다. "법률이 없으면 범죄 없고 형벌도 없다."라는 근대 형법의 기본 원리

4) 회전체 등 기계 기구의 작동 부분에 돌기가 있거나, 동력 전달 및 속도 조절 부분, 회전체 기계의 물림점을 갖고 있는 모든 기계 기구에는 위험 부위에 덮개, 방호망, 울 등의 방호 조치를 하여야 함. 이는 기계 기구의 위험 부위가 작업자의 신체 또는 작업복이 닿아 감기거나 끼는 위험을 방지하기 위함임.

5) 가설 구조물에 대한 설계 변경 요청 근거를 마련하였음. 즉, 건설 현장에서 시공 중, 가설 시설물의 붕괴 등 재해 발생 위험이 크다고 판단되면 시공자는 발주자에게 설계변경을 요청할 수 있음.

6) 신규 화학물질 이외의 화학물질에 대해서도 제조·수입자 또는 사용사업주에게 유해성 및 위험성 조사에 관한 명령을 할 수 있음.

(3) 판례의 경향

산업안전보건법의 특징 중 하나는 산업안전보건법 위반사건의 처벌 대상이 산업재해 방지를 위한 사업주의 안전보건상의 조치 의무사항을 사업주가 이행하지 아니한 것, 즉 조치를 취하여야 할 사항에 대하여 조치를 취하지 아니한 '부작위'[4]를 처벌 대상으로 하고 있다. (형법 제18조 참조)[5]

비록 사업주가 안전상의 보호 조치를 취한 행위가 있다 하더라도 규칙에서 정하고 있는 기준에 미달하는 안전상의 조치는, 기준에 맞는 안전 조치로는 미이행이 되어 불량한 작업방법에 해당하므로 처벌 대상이 된다.

※ 형법에서도 부작위에 의한 살인죄가 적용되는데, 이 경우에는 미필적 고의[6], 즉 '사망할 것이다.'라는 것을 알면서 부작위로 일관한 것이 입증되는 경우에는 부작위에 의한 살인죄가 적용됨.

이 때문에 산업안전보건법 위반의 죄는 사업주가 법령에서 정한 기준을 위반하지 아니한 이상, 비록 필요한 조치를 취하지 아니한 것을 이유로 하여 처벌을 할 수는 없고, 법 제38조에 근거한 '산업안전기준에 관한 규칙'은 산업재해를 예방하고 근로자의 안전을 위하여 각종

---

4) 부작위(不作爲, omission)는 '어떤 행위를 해야 할 의무가 있는 사람이 이를 하지 않는 것'을 의미한다.
5) 제18조(부작위범): 위험의 발생을 방지할 의무가 있거나 자기의 행위로 인하여 위험 발생의 원인을 야기한 자가 그 위험 발생을 방지하지 아니한 때에는 그 발생된 결과에 의하여 처벌한다.
6) 미필적 고의: 자기의 어떤 행위로 인해 범죄 결과가 일어날 수 있음을 알면서도 그 행위를 행하는 심리 상태를 말한다.

사업을 행함에 있어 사업주가 취하여야 할 안전 조치 사항을 세분화하여 규정한 것이다.

안전 조치 의무는 근로자가 업무를 수행함에 있어서 입을 수 있는 산업재해의 위험을 미연에 방지하기 위하여 필요한 조치를 하여야 할 의무를 규정한 것으로써, 사업주가 미연에 예방 또는 방지하여야 할 산업재해의 위험은 사업주가 당해 사업과 관련하여 지배할 수 있는 범위 내의 위험에 한정된다고 할 것이고, 단순히 근로자가 사업장 내에서 작업하던 중 산업재해를 입게 되었다는 것만으로는 곧 그 사업주에게 '법'상의 안전 조치 의무를 위반하였다고 단정하거나 추정하여 그에 따른 형사책임을 지울 수는 없으며, 적어도 사업주에게 근로자로 하여금 산업재해의 위험에 노출되도록 하였거나, 이미 발생한 위험을 제거하는데 소홀히 함으로써 산업재해가 현실적으로 발생하도록 방치한 잘못이 있다고 인정되는 경우에 비로소 사업주에게 형사책임을 지울 수 있으므로, 사업주가 안전 조치 없이 위험 작업을 지시하거나, 안전 조치 없이 작업이 이루어지는 사실을 알면서도 방치를 하는 등 사업주의 법 위반 사실이 있고, 법 위반이 원인이 되어 사고가 발생하였을 경우에 한하여 비로소 (구)법 제23조 위반의 죄가 성립되는 것이다. (대법원 2010. 9. 9. 선고 2008도7834 판결, 대법원 2009. 5. 28. 선고 2008도7030 판결 참조)

  ※ (구)법 제23조 ⇒ 법 제38조로 변경됨

【판례】(대법원 2009. 5. 28. 선고 2008도7030 판결)

  (구)산업안전보건법 제23조 제4항은 같은 법 제23조 제1항에서 규정하고 있는 사업주가 하여야 할 안전상의 조치사항을 노동부령에 정하고 있으며, 안전 조치를 취하지 않은 채 작업을 지시하거나, 그와 같은 안전 조치가 취해지지 않은 상태에서 위 작업이 이루어지고 있다는 사실을 알면서도 이를 방치하는 등 그 위반 행위가 사업주에 의하여 이루어졌다고 인정되는 경우에 한하여 성립하고, 위 규칙에서 정한 안전 조치 외의 다른 가능한 안전 조치가 취해지지 않은 상태에서 위험성이 있는 작업이 이루어졌다는 사실만으로 산업안전보건법 제23조 제1항 위반의 범죄를 구성하지 아니한다.

(4) 재해 유형에 대한 안전상이 조치 의무

1) 토사 등에 의한 위험 방지(규칙 제50조)

  사업주는 토사 등 또는 구축물의 붕괴 또는 토석의 낙하 등에 의하여 근로자가 위

험해질 우려가 있는 경우 그 위험을 방지하기 위하여 다음 각 호의 조치를 하여야
한다.

① 지반은 안전한 경사로 하고 낙하의 위험이 있는 토석을 제거하거나 옹벽, 흙막이
지보공 등을 설치할 것

② 지반의 붕괴 또는 토석의 낙하 원인이 되는 빗물이나 지하수 등을 배제할 것

③ 갱내의 낙반·측벽(側壁) 붕괴의 위험이 있는 경우에는 지보공을 설치하고 부석
을 제거하는 등 필요한 조치를 할 것.

2) 추락(발생율이 가장 높은 재해 유형, 규칙 제42조)

가. 사업주는 근로자가 추락하거나 넘어질 위험이 있는 장소[작업발판의 끝·개구부
(開口部) 등을 제외한다.] 또는 기계·설비·선박 블록 등에서 작업을 할 때 근로
자가 위험해질 우려가 있는 경우 비계(飛階)를 조립하는 등의 방법으로 작업발판
을 설치하여야 한다.

나. 사업주는 제1항에 따른 작업발판을 설치하기 곤란한 경우 다음 각 호의 기준에
맞는 추락 방호망을 설치하여야 한다. 다만, 추락 방호망을 설치하기 곤란한 경
우에는 근로자에게 안전대를 착용하도록 하는 등 추락 위험을 방지하기 위하여
필요한 조치를 하여야 한다.

① 추락 방호망의 설치위치는 가능하면 작업 면으로부터 가까운 지점에 설치하
여야 하며, 작업 면으로부터 망의 설치지점까지의 수직거리는 10미터를 초과
하지 아니할 것

② 추락 방호망은 수평으로 설치하고, 망의 처짐은 짧은 변 길이의 12퍼센트 이
상이 되도록 할 것

③ 건축물 등의 바깥쪽으로 설치하는 경우 추락 방호망의 내민 길이는 벽면으로
부터 3미터 이상 되도록 할 것. 다만, 그물코가 20밀리미터 이하인 추락 방호
망을 사용한 경우에는 제14조 제3항에 따른 낙하물 방지망을 설치한 것으로
본다.

다. 사업주는 추락 방호망을 설치하는 경우에는 한국산업표준에서 정하는 성능 기준
에 적합한 추락 방호망을 사용하여야 한다.

라. 사업주는 제1항 및 제2항에도 불구하고 작업발판 및 추락방호망을 설치하기 곤란한 경우에는 근로자로 하여금 3개 이상의 버팀대를 가지고 지면으로부터 안정적으로 세울 수 있는 구조를 갖춘 이동식 사다리를 사용하여 작업을 하게 할 수 있다. 이 경우 사업주는 근로자가 다음 각 호의 사항을 준수하도록 조치해야 한다. (신설 2024. 6. 28.)

① 평탄하고 견고하며 미끄럽지 않은 바닥에 이동식 사다리를 설치할 것

② 이동식 사다리의 넘어짐을 방지하기 위해 다음 각 목의 어느 하나 이상에 해당하는 조치를 할 것

    (a) 이동식 사다리를 견고한 시설물에 연결하여 고정할 것

    (b) 아웃트리거(outrigger)를 설치하거나 아웃트리거가 붙어있는 이동식 사다리를 설치할 것

    (c) 이동식 사다리를 다른 근로자가 지지하여 넘어지지 않도록 할 것

③ 이동식 사다리의 제조사가 정하여 표시한 이동식 사다리의 최대사용하중을 초과하지 않는 범위 내에서만 사용할 것

④ 이동식 사다리를 설치한 바닥면에서 높이 3.5미터 이하의 장소에서만 작업할 것

⑤ 이동식 사다리의 최상부 발판 및 그 하단 디딤대에 올라서서 작업하지 않을 것. 다만, 높이 1미터 이하의 사다리는 제외한다.

⑥ 안전모를 착용하되, 작업 높이가 2미터 이상인 경우에는 안전모와 안전대를 함께 착용할 것

⑦ 이동식 사다리 사용 전 변형 및 이상 유무 등을 점검하여 이상이 발견되면 즉시 수리하거나 그 밖에 필요한 조치를 할 것

【판례】

높은 곳(2m 이상)에서 작업하는 작업자의 안전대 불착용을 그의 과실이라고 하기 위하여는 거푸집 해체 작업이 안전대를 착용하고서도 실시할 수 있고, 시설을 작업자가 쉽사리 이용할 수 있는 상황이어야 한다. (대법원 84다카2207, 1985. 3. 26.) (*비계 설치 또는 해체 시 참조)

3) 개구부(규칙 제43조)

가. 사업주는 작업발판 및 통로의 끝이나 개구부로서 근로자가 추락할 위험이 있는 장소에는 안전난간, 울타리, 수직형 추락방망 또는 덮개 등(이하 이 조에서 '난간등'이라 한다.)의 방호 조치를 충분한 강도를 가진 구조로 튼튼하게 설치하여야 하며, 덮개를 설치하는 경우에는 뒤집히거나 떨어지지 않도록 설치하여야 한다. 이 경우 어두운 장소에서도 알아볼 수 있도록 개구부임을 표시하여야 하며, 수직형 추락방망은 한국산업표준에서 정하는 성능 기준에 적합한 것을 사용해야 한다.

나. 사업주는 난간 등을 설치하는 것이 매우 곤란하거나 작업의 필요상 임시로 난간 등을 해체하여야 하는 경우 제42조 제2항 각 호의 기준에 맞는 추락 방호망을 설치하여야 한다. 다만, 추락 방호망을 설치하기 곤란한 경우에는 근로자에게 안전대를 착용하도록 하는 등 추락할 위험을 방지하기 위하여 필요한 조치를 하여야 한다.

※ 건축물 내 개구부는 시공 과정에서 발생 → 소멸 → 발생이 불규칙적으로 반복되므로 각별한 주의가 요구됨.

4) 안전대의 부착설비(규칙 제44조)

가. 사업주는 추락할 위험이 있는 높이 2미터 이상의 장소에서 근로자에게 안전대를 착용시킨 경우 안전대를 안전하게 걸어 사용할 수 있는 설비 등을 설치하여야 한다. 이러한 안전대 부착설비로 지지로프 등을 설치하는 경우에는 처지거나 풀리는 것을 방지하기 위하여 필요한 조치를 하여야 한다.

나. 사업주는 제1항에 따른 안전대 및 부속설비의 이상 유무를 작업을 시작하기 전에 점검하여야 한다.

5) 지붕 위에서의 작업(규칙 제45조 요약)

사업주는 슬레이트, 선라이트(sunlight) 등 강도가 약한 재료로 덮은 지붕 위에서 작업할 때 발이 빠지는 등 근로자가 위험해질 우려가 있는 경우 폭 30센티미터 이상의 발판을 설치하거나 추락 방호망을 치는 등 위험을 방지하기 위하여 필요한 조치를 하여야 한다.

문제는 지붕 끝에서의 작업이 아닌, 지붕 위에서 작업할 때, 발이 아래로 빠지지 않도록 작업발판을 어떻게 설치할 수 있는가 하는 방법상의 문제가 있고, 안전망의 경우, 작업 지점에서 바닥까지의 높이가 5, 6, 7, 8 등 10m 이하의 높이일 경우, 실현 가능성의 문제가 제기되므로, 이때는 전문기관의 의견을 듣는 것이 바람직하고, 안전대, 안전모는 착용하고 안전대 고리를 걸 수 있는 걸대는 주변 시설물을 이용하는 등 어떠한 방법으로든 확보하여야 한다.

6) 안전난간의 구조 및 설치 요건(규칙 제13조)

사업주는 근로자의 추락 등의 위험을 방지하기 위하여 안전난간을 설치하는 경우 다음 각 호의 기준에 맞는 구조로 설치하여야 한다.

가. 상부 난간대, 중간 난간대, 발끝막이판 및 난간 기둥으로 구성할 것. 다만, 중간 난간대, 발 끝막이판 및 난간 기둥은 이와 비슷한 구조와 성능을 가진 것으로 대체할 수 있다.

나. 상부 난간대는 바닥면·발판 또는 경사로의 표면(이하 '바닥면등'이라 한다.)으로부터 90센티미터 이상 지점에 설치하고, 상부 난간대를 120센티미터 이하에 설치하는 경우에는 중간 난간대는 상부 난간대와 바닥면등의 중간에 설치하여야 하며, 120센티미터 이상 지점에 설치하는 경우에는 중간 난간대를 2단 이상으로 균등하게 설치하고 난간의 상하 간격은 60센티미터 이하가 되도록 할 것. 다만, 난간 기둥 간의 간격이 25센티미터 이하인 경우에는 중간 난간대를 설치하지 아니할 수 있다.

7) 보호구의 지급 의무(규칙 제32조)

　가. 사업주는 다음 각 호의 어느 하나에 해당하는 작업을 하는 근로자에 대해서는 다음 각 호의 구분에 따라 그 작업조건에 맞는 보호구를 작업하는 근로자 수 이상으로 지급하고 착용하도록 하여야 한다.

　　① 물체가 떨어지거나 날아올 위험 또는 근로자가 추락할 위험이 있는 작업: 안전모

　　② 높이 또는 깊이 2미터 이상의 추락할 위험이 있는 장소에서 하는 작업: 안전대

　　③ 물체의 낙하·충격, 물체에의 끼임, 감전 또는 정전기의 대전(帶電)에 의한 위험이 있는 작업: 안전화

　　④ 물체가 흩날릴 위험이 있는 작업: 보안경

　　⑤ 용접 시 불꽃이나 물체가 흩날릴 위험이 있는 작업: 보안면

　　⑥ 감전의 위험이 있는 작업: 절연용 보호구

　　⑦ 고열에 의한 화상 등의 위험이 있는 작업: 방열복

　　⑧ 선창 등에서 분진(粉塵)이 심하게 발생하는 하역 작업: 방진마스크

　　⑨ 섭씨 영하 18도 이하인 급냉동 어창에서 하는 하역 작업: 방한모·방한복·방한화·방한장갑

　　⑩ 물건을 운반하거나 수거·배달하기 위하여 「도로교통법」 제2조 제18호 가목 5)에 따른 이륜자동차 또는 같은 법 제2조 제19호에 따른 원동기장치자전거를 운행하는 작업: 「도로교통법 시행규칙」 제32조 제1항 각 호의 기준에 적합한 승차용 안전모

　　⑪ 물건을 운반하거나 수거·배달하기 위해 「도로교통법」 제2조 제21호의 2에 따른 자전거 등을 운행하는 작업: 「도로교통법 시행규칙」 제32조 제2항의 기준에 적합한 안전모

　나. 사업주로부터 '가'항에 따른 보호구를 받거나 착용지시를 받은 근로자는 그 보호구를 착용하여야 한다.

8) 사다리 작업

　가. 공통 사항

① 사다리 이용이 용이한 경작업에 한하여 사용(전구 교체 작업, 전기통신 작업 등)
② 고소작업대·비계 등의 설치가 어려운 협소한 작업 장소에서 사용
③ 모든 사다리 작업 시 안전모 착용
④ 작업 높이 2m 이상인 경우 안전대 착용(※ 작업 높이: 발을 딛는 디딤대 높이)
⑤ 일자형 사다리 주용도: 이동통로
⑥ 일자형 사다리의 경사 기준각도: 75도 이하

나. A형 사다리(조경용 포함)
① 미끄럼이 없는 바닥에 설치
② 2인 1조로 작업
③ 최상부 발판에서 작업 금지
④ 최대 길이 3.5m 이하 높이에서만 작업
⑤ 안전대, 안전모 착용

다. 사다리 식 통로를 설치할 경우, 다음 각 호의 사항을 준수하여야 한다. (규칙24조)
① 견고한 구조로 할 것
② 심한 손상·부식 등이 없는 재료를 사용할 것
③ 발판의 간격은 일정하게 할 것
④ 발판과 벽과의 사이는 15센티미터 이상의 간격을 유지할 것
⑤ 폭은 30센티미터 이상으로 할 것
⑥ 사다리가 넘어지거나 미끄러지는 것을 방지하기 위한 조치를 할 것
⑦ 사다리의 상단은 걸쳐놓은 지점으로부터 60cm 이상 올라가도록 할 것
⑧ 통로의 길이가 10미터 이상인 경우에는 5미터 이내마다 계단참을 설치
⑨ 기울기는 75도 이하로 할 것. 다만, 고정식 통로의 기울기는 90도 이하로 하고, 그 높이가 7미터 이상인 경우에는 다음 각 목의 구분에 따른 조치를 할 것
(a) 등받이울이 있어도 근로자 이동에 지장이 없는 경우: 바닥으로부터 높이가 2.5미터 되는 지점부터 등받이울을 설치할 것
(b) 등받이울이 있으면 근로자가 이동이 곤란한 경우: 한국산업표준에서 정

하는 기준에 적합한 개인용 추락 방지 시스템을 설치하고 근로자로 하여금 한국산업표준에서 정하는 기준에 적합한 전신안전대를 사용하도록 할 것

⑩ 접이식 사다리 기둥은 접혀지거나 펼쳐지지 않도록 철물 등을 사용하여 견고하게 조치할 것

9) 신호수 배치(신호 : 규칙 제40조)

사업주는 다음 각 호의 작업을 하는 경우 일정한 신호 방법을 정하여 신호하도록 하여야 하며, 운전자는 그 신호에 따라야 한다.

① 양중기(揚重機)를 사용하는 작업

② 제171조 및 제172조 제1항 단서에 따라 유도자를 배치하는 작업

③ 제200조 제1항 단서에 따라 유도자를 배치하는 작업

④ 항타기 또는 항발기의 운전 작업

⑤ 중량물을 2명 이상의 근로자가 취급하거나 운반하는 작업

⑥ 양화장치(揚貨裝置)를 사용하는 작업 등

10) 출입의 금지 등(규칙 제20조)

사업주는 다음 각 호의 작업 또는 장소에 울타리를 설치하는 등 관계 근로자가 아닌 사람의 출입을 금지하여야 한다. 다만, 제2호 및 제7호의 장소에서 수리 또는 점검 등을 위하여 그 암(arm) 등의 움직임에 의한 하중을 충분히 견딜 수 있는 안전지지대 또는 안전블록 등을 사용하도록 한 경우에는 그러하지 아니하다.

① 추락에 의하여 근로자에게 위험을 미칠 우려가 있는 장소

② 유압(流壓), 체인 또는 로프 등에 의하여 지탱되어 있는 기계·기구의 덤프, 램(ram), 리프트, 포크(fork) 및 암 등이 갑자기 작동함으로써 근로자에게 위험을 미칠 우려가 있는 장소

③ 케이블 크레인을 사용하여 작업을 하는 경우에는 권상용(卷上用) 와이어로프 또는 횡행용(橫行用) 와이어로프가 통하고 있는 도르래 또는 그 부착부의 파손에 의하여 위험을 발생시킬 우려가 있는 그 와이어로프의 내각측(內角側)에 속하는 장소

④ 인양전자석(引揚電磁石) 부착 크레인을 사용하여 작업하는 경우에는 달아 올려진 화물의 아래쪽 장소

⑤ 인양전자석 부착 이동식 크레인을 사용하여 작업을 하는 경우에는 달아 올려진 화물의 아래쪽 장소

⑥ 리프트를 사용하여 작업을 하는 다음 각 목의 장소

   (a) 리프트 운반구가 오르내리다가 근로자에게 위험을 미칠 우려가 있는 장소

(b) 리프트의 권상용 와이어로프 내각 측에 그 와이어로프가 통하고 있는 도르래 또는 그 부착부가 떨어져 나감으로써 근로자에게 위험을 미칠 우려가 있는 장소

⑦ 지게차·구내운반차·화물자동차 등의 차량계 하역운반기계 및 고소(高所) 작업대(이하 '차량계 하역운반기계 등'이라 한다.)의 포크·버킷(bucket)·암 또는 이들에 의하여 지탱되어 있는 화물의 밑에 있는 장소. 다만, 구조상 갑작스러운 하강을 방지하는 장치가 있는 것은 제외한다.

⑧ 운전 중인 항타기(杭打機) 또는 항발기(杭拔機)의 권상용 와이어로프 등의 부착 부분의 파손에 의하여 와이어로프가 벗겨지거나 드럼(drum), 도르래 뭉치 등이 떨어져 근로자에게 위험을 미칠 우려가 있는 장소

⑨ 화재 또는 폭발의 위험이 있는 장소

⑩ 낙반(落磐) 등의 위험이 있는 다음 각 목의 장소
　　(a) 부석의 낙하에 의하여 근로자에게 위험을 미칠 우려가 있는 장소
　　(b) 지보공(支保工)의 보강 작업 또는 보수 작업을 하고 있는 장소로서 낙반 또는 낙석 등에 의하여 근로자에게 위험을 미칠 우려가 있는 장소

⑪ 토석(土石)이 떨어져 근로자에게 위험을 미칠 우려가 있는 채석 작업을 하는 굴착 작업장의 아래 장소

⑫ 암석 채취를 위한 굴착작업, 채석에서 암석을 분할 가공하거나 운반하는 작업, 그 밖에 이러한 작업에 수반(隨伴)한 작업(이하 '채석 작업'이라 한다.)을 하는 경우에는 운전 중인 굴착기계·분할기계·적재기계 또는 운반기계(이하 '굴착기계 등'이라 한다.)에 접촉함으로써 근로자에게 위험을 미칠 우려가 있는 장소

⑬ 해체 작업을 하는 장소

⑭ 하역 작업을 하는 경우에는 쌓아놓은 화물이 무너지거나 화물이 떨어져 근로자에게 위험을 미칠 우려가 있는 장소

⑮ 다음 각 목의 항만하역작업 장소
　　(a) 해치커버(해치보드(hatch board) 및 해치빔(hatch beam)을 포함한다.)의 개폐·설치 또는 해체 작업을 하고 있어 해치 보드 또는 해치빔 등이 떨어져 근로자에게 위험을 미칠 우려가 있는 장소
　　(b) 양화 장치, 붐(boom)이 넘어짐으로써 근로자에게 위험을 미칠 우려가 있는 장소

ⓒ 양화 장치, 데릭(derrick), 크레인, 이동식 크레인에 매달린 화물이 떨어져 근로자에게 위험을 미칠 우려가 있는 장소

⑯ 벌목, 목재의 집하 또는 운반 등의 작업을 하는 경우에는 벌목한 목재 등이 아래 방향으로 굴러떨어지는 등의 위험이 발생할 우려가 있는 장소

⑰ 양화 장치 등을 사용하여 화물의 적하[부두 위의 화물에 훅(hook)을 걸어 선 (船) 내에 적재하기까지의 작업을 말한다.] 또는 양하(선 내의 화물을 부두 위에 내려놓고 훅을 풀기까지의 작업을 말한다.)를 하는 경우에는 통행하는 근로자에게 화물이 떨어지거나 충돌할 우려가 있는 장소

⑱ 굴착기붐·암·버킷 등의 선회에 의하여 근로자에게 위험을 미칠 우려가 있는 장소

11) 사전조사 및 작업계획서의 작성 등(규칙 제38조 제1항)

근로자의 위험을 방지하기 위하여 별표 4에 따라 해당 작업, 작업장의 지형·지반 및 지층 상태 등에 관한 사전조사를 하고 그 결과를 기록·보존하여야 하며, 조사 결과를 고려하여 별표 4의 구분에 따른 사항을 포함한 작업계획서를 작성하고 그 계획에 따라 작업을 하도록 하여야 한다.

가. 작업 계획 수립 대상

- 타워크레인 설치·조립·해체 작업
- 차량계 하역운반기계 등을 사용하는 작업
- 차량계 건설 기계를 사용하는 작업
- 화학설비와 그 부속설비를 사용하는 작업
- 전기 작업(전압 50V 이상 또는 전기에너지가 250VA를 넘는 경우)
- 2m 이상 지반 굴착 작업
- 터널 굴착 작업
- 교량(상부구조가 금속 또는 콘크리트로 구성되는 교량으로 높이가 5m 이상이거나 최대 지간 길이가 30m 이상인 교량의 설치·해체·변경 작업
- 채석 작업
- 건물 등의 해체 작업
- 중량물의 취급 작업
- 궤도나 그 밖의 관련 설비의 보수·점검 작업 등
- 열차의 교환·연결 또는 분리 작업

나. 사업주는 제1항에 따라 작성한 작업계획서의 내용을 해당 근로자에게 알려야 한다.

다. 사업주는 항타기나 항발기를 조립·해체·변경 또는 이동하는 작업을 하는 경우 그 작업 방법과 절차를 정하여 근로자에게 주지시켜야 한다.

라. 사업주는 제1항 제12호의 작업에 모터카, 멀티플타이탬퍼(multiple tie tamper), 밸러스트 콤팩터(ballast compactor, 철도자갈다짐기, 궤도안정기 등의 작업 차량(이하 '궤도작업차량'이라 한다.)을 사용하는 경우 미리 그 구간을 운행하는 열차의 운행관계자와 협의하여야 한다. (규칙 제38조)

마. 작업계획서 작성 시 주의사항

작업계획서를 작성한 것보다, 작업계획서대로 작업이 이루어지는 것이 매우 중요함. 표준 작업계획서 또는 법상의 작업계획서는 반드시 안전 평가 결과가 반영되어야 하며, 작업계획서를 작성할 때 특히 중량물 취급 작업 같은 경우에 대해서는 작업계획서가 누락되지 않도록 추가적으로 반드시 확인할 필요하며, 아래 사항에 유의한다.

① 발주자의 자체 점검 및 위험성 평가 이행 점검 시 시공자의 작업계획서 이행 및 준수 상태를 필히 확인할 수 있어야 함.

② 작업 인원, 지휘자 배치, 신호수, 사용 장비, 작업 순서 및 작업 방법 등에 대해 구체적으로 작성하여 작업계획서만으로 작업 내용을 이해할 수 있어야 함.

③ 안전 대책은 실제 작업 방법을 토대로 작성하고 준수 여부를 확인할 수 있도록 구체적이어야 함.

④ 실제 작업을 수행하는 작업자 및 관리감독자(협력업체)의 주도하에 작성, 원청 관리감독자 및 안전관리자의 검토와 현장소장(안전관리책임자)의 승인이 필요.

⑤ 작업계획서는 사전에 작성하고 내용을 근로자에게 알려야 하며, 작업계획서에 따라 실제 작업이 진행되도록 지휘자 등의 관리 감독 필요.

⑥ 작업계획서에 따라 작업이 진행되지 않을 경우, 작업 중지(사용 중지) 등의 적극적인 조치 검토.

⑦ 건설 현장의 경우 일시적·단발적인 장비 작업이 수시로 발생하므로, 작업계획서가 누락 없이 작성되고 준수되도록 하되, 서류 작업에 너무 치우치지 않도록 한다.

⑧ 일시적·단발적인 장비 이용 작업 등은 현장 CCTV 등을 통해 모니터링이 가능하므로 관리 대상에서 누락되지 않도록 한다.

12) 중량물 취급(안전보건규칙 제385조 – 제386조)

가. 중량물 취급

사업주는 중량물을 운반하거나 취급하는 경우에 하역운반기계·운반용구(이하 '하역운반기계 등'이라 한다.)를 사용하여야 한다. 다만, 작업의 성질상 하역운반 기계 등을 사용하기 곤란한 경우에는 그러하지 아니하다.

나. 경사면에서의 중량물 취급

사업주는 경사면에서 드럼통 등의 중량물을 취급하는 경우에 다음 각 호의 사항 을 준수하여야 한다.

① 구름멈춤대, 쐐기 등을 이용하여 중량물의 동요나 이동을 조절할 것

② 중량물이 구르는 방향인 경사면 아래로는 근로자의 출입을 제한할 것

7. 영업정지처분

(구)산업안전보건법 제51조의2 제①항에서 "고용노동부 장관은 다음 각 호의 어느 하나 에 해당하는 산업재해를 발생시킨 경우에는 관계 행정기관의 장에게 관계 법령에 따라 해 당 사업의 영업정지나 그 밖의 제재를 가할 것을 요청하거나, 공공기관의 운영에 관한 법률 제4조에 따른 공공기관의 장에게 그 기관이 시행하는 사업의 발주 시 필요한 제한을 해당 사업자에게 가할 것을 요청할 수 있다."라고 규정한 다음, 제1호에서 "제23조, (중략) 위반 하여 많은 근로자가 사망하거나 사업장 인근 지역에 중대한 피해를 주는 등 대통령령으로 정하는 사고가 발생한 경우."라고 규정하고 있다. 여기서 대통령령으로 정하는 사고라 함은 (구)시행령 제33조의6에서는 아래와 같이 정하고 있었다.

1) 동시에 2명 이상의 근로자가 사망하는 재해

2) 령 제43조 제3항에 따른 중대 산업사고

그러나, 고용노동부는 법을 개정하면서 영업정지를 요청할 수 있는 범위를 재정비하였 고, 시행령에서는 영업정지 요청 절차와 그 밖에 필요한 사항을 따로 정하고 있는데, 그 내

용은 아래와 같다. (법 159조 '영업정지의 요청 등' 참조)

① 고용노동부장관은 사업주가 다음 각 호의 어느 하나에 해당하는 산업재해를 발생시킨 경우에는 관계 행정기관의 장에게 관계 법령에 따라 해당 사업의 영업정지나, 그 밖의 제재를 할 것을 요청하거나, "공공기관의 운영에 관한 법률 제4조에 따른 공공기관의 장에게 그 기관이 시행하는 사업의 발주 시 필요한 제한을 해당 사업자에게 할 것을 요청할 수 있다. 시행령 제110조에서 법 제38조, 제39조 또는 제63조를 위반하여 많은 근로자가 사망하거나 사업장 인근 지역에 중대한 피해를 주는 등 대통령령으로 정하는 사고가 발생한 경우는 아래와 같다.

    1. 동시에 2명 이상의 근로자가 사망하는 재해
    2. 령 제43조 제3항[7] 각 호에 따른 사고(위험물질 누출, 화재, 폭발 등)

② 제1항에 따라 요청을 받은 관계 행정기관의 장 또는 공공기관의 장은 정당한 이유가 없으면 이에 따라야 하고, 그 조치 결과를 고용노동부장관에게 통보하여야 한다.

③ 제1항에 따른 영업정지 등의 요청 절차나 그 밖에 필요한 사항은 고용노동부령으로 정한다. (업무정지처분을 대신하여 부과하는 과징금 처분: 10억 원 이하. 법 제160조)

특히, 고용노동부장관은 사업주가 ①법 제58조 제2항 제2호, 제5조 제1항을 위반하여 승인을 받지 아니하고 도급한 경우, 도급을 받아 재하도급을 하는 경우를 그 대상으로 하면서,

② 과징금을 부과하는 경우 고려 사항을 정하고 있어 일선 행정기관의 재량권을 제한하는 명문규정을 두고는 있지만, 그 기준이 구체적이지 못하고 행정기관(지방자치단체 포함)의 재량권이 비교적 폭넓게 허용되고 있다는 점에서 하수급인 영세 소규모 기업 활동이 위축될 수 있다는 우려가 제기된다.

---

7) 령 제43조 제3항 각 호1. 근로자가 사망하거나 부상을 입을 수 있는 제1항에 따른 설비(제2항에 따른 설비는 제외한다. 이하 제2호에서 같다.)에서의 누출·화재·폭발 사고2. 인근 지역의 주민이 인적 피해를 입을 수 있는 제1항에 따른 설비에서의 누출·화재·폭발 사고

※ 과징금[8]을 부과할 때 고려 사항

    1) 도급 금액, 기간 및 횟수 등

    2) 관계수급인 근로자의 산업재해 예방에 필요한 조치 이행의 노력 정도

    3) 산업재해 발생 여부

건설산업기본법 제82조 제1항에서 "국토해양부 장관은 건설업자가 다음 각 호의 어느 하나에 해당하면 6개월 이내의 기간을 정하여 그 건설업자의 영업정지를 명하거나 영업정지를 갈음하여 1억 원 이하의 과징금을 부과할 수 있다."라고 규정하고 있고, 제7호에서 "산업안전보건법에 따른 중대재해를 발생시킨 건설업자에 대하여 고용노동부장관이 영업정지를 요청한 경우와 그 밖에 다른 법령에 따라 국가 또는 지방자치단체의 기관이 영업정지를 요구한 경우"라고 규정하고 있다.

즉, 건설산업기본법 제82조 제1항 제7호를 들여다보면 국토해양부장관은 ① 고용노동부장관과, ② 국가 또는 지방자치단체의 기관으로부터 영업정지 요청을 받을 수 있고, 이때, 국가 또는 지방자치단체의 기관으로부터 요청을 받는 경우 근거 법은 '그 밖에 다른 법률'이라고 규정하고 있다. (건설산업기본법 제82조 영업정지 참고)

후단 ②번 항의 그 밖의 법령이라 함은 광산법, 선박법, 산림법, 소방법, 전기공사업법 등과 같은 특별법[9]을 의미한다고 보아야 한다.

---

8) 과징금과 벌금: 과징금, 과태료는 금전적 제재 조치이고, 벌금은 행정형벌의 한 종류로 전과기록이 남는 사법 처벌에 해당

9) 특별법: 사람, 사물, 행위, 또는 특정 지역에 국한하여 특별히 적용되는 개념이다.

8. 보호 대상 근로자 확대

(1) 특수근로 형태에 대한 안전·보건(법 제77조)

1) 계약의 형식에 관계없이 근로자와 유사하게 노무를 제공하여 업무상의 재해로부터 보호할 필요가 있음에도 '근로기준법' 등이 적용되지 아니하는 자로서 다음 각 호의 요건을 모두 충족하는 사람(이하 '특수형태 근로종사자'라 한다.)의 노무를 제공하는 자는 특수형태 근로종사자의 산업재해 예방을 위하여 필요한 안전 조치 및 보건 조치를 하여야 한다.
   ① 대통령령으로 정하는 직종에 종사할 것
   ② 주로 하나의 사업에 노무를 상시적으로 제공하고, 보수를 받아 생활할 것
   ③ 노무를 제공할 때 타인을 사용하지 아니할 것

2) 대통령령으로 정하는 특수형태 근로종사자로부터 노무를 제공받는 자는 고용노동부령으로 정하는 바에 따라 안전 및 보건에 관한 교육을 실시하여야 한다.

3) 정부는 특수형태 근로종사자의 안전 및 보건의 유지·증진에 사용하는 비용의 일부 또는 전부를 지원할 수 있다.

   특수형태 근로종사자로는 보험모집원·설계사, 건설기계를 직접 운전하는 사람, 학습지 교사, 집화 또는 배송 업무를 하는 사람, 골프장 캐디, 금융이용자 대출 모집인, 신용카드회원 모집인, 대리운전 업무를 하는 사람, 배달종사자 등이다. (이상 시행령 제68조, 법 제78조 참조)

   산업안전보건법상 근로자도 근로기준법상 근로자와 동일하고, 근로기준법에서 근로자라 함은 "직업의 종류와 관계없이 임금을 목적으로 사업이나 사업장에 근로를 제공하는 자."라고 규정하고 있으며, 근로자인지 사용자인지의 판단은 단순히 명칭이나 직위를 보고 판단하는 것은 아니고, 고용, 위임, 도급 등 계약의 형식과 관계없이 그 실질에 있어 사업 또는 사업장에서 임금을 목적으로 종속적 관계에서 사용자에게 근로를 제공하였는지에 따라 판단한다.

일각에서는 특수형태 근로의 개념을 정규직·비정규직의 개념으로 접근하여 근로관계에서 형성되는 각종 문제를 해결하려는 것으로 인식하고 있으나, 특수형태의 근로가 갖는 의미에는 정규직·비정규직 근로 형태도 포함되지만, 이 양자를 동일 선상의 같은 개념으로의 접근은 다른 법익과의 충돌 문제가 있어 정규직·비정규직의 문제로만 볼 것은 아니다.

근로의 형태라 함은 생산직·사무직의 형태, 제공되는 서비스의 질(質)의 형태, 근로시간의 형태, 어디서 어떻게 근로를 하느냐의 장소적 개념뿐만 아니라, 임금의 형태와 결정 방법 등 실질적인 근로 제공의 모습과 반대급부의 형태 등을 모두 포괄하는 개념이다.

근로기준법과 산업안전보건법상 근로자의 정의가 같고, 근로기준법에서는 '사용자'라는 용어를, 산안법에서는 '사업주'라는 용어를 각각 사용하고 있을 뿐이다. 다만, 임금을 목적으로 근로를 제공하는 근로자라 하더라도 동거인 가족만을 사용하는 사업과 가사 사용인에 대하여는 근로기준법이 적용되지 않는다.

현대 산업사회의 변화 과정에서 태생한 '특수형태 근로자'라는 존재를 직업의 종류를 법률로 정한다면 그 자체가 모순되고, 이에 상응하는 일반 근로자는 또 어떻게 정의되는가 하는 모호성이 제기된다.

특수형태 근로자를 정의함에 있어 오히려, 근로기준법 제72조에서 여자와 18세 미만의 근로자에게 근로를 금지하는 갱내 근로자라든가 잠함 근로자, 업무를 주로 재량에 위임하는 영업사원, 소사장제도 하에서의 하도급 업체 종사자, 가사 사용인 등에서 특수형태 근로의 유형을 찾을 수 있다.

산업안전보건법에서는 특수형태 근로자를 '근로기준법'에 적용되지 아니하는 자로 하고, 시행령으로 특정 직업에 종사하는 근로자를 선정하였는바, 이들이 과연, 근로기준법의 적용을 받지 아니하는 근무자인가 하는 문제는 여전히 이론의 여지로 남아 있다.

문제는 근로기준법에서는 일반 근로자와 특수형태 근로자를 나누어 구분한 바 없고, 오히려 직업의 종류를 불문하고 있으며, 근로기준법 제76조에서 근로자의 안전과 보건에 관하여는 "산업안전보건법에 따른다."라고 위임하고 있는데, 여기서 위임은 직업의 종류에 따라 일반 근로자와 특수형태 근로자로 나누어 특정 직업에 종사하는 특수형태의 근로자는 근로기준법상 근로자가 아닌 것으로 하여 위임한 것은 아니다.

비정규직법에서는 특수형태 근로종사자는 독자적인 사무실, 점포 또는 작업장을 보유하지 않았으면서 비독립적인 형태로 업무를 수행하면서도, 다만 근로 제공의 방법, 근로 시간 등은 독자적으로 결정하면서, 개인적으로 모집·판매·배달·운송 등의 업무를 통해 고객을 찾거나 맞이하여 상품이나 서비스를 제공하고 그 일을 한 만큼 소득을 얻는 자로 설명하고 있다.

근로 계약은 자본주의 이념이기도 한 계약자유주의 원칙에 따라 노·사 관계에서의 쌍무계약[10]으로, 이윤을 추구하는 기업으로써는 시장경제와 결합된 경영 구조에 따라 다양한 형태로 나타나게 되는데, 이는 생산직 근로자와 같이 엄격한 지휘통제하의 종속적 노동관계의 형태에만 머물지 않고, 비교적 사용자로부터 일정한 영역 내에서 독립적 노동의 모습을 동시에 가지는 형태로 진화하는 과정에서 이른바 '특수형태의 근로'의 모습으로 나타나는 현상이고, 실질적으로는 기업이 생산성을 향상시키기 위해 비용으로 발생하는 인건비를 과거 고정급에서 능률급으로 전환하는 변형된(변화된) 노사관계의 모습에서 나타나는 하나의 현상으로 보아야 하지 않는가 싶다.

이러한 특수형태 근로의 종사자들은 근로기준법상 근로자성이 주로 거론되지만 노동조합 및 노동관계조정법상의 근로자성 문제, 산업재해 보상상의 문제, 산업안전보건법상의 문제가 대두되면서 나아가 민·형사 재판에서 손해배상, 불법 행위로 인한 사용자 책임 등 각종 이익 충돌 문제로 확장되면서, 노사 간 이러한 이해 충돌은 행정법규의 규제와 사법부의 통제로 문제 해결을 도모해왔지만, 이해당사자 간 갈등 문제는 여전히 마찬가지이다.

---

10) 쌍무계약: 계약 당사자 쌍방이 서로 의무를 부담하는 계약. ↔ 편무계약

이러한 혼란은 노동법의 적용 대상으로써 가장 기초적인 개념인 근로자 개념을 어떻게 정립할 것인가의 문제라기보다는 법을 해석·운영·판단하는 주체 간 문제가 아닌가 싶다. (근로자의 정의는 하나인데 비해 해석은 각각이라는 의미임.)

근로자의 안전과 보건 문제는 공익으로써의 보호가치가 매우 크고, 공익의 가치를 담보하기 위하여 기업의 이익에 다소 영향을 준다 하더라도 기업의 사회성과 국민의 생명과 재산을 보호하기 위해서 행정 규제를 강화하는 것은 너무도 당연하다.

기왕의 근로자성에 관한 기존의 법률과 근로자성 판단에 대한 형성된 판례에 비추어보면 근로자 군을 분리하지 않고도 소기의 행정 목적을 달성할 수가 있으리라 생각된다. 즉, 특수형태 근로자를 근로기준법상 근로자가 아닌 것으로 배척하고 있는바, 이들이 계약의 형식과는 상관없이, 제공되는 노동의 참모습과 실질에 있어 이들이 노동에 의한 수입으로 생활한다면, 이들도 근로기준법상 근로자로 인정하여(판례의 변경) 사회의 통합과 공익의 가치가 선순환될 수 있도록 보다 전향적인 인식의 전환이 필요하다.

특수형태 근로종사자들에 대하여 고용노동부의 법 개정 배경 설명은 아래와 같다.

기업들은 비용 절감, 인사 관리 효율화, 디지털 산업의 발달 등 다양한 요인에 기인하여 직접고용 방식에서 외주화 등 비전형적인 고용 형태로 전환하고 있다.

그러나 이들은 전형적인 근로기준법에 따른 근로자로 보기 어려워, 업무 여건이 취약함에도 산업안전보건법 등 노동관계법의 보호는 거의 받지 못하는 상태에 있다.
근로기준법이 정한 법적 보호를 받게 되는 근로자의 범위에 속하는지 여부는 원칙적으로 그 사람이 상대방과의 '사용종속관계' 아래에서 임금을 목적으로 근로기준법상의 사업 또는 사업장에서 근로를 제공하기로 하는 내용의 근로 계약을 체결하였는지 여부에 따라 결정되며, … 사업주에 대하여 독립적 관계에서 노무를 제공하고 그 대가를 지급받는 노무 제공자에 대해서는 원칙적으로 근로기준법이 적용되지 않는다.

그러면서, 헌법재판소는 "특수형태 근로종사자의 지위, 노무 제공 방법, 경제적 종속성 등을 고려할 때 근로기준법은 그대로 적용될 수 없지만 별도의 보호가 필요하다." 하였으며, 특수형태 근로종사자는 사업주에 대하여 경제적 종속성을 가지고 있고, 타인을 이용하지 않고 자신이 직접 노무를 제공하며, 주로 특정한 1인의 사업주를 위하여 노무를 제공하지만, 근로기준법상 근로자와 달리 노무를 제공함에 있어 특정한 지시나 지휘·감독에 구속되지 않는다. 말하자면 근로기준법상 근로자와 자영인의 중간적 위치에 있는 노무 제공자라고 할 수 있다. (헌법재판소 2016. 11. 24. 선고 2015헌바413 결정)

여기서 소위 특수형태 근로종사자로 분류되는 골프장 캐디, 보험 모집원, 배달원, 대리운전기사, 영화 제작 종사자, 야쿠르트 판매 사원 등 타인을 고용하지는 않지만, 상시적으로 근로를 제공하면서 사용자로부터 비교적 자유로운 상태에서 자기가 스스로 시장을 개척하고, 보수를 영업실적에 따른 성과급으로 배분을 받을 경우, 이는 현재 근로기준법상 근로자로 인정되는 영업사원과도 크게 다를 바 없다는 측면에서 '특수형태 근로종사자'라는 이름하에 어느 특정 직업 또는 직종을 꼬집어 이 종사자들을 근로기준법의 적용 대상이 아닌 것으로 특정되는 것은 사회적으로도 보호 대상이 되어야 하는 공익성의 보호 가치 측면에서 매우 아쉬운 부분이고, 헌법재판소의 판결에 따라 행정부로서도 현행법의 해석을 달리할 수 없으므로 특수 근로자라는 별도의 영역을 법적 근거 없이 판례로 따로 설정할 것이 아니라 헌법재판소와 대법원의 판례 변경을 통해 새로이 설정하는 방안을 검토할 필요가 있다.

【판례】 (대법원 2019도 9688 근로기준법 위반 2019. 10. 17. 선고)

"스태프는 ① 피고인은 영화의 제작 방향을 설정하고, 각 부서 책임자를 통해 각 부서에 소속된 스태프들의 업무를 통제할 수 있었던 것으로 보이는 점, ② 피고인이 설정한 예산 및 계약 기간 내에서 스태프들과 사이에 개별 계약이 이루어졌고, ③ 고용 및 해고에 관한 권한을 보유하고 ④ 최근 영화 제작자들과 근로자들 사이에는 표준계약서 등 활용하여 근로기준법의 적용을 전제로 고용계약이 이루어지는 경우가 늘어나고 있는바, 이 사건 계약을 체결한 스태프들이 근로기준법상 근로자에 해당함을 전제로 하여 공소 사실을 유죄로 판단한 원심 판결에는 사실오인의 위법이 없다.

【판례】 플랫폼 종사자의 근로자 해당

"협력업체가 운전기사로 공급한 참가인이 원고 A가 운영하는 차량호출서비스 C앱 서비스를 위해 그 지휘·명령을 받아 원고 A의 C 차량 운전업무를 수행하였으므로, 참가인은 근로기준법상 근로자에 해당하고 그 사용자는 원고 A"라고 보아 원고 A의 상고를 기각함. (대법원 2024두32973 2024. 7. 25. 선고)

(2) 가맹본부의 산업재해 예방(법 제79조)

가맹본부의 산업재해 예방조치 대상을 외식업종(대분류), 도소매업(대분류) 중 편의점(중분류)으로서 소속 가맹점 수가 200개소 이상인 가맹본부로 정하고, 가맹점의 설비나 기계, 원자재 또는 상품 등을 공급하는 경우에 가맹점 사업자와 그 소속 근로자의 산업재해 예방을 위하여 안전 및 보건에 관한 프로그램 마련, 정보제공, 등 의무를 부과하고 있다.

이동통신 단말장치 등 물건의 수거·배달 등을 중개하는 사업주는 그 중개를 통해 이륜자동차로 물건의 수거·배달에 종사하는 사람에게 안전·보건 조치를 하도록 그 근거 규정을 마련하였다.

안전규칙에 과속 배달(배달 시간 제한) 금지, 앱에 이용자 등록 시 승용차 면허 및 안전모 소지 여부 등을 확인 후 등록될 수 있도록 하는 등의 의무 규정을 마련하는 한편, 중개하는 자가 안전 보건 조치 의무 위반 시 1천만 원 이하의 과태료를 부과하도록 하였다.

9. 위험한 기계·기구의 방호 조치(법 80조 관련)

누구든지 동력으로 작동하는 기계·기구로 대통령령으로 정하는 것은 고용노동부령으로 정하는 유해위험방지를 위한 방호 조치를 하지 않고는 양도·대여·설치·사용·진열할 수 없고, 안전장치가 항상 정상 기능을 발휘할 수 있도록 점검·정비하여야 하고, 이때, '동력으로 작동하는 기계·기구'라 함은 아래의 기능으로 에너지를 발생시키는 기계·기구를 말한다.

① 작동 부분에 돌기 부분이 있을 것

② 동력 전달 부분 또는 속도 조절 부분이 있을 것

③ 회전 기계에 물체 등이 말려 들어갈 부분이 있는 기계·기구

④ 그 밖의 대통령령으로 정하는 기계·기구

* 유해·위험 방지를 위하여 방호조치가 필요한 기계·기구 등(시행령 70조 관련 별표 20)

① 예초기   ② 원심기

③ 공기압축기   ④ 금속절단기

⑤ 지게차   ⑥ 포장기계(진공포장기, 랩핑기로 한정한다.)

그리고, 대여 대상 기계·기구·설비 및 건축물은 아래와 같다.

* 대여자 등이 안전 조치 등을 해야 하는 기계·기구·설비 및 건축물 등(시행령 71조 관련 별표 21)

1. 사무실 및 공장용 건축물, 2. 이동식 크레인, 3. 타워크레인, 4. 불도저, 5. 모터 그레이더, 6. 로더, 7. 스크레이퍼, 8. 스크레이퍼 도저, 9. 파워 셔블, 10. 드래그라인, 11. 클램셸, 12. 버킷굴삭기, 13. 트렌치, 14. 항타기, 15. 항발기, 16. 어스드릴, 17. 천공기, 18. 어스오거, 19. 페이퍼드레인머신, 20. 리프트, 21. 지게차, 22. 롤러기, 23. 콘크리트 펌프, 24. 고소작업대, 25. 그 밖에 산업재해보상보험 및 예방심의위원회 심의를 거쳐 고용노동부장관이 정하여 고시하는 기계, 기구, 설비 및 건축물 등

(1) 방호 조치 공통 사항

1) 기상 상태
    ① 강풍 눈·비 등 악천후 시 작업 중지

    ② 순간풍속 10m/s 초과 시 타워크레인 설치·해체·수리 작업 금지

    ③ 순간풍속 15m/s 초과 시 타워크레인 운전 중지

2) 작업계획서
    ① 사전 조사 및 위험 요소 파악

    ② 규칙 검토 후 구체적인 예방 계획 수립

    ③ 작업 계획 교육 및 작업 지시로 정보 공유

3) 운전자
    ① 화물 하중 및 편 하중적재 상태 확인

    ② 운전자 탑승 경로 준수

    ③ 운전 시 전후방 주시의무 준수 및 신호수의 정확한 교신

4) 사용 제한
    ① 주된 용도로만 사용

    ② 적재 허용하중 준수

5) 방지 조치 등
    ① 전도 방지

    ② 출입 제한 및 유도자 배치

    ③ 운전 시 붐대 회전 반경 내 작업자 접근 금지

(2) 양중기

    ① 운전자 및 작업자가 쉽게 볼 수 있는 곳에 정격 하중, 운전 속도, 경고 표시 등 부착

    ② 과부하장치, 제동장치 등 운행 전 점검

    ③ 와이어로프를 사용 시 부식, 풀림 상태, 훅과의 연결 상태 확인

④ 지브 크레인을 사용할 시 지브 경사각의 범위에서 사용

⑤ 기타 크레인 작업 시 안전 조치 사항 참조

(3) 항타기 및 항발기(안전보건규칙 제209조)

① 연약한 지반에 설치할 경우 깔판, 깔목 등으로 내력 보강

② 각부나 가대가 미끄러질 우려가 있는 경우 말뚝 또는 쐐기로 고정력 보강

③ 버팀대, 버팀줄, 평행추로 안정시키는 경우 각각에 대한 안전 조치 실시

④ 권상용 와이어로프가 꼬이지 않도록 유의

⑤ 작업 시 권상장치에 하중을 건 상태로 정지하여 두는 경우 장비를 사용하여 제동하는 등 확실한 정지 상태 유지

10. 크레인

　건설공사 도급인이 유해·위험 방지를 위해 필요한 조치를 하여야 할 대상 기계 기구 또는 설비 등을 건설 현장에서 설치·해체·조립 작업이 이루어지는 건설기계로써 '타워크레인, 건설용 리프트, 항타기 및 항발기'로 규정하고, 고층건물, 공동주택 건설공사 또는 조선소에서는 타워크레인이 필수적인 건설 장비이고, 동 장비는 장비 임대업자가 인력과 함께 건설 현장에 공급되는 경우도 상당 부분 있는 것이 대부분이다. 이때, 장비 임대업자의 영세성에 따른 안전 조치의 미약한 점을 보강하기 위하여 도급인에게 안전 조치에 대한 의무를 부과한 것이다.

※ 법 제82조/시행령 제72조~74조: 타워크레인 설치·해체업의 등록 등에 관한 기준 참조

※ 조립 등의 작업 시 조치 사항 (안전보건규칙 제141조)

　사업주는 크레인의 설치·조립·수리·점검 또는 해체 작업을 하는 경우 다음 각 호의 조치를 하여야 한다.

1. 작업 순서를 정하고 그 순서에 따라 작업을 할 것
2. 작업을 할 구역에 관계 근로자가 아닌 사람의 출입을 금지하고 그 취지를 보기 쉬운 곳에 표시할 것
3. 비, 눈, 그 밖에 기상상태의 불안정으로 날씨가 몹시 나쁜 경우에는 그 작업을 중지시킬 것
4. 작업장소는 안전한 작업이 이루어질 수 있도록 충분한 공간을 확보하고 장애물이 없도록 할 것
5. 들어 올리거나 내리는 기자재는 균형을 유지하면서 작업을 하도록 할 것
6. 크레인의 성능, 사용조건 등에 따라 충분한 응력(應力)을 갖는 구조로 기초를 설치하고 침하 등이 일어나지 않도록 할 것
7. 규격품인 조립용 볼트를 사용하고 대칭되는 곳을 차례로 결합하고 분해할 것

【판례】

타워크레인의 설치작업 중 전문업자에게 도급을 주어 설치작업을 하던 중 발생한 사고에 대하여 건설회사의 현장 대리인에게 업무상 과실치사상의 죄책을 물을 수 없다. (대법원 2005. 9. 9. 선고 2005도3108)

타워크레인 설치 작업은 고도의 전문적 기술을 요하는 것이기 때문에 피의자는 이에 대한 안전상의 관리·감독을 할 수 없을 뿐만 아니라 본건 피해자를 포함하여 하역 및 설치 작업에 관여한 근로자들 대부분 위 ○○기업에 소속되어 있었고, 동 회사에서 따로 현장소장을 파견하여 작업하고 있을 수 없을 뿐만 아니라 본건 피해자를 포함하여 하역 및 설치작업에 관여하였기 때문에 그들에 대하여 자신이 특별한 안전교육 등을 시킬 지위에 있지도 아니하며, 이는 전적으로 위 ○○물산과 ○○기업에서 담당하여야 하는 것이고, 계약상으로도 크레인의 설치 과정에서 발생하는 안전사고에 대하여는 공급자 측에서 책임을 지도록 되어 있으므로 과실이 없다고 변소. 피의자에게는 증거가 없어 무혐의를, ○○기업에 대하여는 산안법 위반 구약식[11] 처분을 한 사례. (○○지청 1996. 형 제101567, 102914호 병합)

---

11) 구약식 : 법원에 약식명령을 청구한다는 것으로 경미한사건에서 재판없이 벌금형을 내리는 제도

11. 유해 · 위험방지계획서(법 제42조, 시행령 제42조)

　유해·위험방지계획서란 건설 현장등에서 해당 공사를 진행하는 도중에 유해물질이나 위험 요인으로 인해 발생할 수 있는 안전사고를 방지하기 위한 계획을 말하고, 사업 다음 각 호의 어느 하나에 해당하는 기계·기구 및 설비를 할 경우 유해·위험방지계획서를 작성하여 고용노동부장관에게 제출하여야 한다.

　　1. 금속이나 그 밖의 광물의 용해로
　　2. 화학 설비
　　3. 건조 설비
　　4. 가스 집합 용접 장치
　　5. 고용노동부령으로 정하는 물질의 밀폐·환기·배기를 위한 설비
　　6. 지상높이가 31미터 이상인 건축물 또는 인공구조물, 연면적 3만제곱미터 이상인 건축물 또는 연면적 5천제곱미터 이상의 문화 및 집회시설(전시장 및 동물원·식물원은 제외한다.), 판매시설, 운수시설(고속철도의 역사 및 집배송시설은 제외한다.), 종교시설, 의료시설 중 종합병원, 숙박시설 중 관광숙박시설 지하도상가 또는 냉동·냉장창고시설의 건설·개조 또는 해체 공사, 연면적 5천제곱미터 이상의 냉동·냉장창고시설의 설비 공사 및 단열 공사
　　7. 최대 지간길이가 50미터 이상인 교량 공사
　　8. 터널 공사
　　9. 다목적댐, 발전용 댐 및 저수 용량 2천만 톤 이상의 용수 전용 댐, 지방 상수도 전용 댐
　　10. 깊이 10미터 이상인 굴착공사

　이때, 유해·위험방지계획서 작성 대상 시설물 또는 구조물의 공사를 하기 위하여 대지 정리 및 가설사무소 설치 등의 공사 준비 기간은 착공으로 보지 아니한다. (이상 법 제42조 참조) 유해위험방지계획서는 당해 공사의 안전에 관한 기본적인 총괄 계획이므로, 사업주는 공정별로 세부계획을 수립할 때, 본 계획서를 참조하되, 본 계획서에 없는 세부 사항을 보완하여 수립 시행하면 되고, 다만, 시공 과정에서 당초 계획의 수정이 불가피할 경우에는 수정계획서를 작성하여 고용노동부장관의 승인을 받도록 한다. 설계변경 때도 이와 같다.

12. 안전 진단과 안전 개선 계획

건축물의 안전율 계산에서 주로 사용하는 '안전율(Safety Factor)'이라는 개념은 건물에 작용한 하중(외력)에 대한 건물의 저항 능력(내력)의 비율로서 이를 아래의 식과 같이 나타낼 수 있다.

안전율(S·F) = 건물의 저항능력(내력)/작용하중(외력)

건물을 설계할 때에는 정밀구조해석 및 설계를 통하여 건물이 사용 기간에 작용할 수 있는 모든 종류의 하중에 대하여 안전하도록 설계한다.

부재의 설계 시 기준이 되는 부재의 설계 강도는 각 재료의 강도에 안전율을 적용하여 사용한다. 또한, 건물에 작용할 것이라고 예상하는 하중도 각 하중의 불확실성을 고려, 다소 크게 가정하여 설계한다. 따라서 건물이 완공된 후에는 전체적으로 구조적 안정성이 있다고 보아야 한다.

고용노동부장관은 추락·붕괴·화재·폭발, 기타 유해하거나 위험한 물질의 누출과 같은 위험이 현저히 높은 경우 사업주에게 안전·보건 진단을 명할 수 있다.

사고의 발생은 건물의 불안정한 구조적 문제, 즉, 기둥, 보, 벽체, 슬라브, 용수로, 전압, 기타 안전시설물 등의 불안정성이 원인이 되지만, 사고의 원인이 시설물의 구조적 결함에 기인한다기보다는 작업자들의 안전 수칙 미이행과 같은 불측(不測)의 중대사고가 발생하는 경우도 상당 있는 것이 현실이다.

최근 종종 발생하는 비계에 설치된 작업발판 붕괴의 경우, 건축물 구조상의 문제라기보다는 작업발판 위에 건축자재 또는 철거한 건축폐기물을 쌓아둔 채 여러 명의 작업 인원이 작업하는 과정에서 자재 또는 폐기물의 무게와 작업자들의 몸무게가 합치면서 발생한 과부하 상태에서 순간적으로 편하중이 발생하여 비계가 작업발판과 함께 무너지는 경우가 좋은 예(例)라 하겠다.

건축물 구조상의 문제로서는 일반적으로 기둥이 바닥에 작용하는 하중을 기초까지 전달하는 역할에 힘이 중앙 부분에 작용하지 않거나 수직으로 전달되지 않으면 전체하중에 영향으로 기둥이 휘어지려는 경향이 있어 문제가 될 수 있고, 보에 지나친 하중이 걸리는 경우, 내력 벽체가 갖는 지지 역할, 굴착 시 기존 구조물의 하중을 지지하는 기초를 손상시킬 수 있는 경우, 지하용수의 누수가 동반되어 지반이 약해질 우려가 있는 경우, 건물 외부 벽체에 나타나는 균열 현상, 밀폐된 공간에서 유독가스의 유증기화, 맨홀 작업, 고압 활선 작업, 안전시설의 불안정성 등을 들 수가 있다.

고용노동부장관이 중대재해가 발생하여 안전진단을 명할 경우, 안전진단기관은 사고의 유형별로 정해진 매뉴얼에 따라 진단이 진행되며, 일반적으로 아래와 같은 내용으로 진행이 된다.

1. 사업장 개요
2. 피해자 인적사항 및 피해 정도
3. 중대재해 발생 경위
4. 중대재해 발생 원인 및 재발 방지 계획
5. 향후 작업 공정별 위험 요인 및 안전 관리 대책
   5.1 관리적 사항
   5.2 현장 안전·보건에 관한 사항
   5.3 잔여 공종
   5.4 주요 공종별 안전 관리 대책
6. 기타 필요한 사항
7. 총평

문제는, 건축물 등 시설물의 하자라기보다는 작업 방법상의 문제로 중대재해가 발생하였고, 안전 규칙에서 규정하고 있는 안전 조치로도 재해 예방이 현실적으로 가능함에도 불구하고 임서에서 무리하게 안전 진단 명령을 발하는 경우가 있고, 안전 진단 과정에서 사고의 원인 분석 시 작업자의 불안정한 행동과 사업주의 위험성 예측 가능성, 상대적 위험성 등을 고려하지 않는 경우가 있다.

13. 건설공사 발주자 산업재해 예방 의무

(1) 발주자의 정의

'건설공사 발주자'란 건설공사를 도급하는 자로서 건설공사의 시공을 주도하여 총괄·관리하지 아니하는 자를 말한다. 다만, 도급받은 건설공사를 다시 도급하는 자는 제외한다 (법 제2조 참조)

산업안전보건법(제62조 ~ 제66조)은 도급인의 안전·보건 조치 의무를 규정하고 있다. 다만, 산업안전보건법상 건설공사발주자는 건설공사의 시공을 주도하여 총괄·관리하지 않는 자(법 제2조 제10호)로서 도급인에서 제외(법 제2조 제7호 단서)되기 때문에 산업안전보건법상 도급인의 안전·보건 조치 의무를 부담하지 않는다.

따라서, 건설공사 현장에서 협력 업체 근로자가 사망한 경우 원청이 산업안전보건법상 건설공사 발주자인지, 도급인인지에 따라 산업안전보건법상 책임 주체가 달라지므로 건설공사 발주자와 도급인의 구분은 큰 의미가 있다.

【판례】건설공사 도급인과 발주자의 구분 기준 제시

항만공사가 갑문 시설 유지보수 공사 관리 위탁 계약을 체결한 후 강구조물 공사 업체들에게 갑문 정기 보수 공사를 발주하였는데, 위 강구조물 공사 업체 소속 직원이 갑문 상하부 가이드 장치 분리 작업 도중 추락사한 사안에서, 항소심 법원은 항만공사를 건설공사 발주자로 보아 산업안전보건법 위반에 대해 무죄로 판단하였으나, 대법원은 "건설공사발주자가 '시공을 주도하여 총괄·관리하지 않는 자'여도 유해·위험 요소에 실질적인 지배·관리 권한이 있는 경우 안전보건 조치 의무를 부담한다."라는 사유로 항만공사 및 대표자에게 무죄를 선고한 원심을 유죄 취지로 파기 환송하였다. (대법원 2024. 11. 14. 선고 2023도14674 판결)

[다른 법령에서의 발주자 정의]

건설산업기본법 제2조(정의) 10. '발주자'란 건설공사를 건설사업자에게 도급하는 자를 말한다. 다만, 수급인으로서 도급받은 건설공사를 하도급하는 자는 제외한다.

전기공사업법 제2조(정의) 4. '발주자'란 전기공사를 공사업자에게 도급을 주는 자를 말한다. 다만, 수급인으로서 도급받은 전기공사를 하도급 주는 자는 제외한다.

정보통신공사업법 제2조(정의) 11. '발주자'란 공사(용역을 포함한다. 이하 이 조에서 같다.)를 공사업자(용역업자를 포함한다. 이하 이 조에서 같다.)에게 도급하는 자를 말한다. 다만, 수급인으로서 도급받은 공사를 하도급하는 자는 제외한다.

소방시설공사업법 제2조(정의) 5. '발주자'란 소방시설의 설계, 시공, 감리 및 방염(이하 '소방시설공사등'이라 한다.)을 소방시설업자에게 도급하는 자를 말한다. 다만, 수급인으로서 도급받은 공사를 하도급하는 자는 제외한다.

문화재 수리 등에 관한 법률 제2조(정의) 14. '발주자'란 문화재 수리, 실측 설계 또는 감리를 문화재 수리업자, 문화재 실측 설계업자 또는 문화재감리업자에게 도급하는 자를 말한다. 다만, 수급인으로서 도급받은 문화재 수리를 하도급하는 자는 제외한다.

(2) 건설공사 발주자의 산업재해 예방(법 제67조)

1) 대통령령으로 정하는 건설공사의 건설공사발주자는 산업재해 예방을 위하여 건설공사의 계획, 설계 및 시공 단계에서 다음 각 호의 구분에 따른 조치를 하여야 한다.
   ① 건설공사 계획 단계: 해당 건설공사에서 중점적으로 관리하여야 할 유해·위험 요인과 이의 감소 방안을 포함한 기본안전보건대장을 작성할 것
   ② 건설공사 설계 단계: 제1호에 따른 기본안전보건대장을 설계자에게 제공하고, 설계자로 하여금 유해·위험 요인의 감소 방안을 포함한 설계안전보건대장을 작성하게 하고 이를 확인할 것
   ③ 건설공사 시공 단계: 건설공사발주자로부터 건설공사를 최초로 도급받은 수급인에게 제2호에 따른 설계안전보건대장을 제공하고, 그 수급인에게 이를 반영하여 안전한 작업을 위한 공사안전보건대장을 작성하게 하고 그 이행 여부를 확인할 것

2) 제1항에 따른 건설공사발주자는 대통령령으로 정하는 안전보건 분야의 전문가에게 같은 항 각 호에 따른 대장에 기재된 내용의 적정성 등을 확인받아야 한다. (산안법 제67조 제2항)

3) 제1항에 따른 건설공사발주자는 설계자 및 건설공사를 최초로 도급받은 수급인이 건설 현장의 안전을 우선으로 고려하여 설계·시공 업무를 수행할 수 있도록 적정한 비용과 기간을 계상·설정하여야 한다.

4) 제1항 각 호에 따른 대장에 포함되어야 할 구체적인 내용은 고용노동부령으로 정한다. (시행규칙 제86조, 일부 개정 2024. 6. 28.)

가. 기본안전보건대장에는 다음 각 호의 사항이 포함되어야 한다.

① 공사 내용, 공사 규모 등 공사 개요

② 공사 현장 제반 정보

③ 공사 시 유해·위험 요인과 안전 조치 및 위험성 감소 방안

④ 산업재해 예방을 위한 건설공사발주자의 법령상 주요 의무 사항 및 이에 대한 확인

나. 설계안전보건대장에는 다음 각 호의 사항이 포함되어야 한다. 다만, 건설공사발주자가 「건설기술 진흥법」 제39조 제3항 및 제4항에 따라 설계 용역에 대하여 건설엔지니어링사업자로 하여금 건설사업관리를 하게 하고 해당 설계 용역에 대하여 같은 법 시행령 제59조 제4항 제8호에 따른 공사 기간 및 공사비의 적정성 검토가 포함된 건설사업관리 결과보고서를 작성·제출받은 경우에는 제1호를 포함하지 않을 수 있다.

① 안전한 작업을 위한 적정 공사 기간 및 공사 금액 산출서

② 건설공사 중 발생할 수 있는 유해·위험 요인 및 시공 단계에서 고려해야 할 유해·위험 요인 감소 방안

③ 법 제72조 제1항에 따른 산업안전보건관리비의 산출내역서

⇒ 설계안전보건대장의 작성·활용·관리를 위한 주요 고려 사항은 다음과 같음

① 설계안전보건대장 작성 시 고려 사항

– 설계안전보건대장 항목의 누락 여부

– 작성된 항목의 활용 가치

② 설계안전보건대장 관리 및 활용 시 고려 사항

　　　– 기본안전보건대장 반영 수준
　　　– 설계안전보건대장 작성 시기 및 승인 수준
　　　– 이력관리 등 최신화 상태

다. 공사안전보건대장에 포함하여 이행 여부를 확인해야 할 사항은 다음 각 호와 같다.
　① 설계안전보건대장의 유해·위험 요인 감소 방안을 반영한 건설공사 중 안전 보건 조치 이행 계획
　② 법 제42조 제1항에 따른 유해위험방지계획서의 심사 및 확인 결과에 대한 조치 내용
　③ 건설공사용 기계·기구의 안전성 확보를 위한 배치 및 이동계획④ 법 제73조 제1항에 따른 건설공사의 산업재해 예방 지도를 위한 계약 여부, 지도 결과 및 조치 내용(재해예방기술지도 계약)
　⇒ 공사안전보건대장의 작성·활용·관리를 위한 주요 고려 사항은 다음과 같음

　　▶ 설계안전보건대장의 사전 제공
　　▶ 공사안전보건대장 항목의 누락 여부
　　▶ 작성된 항목의 활용 가치
　　▶ 공사안전보건대장 작성 시기 및 승인 수준
　　▶ 이력 관리 등 최신화 상태

(3) 단계별 의무 사항

통상적인 건설공사의 발주자는 공사계획 후, 설계자를 통하여 설계도서를 작성하고, 시공자를 선정하여 작성된 설계도서에 따라 완공된 건축물을 최종 인수하는 공사계획 설계·사공의 전 과정에서 지배 개입하는 영향력을 가진다.

따라서, 법에서는 발주자의 지위와 행사하는 영향력을 고려하여 발주자에게도 시공 단계별로 발주자가 이행하여야 할 안전·보건 조치 의무를 규정하고 있다. 발주자는 수급인이

설계안전보건대장 및 공사안전보건대장에 따라 산업재해 예방 조치를 이행하였는지 여부를 공사 시작 후 매 3개월에 1회 이상 확인하여야 한다.

다만, 이와 같은 발주자의 산업재해 예방 조치 의무를 위반한 자에게는 1천만 원 이하의 과태료가 부과된다.

계획단계	해당 건설공사에서 중점적으로 관리하여야 할 유해·위험요인과 이의 감소방안을 포함한 **기본안전보건대장** 작성/기본안전보건대장의 유해·위험요인과 감소대책에 대한 설계조건을 설계자 선정 또는 설계의 입찰 시 미리 고지하여야 함.
설계단계	기본안전보건대장을 설계자에게 제공하고, 설계자로 하여금 유해·위험요인의 감소방안을 포함한 **설계안전보건대장**을 작성하게 하고 이를 확인할 것/설계자는 기본설계시에 설계안전보건대장을 작성하고 발주자의 확인을 받아야 하며, 실시설계 시에는 그 구체적인 내용을 설계서에 반영하여야 함
시공단계	설계안전보건대장을 제공하고, 그 수급인에게 이를 반영하여 안전한 작업을 위한 **공사안전보건대장**을 작성하게 하고 그 이행 여부를 확인할 것/발주자는 수급인이 설계안전보건대장 및 공사안전보건대장에 따라 산업재해 예방조치를 이행하였는지 여부를 공사시작 후 매 3월마다 1회 이상 확인하여야 함

(4) 안전보건 조정자의 선임

1) 안전보건조정자(법 제68조)

① 2개 이상의 건설공사를 도급한 건설공사발주자는 그 2개 이상의 건설공사가 같은 장소에서 행해지는 경우에 작업의 혼재로 인하여 발생할 수 있는 산업재해를 예방하기 위하여 건설공사 현장에 안전보건조정자를 두어야 한다.

② 제1항에 따라 안전보건조정자를 두어야 하는 건설공사의 금액, 안전보건조정자의 자격·업무, 선임 방법, 그 밖에 필요한 사항은 대통령령으로 정한다.

2) 안전보건조정자의 선임 등(시행령 제56조)

① 법 제68조 제1항에 따른 안전보건조정자(이하 '안전보건조정자'라 한다.)를 두어야 하는 건설공사는 각 건설공사의 금액의 합이 50억 원 이상인 경우를 말한다.

② 제1항에 따라 안전보건조정자를 두어야 하는 건설공사발주자는 제1호 또는 제4호부터 제7호까지에 해당하는 사람 중에서 안전보건조정자를 선임하거나 제2호 또는 제3호에 해당하는 사람 중에서 안전보건조정자를 지정해야 한다.

3) 안전보건조정자의 자격
　① 산업안전지도사 및 건설안전기술사
　② 발주청의 공사감독자 및 주된 공사의 책임자
　③ 종합건설 안전보건관리책임자 3년 이상 경력자
　④ 아래 요건을 갖춘 자
　－ 건설안전기사 + 건설안전 분야 5년 이상 실무 경력자
　－ 건설안전산업기사 + 7년 이상 실무 경력자

(5) 안전보건 조정자의 업무(시행령 제57조)

1) 안건보건조정자의 업무는 다음 각 호와 같다.
　① 법 제68조 제1항에 따라 같은 장소에서 이루어지는 각각의 공사 간에 혼재된 작업의 파악
　② 제1호에 따른 혼재된 작업으로 인한 산업재해 발생의 위험성 파악
　③ 제1호에 따른 혼재된 작업으로 인한 산업재해를 예방하기 위한 작업의 시기·내용 및 안전 보건 조치 등의 조정
　④ 각각의 공사 도급인의 안전보건관리책임자 간 작업 내용에 관한 정보 공유 여부의 확인

2) 안전보건조정자는 제1항의 업무를 수행하기 위하여 필요한 경우 해당 공사의 도급인과 관계수급인에게 자료의 제출을 요구할 수 있다.

(6) 공사 기간익 단축, 설계 변경 등
건설공사 발주자와, 발주자로부터 최초 수급을 받은 원수급인은 자신이 직접 근로자를 사용하여 작업을 하는 것은 아니더라도

1) 설계도서 등에 따라 산정된 공사 기간을 단축해서는 안 되고, 공사비를 줄이기 위하여 위험성이 있는 공법을 사용하거나, 정당한 사유 없이 정해진 공법을 변경해서는 안 되고(법 제69조),

2) 발주자의 경우에는 그의 수급인으로부터 산재 예방을 위하여 공사 기간 연장 요청이 있는 경우 특별한 사유가 없는 한 공사 기간을 연장하여야 하며(법 제70조),

3) 수급인 또는 고용노동부장관은 가설 구조물의 붕괴 등으로 재해가 발생할 위험이 있다고 판단되어 발주자에게 설계 변경을 요청할 수 있고, 이때 발주자는 그 요청을 받은 내용이 기술적으로 적용이 불가능한 경우가 아니면 이를 반영하여 변경하여야 한다.
다만, 설계변경을 요청할 경우에는 법률이 정하고 있는 전문가의 의견을 들어야 하고, 단, 발주자가 설계를 포함하여 발주한 경우에는 제외한다. (법 제71조)
설계변경 요청의 대상은 아래와 같다.
① 높이 31미터 이상인 비계(飛階)
② 작업발판 일체형 거푸집 또는 높이 5미터 이상인 거푸집 동바리
③ 터널의 지보공(支保工) 또는 높이 2미터 이상인 흙막이 지보공
④ 동력을 이용하여 움직이는 가설 구조물

(7) 재해예방기술지도계약(산업안전보건법 제73조)

발주자는 아래와 같이 건설공사 착공 시 '건설재해예방전문지도기관'과 건설산업재해예방을 위한 지도 계약을 체결하여야 한다. (착공일 전날까지)

1) 공사 금액 1억 원 이상 120억 원('건설산업기본법 시행령' 별표 1의 종합공사를 시공하는 업종의 건설 업종란 제1호 토목공사업에 속하는 공사는 150억 원) 미만인 공사

2) 다만, 다음 각 호의 해당하는 공사는 제외한다. (시행령 59조 2022. 8. 16.)
① 공사 기간이 1개월 미만인 공사
② 육지와 연결되지 않은 섬 지역(제주특별자치도는 제외한다.)

③ 사업주가 별표 4에 따른 안전관리자의 자격을 가진 사람을 선임(같은 광역지방자치단체의 구역 내에서 같은 사업주가 시공하는 셋 이하의 공사에 대하여 공동으로 안전관리자의 자격을 가진 사람 1명을 선임한 경우를 포함한다.)하여 안전관리자의 업무만을 전담하도록 하는 공사

④ 유해위험방지계획서를 제출해야 하는 공사

※ 소규모 현장에서는 '재해예방기술지도'를 위험성 평가에 적극 활용할 필요가 있다.

14. 안전보건관리 체제

(1) 이사회 보고 및 승인(법 제14조)

상법 제170조에 따른 주식회사는 대표이사로 하여금 안전 및 보건에 관한 계획을 수립하여 이사회에 보고하고 승인을 받아야 한다.

대상은 상시근로자 500명 이상인 회사와 시공능력평가액 순위 상위 1,000위 이내의 종합건설 중 토목건축공사로 한정하고 계획수립 내용은 아래와 같다.

① 안전 및 보건에 관한 경영 방침

② 안전·보건 관리 조직의 구성·인원 및 역할

③ 안전·보건 관리 예산 및 시설 현황

④ 안전 및 보건에 관한 전년도 활동실적 및 다음 년도 활동 계획

(2) 사업장 안전보건관리 조직 체계(산업안전보건법상)

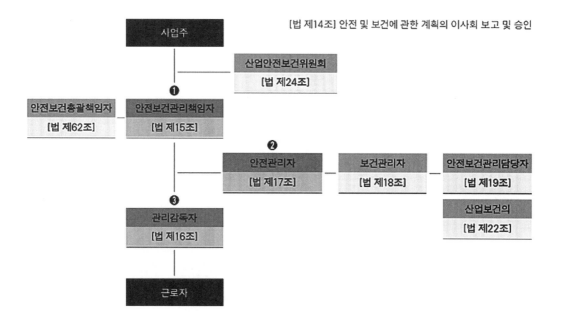

(3) 산업안전보건위원회 등 구성

구분	사용자 위원	근로자 위원
산업안전 보건위원회 (산업안전보건법 제24조)	1. 해당 사업의 대표자 　(다른 지역에 사업장이 있는 경우 그 　사업장의 안전보건관리책임자) 2. 안전관리자(또는 안전관리전문기관) 3. 보건관리자(또는 보건관리전문기관) 4. 산업보건의(선임되어 있는 경우) 5. 대표자가 지명하는 9명 이내의 해당 　사업장 부서장 ※ 도급협의체(제64조)를 구성시 　도급인 대표자, 관계수급인의 각 대표자 　및 안전관리자 포함 가능	1. 근로자대표 2. 명예산업안전감독관 　(근로자대표가 지명) 3. 근로자대표가 지명하는 9명 이내의 해당 　사업장의 근로자 ※ 도급협의체(제64조)를 구성시 　도급 또는 하도급 사업을 포함한 전체 　사업의 근로자대표, 명예산업안전감독관 　및 근로자대표가 지명하는 해당 　사업장의 근로자 포함 가능
안전 및 보건에 관한 협의체 (산업안전보건법 제64조)	도급인 및 그의 수급인 전원 (별도로 협의체 구성에 필요한 인원수를 제한하지 않음)	
노사협의체 (산업안전보건법 제75조)	1. 도급 또는 하도급 사업을 포함한 전체 　사업의 대표자 2. 안전관리자 3. 보건관리자(선임대상 건설업 현장) 4. 공사금액이 20억원 이상인 공사의 　관계수급인의 각 대표자	1. 도급 또는 하도급 사업을 포함한 전체 　사업의 근로자대표 2. 근로자대표가 지명하는 　명예산업안전감독관(미위촉 되어 있는 　경우 근로자대표가 지명하는 해당 　사업장 근로자) 3. 공사금액이 20억원 이상인 공사의 　관계수급인의 각 근로자대표

1) 건설업은 120억(토목공사는 150억) 이상 규모의 건설공사 도급인은 해당 건설공사 현장에 근로자 위원과 사용자 위원이 같은 수로 구성되는 안전 및 보건에 관한 협의체(이하 '노사협의체'라 한다.)를 대통령령으로 정하는 바에 따라 구성·운영할 수 있다.

2) 건설공사도급인이 노사협의체를 구성·운영하는 경우에는 산업안전보건위원회 및 제64조에 따른 안전 및 보건에 관한 협의체를 각각 구성·운영하는 것으로 본다.

3) 노사협의체를 구성·운영하는 건설공사도급인은 산업 재해 예방 계획의 수립에 관한 사항 등 법 제24조 제2항 각 호의 사항에 대하여 노사협의체의 심의·의결을 거쳐야 한다.

(4) 안전보건관리책임자

모든 제조업 상시근로자 50인 이상 사업장에 대하여는 안전보건관리책임자를 두어야 하고, 농업, 어업, 소프트웨어 개발 및 공급업, 컴퓨터 프로그래밍, 시스템 통합 및 관리업, 정보서비스업, 금융 및 보험업, 전문, 과학 및 기술 서비스업, 사업지원 서비스업, 사회복지 서비스업 등에는 300인 이상, 건설업에는 공사 금액 20억 원 이상(VAT 포함), 그 밖의 사업에는 100인 이상인 때에는 안전관리책임자를 두어야 한다. 다만, 나만, 임대업, 부동산업, 연구개발업은 제외하고 있다.

안전보건관리책임자의 직무 범위는 다음과 같다.

① 사업장의 산업재해 예방 계획의 수립에 관한 사항
② 안전보건관리 규정(법 제25조, 26조)의 작성 및 변경에 관한 사항
③ 안전보건 교육에 관한 사항
④ 작업환경측정 등 작업 환경의 점검 및 개선에 관한 사항
⑤ 근로자의 건강 진단 등 건강 관리에 관한 사항
⑥ 산업재해의 원인 조사 및 재해방지대책 수립에 관한 사항
⑦ 산업재해에 관한 통계의 기록 및 유지에 관한 사항
⑧ 안전장치 및 보호구 구입 시 적격품 여부 확인에 관한 사항
⑨ 그 밖에 근로자의 유해·위험 방지에 관한 고용노동부령으로 정하는 사항
⑩ 안전관리자와 보건관리자를 지휘·감독한다.

(5) 관리감독자

사업주는 사업장의 생산과 관련되는 업무와 그 소속 직원을 직접 지휘·감독하는 직위에 있는 사람에게 관리감독자의 직무를 수행케 하여야 하고, 관리감독자의 직무 범위는 아래와 같다.

① 안전·보건 점검 및 이상 유무의 확인
② 관리감독자에게 소속된 근로자의 작업복·보호구 및 방호장치의 점검과 그 착용에 관한 교육·지도
③ 해당 작업에서 발생한 산업재해에 관한 보고 및 이에 대한 응급조치
④ 해당 작업의 작업장 정리·정돈 및 통로 확보에 대한 확인·감독
⑤ 해당 사업장의 다음 각 목의 어느 하나에 해당하는 사람의 지도·조언에 대한 협조

* 산업보건의

* 안전관리자 및 안전 관리 업무를 위탁한 기관의 담당자

* 보건관리자 및 보건 관리 업무를 위탁한 기관의 담당자

⑥ 법 제36조에 따른 위험성 평가를 위한 업무에 기인하는 유해·위험 요인의 파악 및 그 결과에 따른 개선 조치의 시행

⑦ 그 밖에 해당 작업의 안전·보건에 관한 사항으로서 고용노동부령으로 정하는 사항

(6) 안전관리자

건설업 안전관리자 선임 기준을 공사 금액 50억 원 이상 사업장으로 확대하고, 공사금액별로 선임 대상 안전관리자 수 및 선임 방법 등을 정하고 있다.

안전관리자를 두어야 할 사업의 종류 및 사업장의 상시근로자 수, 안전관리자의 수는 아래와 같다. 다만, 상시근로자 300명 이상을 사용하는 사업장[건설업의 경우에는 공사 금액이 120억 원(「건설산업기본법 시행령」 별표 1의 토목 공사업에 속하는 공사는 150억 원) 이상인 사업장]에는 해당 사업장에 전담 업무만을 하는 안전관리자를 두어야 한다.

안전관리자를 두어야 할 사업의 종류·규모, 안전관리자의 수는 다음과 같다.

1) 토사석 광업, 제조업, 서적·잡지 및 기타 인쇄물 출판업, 해체·선별 및 원료 재생업, 자동차 수리업, 전기업(발전업에 한함)

① 상시근로자 500명 이상: 2명 이상

② 상시근로자 50명 이상 500명 미만: 1명 이상

2) 농업, 임업 및 어업, 전기, 가스, 증기 및 공기조절공급업, 수도, 하수 및 폐기물 처리, 원료 재생업, 운수 및 창고업, 도매 및 소매업, 숙박 및 음식점업, 영상·오디오 기록물 제작 및 배급업, 방송업, 우편 및 통신업, 부동산업(부동산 임대업 제외), 연구 개발업

① 상시근로자 1,000명 이상: 2명 이상

② 상시근로자 50명 이상 1,000명 미만: 1명 이상(2021. 10. 1.부터 300인 이상 사용하는 사업장은 안전·보건관리자 업무 위탁이 금지되고, 전담·안전·보건관리자를 채용하여야 한다.)

3) 건설업(시행령 별표 3)

    ① 공사 금액 50억 원 이상(관계수급인은 100억 원 이상) 120억 원 미만(토목공사는 150억 원 미만): 1명

    ② 120억 원 이상(토목공사는 150억 원 이상) ~ 800억 원 미만: 1명

    ③ 800억 원 이상 ~ 1,500억 원 미만: 2명

    ④ 1,500억 원 이상 ~ 2,200억 원 미만: 3명

    ⑤ 2,200억 원 이상 ~ 3,000억 원 미만: 4명

    ⑥ 3,000억 원 이상 ~ 3,900억 원 미만: 5명

    ⑦ 3,900억 원 이상 ~ 4,900억 원 미만: 6명

    ⑧ 4,900억 원 이상 ~ 6,000억 원 미만: 7명

    ⑨ 6,000억 원 이상 ~ 7,200억 원 미만: 8명

    ⑩ 7,200억 원 이상 ~ 8,500억 원 미만: 9명

    ⑪ 8,500억 원 이상 ~ 1조 원 미만: 10명

    ⑫ 1조 원 이상: 11명, 【매 2,000억 원(2조 원 이상부터는 매 3,000억 원)마다 1명씩 추가】

    * 철거공사가 포함된 건설공사의 경우 철거공사만 이루어지는 기간은 전체 공사 기간에는 산입되나 전체 공사 기간 중 전후 15[12]에 해당하는 기간에는 산입되지 않는다. 이 경우 전체 공사 기간 중 전·후 15에 해당하는 기간은 철거공사만 이루어지는 기간을 제외한 공사 기간을 기준으로 산정한다.

    * 철거공사만 이루어지는 기간에는 공사 금액별로 선임해야 하는 최소 안전관리자 수 이상으로 안전관리자를 선임해야 한다

4) 도급인의 사업장에서 이루어지는 도급 사업의 공사 금액 또는 관계수급인이 사용하는 상시근로자는 각각 해당 사업의 공사 금액 또는 상시근로자로 본다. 다만, 위의 별표 3의 기준에 해당하는 도급 사업의 공사 금액 또는 관계수급인의 상시근로자의 경우에는 그러하지 아니하고, 같은 사업주가 경영하는 둘 이상의 사업장이 다음 각 호의 어느 하나에 해당하는 경우에는 그 둘 이상의 사업장에 1명의 안전관리자를 공동으로 둘 수 있다. 이 경우 해당 사업장의 상시근로자 수의 합계는 300명 이내인 사업장[건설업의 경우에는 공사 금액이 120억 원(토목 공사는 150억 원) 이내인 사

---

12) 공사 기간 중 전후 15: 전체 공사 기간을 100으로 할 때 공사 시작에서 15에 해당하는 기간과 공사 종료 전의 15에 해당하는 기간

업장]이어야 한다.

    ① 같은 시·군·구(자치구를 말한다.) 지역에 소재하는 경우
    ② 사업장 간의 경계를 기준으로 15킬로미터 이내에 소재하는 경우

5) 도급인의 사업장에서 이루어지는 도급 사업에서 도급인이 고용노동부령으로 정하는 바에 따라 그 사업의 관계수급인 근로자에 대한 안전관리를 전담하는 안전관리자를 선임한 경우에는 해당 사업의 관계수급인은 안전관리자를 선임하지 않을 수 있고, 안전관리자를 선임하거나 안전관리자의 업무를 전문기관에 위탁한 경우에는 선임하거나 위탁한 날부터 14일 이내에 고용노동부장관에게 증명할 수 있는 서류를 제출하여야 하고, 안전관리자를 늘리거나 교체한 경우에도 또한 같다.

6) 안전관리자는 안전관리책임자 또는 안전관리총괄책임자를 보좌하는 역할을 하며 주요 업무 내용은 아래와 같다.

    1. 아침 조회 준비 및 진행
    2. 출력 인원 파악 및 신규 교육 대상자 파악
    3. 작업 공정 확인 및 위험 요소 파악
    4. 안전감시단 협의
    5. 순회 점검 및 위험 요소 발견 시 제거
    6. 공정회의, 노사협의회 등 회의 참석
    7. 신규 채용자 등 교육 계획 수립 및 시행
    8. 각종 일지, 보고서 작성
    9. 행정관청 출석 및 업무 협의
    10. 기타 소장 지시 사항 수행 등 필요한 사항

7) 지방고용노동관서의 장은 다음 각 호의 어느 하나에 해당하는 사유가 발생한 경우에는 사업주에게 안전관리자 등 관리자를 정수 이상으로 증원하게 하거나 교체 임명할 것을 명할 수 있다. 다만, 사업장에서 해당 화학적 인자를 사용하지 아니하는 경우에는 그러하지 아니하다. **(산안법 시행규칙 제12조 참조)**
① 해당 사업장의 연간재해율이 같은 업종의 평균재해율의 2배 이상인 경우

② 중대재해가 연간 2건 이상 발생한 경우. 다만, 해당 사업장의 전년도 사망만인율이 같은 업종의 평균 사망만인율 이하인 경우는 제외한다.

③ 관리자가 질병이나 그 밖의 사유로 3개월 이상 직무를 수행할 수 없게 된 경우

④ 별표 22(특수건강진단 대상 유해 화학적 인자) 제1호에 따른 유해 화학적 인자로 인한 직업성질병자가 연간 3명 이상 발생한 경우, 이 경우 직업성질병자 발생일은 「산업재해보상보험법 시행규칙」 제21조 제1항에 따른 요양급여의 결정일로 한다

이 경우, 미리 사업주 및 해당 관리자의 의견을 듣거나 소명 자료를 제출할 기회를 주어야 한다. 다만, 정당한 사유 없이 의견진술 또는 소명 자료의 제출을 게을리한 경우에는 그러하지 아니하다.

(7) 보건관리자

사업주는 사업장에 보건에 관한 기술적인 사항에 관하여 사업주 또는 안전보건관리책임자를 보좌하고, 관리감독자에게도 조언하는 업무를 수행하는 일정한 자격요건을 갖춘 자를 보건관리자로 두어야 하고, 자격요건은 아래와 같다.

① 「의료법」에 따른 의사

② 「의료법」에 따른 간호사

③ 법 제142조 제2항에 따른 산업보건지도사

④ 「국가기술자격법」에 따른 산업위생관리산업기사 또는 대기환경산업기사 이상의 자격을 취득한 사람

⑤ 「국가기술자격법」에 따른 인간공학기사 이상의 자격을 취득한 사람

⑥ 「고등교육법」에 따른 전문대학 이상의 학교에서 산업보건 또는 산업위생 분야의 학과를 졸업한 사람(법령에 따라 이와 같은 수준 이상의 학력이 있다고 인정되는 사람을 포함한다.)

보건관리자는 업종별 규모별로 다르지만, 상시 근로자 수는 50인 이상이 되고, 300인 미만의 사업장에서는 업무에 지장이 없는 범위에서 업무를 겸임할 수 있도록 유연성을 두었고, 직무의 범위는 시행령 제22조에서 규정하고 있고, 업무를 전문기관에 위탁할 수가

있는데, 이 경우는 아래와 같다. (시행령 23조)

① 건설업을 제외한 사업으로서 상시근로자 300명 미만을 사용하는 사업
② 외딴곳으로서 고용노동부장관이 정하는 지역에 소재하는 사업

그 밖에 제조업, 임업, 하수·폐수 및 분뇨 처리업, 폐기물 수집, 운반, 처리 및 원료 재생업. 환경 정화 및 복원업 중, 상시근로자 20명 이상 50명 미만인 사업장에는 '안전보건관리담당자'를 두어 안전보건관리업무를 조언·보좌하도록 하고 있고, 자격요건은 안전·보건자의 자격 소지자, 고용노동부장관이 인정하는 안전·보건교육을 이수한 자로 하고 있다.

보건관리자의 주요 업무 내용은 시행령 제22조에서 규정하고 있고, 기타 보건관리자는 외상 등 흔히 볼 수 있는 환자의 치료, 응급처치, 부상·질병의 악화를 방지하기 위한 처치가 허용되며, 건강진단 결과 발견된 질병자의 요양지도 및 관리, 위에 준하는 의료행위에 따르는 의약품의 투여 등 제한적 의료행위가 허용된다.

※ 주요 안전보건 업무 담당자의 역할

구 분	적용 사업장	선임대상 / 자격	주요 업무
안전보건관리책임자 (15조)	•업종별 상이 - (건설) 20억 원↑ - (제조) 50명↑ - (서비스업, 농업, 어업 등) 300명↑ - (기타) 100명↑ * 공장장, 현장소장 등	실질적 사업장 총괄·관리자	•산재예방계획 수립, 안전보건관리규정 작성·변경 •안전보건교육, 근로자 건강관리 •산재 원인조사 및 재발방지대책 수립 •산재 통계 기록·유지, 위험성평가 실시 •안전장치·보호구 적격품 여부 확인 •근로자 위험, 건강장해 방지
관리감독자 (16조)	•5인 이상 * 부서장, 직장·반장 등 중간관리자	생산 관련 직원(업무) 지휘(감독) 담당자	•(해당작업) 기계·기구 또는 설비 점검, 작업장 정리정돈 •작업복·보호구·방호장치 점검, 교육·지도 •산재 보고 및 응급조치 •안전·보건관리자 업무에 대한 협조 •위험성평가 관련, 위험요인 파악 및 개선
안전관리자 (17조)	•업종별 상이 - (건설) 80억 원↑ - (제조 등) 50명↑ - (부동산, 사진처리업) 100명↑ * 건설 120억 원↑, 제조 등 300명↑ 사업장은 전담자 선임	관련 자격증 또는 학위 취득자 등	•위험성평가, 위험기계·기구, 안전교육, 순회점검에 대한 지도·조언 및 보좌 •산재 발생 원인 조사·분석, 재발방지를 위한 기술, 산재 통계 유지·관리·분석 등에 대한 지도·조언 및 보좌
보건관리자 (18조)	•업종별 상이 - (건설) 800억 원↑ * 토목공사는 1,000억원↑ - (제조 등) 50명↑ * 300명↑ 사업장은 전담자 선임	관련 자격증 또는 학위 취득자 등	•위험성평가, 개인 보호구, 보건교육, 순회점검에 대한 지도·조언 및 보좌 •산재 발생 원인 조사·분석, 재발방지를 위한 기술, 산재 통계 유지·관리·분석 등에 대한 지도·조언 및 보좌 •가벼운 부상에 대한 치료, 응급처치 등에 대한 의료행위(의사 또는 간호사에 한함) •MSDS 게시·비치, 지도·조언 및 보좌
산업보건의 (22조)	•보건관리자 선임 대상 사업장과 동일 * 보건관리자를 의사로 선임하거나 위탁한 경우 미선임 가능	직업환경 또는 예방의학 전문의	•건강진단 결과 검토 및 근로자 건강보호 조치 •건강장해 원인조사 및 재발방지 조치
안전보건관리담당자 (19조)	•아래 업종 20~49인 사업장은 1명 이상 선임 * 제조, 임업, 하수·폐수 및 분뇨처리 등 업종	안전·보건 관리자 자격 또는 교육 이수 (겸임가능)	•안전관리자 및 보건관리자의 역할 수행

15. 도급 사업의 재해 예방

(1) 관련법

1) 도급의 승인(법 제59조)

① 사업주는 자신의 사업장에서 안전 및 보건에 유해하거나 위험한 작업 중 급성 독성, 피부 부식성 등이 있는 물질의 취급 등 대통령령으로 정하는 작업을 도급하려는 경우에는 고용노동부장관의 승인을 받아야 한다.

2) 도급의 승인 시 하도급 금지(법 제60조)

제58조 제2항 제2호에 따른 승인, 같은 조 제5항 또는 제6항(제59조 제2항에 따라 준용되는 경우를 포함한다.)에 따른 연장 승인 또는 변경 승인 및 제59조 제1항에 따른 승인을 받은 작업을 도급받은 수급인은 그 작업을 하도급 할 수 없다.

3) 도급 승인 대상 작업(시행령 제51조)

법 제59조 제1항 전단에서 '급성 독성, 피부 부식성 등이 있는 물질의 취급 등 대통령령으로 정하는 작업'이란 다음 각 호의 어느 하나에 해당하는 작업을 말한다.

① 중량 비율 1퍼센트 이상의 황산, 불화수소, 질산 또는 염화수소를 취급하는 설비를 개조·분해·해체·철거하는 작업 또는 해당 설비의 내부에서 이루어지는 작업. 다만, 도급인이 해당 화학 물질을 모두 제거한 후 증명자료를 첨부하여 고용노동부장관에게 신고한 경우에는 제외한다.

② 그 밖에 산업재해보상보험법 제8조 제1항에 따른 산업재해보상보험 및 예방심의위원회의 심의를 거쳐 고용노동부장관이 정하는 작업

(2) 개정 배경

1) 유해하거나 위험한 작업 중 급성 독성, 피부 부식성 등이 있는 물질*의 취급으로 산업재해가 다수 발생하며, 특히 유해·위험 물질 취급 설비의 유지·보수 등의 장시간 작업은 직업병을 유발할 위험성이 있어 사내도급 시 승인 절차 필요.

2) 도급받은 작업을 재하도급하는 다단계 하도급의 경우 도급인의 위험 관리 및 도급인

과 수급인 간 의사소통이 어려워 사고 발생의 위험이 크므로 하도급 금지 도입 마련.

(3) 개정 내용

1) 중량 비율 1퍼센트 이상의 황산, 불화수소, 질산, 염화수소를 취급하는 설비를 개조·분해·해체·철거하는 작업 또는 해당 설비의 내부에서 이루어지는 작업은 도급 승인 대상으로 함

2) 도급인이 해당 화학 물질을 모두 제거한 후 증명자료를 첨부하여 고용노동부장관에게 신고한 경우 도급 승인 제외

   * 제거 방법 → 배관·설비 등 화학물질 제거(Draining) → 초순수·용수 및 질소 등을 사용 잔여물, 치환가스가 남아 있지 않도록 배관·설비 세척 및 치환

   * 제거증명자료 → 안전작업 절차서 및 작업 구간, 세정 방법 등 내용을 포함하고 화학 물질 제거 전후 현장 사진, / pH meter 검증 자료 첨부

   ※ 황산, 불산, 질산, 염산(액상) 결괏값: 중성 pH 5.8~8.6 또는 가스검지기 측정 결과
   (불화수소, 질산, 염화수소-결괏값은 불검출(Not Detected) (가스검지기 교정성적서 포함)

(4) 도급·용역의 의미

1) 도급의 정의

   과거에는 "'도급 등'이라 함은 민법상 도급, 위임 기타 이와 유사한 무명계약[13]으로서 수급인 또는 수임인이 사업주로서의 독립성을 가지고 사업을 행하는 것을 말한다." 라고 정의되었다. (노동부고시 제98-32호, 1998. 7. 20.)

   민법 제664조에는 "당사자 일방이 어느 일을 완성할 것을 약정하고 상대방이 그 일의 결과에 대해 보수를 지급할 것을 약정함으로써 그 효력이 생기는 계약을 말한다." 로 되어 있고, 건설산업기본법 제2조 제11호에서 "도급이란 원도급, 하도급, 위탁 등

---

13) 무명계약: 법률이 일정한 명칭을 붙여서 규정하고 있는 계약(민법 제3편 제2장 제2절 내지 제15절에 정한 15종의 전형계약) 이외의 계약을 말한다. 〈↔〉 유명계약

명칭과 관계없이 건설공사를 완성할 것을 약정하고, 상대방이 그 공사의 결과에 대하여 대가를 지급할 것을 약정하는 계약을 말한다."라고 규정하고 있다.

즉, 당사자 가운데 한쪽이 어떤 일을 완성할 것을 약속하고 상대편이 그 일의 결과에 대하여 일정한 보수를 지급키로 하는 쌍무계약으로 정의한다.

그러나 고용노동부는 '도급'의 정의를 일부 수정하여 "노동관계영역에서는 '도급'의 의미를 민법상 개념인 '일의 완성'에 국한하지 않고, **명칭에 관계없이 물건의 제조·건설·수리 또는 서비스의 제공 그 밖의 '업무를 타인에게 맡기는 것'***으로 확장하여 도급과 위임[14]을 구별하지 않고 제3자에게 업무를 맡기는 모든 경우를 포함하여 도급으로 보고 있으며, 통상적으로 '노무 도급'을 '용역'으로 표현"이라고 설명하면서 "만약, 민법상 도급만 해당된다고 해석할 경우 위임 등 제3자에게 업무를 맡기는 모든 경우는 노동법의 보호대상에서 제외되고 있다는 뜻으로 해석하는 것임."이라고 설명한다.

특히 "(구)법에서는 '도급'에 대한 정의가 없어, 노동관계영역의 현실을 반영하여 도급의 개념을 정의함 다만, 민법에서는 '도급'과 '위임'의 개념을 구분하고 있으나, 정부가 국회에 제출한 산업안전보건법 전부개정안에서는 '도급'이란 용어 정의에서 '도급·위임 등 명칭에 관계없이'라고 규정하여 민법상 도급과 다소 충돌될 수 있다는 법사위 의원의 지적이 있어 '도급·위임 등' 부분을 삭제하여 개념 충돌문제를 해소함*"라고 법 개정의 취지를 설명한다.

2) 용역의 의미

도급과 수급인 간에 해당하는 업무에 자격이 있는 근로자가 사용자의 지시 또는 관리에 따라 일을 하고 이에 대한 대가로 회사가 임금을 지급하기로 한 계약으로써 유상 쌍무계약을 말한다. 이때 목적물에 대한 인도의 의무를 진다.

용역계약 특수 조건에는 용역의 범위, 계약문서, 계약보증금처리 등에 관한 사항을 명시하고, 연대보증인 및 용역이행일 등의 내용을 정확히 기재한다.

일반적으로 '노무 도급'을 '용역'으로 표현하는데, 제조업의 경우 장소와 시설을 도급인

---

14) 위임: 사무의 처리를 위탁하고 상대방이 이를 승낙하여 이루어지는 계약(민법 제680조)

이 제공해 주고 인건비만 도급을 주는 경우가 있고, 이 경우 소사장 제도가 대표적인 사례이고, 건설업의 경우 소위 반장, 팀장에게 인건비 용역을 주는 경우가 일반이다.

한편, 건설산업기본법에서는 건설용역업에 대하여 '건설공사에 관한 조사, 설계, 감리, 사업관리, 유지관리 등 건설공사와 관련된 용역을 하는 업'이라 정의하고 있다. 이러하듯 도급과 용역의 구분이 애매하다.
그러나 산업안전보건법상 도급 범위에 민법상 도급, 위임(용역, 위탁) 개념이 포함되고 있는 점에서 용역, 위탁은 산업안전보건법상 도급에 해당한다고 볼 수 있다. (중대재해처벌법상 도급, 용역, 위탁도 같은 개념)

3) 도급 금지의 법정화

모든 작업에 대해 도급을 금지하는 것은 계약의 자유를 지나치게 제한하는 것으로 볼 수 있을 것이나, '위험의 외주화'로부터 수급인 노동자의 생명과 안전을 보호하기 위해 최소한의 범위 내에서 사내 도급만을 금지하므로 과잉금지의 원칙에 위배된다고 보기 어렵다.

개정 법률에서 사내 도급 금지 대상으로 하고 있는 작업은, 유해성이 매우 높고 단시간에 직업병을 발견하기 어려워 현재 인가 대상으로 하고 있는 도급 작업, 수은·납 또는 카드뮴의 제련·주입·가공·가열 작업, 허가 물질* 제조·사용 작업으로 한정하고 있다. (*베릴륨, 비소 및 화합물, 디클로로벤지딘, 염화비닐 등 12종 화학 물질)

이러한 작업은 화학 물질 잠복기로 인해 장기간에 걸쳐 관리가 필요한데, 수급인이 변경되는 경우 해당 작업근로자를 지속적으로 관찰·관리하기 어렵기 때문이고, 아울러, 사업장 등을 방문해 조사한 결과 해당 작업들은 특별한 전문성이나 특수한 장비가 필요한 작업이 아니므로 사내도급을 금지하더라도 도급인의 사업 운영에는 큰 지장이 없을 것으로 판단하였다.

실무적으로
① 도급 계약의 목적, 내용이 특정되어 있고 단순히 노무의 공급을 목적으로 하지 않을 것 등 도급으로 판단할 기준을 명시하고, 모든 기준에 해당하지 않을 경우, 도급

사업이 아님

② 외형적으로 도급의 형태를 취하였다 하더라도 법률의 규정을 고의로 면탈하기 위하여 도급 등의 형태로 위장한 경우에는 도급 사업이 아님

③ 도급 계약에 있어서 현장 대리인을 두고 독립적으로 업무를 수행하더라도 그 도급 상의 지시가 구체적이거나 대리인을 단순 경유하는 것에 불과한 경우에는 도급 사업을 행한 것으로 보지 않음

16. 건설 공사 도급인의 산업 안전(원수급인)

(1) 도급 사업 시의 안전 조치(구 산안법 제29조) → 현행 법63조 등으로 정비함

1) 같은 장소에서 행하여지는 사업으로서 다음 각 호의 어느 하나에 해당하는 사업 중 대통령령으로 정하는 사업의 사업주는 그가 사용하는 근로자와 그의 수급인이 사용하는 근로자가 같은 장소에서 작업을 할 때에 생기는 산업재해를 예방하기 위한 조치를 하여야 한다.
   ① 사업의 일부를 분리하여 도급을 주어야 하는 사업
   ② 사업이 전문분야의 공사로 이루어져 시행되는 경우 각 전문 분야에 대한 공사의 전부를 도급을 주어 하는 사업

2) 제1항 각 호 외의 부분에 따른 산업재해를 예방하기 위한 조치는 다음 각 호의 조치로 한다.
   ① 안전·보건에 관한 협의체의 구성 및 운영
   ② 작업장의 순회 점검 등 안전·보건 관리
   ③ 수급인이 근로자에게 하는 안전·보건 교육에 대한 지도와 지원
   ④ 제42조 제1항에 따른 작업 환경 측정
   ⑤ 다음 각 목의 어느 하나의 경우에 대비한 경보의 운영과 수급인 및 수급인의 근로자에 대한 경보 운영 사항의 통보
   – 작업 장소에서 발파작업을 하는 경우
   – 작업 장소에서 화재가 발생하거나 토석 붕괴 사고가 발생하는 경우

3) 제1항에 따른 사업주는 그의 수급인이 사용하는 근로자가 토사 등의 붕괴, 화재, 폭발, 추락 또는 낙하 위험이 있는 장소 등 고용노동부령으로 정하는 산업재해 발생 위험이 있는 장소에서 작업을 할 때에는 안전·보건시설의 설치 등 고용노동부령으로 정하는 산업재해 예방을 위한 조치를 하여야 한다. (④~⑩ 은 '記略'함)

고용노동부는 산업안전보건법을 전면 개정하여 2020. 1. 16부터 시행하고 있는데, 종전의 법 제29조를 삭제하고 제5장 「도급 시 산업재해 예방」 제1절 '도급의 제한', 제2절 '도급인의 안전 조치 및 보건 조치', 제3절 '건설업 등의 산업재해 예방', 제4절 '그 밖의 고용 형

태'로 구분하여 정비하면서, (구)법이 갖는 ① '사업의 일부를 분리하여 도급을 주는 사업'
과, '각 전문 분야에 대한 공사의 전부를 도급을 주어 하는 사업' ② '고용노동부령이 정하
는 산업재해 예방을 위한 조치' 의무규정 등을 정비하였고, ③ 이 법에서 의무 이행 각 주
체의 명칭을 발주자, 도급인, 관계수급인으로 정의하고, 건설공사 발주자는 공사를 도급하
는 자로서 건설공사의 시공을 주도하여 총괄 관리하지 아니하는 자는 이 법의 '도급인'에서
제외하면서 과거 원수급인을 이 법에서의 도급인으로 정의하였다.

개정된 법에 의한 도급인의 안전보건 조치는 아래와 같이 요약할 수 있다. (법 제63조
~ 제65조)

도급사업 진행 단계별 주요 안전보건 활동

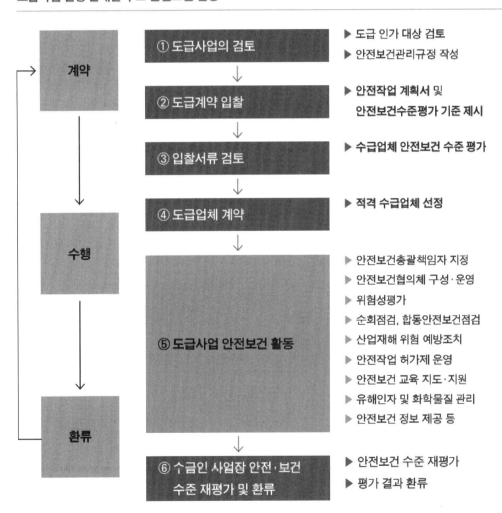

(2) 도급 관련 용어의 정의

[산업안전보건법]

제 2조(정의) 이 법에서 사용하는 용어의 뜻은 다음과 같다.

4. "사업주"란 근로자를 사용하여 사업을 하는 자를 말한다.

6. "도급"이란 명칭에 관계없이 물건의 제조·건설·수리 또는 서비스의 제공, 그 밖의 업무를 타인에게 맡기는 계약을 말한다.

7. "도급인"이란 물건의 제조·건설·수리 또는 서비스의 제공, 그 밖의 업무를 도급하는 사업주를 말한다. 다만, 건설공사발주자는 제외한다.

8. "수급인"이란 도급인으로부터 물건의 제조·건설·수리 또는 서비스의 제공, 그 밖의 업무를 도급받은 사업주를 말한다.

9. "관계수급인"이란 도급이 여러 단계에 걸쳐 체결된 경우에 각 단계별로 도급받은 사업주 전부를 말한다.

10. 건설공사[14] 발주자 : 건설공사를 도급하는 자로써 건설공사의 시공을 주도하여 총괄 관리하지 아니하는 자를 말한다. 다만, 도급받은 공사를 다시 도급하는 자는 제외한다.

[유사 입법례]

민법 제664조(도급의 의의) 도급은 당사자 일방이 어느 **일을 완성할 것을 약정**하고 상대방이 그 일의 **결과에 대하여 보수를 지급**할 것을 약정함으로써 효력이 생긴다.

건설산업기본법 제2조(정의) 11. "도급"이란 원도급, 하도급, 위탁 등 명칭에 관계없이 **건설공사를 완성할 것을 약정**하고, 상대방이 그 공사의 **결과에 대하여 대가를 지급**할 것을 약정하는 계약을 말한다.

문화재수리법 제2조(정의) 13. "도급"이란 원도급(原都給), 하도급(下都給), 위탁, 그 밖의 어떠한 명칭으로든 상대방에게 **문화재수리, 실측설계 또는 감리를 완성하여 주기로 약정**하고, 다른 상대방은 그 일의 **결과에 대하여 대가를 지급**할 것을 약정하는 계약을 말한다.

---

15) "건설공사"란 다음 각 목의 어느 하나에 해당하는 공사를 말한다.
　①.「건설산업기본법」제2조제4호에 따른 건설공사
　②.「전기공사업법」제2조제1호에 따른 전기공사
　③.「정보통신공사업법」제2조제2호에 따른 정보통신공사
　④.「소방시설공사업법」에 따른 소방시설공사
　⑤.「문화재수리 등에 관한 법률」에 따른 문화재수리공사

※ 기존의 해석(고용노동부의 해설 인용)

ㅇ 도급인에 대한 별도의 정의는 없으나 사업 장소, 사업 목적 및 사업 수행 과정의 관련성 등을 기준으로 도급인으로서 의무 주체인지 판단

⇨ 도급인의 사업 장소에서 도급인의 사업 목적 달성에 본질적이고 불가분의 관계에 있는 사업의 생산·제조 등 일련의 과정 중 일부를 분리하여 도급을 주는 경우에 도급인의 의무 부과

※ 개정법에서는 안전관리를 총괄하지 아니하는 건설공사를 도급하는 자를 건설공사발주자로 정의하고, 도급인과 구분하여 건설공사에서 도급인은 건설공사발주자로부터 해당 건설공사를 최초로 도급받은 원수급인 또는 건설공사의 시공을 주도하여 총괄·관리하는 자로 정의하였다.

1) 개정 「산업안전보건법」에서는 관계수급인 근로자의 폭넓은 보호를 위해 도급의 정의를 일의 완성 또는 대가의 지급 여부와 관계없이 '업무를 타인에게 맡기는 계약'으로 확대하고 있음
   - 계약의 명칭(용역, 위탁 등)에 관계없이 자신의 업무를 타인에게 맡기는 계약을 도급으로 판단

2) 따라서, 도급인의 업무에 해당한다면 사업 목적과 ①**직접적 관련성이 있는 경우**뿐만 아니라 ②**직접적으로 관련이 없는 경우***에도 도급에 포함
   ① 기계장치, 전기·전산 설비 등 생산 설비에 대한 정기적·일상적인 정비·유지·보수 등
   ② 경비·조경·청소 등 용역 서비스, 통근버스·구내식당 등 복리후생시설 운영 등

3) 「산업안전보건법」상 도급은 수급인(또는 도급인)이 근로자를 사용하여 사업을 하는 사업주임을 전제(도급인 및 수급인과 수급인이 사용하는 근로자의 3자 관계)로 한 것이므로 사업주가 근로자를 사용하지 않는 개인 사업자에게 자신의 업무를 맡기는 계약의 경우에는 「산업안전보건법」상 도급에 해당한다고 보기 어려움
   예) 법인 사업주가 근로자를 사용하지 않는 개인 변호사에게 소송 대리를 위임하는 경우 「산업안전보건법」상 도급으로 판단 어려움

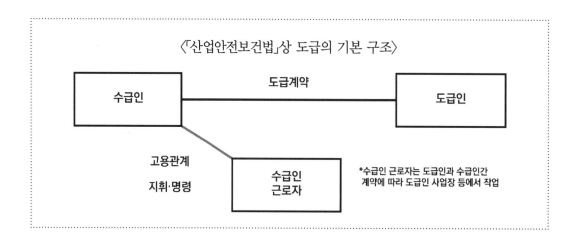

〈「산업안전보건법」상 도급의 기본 구조〉

수급인 — 도급계약 — 도급인

고용관계
지휘·명령

수급인
근로자

*수급인 근로자는 도급인과 수급인간
계약에 따라 도급인 사업장 등에서 작업

例示 1 〈하자보수(A/S)가 도급에 해당하는지 여부〉

○ 통상적인 제품이 갖추어야 할 **상품 자체의 품질이나 성능결함으로 인한 하자**를 보증 **기간 내에 수리**하는 것은 **제조물에 대한 하자보수**(A/S)로서 **제조자 자신의 업무***이나,

1) 민법 제580조: 매매의 목적물에 하자가 있는 때에는 계약을 해제(계약의 목적을 달성할 수 없는 경우)하거나 손해배상을 청구할 수 있음

2) 제조물 책임법 제3조: 제조업자는 제조물의 결함으로 생명·신체 또는 재산에 손해를 입은 자에게 그 손해를 배상하여야 함

○ **보증 기간이 지났거나 사용자 귀책으로 발생한 고장으로 인하여 보수를 맡기는 경우라면**, 「산업안전보건법」상 도급으로 볼 수 있음

※ 제조물에 대한 하자보수 업무가 제조자의 업무라 하더라도, 제조자 소속 근로자 등이 제품 사용 사업장에서 하자보수 작업 중 해당 사업장의 유해·위험 요인으로 인하여 사고가 발생할 경우 제품 사용 사업주는 안전조치 의무위반 등으로 책임을 질 수 있음

例示 2 〈하수처리시설 운영의 위탁이 도급에 해당하는지 여부〉

○ 지방자치단체 또는 환경공단이 **하수처리시설의 운영을 민간업체에 위탁**하는 것은 자신의 업무를 타인에게 맡기는 계약이므로 「산업안전보건법」상 **도급**으로 판단할 수 있음

4) 개정법에서는 건설 공사를 도급하는 경우 도급을 준 공사의 시공을 주도하여 총괄·관리한다면 도급인 책임을, 그렇지 않다면 건설공사발주자가 책임을 지게 되고, 이때 공사의 시공을 주도하여 총괄·관리하는지 여부는 당해 건설공사가 사업의 유지 또는 운영에 필수적인 업무인지, 상시적으로 발생하거나 이를 관리하는 부서 등 조직을 갖췄는지, 예측 가능한 업무인지 등을 다양한 요인을 종합적으로 고려하여 판단한다.

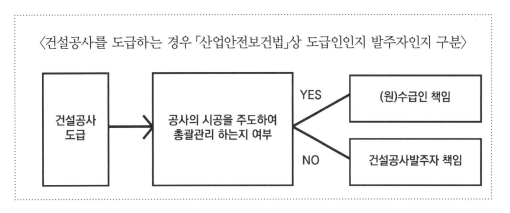

〈건설공사를 도급하는 경우 「산업안전보건법」상 도급인인지 발주자인지 구분〉

5) 제조업 등에서 기계·설비의 정비, 수리 및 유지관리* 등을 도급하는 경우 도급인 책임을 지게 됨

　　* 산업용 기계·장비 및 용품을 전문적으로 수리·유지하는 산업 활동은 표준산업분류표 상 '산업용 기계 및 장비 수리업'(제조업)으로 분류

例示 3 〈표준산업분류표상 산업용 기계 및 장비 수리업〉

○ **제품을 제조 및 판매하지 않는 사업체가 계약 또는 수수료에 의하여 산업용 기계·장비 및 용품을 전문적으로 수리·유지하는 산업 활동**을 말한다. 산업용 기계 및 장비 수리업은 대부분 자본재로 사용되는 기계, 장비 및 용품(고정자본을 형성하는 재화류)을 대상으로 하며, 소비재와 자본재로 함께 사용하거나 소비재로 대부분 사용되는 재화류와 자동차 및 관련 부품 유지·보수 활동은 수리업(95)으로 분류한다.

다만, 도급하는 업무가 건설공사인 경우 공사의 시공을 주도하여 총괄·관리하는지 여부를 판단하여 도급인 책임 또는 건설공사발주자 책임을 지게 됨 따라서 도급, 용역, 위탁 등 협력업체의 안전보건조치 등의 관리에 있어 우선 해당 협력 업체와의 관계에서 회사가 산업안전보건법상 건설공사 발주자와 도급인 중 무엇에 해당하는지를 판단해야 한다.

例示 4 〈시설물의 유지·보수 공사를 도급하는 경우〉

① 해당 공사가 상시적으로 발생하거나 사업수행에 필수적인 경우 또는 이를 관리하는 부서 등 조직이 있는 경우에는 **그 시공을 주도하여 총괄·관리**하는 것으로 볼 수 있으므로 **도급인 책임**을 지게 됨

　예1) 제조업체에서 공무팀 주관하에 보일러 교체공사 일부를 도급한 후 그 제조 업체와 도급받은 업체가 공동으로 시공하는 경우

　예2) 상시로 발생하는 컨베이어 부품 교체 등 장치를 수리·보수하는 경우

② **사업의 유지에 필수적이지 않은** 건설공사 등 업무를 도급하는 경우에 도급하는 자가 **그 공사를 총괄·관리하지 않는 것으로 볼 수 있다면 건설공사발주자의 책임**을 지게 됨

　예) 아파트 관리사무소에서 외벽의 도장 공사를 전문 업체에게 도급하는 경우

③ 대규모 장치산업(석유화학 업종, 철강 업종 등)에서 **대정비·대보수 공사**를 할 때, 건설공사를 도급하는 자가 공사의 시공을 주도하여 **총괄·관리하는 특별한 경우가 아니라면 건설공사발주자의 책임**을 지게 됨

　예1) 발전소에서 전력 비수기에 발전을 중단하고 계획예방정비공사를 하는 경우

　예2) 화학 공장에서 휴가철에 전체 공정을 중단하고 대정비보수 공사하는 경우

例示 5 〈기계설비 등의 설치·해체 또는 정비·수리 공사를 도급하는 경우〉

① 발전소에서 컨베이어벨트 **경상정비 및 기계 정비·수리**를 **기계설비 업체***에 도급을 주어 그 업체가 발전소에 **상주**하여 작업을 하는 경우에는 **건설공사에 해당하지 않아** 도급하는 사업주는 **도급인 책임**을 지게 됨

  * 산업용 기계·장비 및 용품을 전문적으로 수리·유지하는 산업 활동에 해당하여 산업용 기계 및 장비 수리업(제조업)에 해당

  도급하는 업무가 관련법상 건설공사에 해당하여 **건설공사 계약**을 체결한 경우라 하더라도, 계약의 명칭이나 형식이 아니라 계약의 내용 및 수행 방법 등을 보아 도급하는 사업주가 **실질적으로 그 공사의 시공을 주도하여 총괄·관리**하는 경우 **도급인 책임**을 지게 됨

② 사용하지 않는 **기계설비를 설치, 교체 또는 해체**하는 경우 도급하는 자가 그 **공사의 시공을 주도하여 총괄·관리하는 특별한 경우가 아니라면 건설공사 발주자** 책임을 지게 됨

③ 제조업체에서 보일러에 대한 **설치·해체와 정비·수리를 합하여 하나의 단가계약 방식**으로 도급하는 경우에는
  − **단위작업의 성격*에 따라** 건설공사발주자인지 도급인인지 판단

  * 정비·수리 등 건설공사가 아니면 도급인 책임, 설치·해체 등 건설공사이면서 그 시공을 주도하여 총괄·관리하는 경우 도급인 책임, 건설공사에 해당하나 시공을 주도하여 총괄·관리하지 않는다면 건설공사발주자 책임을 지게 됨

산업안전보건법 시행에 따른 도급 시 산업재해 예방 운영 지침		
구 분	도급인	건설공사발주자
적용 범위	타인에게 맡기는 물건의 제조·건설·수리 또는 서비스의 제공, 기타 업무 (건설공사 포함)	건설공사
구분 기준	건설공사의 시공을 주도하여 총괄·관리하는 자	
주요 의무	◎ 산업재해 예방을 위해 필요한 안전 및 보건조치의무(제63조) ◎ 안전보건 총괄책임자의 지정(제62조) ◎ 안전보건협의체 구성 및 운영, 작업자 순회점검 등의 산업재해 예방 조치(제64조) ◎ 특정 위험 작업 시 수급인에 대한 안전 및 복선 정보 제공(제65조) ◎ 관계수급인의 산업안전보건법령 등 위반 시 시정 조치(제66조)	◎ 건설공사의 계획 단계에서 기본 안전 보건대장의 작성, 설계 및 시공 단계에서 그 기본안전보건대장에 따라 설계·공사안전보건대장을 작성하게 한 뒤 이를 확인하는 등의 산업재해 예방 조치 의무 부담(제67조) ◎ 2개 이상의 건설공사가 같은 장소에서 진행되는 경우 안전보건조정자 배치(제68조) ◎ 공사 기간 단축 및 정당한 사유 없는 공법 변경 금지(제70조) ◎ 도급 금액에 산업안전보건관리비 계상(제72조)
위반 시 제재	◎ 안전 및 보건 조치 의무 위반으로 근로자 사망 시 7년 이하의 징역 또는 1억 원 이하 벌금(제167조 제1항) ◎ 안전 및 보건 조치의무 위반 시 그 자체로 3년 이하 징역 또는 3,000만 원 이하 벌금(제169조 제1항)	◎ 공기 단축 또는 정당한 사유 없는 공법 변경 위반 시 1,000만 원 이하 벌금(제171조 제1항) ◎ 나머지 위에서 열거된 사항 위반 시 과태료 부과(제175조)

(고용노동부, 2020년 3월)

(3) 도급인의 책임 범위 확대

령 제11조(도급인이 지배·관리하는 장소) 법 제10조 제2항(고용노동부장관의 산업재해 발생 건수 등의 공표)에서 '대통령령으로 정하는 장소'란 다음 각 호의 어느 하나에 해당하는 장소를 말한다.
– 토사·구축물·인공구조물 등 붕괴 우려 장소, 추락 위험 장소 등 14개 장소

시행규칙 제6조(도급인의 안전·보건 조치 장소) 「산업안전보건법 시행령」(이하 '령'이라 한다.) 제11조 제15호에서 '고용노동부령으로 정하는 장소'란 다음 각 호의 어느 하나에 해당하는 장소를 말한다. (*화재·폭발 우려 있는 작업 장소 등 7개 장소)

법 제63조(도급인의 안전 조치 및 보건 조치) 도급인은 관계수급인 근로자가 도급인의 사업장에서 작업을 하는 경우에 자신의 근로자와 관계수급인 근로자의 산업재해를 예방하기 위하여 안전 및 보건 시설의 설치 등 필요한 안전 조치 및 보건 조치를 하여야 한다. 다만, 보호구 착용의 지시 등 관계수급인 근로자의 작업 행동에 관한 직접적인 조치는 제외한다.

1) 개정 배경

가. 舊「산업안전보건법」에서는 도급인으로 하여금 관계수급인과 함께 관계수급인 근로자의 안전 조치 및 보건 조치를 하도록 공동 책임을 부과하고 있으나, 도급인 사업장 내 위험장소 22개가 아닌 경우 수급인 근로자의 산업재해에 대하여 도급인의 책임을 물을 수 없었음.

① 사업의 일부 또는 전문 분야 공사 전부를 도급하면서 ② 도급인 근로자와 수급인 근로자가 같은 장소에서 작업을 해야 하며, ③ 작업 장소가 추락, 토사 붕괴 등 22개 위험 발생 장소인 경우에 한해서만 수급인 근로자의 산업재해 예방을 위한 안전보건조치 의무 부담

나. 도급인의 사업장 내 22개 위험장소 이외에서도 수급인 근로자 사망 사고가 빈발함에 따라 개정「산업안전보건법」에서는 도급인의 책임 범위를 확대함

2) 주요 개정 사항

〈종 전〉	〈개 정〉
〈책임 범위〉	〈책임 범위〉
도급인의 근로자와 수급인의 근로자가 같은 장소에서 작업을 하며, 22개 위험장소에 해당할 것	도급인의 사업장 전체 + 도급인이 제공·지정한 경우로서 지배·관리하는 21개 위험 장소
	〈직접적 조치 제한〉
〈신 설〉	도급인의 안전·보건 조치에서 관계수급인 근로자의 작업 행동에 관한 직접적 조치는 제외
	〈처 벌〉
〈처 벌〉	도급인이 안전보건조치의무 위반 시 3년 이하의 징역 또는 3천만 원 이하 벌금
도급인이 안전보건조치의무 위반 시 1년 이하의 징역 또는 1천만 원 이하 벌금	안전보건조치의무를 위반으로 근로자 사망 시 7년 이하의 징역 또는 1억 원 이하 벌금 + 5년 내 재범 시 가중(형의 1/2) + 수강명령

3) 개정 내용

수급인 또는 수급인 근로자에 대한 안전 조치 및 보건 조치 의무를 부담하는 도급인의 책임 범위를 도급인의 사업장 내 모든 장소 및 도급인의 사업장 밖이라도 도급인이 지정·제공한 경우로서 지배·관리하는 대통령령으로 정하는 장소(21개 위험장소)로 대폭 확대

※ 보호구 착용 등 관계수급인 근로자의 작업 행동에 관한 직접적인 조치 의무는 근로계약 당사자인 관계수급인이 부담하여야 함(법 제63조 단서조항)

4) 적용 기준 확대

> ※ 개정법에서 확대된 도급인의 안전 조치 및 보건 조치 책임 범위 판단, 특히 도급
> 인의 '지배·관리'의 의미 해석

【기존의 해석】

도급인의 책임 범위

○ 舊 「산업안전보건법」은 도급인의 안전 조치 및 보건 조치 적용 기준을 사업 장소, 사
  업 목적 및 수행 과정 관련성을 기준으로 판단하여

  – 장소적으로 도급인 사업장과 분리1」되어 있거나, 도급인 사업 목적 달성을 위한
    부수적·보조적 사업2」 및 사 업목적 수행 관련성이 없는 경우3」에는 도급인의 책
    임 범위에서 제외

    1」 도급 사업주의 사업장과 인접한 생산 간접설비 및 시설 운영
    2」 경비, 청소 등 용역 서비스, 통근버스 운행, 구내식당 등 복리후생시설 위탁
       운영 등
    3」 건물·설비 등의 신축 또는 신설 공사

○ (질의회 시 예)
  舊 「산업안전보건법」 제29조 제3항 및 시행규칙 제30조 제4항에 규정된 산업재해
  위험 장소가 아닌 경우 도급인의 책임을 묻지 않음

  【판례】

  「산업안전보건법」 舊 제29조 제3항 및 시행규칙 제30조 제4항에 규정된 산업재해
  위험장소가 아닌 경우 도급인의 책임을 묻지 않고, '관계수급인 근로자가 도급인
  사업장에서 작업하는 경우'는 장소적인 동일성을 요구하는 것임(도·수급인 근로자가
  동일한 장소에서 작업 수행)

【확대 세부 기준】

〈도급인의 사업장〉

○ 舊 「산업안전보건법」은 도급인의 책임 장소를 추락, 토사 붕괴 등 22개 산업재해 발생 위험 장소에서 작업하는 경우로 한정하였으나, 개정법에서는 도급인의 수급인 근로자에 대한 안전 조치 및 보건 조치 책임 범위를 도급인의 사업장 전체로 확대하여 도급인의 사업장의 유해·위험 요인으로부터 관계수급인 근로자를 보호할 책임 의무를 부과

〈도급인이 제공·지정한 장소로서 도급인이 지배·관리하는 장소〉

○ 개정 「산업안전보건법」에서는 도급인 사업장 밖인 경우에도 다음의 ①~③ 요건을 모두 갖춘 경우 안전 조치 및 보건 조치 책임이 부과됨

① 도급인이 수급인에게 작업 장소(시설·설비 등 포함)를 제공 또는 지정, ② 도급인이 지배·관리하는 장소, ③ 해당 장소가 산업재해 발생 위험이 있는 21개 장소에 해당

(시행령 제11조: 도급인이 지배·관리하는 장소)

1. 토사·구축물·인공구조물 등이 붕괴될 우려가 있는 장소
2. 기계·기구 등이 넘어지거나 무너질 우려가 있는 장소
3. 안전난간의 설치가 필요한 장소
4. 비계 또는 거푸집을 설치하거나 해체하는 장소
5. 건설용 리프트를 운행하는 장소
6. 지반을 굴착하거나 발파 작업을 하는 장소
7. 엘리베이터홀 등 근로자가 추락할 위험이 있는 장소
8. 석면이 붙어 있는 물질을 파쇄 또는 해체하는 작업을 하는 장소
9. 공중 전선에 가까운 장소로서 시설물의 설치·해체·점검 및 수리 등의 작업을 할 때 감전의 위험이 있는 장소
10. 물체가 떨어지거나 날아올 위험이 있는 장소
11. 프레스 또는 전단기(剪斷機)를 사용하여 작업을 하는 장소
12. 차량계 하역운반기계 또는 차량계 건설기계를 사용하여 작업하는 장소
13. 전기 기계·기구를 사용하여 감전의 위험이 있는 작업을 하는 장소
14. 철도차량(도시철도차량 포함)에 의한 충돌·협착 위험이 있는 작업을 하는 장소
15. 그 밖에 고용노동부령으로 정하는 장소

(시행규칙 제6조, 고용노동부령으로 정하는 장소)

1. 화재·폭발 우려가 있는 다음 각 목의 어느 하나에 해당하는 작업을 하는 장소
   가. 선박 내부에서의 용접·용단 작업
   나. 인화성 물질을 취급·저장하는 설비 및 용기에서의 용접·용단 작업
   다. 안전보건규칙 제273조에 따른 특수화학설비에서의 용접·용단 작업
   라. 가연물(可燃物)이 있는 곳에서의 용접·용단 및 금속의 가열 등 화기를 사용하는 작업이나 연삭숫돌에 의한 건식연마 작업 등 불꽃이 될 우려가 있는 작업
2. 양중기에 의한 충돌 또는 협착의 위험이 있는 작업을 하는 장소
3. 안전보건규칙 제420조 제7호에 따른 유기화합물 취급 특별 장소
4. 안전보건규칙 제574조 각 호에 따른 방사선 업무를 하는 장소
5. 안전보건규칙 제618조 제1호에 따른 밀폐 공간
6. 안전보건규칙 별표 1에 따른 위험물질을 제조하거나 취급하는 장소
7. 화학 설비 및 그 부속설비에 대한 정비·보수 작업이 이루어지는 장소

例示 1

○ 사업장 밖의 안전시설이나 주요설비의 경우에도 수급인이 임의로 설치·해체 및 변경할 수 없거나 도급인과 협의하여야 가능한 경우에는 도급인의 지배·관리 범주에 해당
○ 이와 달리 ① 수급인 자신이 작업장소나 시설·설비 등을 소유하거나 도급인이 아닌 제3자로부터 임대하여 사용하는 경우 ② 시설·설비 및 장비에 대한 시설변경 및 안전장치 설치·해체를 수급인의 필요에 따라 임의로 행하는 경우 등은 도급인의 지배·관리 영역 밖임

例示 2

○ 도급인이 자신의 업무를 관계수급인에게 맡기기 위하여 작업 장소나 설비를 임대 계약의 형식으로 지정·제공하였다 하더라도, 계약의 실질이 지배·관리 요건*을 충족한다면 그 장소는 도급인의 책임 장소로 볼 수 있음
* 해당 장소의 유해·위험 요인을 인지하고 파악하여 유해·위험 요인 제거 등을 통제할 수 있는 정도

例示 3

○ 도급인이 수급인에게 작업 장소나 시설 등을 무상 임대로 제공하고, 임대 작업장의 시설·설비를 도급인이 관리하는 경우에는 도급인의 지배·관리 범주에 해당

例示 4

○ 도급인 사업장 밖의 제3자 소유의 작업 장소*나 수급인 소유 시설의 경우 도급인의 지배·관리권이 미치지 못하므로 도급인의 책임 범위로 보기 어려움

* 에어컨 설치 및 수리 작업, 인터넷 설치 및 수리 작업, 방문 요양 등. 다만 해당 작업 장소에서도 산업재해 예방을 위한 조치 등이 필요하므로 수급인 소유 시설에서는 수급인에게 산재 예방 책임이 존재하며, 제3자 소유의 작업 장소일지라도 수급인 소속 근로자의 작업과 관련하여 수급인의 산재 예방 책임 존재

例示 5

○ 지방자치단체 또는 환경공단이 하수처리시설 운영을 민간업체에 위탁하였고, 해당 사업장에서 민간업체의 근로자가 작업을 하다 안전난간 미설치 등으로 인한 추락 사고가 발생한 경우, 그 사고가 도급인의 사업장 밖이라 할지라도 도급 위탁을 받은 민간업체는 제38조에 따른 사업주로서 도급인이 제공·지정하고 지배·관리하는 추락 위험 장소이므로 하수처리시설 운영을 위 책임을 지고, 지방자치단체 또는 환경공단은 제63조에 따른 도급인으로서 책임을 짐

(4) 안전보건 총괄 책임자 지정 요건

〈종 전〉   〈개 정〉

〈안전보건 총괄 책임자 지정 요건〉   〈안전보건 총괄 책임자 지정 요건〉

도급인의 근로자와 수급인(하수급인 포함)의 근   관계수급인 근로자가 도급인의 사업장(도급인이
로자가 같은 장소에서 작업하는 경우   제공하거나 지정한 경우로서 도급인이 지배·관
* 사업의 일부 도급 또는 전문분야 공사 전부 도급   리하는 대통령령으로 정하는 장소를 포함)에서
                              작업하는 경우

⇒

1) 도급인은 관계수급인 근로자가 도급인의 사업장에서 작업을 하는 경우에는 그 사업
   장의 안전보건관리책임자를 도급인의 근로자와 관계수급인 근로자의 산업재해를 예
   방하기 위한 업무를 총괄하여 관리하는 안전보건 총괄 책임자로 지정하여야 한다.
   (법 제62조 제1항) 이 경우, 안전보건관리 책임자를 두지 아니하여도 되는 사업장에
   서는 그 사업장에서 사업을 총괄하여 관리하는 사람을 안전보건관리총괄책임자로
   지정하여야 한다.

2) 제1항에 따라 안전보건 총괄 책임자를 지정하여야 하는 사업의 종류와 사업장의 상
   시근로자 수, 안전보건 총괄책임자의 직무권한, 그 밖에 필요한 사항은 대통령령[16]으
   로 정한다. (법 제15조와 법 제62조를 구분 이해하기 바람)

---

16) '대통령령으로 정하는 사업'이란 수급인에게 고용된 근로자를 포함한 상시근로자가 100명(선박 및 보트 건조업, 1차
   금속 제조업 및 토사석 광업의 경우에는 50명) 이상인 사업 및 수급인의 공사 금액을 포함한 해당 공사의 총 공사 금액이
   20억 원 이상인 건설업을 말한다.

(5) 안전보건 총괄 책임자의 역할과 직무 내용

〈 안전보건관리책임자 및 안전보건총괄책임자의 역할(산업안전보건법) 〉

구 분	안전보건관리책임자(제15조)	안전보건총괄책임자(제62조)
대상	1. 건설업 　→ 공사금액 20억원 이상 2. 비건설업 　→ 상시근로자 50인 이상(사업의 종류에 따라 다름)	1. 관계수급인 근로자가 도급인의 사업장에서 작업을 하는 경우로, 2. 다음 하나에 해당되는 경우 　1) 도급및관계수급인 근로자 100인 이상 　　(선박 및 보트 건조업 등 일부는 50인) 　2) 관계수급인의 공사금액을 포함한 해당공사의 총 공사금액이 20억원 이상인 건설업
자격	1. 그 사업을 실질적으로 총괄하는 자 2. 안전관리자와 보건관리자를 지휘·감독	1. 안전보건관리책임자 지정 사업장 　→ 안전보건관리책임자를 총괄책임자로 지정 2. 안전보건관리책임자 지정의무 예외 사업장 　→ 사업장을 총괄하는 자로 지정
주요 업무	다음 각 호의 업무를 총괄 관리 1. 산업재해예방계획의 수립에 관한 사항 2. 안전보건관리규정의 작성 및 변경에 관한 사항 3. 안전보건교육에 관한 사항 4. 작업환경측정 등 작업환경 점검·개선 사항 5. 근로자의 건강진단 등 건강관리 사항 6. 산업재해 원인조사 및 재발 방지대책 수립 사항 7. 산업재해 통계 기록 및 유지 사항 8. 안전장치 및 보호구 구입 시 적격품 여부 확인에 관한 사항 9. 기타고용노동부령으로 정하는 사항 　① 위험성평가 실시에 관한 사항 　② 산업안전보건기준에 관한 규칙 　　(이하 '안전보건규칙'이라 함)에서 정하는 근로자의 위험 또는 건강장해 방지에 관한 사항	다음 각 호의 직무를 수행 1. 위험성평가 실시에 관한 사항 2. 급박한 위험, 중대재해 발생 시 작업 중지 3. 도급에 따른 산업재해 예방조치 　① 안전 및 보건에 관한 협의체 구성 및 운영 　② 작업장 순회점검 　③ 관계수급인이 근로자에게 하는 안전보건교육을 위한 장소 및 자료제공 등 지원 　④ 관계수급인이 근로자에게 하는 안전보건교육 실시 확인 　⑤ 경보체계 운영과 대비방법 등 훈련 　　– 작업 장소에서 발파작업을 하는 경우 　　– 화재·폭발, 붕괴 또는 지진 등이 발생한 경우 　⑥ 위생시설* 설치에 필요한 장소 제공 또는 도급인 위생시설의 이용 협조 　　* 휴게·세면·목욕·세탁·탈의·수면시설 　⑦ 관계수급인 등의 작업시기·내용, 안전조치 및 보건조치 등의 확인 　⑧ 관계수급인 작업혼재로 화재·폭발 등의 위험발생 우려가 있는 경우 관계수급인 등의 작업시기·내용 등의 조정 4. 산업안전보건관리비의 관계수급인 간의 사용에 관한 협의·조정 및 그 집행의 감독 5. 안전인증대상기계등과 자율안전확인대상기계 등의 사용 여부 확인

(6) 고려 사항

1) 법 제63조 단서조항 적용의 형평성

"도급인은 관계수급인 근로자가 도급인의 사업장에서 작업을 하는 경우에 자신의 근로자와 관계수급인 근로자의 산업재해를 예방하기 위하여 안전 및 보건 시설의 설치 등 필요한 안전 조치 및 보건 조치를 하여야 한다. 다만, 보호구 착용의 지시 등 관계수급인 근로자의 작업 행동에 관한 직접적인 조치는 제외한다."

여기서, 근로자 작업 행동에 관한 사항의 범위 설정이 모호하고, 원청에게만 예외적으로 사업주의 책임을 묻지 않는다면 그의 관계수급인과의 형평성 문제가 제기된다.

2) 도급인 범죄의 성격

산안법 제63조는 안전조치 위반에 대한 도급인에게만 적용되는 법 조항으로, 개정법에서는 도급인의 수급인 근로자에 대한 안전 조치 및 보건 조치 책임 범위를 도급인의 사업장 전체로 확대하고 있는바, 여기서 도급인 근로자와 그의 관계수급인 근로자가 함께 작업을 하지 않고, 그의 관계수급인 근로자만이 작업을 하다가 중대재해가 발생하였을 경우, 형사책임을 물을 때, 관계수급인에게는 법 제38조를, 도급인(원수급인)에게는 법 제63조를 각각 적용하고 있다.

이때, 도급인 안전관리총괄책임자에게 형사책임을 묻는 것이 그의 관계수급인 안전관리총괄책임자와 ① 공동정범[17]으로 하는 것인지, ② 연대책임을 묻는 것인지, ③ 독립하여 신분범(身分犯)[18]으로 하는 것인지 ④ 도급인을 행위자로 하는 것인지가 모호하다.

산업안전이 갖는 공익이라는 보호가치 측면에서 도급인 안전관리총괄책임자를 공범이든 연대책임이든 신분범(身分犯)이든 불문하고 책임을 묻는 것에는 이의가 없으나, 도급인 안전관리총괄책임자에 대한 책임을 물을 때는 그 책임을 엄격히 제한적으로 해석하여야 한다고 보며, 이는 산업안전이 갖고 있는 공익가치의 보호성에도 불구하고 헌법에서 보장하고 있는 개인의 행복추구권과 인간의 존엄성 문제도 병존

---

17) 형법 제30조(공동정범) 2인 이상이 공동하여 죄를 범한 때에는 각자를 그 죄의 정범으로 처벌한다.
18) 신분범: 구성요건인 행위의 주체에 일정한 신분을 요하는 범죄를 말한다. 여기에서 말하는 신분이란 범인의 인적 관계인 특수한 지위나 상태를 말한다.

하기 때문이다.

공익의 개념은 시대 상황을 반영하여 판단하게 되는데 오늘날 산업안전의 분야도 공익성이 확대·변화하고 있고, 행정법규와 법원의 태도도 전향적으로 변화하는 모습이다.

문제는 산업안전보건법이 '공익성'을 띄고 있어 원수급인과 그의 관계수급인을 공범 관계로 하여 책임을 묻는다면, 도급인 안전관리총괄책임자가 명시적으로 부여된 법정 자기의 책임과 의무를 다하였고, 사고의 원인이 그 하수급인에게 있음에도 도급 인에게 수형(受刑)을 병과 하는 것은 다른 사람의 범죄에 대하여 도급인을 처벌하는 것으로 법치국가 원리에서 도출되는 자기책임주의 원칙에 위배된다는 형법상 논리도 가능하기 때문이다.

모름지기 형벌은 국민의 신체의 자유와 인권을 직접적으로 제한한다는 측면에서 범죄의 명확성 원칙이 엄격하게 적용되는데, 산업안전보건법 위반의 죄도 마찬가지이다.

우리 헌법은 국민이 인간으로서의 존엄과 가치를 가지며, 행복 추구권과 함께 개인이 가지는 불가침의 기본적 인권을 확인하고, 이를 보장할 의무를 진다고 천명하고 있다. (**헌법 제10조, 제12조 참조**)

산업안전이라는 공익의 목적을 실현하기 위하여 형사처벌을 강화하는 그 자체에는 반대하지 않지만, 중대재해가 발생하였다 하여 처벌 위주의 과잉 규제는 기본권이 침해되지 않는 범위 내에서 행사되어야 한다고 본다.

> 헌법재판소는 "범죄와 형벌은 법률로써 정하여지고, 이러한 죄형법정주의에서 파생되는 명확성의 원칙은 누구나 법률이 처벌하고자 하는 행위가 무엇이며, 그에 대한 형벌이 어떠한 것인지를 예견할 수 있고, 그에 따라 자신의 행위를 결정할 수 있도록 구성요건이 명확할 것을 의미하는 것이다." (헌재 2000. 6. 29. 대법 2008도 7030 판결)

17. 석면 작업

석면은 값이 저렴하고 불에 강하다는 장점이 있어 공사현장에서 석면이 함유된 건축자재를 많이 사용하고 있다. 그러나 석면에는 발암성 물질이 함유되어 있어 근로자가 석면에 장시간 노출될 경우 인체에 미치는 영향이 커 법령에서 특별히 취급에 규제를 두고 있다.

(1) 관련법

법 제119조(석면조사)에서

1) 건축물이나 설비를 철거하거나 해체하려는 경우에 해당 건축물이나 설비의 소유주 또는 임차인 등은 다음 각 호의 사항을 고용노동부장관이 정하는 바에 따라 조사한 후 그 결과를 기록하여 보존하여야 한다.
   ① 해당 건축물이나 설비에 석면이 포함되어 있는지의 여부
   ② 해당 건축물이나 설비 중 석면이 포함된 자재의 종류, 위치 및 면적.

2) 제1항에 따른 건축물이나 설비 중 대통령령으로 정하는 규모 이상의 건축물·설비 소유주 등은 제120조에 따라 지정받은 기관에 다음 각 호의 사항을 조사하도록 한 후, 그 결과를 기록하여 보존하여야 한다. 다만, 석면 함유 여부가 명백한 경우 등 대통령령으로 정하는 사유에 해당하여 고용노동부령으로 정하는 절차에 따라 확인을 받는 경우에는 기관 석면 조사를 생략할 수 있다.
   ① 제1항 각 호의 사항
   ② 해당 건축물이나, 설비에 포함된 석면의 종류 및 함유량

3) 고용노동부장관은 건축물·설비 소유주 등이 일반 석면 조사 또는 기관 석면 조사를 하지 아니하고 건축물이나 설비를 철거하거나 해체하는 경우에는 다음 각 호의 사항을 명령할 수 있다.
   ① 해당 건축물·설비 소유주 등에 대한 일반 석면 조사 또는 기관 석면 조사의 이행 명령
   ② 해당 건축물 또는 설비를 철거하거나 해체하는 자에 대하여 제1호에 따른 이행명령의 결과를 보고받을 때까지의 작업중지 명령

4) 기관 석면 조사의 방법 그 밖의 필요한 사항은 고용노동부령으로 정한다.

(2) 석면 해체·제거 작업 신고

석면의 해체·제거 작업을 하고자 하는 자는 석면 해체·제거 작업 시작 7일 전에 관할 지방노동관서의 장에게 신고서를 작성 제출하여야 한다.

(3) 석면 해체·제거 작업 시 근로자 보호

1) 작업 계획의 수립

석면 해체·제거 작업을 하고자 하는 자는 아래 내용이 포함된 작업 계획을 수립하여 해당 근로자에게 알려야 한다.

① 석면 함유 사전 조사 내용 및 결과

② 석면 해체·제거 작업 공사 기간 및 작업 예상 인원

③ 석면 해체·제거 절차 및 석면 해체·제거 작업

④ 석면이 포함된 먼지 비산 방지 방법

⑤ 개인 보호구 지급, 착용

2) 석면 해체·제거 작업 시 조치 사항(산업안전보건기준에 관한 규칙 제495조)

① 분무(噴霧)된 석면이나 석면이 함유된 보온재 또는 내화피복재(耐火被覆材)의 해체·제거 작업

  – 창문·벽·바닥 등은 비닐 등 불침투성 차단재로 밀폐하고 해당 장소를 음압(陰壓)으로 유지하고, 그 결과를 기록·보존할 것(작업장이 실내인 경우에만 해당한다.)

  – 작업 시 석면 분진이 흩날리지 않도록 고성능 필터가 장착된 석면 분진 포집 장치를 가동하는 등 필요한 조치를 할 것(작업장이 실외인 경우에만 해당한다.)

  – 물이나 습윤제(濕潤劑)를 사용하여 습식(濕式)으로 작업할 것

  – 평상복 탈의실, 샤워실 및 작업복 탈의실 등의 위생 설비를 작업장과 연결하여 설치할 것(작업장이 실내인 경우에만 해당한다.)

② 석면이 함유된 벽체, 바닥 타일 및 천장재의 해체·제거 작업

  – 창문·벽·바닥 등은 비닐 등 불침투성 차단재로 밀폐할 것

  – 물이나 습윤제를 사용하여 습식으로 작업할 것

- 작업 장소를 음압으로 유지하고 그 결과를 기록·보존할 것(석면함유 벽체·바닥 타일·천장재를 물리적으로 깨거나 기계 등을 이용하여 절단하는 작업인 경우에만 해당한다.)

③ 석면이 함유된 지붕재의 해체·제거 작업
- 해체된 지붕재는 직접 땅으로 떨어뜨리거나 던지지 말 것
- 물이나 습윤제를 사용하여 습식으로 작업할 것(습식 작업 시 안전상 위험이 있는 경우는 제외한다.)
- 난방이나 환기를 위한 통풍구가 지붕 근처에 있는 경우에는 이를 밀폐하고 환기 설비의 가동을 중단할 것

④ 석면이 함유된 그 밖의 자재의 해체·제거 작업
- 창문·벽·바닥 등은 비닐 등 불침투성 차단재로 밀폐할 것(작업장이 실내인 경우에만 해당한다.)
- 석면 분진이 흩날리지 않도록 석면 분진 포집 장치를 가동하는 등 필요한 조치를 할 것(작업장이 실외인 경우에만 해당한다.)
- 물이나 습윤제를 사용하여 습식으로 작업할 것

⑤ 기타
- 경고 표지 설치
- 석면 해체·제거 작업 근로자 외 출입금지
- 흡연 금지
- 석면 해체·제거 작업장과 연결되거나 인접한 장소에 평상복 탈의실, 샤워실 및 작업복 탈의실 등의 위생설비를 설치

3) 배출 시 작업 방법
플라스틱 용기에 담되, 비닐 등으로 이중으로 포장하여 밀봉된 상태로 운반함으로써 운반하는 작업자들이 흡입하거나 도로 주행 시 공중으로 비산하는 것을 억제하여야 하고, 석면 해체·제거 작업이 종료되면, 바닥에 호스로 물청소를 하는 등 바닥에 묻은 석면을 깨끗이 청소를 한다.

18. 물질안전보건자료(MSDS: Material Safety Data Sheet)

(1) 물질안전보건자료의 의의

화학물질의 명칭, 유해·위험성, 폭발·화재 시 방재 요령, 환경에 미치는 영향 등을 기록한 자료로, 이를 작업 현장에 비치함으로써 이 화학물질을 사용하는 근로자가 해당 물질에 대한 정보를 쉽게 접할 수 있도록 한다.

물질안전보건자료(MSDS)란?

- 화학물질의 안전한 사용과 관리를 위해 필요한 정보를 기재한 자료

- 물질안전보건자료대상물질을 제조하거나 수입하려는 자는 물질안전보건자료를 작성해 고용노동부장관에게 제출해야 함

  ※ 물질안전보건자료대상물질(이하 '대상물질')은 화학물질 또는 이를 함유한 혼합물로서
    산업안전보건법 제104조(시행규칙 별표18)의 분류기준에 해당하는 것을 의미

- 대상물질을 제조하거나 수입하려는 자, 양도하거나 제공한 자는 제공받은 자에게 물질안전보건자료를
  제공해야 함(물질안전보건자료가 변경된 경우 변경된 자료 제공)

- 사업주는 물질안전보건자료를 기반으로 관리 요령 및 경고 표지 게시, 교육 등 실시

---

(2) 기재 사항

물질안전보건자료에 대한 근로자의 알 권리를 보장하기 위하여 관련 제도를 개선하였다. 종전에는 물질안전보건자료의 기재사항 중 화학 물질의 명칭과 함유량에 대해 기업이 자의적으로 영업비밀 여부를 판단하여 비공개할 수 있었던 것을 기업이 영업비밀을 이유로 화학 물질의 명칭과 함유량을 비공개하기 위해서는 고용노동부장관의 사전 심사를 받도록 하였

고, 화학물질의 명칭과 함유량을 비공개하더라도 그 위험성을 유추할 수 있도록 대체명칭과 대체함유량은 기재하도록 하였다.

MSDS 대상 물질을 양도하거나 제공하는 자가 이를 양도받거나 제공받는 자에게 MSDS를 제공하여야 하고, MSDS의 변경 주체를 제조 수입한 자로 하고, 변경된 MSDS를 제조 수입자(양도 제공받아 다시 제공하는 자 포함)가 다시 제공할 수 있도록 명확히 규정하고 있다.

대상으로는 산안법 제104조에서 정하고 있는 화학 물질이고, 화학 물질을 담은 용기에 제품명, 성분, 인체에 미치는 영향 등을 표시하여 취급자에게 경고하여야 하며, 대상 화학 물질의 제품명과 물리적 위험성 및 건강 유해성, 취급상의 주의사항, 적절한 보호구 착용 및 응급 조치 요령 등 대처 방법을 교육하여야 한다.

※ 작성 항목

물질안전보건자료 작성항목

1.화학제품과 회사에 관한 정보	2.유해성·위험성	3.구성 성분의 명칭 및 함유량
4.응급조치 요령	5.폭발·화재 시 대처 방법	6.누출 사고 시 대처 방법
7.취급 및 저장 방법	8.노출 방지 및 개인보호구	9.물리화학적 특성
10.안정성 및 반응성	11.독성에 관한 정보	12.환경에 미치는 영향
13.폐기 시 주의 사항	14.운송에 필요한 정보	15.법적 규제 현황
16.그 밖의 참고 사항		

(3) 작성 방법

물질안전보건자료는 한글로 작성하는 것을 원칙으로 하되 화학 물질명, 외국 기관명 등의 고유명사는 영어로 표기할 수 있다. 그러나 실험실에서 시험·연구 목적으로 사용하는 시약으로서 물질안전보건자료가 외국어로 작성된 경우에는 한국어로 번역하지 않아도 된다.

외국어로 되어 있는 물질안전보건자료를 번역하는 경우에는 자료의 신뢰성이 확보될 수 있도록 최초 작성 기관명 및 시기를 함께 기재하여야 하며, 다른 형태의 관련 자료를 활용하여 물질안전보건자료를 작성하는 경우에는 참고문헌의 출처를 기재하여야 한다. 단, 자료가 없으면 '자료 없음'으로, 출처 찾기가 불가능할 경우 '해당 없음'으로 기재한다.

(4) 물질안전보건자료의 게시 및 교육(산업안전보건법 제114조)

1) 물질안전보건자료 대상물질을 취급하려는 사업주는 제110조 제1항 또는 제3항에 따라 작성하였거나 제111조 제1항부터 제3항까지의 규정에 따라 제공받은 물질안전보건자료를 고용노동부령으로 정하는 방법에 따라 물질안전보건자료 대상물질을 취급하는 작업장 내에 이를 취급하는 근로자가 쉽게 볼 수 있는 장소에 게시하거나 갖추어 두어야 한다.

2) 제1항에 따른 사업주는 물질안전보건자료 대상물질을 취급하는 작업 공정별로 고용노동부령으로 정하는 바에 따라 물질안전보건자료 대상물질의 관리 요령을 게시하여야 한다.

3) 제1항에 따른 사업주는 물질안전보건자료대상물질을 취급하는 근로자의 안전 및 보건을 위하여 고용노동부령으로 정하는 바에 따라 해당 근로자를 교육하는 등 적절한 조치를 하여야 한다.

19. 불법 하도급(건설산업기본법)

하도급이란 도급받은 건설공사의 전부 또는 일부를 다시 도급하기 위하여 수급인이 제 3자와 체결하는 계약을 말하며(건설산업기본법 제2조), 불법 하도급 금지를 규정하고 있는 법률은 건설산업기본법 등과 하도급거래 공정화에 관한 법률이 있으나, 후자는 수급자의 이익을 부당하게 침해하는 내용에 한정하고 있다.

(1) 불법 하도급의 유형(건설산업기본법)

　1) 무자격자에 대한 하도급 금지: 제25조 제2항

　2) 일괄 하도급 금지: 제29조 제2항

　3) 전문 공사 하도급 제한: 제29조 제2항, 제5항

　4) 재하도급 금지: 제29조 제3항

　이외 전기공사업법(제14조), 정보통신공사법(제31조), 소방시설공사업법(제22조) 등 이와 유사한 규정이 존재한다.

　전문공사업자가 종합공사업자에게 발주한 종합공사 중 전문공사업자 자신이 등록한 업종의 전문공사를 그 종합공사업자로부터 다시 도급받는 계약은 「건설산업기본법」 제2조 제12호에 따른 '하도급'에 해당하지 않는다. (법제처 2024. 7. 9. 유권 해석)

(2) 건설공사 하도급 제한의 예외

건설산업기본법 제29조(건설공사의 하도급 제한)에서 "건설사업자는 도급받은 공사의 전부 또는 대통령령으로 정하는 주요 부품의 대부분을 다른 건설업자에게 하도급 할 수 없 다. 다만, 건설업자가 도급받은 공사를 대통령령으로 정하는 바에 따라 계획·관리 및 조정 하는 경우로서 대통령이 정하는 바에 따라 2인 이상에 분할하여 하도급 하는 경우에는 예 외로 한다."라고 규정한 다음 건설산업기본법 시행령에서 본문에서 말하는 '공사의 전부'란 시행령 제21조 제1항에 따른 부대공사에 해당하는 부분을 제외한 주된 공사에 대한 하도

급을 금지하고 있다.

여기서 "건설업자가 도급받은 공사를 대통령령으로 정하는 바에 따라 계획·관리 및 조정하는 경우로서 대통령에 정하는 바에 따라 2인 이상에 분할하여 하도급 하는 경우에는 예외로 한다."라 함은 도급인이 국토교통부장관이 정하는 바에 따라 공사현장에서 인력·자재·장비·자금 등의 관리, 시공관리·품질관리·안전관리 등을 수행하고 이를 위한 조직체계 등을 갖추고 있는 경우를 예외규정으로 하고 있다.

그리고, 2인 이상 분할도급을 할 수 있는 경우로는(시행령 제31조 제3항)

① 전문건설분야를 업종별로 분할하여 시공할 수 있는 자격을 보유한 관계 수급인

② 도서 지역 또는 산간벽지에서 시행되는 공사를 해당 도서 지역 또는 산간벽지가 속하는 특별시·광역시·특별자치시·도 또는 특별자치도(이하 '시·도'라 한다.)에 있는 중소건설사업자 또는 법 제48조에 따라 등록한 협력업자에게 하도급 하는 경우

한편, 법 제29조 제2항 및 같은 조 제5항 단서에서 '대통령령으로 정하는 요건'이란 하도급 하는 공사의 금액이 도급받은 전체 공사 금액의 100분의 20을 초과하지 않는 경우로서 다음 각 호의 어느 하나에 해당하는 경우를 말한다. (건설공사 하도급 제한의 예외)

① 「건설기술진흥법」 제14조에 따른 신기술이 적용되는 공사를 그 기술을 개발한 건설사업자에게 하도급 하는 경우

② 「특허법」 제87조에 따라 특허권이 설정된 공법을 적용하는 공사를 그 특허를 출원한 건설사업자에게 하도급 하는 경우

③ 교량 및 이와 유사한 시설물의 철 구조물을 제작하여 조립·설치하는 공사를 그 공사를 시공할 수 있는 자격을 보유한 건설사업자에게 하도급 하는 경우

④ 점보드릴(암석에 구멍을 뚫는 기계), 쉴드기(터널 굴착에 사용되는 전용 기계) 등 그 조작을 위하여 상근 전문 인력을 보유해야 하는 건설기계를 이용하여 시공해야 하는 공사를 그 건설기계와 그 건설기계 조작을 위한 상근 전문 인력을 모두 보유하고 있는 건설사업자에게 하도급하는 경우

⑤ 「특허법」 제87조에 따른 특허권 또는 「실용신안법」 제21조에 따른 실용신안권 이 설정된 자재(자재의 제작 과정에 해당 권리가 설정된 경우를 포함한다.)를 설치하는 공사를 그 자재의 제작·설치에 대한 전문성과 제작·설치를 위한 상근 전문 인력을 모두 보유하고 있는 건설사업자에게 하도급 하는 경우

⑥ 그 밖에 주된 공사에 부수되는 종된 공사로서 전문적인 시공기술·공법·인력이 필요하거나 특수한 자재를 제작·설치하는 공사를 그 공사에 대한 전문성이 있다고 발주자가 인정하는 건설사업자에게 하도급하는 경우 등은 하도급을 줄 수가 있다.

(3) 불법 하도급과 중대재해

개정된 산업안전보건법에서 도급인의 관계수급인의 종사자에 대한 안전·보건조치의 의무 부과(제63조)와 중대재해처벌법에서 요구하는 수급인의 종사자에 대한 안전보건 확보 의무(제5조)에 따라 중대재해 발생 시 불법 하도급이 이뤄졌다는 사정만으로 경영 책임자 등의 안전보건 확보의무 위반이 인정될 수 있으며, 원도급자가 법상 여러 안전 보건 확보 의무의 이행에 소홀히 했다고 볼 여지가 많으므로, 불법 하도급은 원도급자에게 불리하게 작용할 소지가 크다. (광주 학동 철거공사 불법 하도급 사고 사례 참조)

따라서, 경영 책임자 등은 불법 하도급으로 파생되는 법적 문제를 더욱 명확하게 인식하고, 건설산업기본법 등에 따라 금지되는 불법 하도급이 이뤄지지 않도록 경영 관리상의 철저한 노력이 더욱 필요하다 할 것이다.

20. 산업안전보건법과 중대재해처벌법과의 차이점

산업안전보건법은 산업안전보건에 관한 기준을 확립하고, 그 책임의 소재를 명확하게 하여 산업재해를 예방하는 데 목적이 있고, 이때 기준이라 함은 '산업안전보건 기준에 관한 규칙'을 의미한다.이에 반해 중대재해 처벌 등에 관한 법률은 사업 또는 사업장, 공중이용시설 및 공중교통수단을 운영하거나 인체에 해로운 원료나 제조물을 취급하면서 안전·보건조치 의무를 위반하여 인명피해를 발생하게 한 사업주, 경영 책임자, 공무원 및 법인 등 최상위 책임자를 처벌함으로써 중대재해를 예방하고 시민과 종사자의 생명과 신체를 보호함을 목적으로 한다.

구체적으로 보면, 사업장에서 중대재해가 발생하였을 경우, 산업안전보건법에서는 현장 책임자를 행위자로 하여 위법의 책임을 묻지만, 중대재해 처벌 등에 관한 법률에서는 사업주 또는 경영 책임자를 처벌의 대상으로 하고 있다.

특히, 중대재해 처벌 등에 관한 법률에서는 징벌적 손해배상의 범위를 설정하고 있다는 점에서 산업안전보건법과 큰 차이점을 보이고 있다.

이와 같이, 의무 이행 주체와 의무를 규율하고 이행하는 법률 구성의 내용이 양자가 엄격히 다르지만, 산업안전보건법과 중대재해 처벌 등에 관한 법률이 추구하고자 하는 궁극적인 목적은 재해 예방이라는 동일 선상에 있으므로 이 양자는 서로 연동되어 있다.

※ 중대재해처벌법과 산업안전보건법의 비교

구 분	중대재해처벌법	산업안전보건법
의무주체	• 사업주, 경영책임자 등 • 법인	• 사업주, 행위자 • 법인
보호대상	• 근로기준법상 근로자 • 노무제공자(위탁, 도급 포함) • 수급인의 근로자 및 노무제공자 • 수급인	• 근로기준법상 근로자 • 수급인의 근로자 • 특수고용종사근로자 • 노무제공자
적용범위	• 상시근로자 5인 미만 사업 또는 사업장 제외	• 전 사업장
중대 재해 정의	• 중대산업재해 – 사망자 1명 이상 발생 – 동일한 사고로 6개월 이상 치료가 발생한 부상자 2명 이상 발생 – 동일한 유해요인으로 급성중독 등 직업성 질병자 1년 이내 3명 이상 발생	• 중대재해 – 사망자 1명 이상 발생 – 3개월 이상 요양이 필요한 부상자 동시 2명 이상 발생 – 부상자 또는 직업성질병자 동시 10명 이상 발생
처벌	• 경영책임자등(자연인) – 사망: 1년 이상 징역 또는 10억 원 이하 벌금 – 부상, 질병: 7년 이하 징역 또는 1억 원 이하 벌금 – 형이 확정된 후 5년 이내에 재범 시 1/2까지 가중 • 법인 – 사망: 50억 원 이하 벌금 – 부상, 질병: 10억 원 이하 벌금	• 사업주 및 행위자 – 사망: 7년 이하 징역 또는 1억 원 이하 벌금 – 안전보건조치 위반: 5년 이하 징역 또는 5천만원 이하 벌금 – 형이 확정된 후 5년 이내에 재범 시 1/2까지 가중 • 법인 – 사망: 10억 원 이하 벌금 – 안전보건조치위반: 5천만원 이하 벌금

제 2 편

중대재해 처벌 등에
관한 법률

1. 주요 내용

정부는 중대재해를 중대산업재해와 중대시민재해로 구분하고, 처벌의 대상과 범위를 확대·강화하는 방향으로 중대재해 처벌법을 제정하였다.

<u>주요 내용(요약)</u>

구 분	중대산업재해	중대시민재해
요 건	다음 중 하나에 해당하는 경우 ■ 사망자 1명 이상 발생 ■ 6개월 이상 치료 부상자 2명 이상 ■ 직업성 질병자[19] 1년 이내 3명 이상 발생	다음 중 하나에 해당하는 특정 원료, 제조물, 공중이용 시설 또는 공중교통 수단의 설계, 제조, 설치, 관리상의 결함을 원인으로 하는 재해 ■ 사망자 1명 이상 발생 ■ 2개월 이상 치료 부상자 10명 ■ 3개월 이상 치료 질병자 10명 이상 발생
적용 범위	제외: 상시근로자 5인 미만의 사업주(개인사업주에 한정) 또는 경영 책임자	■ 원료나 제조물의 설계, 제조, 관리상 결함 시 ■ 공중이용시설(시행령으로 정함) 또는 공중교통시설(도시철도, 승합자동차, 여객선, 항공기 등)의 설계, 설치, 관리상 결함 시
의무 사항	실질적으로 지배 운영 관리하는 사업장종사자의 안전·보건을 위한 다음 조치 ■ 안전보건관리 체계 구축 ■ 재해 발생 시 재발방지대책 수립 및 이행에 관한 조치 ■ 행정기관 등이 개선, 시정을 명한 사항의 이행 ■ 안전·보건 관계 법령에 따른 의무 이행에 필요한 조치	실질적으로 지배 운영 관리하는 사업장에서 ① 생산 제조 판매 유통 중인 원료나 제조물의 설계, 제조, 관리상의 결함 ② 공중이용시설 또는 공중교통수단의 설계, 설치, 관리상의 결함으로 인한 생명, 신체의 안전을 위한 다음 조치 ■ 안전보건관리 체계 구축 ■ 재해 발생 시 재발방지대책 수립 및 이행에 관한 조치 ■ 행정기관 등이 개선, 시정을 명한 사항의 이행 ■ 안전·보건 관계 법령에 따른 의무 이행에 필요한 조치

도급 관계 에서의 의무	제3자에 대한 도급, 용역, 위탁 등의 경우에 그 시설, 장비, 장소 등을 실질적으로 지배 운영 관리하는 책임이 있는 경우 중대재해가 발생하지 않도록 안전 및 보건 조치를 해야 함.	
양벌 규정	■ 사망자 1명 이상 재해: 50억 원 이하의 벌금 ■ 부상자 2명 이상 또는 직업성 질병자 3명 　이상 재해: 10억 원 이하 벌금 　※ 단, 법인 또는 기관이 그 위반 행위를 　　방지하기 위하여 상당한 주의·감독을 　　다한 경우 제외	■ 사망자 1명 이상 재해: 50억 원 이하의 벌금 ■ 부상자 10명 이상 또는 직업성 질병자 　10명 이상 재해: 10억 원 이하 벌금 　※ 단, 법인 또는 기관이 그 위반 행위를 　　방지하기 위하여 상당한 주의·감독을 　　다한 경우 제외
손해배상 책임	1) 사업주 또는 경영 책임자 등이 고의 또는 중대한 과실로 이 법에서 정한 의무를 위반하여 　중대재해를 발생하게 한 경우 해당 사업주, 법인 또는 기관이 중대재해로 손해를 입은 사 　람에 대하여 그 손해액의 5배를 넘지 아니하는 범위에서 배상 책임을 진다. 다만, 법인 또 　는 기관이 해당 업무에 관하여 상당한 주의와 감독을 게을리하지 아니한 경우에는 그러하 　지 아니하다. 2) 법원은 제1항의 배상액을 정할 때에는 다음 각 호의 사항을 고려하여야 한다. 　① 고의 또는 중대한 과실의 정도 　② 이 법에서 정한 의무위반행위의 종류 및 내용 　③ 이 법에서 정한 의무위반행위로 인하여 발생한 피해의 규모 　④ 이 법에서 정한 의무위반행위로 인하여 사업주나 법인 또는 기관이 취득한 경제적 이익 　⑤ 이 법에서 정한 의무위반행위의 기간·횟수 등 　⑥ 사업주나 법인 또는 기관의 재산 상태 　⑦ 사업주나 법인 또는 기관의 피해 구제 및 재발 방지 노력의 정도	

※ 공무원 처벌 특례: 공무원의 경우 직무유기 때만 처벌

---

19) 직업성 질병 : 급성중독, 독성간염, 압착증, 산소결핍증, 열사병 등 24개 질병 (시행령 별표1 참조)

2. 중대재해처벌법의 특징

1) 안전보건의무 확보의 주체라고 할 수 있는 경영 책임자 등 형벌 주체의 확대

2) 중대산업재해의 경우 종사자[20] 및 제3자의 종사자, 중대시민재해의 경우 이용자 등 보호 대상의 확대

3) 사업장 내의 장소가 아닌 제3의 장소에서 중대재해사고가 발생한 경우, 그 장소에 대하여 실질적 지배 운영 관리가 되었다면, 책임 범위가 확대되는 보호 장소로 확대

4) 경영 책임자에 대한 엄중한 형사책임과 함께 법인에 대한 징벌적 배상의 병과라는 인 책임의 강화

---

20) 종사자의 범위: 근로기준법상 근로자는 물론, 노무 제공자 및 단체별 수급인, 수급인의 근로자와 노무 제공자 포함

3. 경영자 책임 부여의 대상

(1) 사업주: 자신이 사업을 영위하는 자, 타인의 노무를 제공받아 사업을 하는 자

(2) 경영 책임자 등

'경영 책임자 등'이라 함은 다음 각 호에 해당하는 자를 말한다.

① 사업을 대표하고 사업을 총괄하는 실질적인 권한과 책임이 있는 사람 또는 이에 준하여 안전·보건에 관한 업무를 담당하는 사람

② 중앙행정기관의 장, 지방자치단체의 장, 「지방공기업법」에 따른 지방공기업의 장, 「공공기관의 운영에 관한 법률」에서 지정된 공공기관의 장

③ '이에 준하여 업무를 담당하는 사람'이란, 법인 대표이사 또는 개인인 경우 그 사업의 대표자로부터 사업 또는 사업장의 안전·보건 전반에 관한 인력, 조직, 예산 편성과 집행 등 사항을 포괄적으로 위임받아 실질적으로 지배·관리하는 자를 말함.

그러므로 이사, 상무, 전무 등 명칭만으로 '이에 준하는 사람'으로 보아서는 안 된다.

※ '안전보건에 관한 업무를 담당하는 사람'이 포함됨에 따라 사업을 대표하고 총괄하는 대표이사 외에도 안전 담당 이사, 생산본부장, 공장장 등이 처벌 대상에 포함될 수 있음에 유의.

사업주(개인사업주)	경영책임자(CEO), CSO 등
중처법 제2조 제8호	**중처법 제2조 제9호**
자신의 사업을 영위하는 자, 타인의 노무를 제공받아 사업을 하는자 ※'산업안전보건법' 상의 사업수(제2소 세4호): 근로자를 사용하여 사업을 하는 자	▶ 사업을 대표하고 사업을 총괄하는 권한과 책임이 있는 사람(CEO) ▶ 이에 준하여 안전보건에 관한 업무를 담당하는 사람(CSO)

ISSUE

(3) 실질적인 지배·운영·관리

고용노동부에서 2020년 3월 배포한 '개정 산업안전보건법 시행)에 따른 도급 시 산업재해 예방 운영지침'에서, 도급인(원수급인)이 '지배·관리하는 장소'란 '도급인이 해당 장소의 유해·위험 요인을 인지하고 이를 관리·개선하는 등 통제할 수 있는 장소'를 의미하는 것으로 해석하고 있다.

즉, 시설, 장비, 장소에 관한 소유권, 임차권 그밖에 사실상의 지배력을 갖고 있어 위험에 대한 제어 능력이 있다고 볼 수 있는 경우이며, **도급인의 사업장 내 또는 도급인의 제공·지정하고 지배·관리하는 장소(21개 위험장소)에서 경영하는 경우가 아닌 경우**에도 해당 작업과 시설, 설비, 장소 등에 대하여 소유한 임차권 등을 행사하고 있는 경우에는 책임이 있다.

따라서, 도급인이 통제할 수 없는 장소라면 중대재해의 처벌 대상에 해당하지 않을 것이며, 도급인이 자신 소유의 장소에서 수급인이 사업을 운영하게 하거나 시설·장비 등을 대여하는 경우, 수급인의 대표·관리자 등에게 작업 지시를 하거나 전체적인 작업 진행을 총괄하는 경우 처벌 대상에 해당할 가능성을 염두에 두어야 한다.

그리고, 도급, 위탁, 용역 등이라도 실질적으로 지배·운영 관리를 한다면 경영 책임자의 안전·보건 조치 의무가 있다고 보아야 할 것이다.

대법원은 수급인의 근로자에 대하여 안전보건 조치 의무를 부담하는 도급인에 관하여, "사업의 전체적인 진행 과정을 총괄하고 조율할 능력이 있는 사업주에게 그가 관리하는 작업장에서 발생할 수 있는 산업재해를 예방하기 위한 조치를 하여야 할 의무가 있다."라고 판시한 바 있음. (대법원 2010. 6. 24. 선고 2010도2615 판결, 대법원 2016. 3. 24. 선고 2015도8621 판결)

4. 경영 책임자의 업무

(1) 경영 책임자의 직무 범위

경영 책임자는 반드시 현장의 직접적인 안전·보건 조치를 해야 하는 것이 아니라 경영 책임자로써 사업 전체의 안전·보건 확보를 위하여 기업의 특성 및 규모를 고려하여 법 제4조와 법 제5조 및 시행령 제4조와 제5조 각 호의 의무를 이행하여야 할 의무가 있다.

* 단, 5인 미만 사업 또는 사업장의 사업주(개인사업주에 한함)인 경우 이 법이 적용되지 않음(법 제3조)

1) 사업주와 경영 책임자 등의 안전 및 보건 확보 의무(법 제4조)

　가. 사업주 또는 경영 책임자 등은 사업주나 법인 또는 기관이 실질적으로 지배·운영·관리하는 사업 또는 사업장에서 종사자의 안전·보건상 유해 또는 위험을 방지하기 위하여 그 사업 또는 사업장의 특성 및 규모 등을 고려하여 다음 각 호에 따른 조치를 하여야 한다.

　　① 재해 예방에 필요한 인력 및 예산 등 안전보건 관리 체계의 구축 및 그 이행에 관한 조치

　　② 재해 발생 시 재발방지 대책의 수립 및 그 이행에 관한 조치

　　③ 중앙행정기관·지방자치단체가 관계 법령에 따라 개선, 시정 등을 명한 사항의 이행에 관한 조치

　　④ 안전·보건 관계 법령에 따른 의무 이행에 필요한 관리상의 조치

　나. 위 가항 제①호·제④호의 조치에 관한 구체적인 사항은 대통령령(시행령 제4조 안전보건관리체계의 구축 및 이행 조치)으로 정한다.

(2) 도급, 용역, 위탁 등 관계에서의 안전 및 보건 확보 의무(법 제5조)

사업주 또는 경영 책임자 등은 사업주나 법인 또는 기관이 제3자에게 도급, 용역, 위탁 등을 행한 경우에는 제3자의 종사자에게 중대산업재해가 발생하지 아니하도록

제4조의 조치를 하여야 한다. 다만, 사업주나 법인 또는 기관이 그 시설, 장비, 장소 등에 대하여 실질적으로 지배·운영·관리하는 책임이 있는 경우에 한정한다.

1) 점검

사업의 전체적인 안전·보건 관리 체계가 정상적으로 작동하는지 주기적(반기 1회 이상)으로 확인하고, 미비점을 보완하여 실행하여야 하며, 이는 현장의 관리감독자에 대한 관리상의 의무가 있기 때문이다.

2) 전담 부서의 설치

본사의 안전·보건에 관한 업무를 전담하는 조직을 갖추어야 하며, 대기업은 기존의 '안전팀'과 같은 탄탄한 조직을 갖춘 전담 부서가 있어 문제 될 것이 없지만, 중소기업의 경우 법령이 요구하는 조직과 체계를 갖추는 데 한계가 있다.

그러므로, 영세 소규모 사업장의 경우 실정에 맞게 조직을 구성하되 전문인력의 확보로 직무의 겸직, 대표자를 포함하여 2~3명으로 조직을 갖출 것을 권고한다.

> *** 안전보건전담조직을 두어야 하는 사업장(시행령 제4조 제2호)**
> 산업안전보건법에 따라 두어야 하는 안전관리자, 보건관리자, 안전보건관리담당자, 산업보건의가 총 3명 이상이면서
> ① 상시근로자 수가 500명 이상인 사업 또는 사업장이거나
> ② 공사 시공 능력 순위 상위 200위 이내인 건설사업자

3) 예산 편성

예산 편성은 용도에 맞게 편성하되 ① 재해 예방을 위해 필요한 안전·보건에 관한 인력, 시설 및 장비의 구입, ② 유해 위험 요인의 개선에 필요한 사항, ③ 안전 보건 체계 구축 등에 필요한 안전관리비를 효율적으로 편성한다.

5. 처벌

경영 책임자의 범죄 구성 요건은

① 법 제4조, 제5조 위반의 사실이 있을 것(미필적 고의[21] 포함)

② 중대재해 또는 중대시민재해가 현실적으로 발생하였을 것

③ 재해와 위법사항과의 인과관계가 있을 것으로 볼 수 있다.

【판례】

사업주가 사업장에서 안전 조치가 취해지지 아니한 상태에서 작업이 이루어지고 있고, 향후, 그러한 작업이 계속되면 사고가 발생할 것이라는 사정을 미필적으로 인식하고도 이를 그대로 방치하는 경우에는 고의가 있는 것으로 보아야 한다. (대법원 2010. 11. 25. 2009도11906 판결)

(1) 사업주와 경영 책임자 등의 처벌(제6조, 제7조)

구성 요건 (두 가지 모두 해당되어야 처벌 적용)	책임 주체	처벌 수위		비 고
		① 사망자 발생재해	② 부상자, ③ 직업성 질병자	
① 안전/보건 확보 의무를 위반하여	경영책임자 등	▲ 1년 이상의 징역 또는 ▲ 10억원 이하의 벌금 (병과 가능)	▲ 7년 이하의 징역 또는 ▲ 1억원 이하의 벌금	5년 이내에 다시 이에 해당하는 죄를 범하는 경우 각 항에서 정한 형의 **2분의 1까지 가중처벌**
② 종사자에게 중대산업재해가 발생한 경우	법인 및 기관 (제7조)	50억원 이하의 벌금	10억원 이하의 벌금	단, 법인 또는 기관이 위반 행위를 방지하기 위하여 해당 업무에 관하여 **상당한 주의와 감독을 게을리하지 아니한 경우는 처벌을 면함**

---

21) 미필적 고의: 특정한 행동을 함으로써 어떠한 결과가 반드시 발생하는 것은 아니지만 발생할 가능성이 있음을 인지하고 있을 때, 그 결과가 발생해도 상관없다는 심리로 그 행동을 하는 것

(2) 양벌규정(제7조)

법인 또는 기관의 경영 책임자 등이 그 법인 또는 기관의 업무에 관하여 제6조에 해당하는 위반 행위를 하면 그 행위자를 벌하는 외에 그 법인 또는 기관에 다음 각 호의 구분에 따른 벌금형을 과(科)한다. 다만, 법인 또는 기관이 그 위반 행위를 방지하기 위하여 해당 업무에 관하여 상당한 주의와 감독을 게을리하지 아니한 경우에는 그러하지 아니하다.

① 사망자가 1명 이상 발생한 경우(제6조 제1항의 경우): 50억 원 이하의 벌금
② 동일한 사고로 6개월 이상 치료가 필요한 부상자가 2명 이상 발생하거나, 동일한 유해요인으로 급성 중독 등 대통령을 정하는 직업성 질병자가 1년 이내에 3명 이상 발생한 경우(제6조 제2항의 경우): 10억 원 이하의 벌금

6. 안전·보건 관리 체계 구축(시행령 제4조, 제5조)

안전보건 관리 체계의 구축이란 일하는 사람의 안전과 건강을 보호하기 위해 기업 스스로 위험 요인을 파악하여 제거·대체 및 통제방안을 마련·이행하며, 이를 지속적으로 개선하는 일련의 활동의 구축을 말한다.

개인의 노력과 의지만으로는 산업재해를 예방할 수 없고, '사람은 실수하고, 기계는 고장 난다.'라는 사실을 인정하고, 안전보건 관리 체계를 설계하여야 한다.

그러나 기업에 따라 환경과 작업 조건이 모두 다르므로 기업 여건에 맞게 구축하여야 하고, 기술적 역량이 부족하고, 재정적 여건이 어려운 기업일수록 비용을 적게 하면서 맞춤형 안전보건 관리 체계의 구축이 요구된다.

예를 들어, 중소기업에서는 작업 방법 준수 및 보호구 착용 등 기본적인 안전 수칙 준수만으로도 대부분의 사고를 예방할 수 있으므로 무엇보다도 기초적인 안전 의식과 실천이

평소 생활화되는 것이 중요하다.

이를 위해서는 근로자이 적극적으로 참여할 수 있도록 경영자가 비전을 제시하는 관심과 '리더십'이 필요하다.

실정법에서는 시행령 제4조, 제5조에서 구체적인 조건을 제시하고 있는바, 그 내용은 다음과 같다.

	주요 내용	근거 법령
1	안전 보건 목표 및 경영방침의 설정	법 제4조 제1항 제1호 시행령 제4조 제1호
2	안전 보건 업무를 총괄 관리하는 전담 조직 설치	법 제4조 제1항 제1호 시행령 제4조 제2호
3	유해 위험요인 확인 개선 절차 마련 점검 및 필요한 조치	법 제4조 제1항 제1호 시행령 제4조 제3호
4	재해예방에 필요한 안전 · 보건에 관한 인력 시설 장비 구비와 유해 · 위험요인 개선에 필요한 예산 편성 및 집행	법 제4조 제1항 제1호 시행령 제4조 제4호
5	안전보건관리책임자등의 충실한 업무수행 지원 권한과 예산 부여 평가기준 마련 및 평가 관리	법 제4조 제1항 제1호 시행령 제4조 제5호
6	산업안전보건법에 따른 안전관리자 보건관리자 등 전문인력 배치	법 제4조 제1항 제1호 시행령 제4조 제6호
7	종사자 의견 청취 절차 마련 청취 및 개선방안 마련 이행 여부 점검	법 제4조 제1항 제1호 시행령 제4조 제7호
8	중대산업재해 발생 시 등 조치 매뉴얼 마련 및 조치 여부 점검	법 제4조 제1항 제1호 시행령 제4조 제8호
9	도급 용역 위탁 시 산재예방 조치 능력 및 기술에 관한 평가기준 절차 및 관리 비용 업무수행기관 관련 기준 마련 · 이행 여부 점검	법 제4조 제1항 제1호 시행령 제4조 제9호
10	재해 발생 시 재발 방지 대책의 수립 및 이행	법 제4조 제1항 제2호
11	중앙행정기관 지방자치단체가 관계 법령에 따라 개선 시정 등을 명한 사항의 이행	법 제4조 제1항 제3호
12	안전 · 보건 관계 법령에 따른 의무 이행 여부에 대한 점검 및 필요한 조치	법 제4조 제1항 제4호, 시행령 제5조 제2항 제1호, 제2호
13	안전 · 보건 관계 법령에 따라 의무적으로 실시해야 하는 유해 · 위험한 작업에 관한 안전 · 보건에 관한 교육	법 제4조 제1항 제4호, 시행령 제5조 제2항 제3호, 제4호

여기서 '경영 방침 설정' 부분이 좀 추상적인 느낌이 들지만, 기업은 어느 누구나 할 것 없이 경영 철학과 그에 따른 경영 방침을 가지고 있지만, 이는 최고경영자가 가지는 가치관과 인식에 따라 차이가 있다.

그러나, 중대재해처벌법에서 요구하는 경영 방침이란, 사업주 또는 경영 책임자 등에게 안전·보건 확보 방안에 대한 구체적인 경영 방침을 수립할 것으로 보아야 하고, 여기에는 산업재해의 발생을 억제하기 위한 경영 책임자의 확고한 의지가 요구된다.

※ 경영 방침의 설정에 고려될 사항

① '무재해 운동'의 활성화,
② '위험성 평가'의 내실화
③ 예산 지원의 구체화
④ 정부 및 기업의 안전 확보 시책에 근로자 참여 유도 방안 구축
⑤ 안전성 확보를 위한 제안 제도 도입 등

7. 안전·보건 관리상의 조치(시행령 제5조)

(1) 조치 의무 내용

1) 안전·보건 관계법령이 이행되고 있는지를 반기 1회 이상 점검 결과를 보고받아야 함

2) 점검 결과 인력, 예산, 장비 등 지원

3) 유해·위험한 작업에 필요한 안전·보건 교육을 실시하고 있는지를 반기 1회 이상 점검하고 결과 보고

4) 실시되지 않은 교육에 대해서는 지체 없이 그 이행의 지시, 예산의 확보 등 필요한 조치를 할 것

(2) 경영 책임자의 점검 의무의 내용 및 점검 주기(반기 1회)

1) 유해·위험 요인의 확인·개선 여부(시행령 제4조 제3호)

2) 안전보건관리책임자 등의 충실한 업무수행의 평가·관리(제5호)

3) 종사자 의견 청취 절차에 따른 의견 수렴 및 개선 방안 마련, 이행 여부(제7호)

4) 중대산업재해에 대비하여 마련한 매뉴얼에 따른 조치 여부(제8호)

5) 도급, 용역, 위탁 기준, 절차 이행 여부(제9호)

6) 안전·보건 관계 법령에 따른 의무 이행 여부

7) 안전·보건 관계 법령에 따른 의무적인 교육 실시 여부를 반기 1회 이상 점검

8. 중대재해 발생 시 행정처분 법적 근거

(1) 건설산업기본법 제82조에 따른 영업정지(시행령 별표6 참조)

12) 「산업안전보건법」에 따른 중대재해를 발생시킨 건설사업자에 대하여 고용노동부장관이 영업정지를 요청한 경우와 그 밖에 다른 법령에 따라 국가 또는 지방자치단체의 기관이 영업정지를 요구한 경우	법 제82조 제1항 제7호	1차	2차	3차 이상
가) 10명 이상 사망한 경우		5개월	5개월	5개월
나) 6명 이상 9명 이하 사망한 경우		4개월	4개월	4개월
다) 2명 이상 5명 이하 사망한 경우		3개월	3개월	3개월

(2) 국가를 당사자로 하는 계약에 관한 법 제27조에 따른 입찰 참가 제한(시행령 제76조 제1항 제3호, 시행규칙 제75조의 2 및 별표 2)

「산업안전보건법」 제38조, 제39조 및 제63조를 위반하여

① 동시에 사망한 근로자 수가 10명 이상: 2년

② 동시에 사망한 근로자 수가 6명 이상 10명 미만: 1년 6개월

③ 동시에 사망한 근로자 수가 2명 이상 6명 미만: 1년

(3) 산업안전보건법 제159조에 따른 영업정지

(4) 건설산업기본법 제29조의 3에 따른 하도급 참여 제한

(5) 건설기술진흥법 31조에 따른 영업정지 등 참고

9. 중대시민재해

(1) 적용 대상 및 처벌 내용(법 제10조 처벌)

자료 국토교통부·서울시 등

중대시민재해 적용 대상	
중대시민재해 적용 대상	
공중이용시설	도로 교량, 도로 터널, 철도 시설, 항만 시설, 댐 시설, 건축물, 하천 시설, 상하수도 시설, 지하역사, 연면적 2000㎡ 이상 지하상가, 연면적 3000㎡ 이상 도서관·박물관·미술관, 연면적 430㎡ 이상 어린이집
공중교통시설	철도 차량, 시외버스 차량, 운송용 항공기
중대재해 발생 시 경영책임자 처벌 내용	
사망자 발생 시	1년 이상 징역형 또는 10억원 이하 벌금형
동일한 사고로 2개월 이상 치료가 필요한 부상자 10명 발생 또는 동일한 원인으로 3개월 이상 치료가 필요한 질병자 10명 발생시	7년 이하 징역형 또는 1억원 이하 벌금형

(2) 사업주와 경영 책임자 등의 안전 및 보건 확보 의무(법 제9조)

1) 사업주 또는 경영 책임자 등은 사업주나 법인 또는 기관이 실질적으로 지배·운영·관리하는 사업 또는 사업장에서 생산·제조·판매·유통 중인 원료나 제조물의 설계, 제조, 관리상의 결함으로 인한 그 이용자 또는 그 밖의 사람의 생명, 신체의 안전을 위하여 다음 각 호에 따른 조치를 하여야 한다.

① 재해 예방에 필요한 인력·예산·점검 등 안전보건 관리 체계의 구축 및 그 이행에 관한 조치

② 재해 발생 시 재발방지 대책의 수립 및 그 이행에 관한 조치

③ 중앙행정기관·지방자치단체가 관계 법령에 따라 개선, 시정 등을 명한 사항의 이행에 관한 조치

④ 안전·보건 관계 법령에 따른 의무이행에 필요한 관리상의 조치

2) 사업주 또는 경영 책임자 등은 사업주나 법인 또는 기관이 실질적으로 지배·운영·관리하는 공중이용시설 또는 공중교통수단의 설계, 설치, 관리상의 결함으로 인한 그 이용자 또는 그 밖의 사람의 생명, 신체의 안전을 위하여 다음 각 호에 따른 조치를 하여야 한다.

① 재해 예방에 필요한 인력·예산·점검 등 안전보건 관리 체계의 구축 및 그 이행에 관한 조치

② 재해 발생 시 재발 방지 대책의 수립 및 그 이행에 관한 조치

③ 중앙행정기관·지방자치단체가 관계 법령에 따라 개선, 시정 등을 명한 사항의 이행에 관한 조치

④ 안전·보건 관계 법령에 따른 의무 이행에 필요한 관리상의 조치

3) 사업주 또는 경영 책임자 등은 사업주나 법인 또는 기관이 공중이용시설 또는 공중교통수단과 관련하여 제3자에게 도급, 용역, 위탁 등을 행한 경우에는 그 이용자 또는 그 밖의 사람의 생명, 신체의 안전을 위하여 제2항의 조치를 하여야 한다. 다만, 사업주나 법인 또는 기관이 그 시설, 장비, 장소 등에 대하여 실질적으로 지배·운영·관리하는 책임이 있는 경우에 한정한다.

4) 위 제1)항 제①호·제④호 및 제2)항 제①호·제④호의 조치에 관한 구체적인 사항은 대통령령(시행령 제8조~제11조)으로 정한다.

5) 중대시민재해의 양벌 규정(법 제11조)

법인 또는 기관의 경영 책임자 등이 그 법인 또는 기관의 업무에 관하여 제10조에 해당하는 위반 행위를 하면 그 행위자를 벌하는 외에 그 법인 또는 기관에게 다음 각 호의 구분에 따른 벌금형을 과(科)한다. 다만, 법인 또는 기관이 그 위반 행위를 방지하기 위하여 해당 업무에 관하여 상당한 주의와 감독을 게을리하지 아니한 경우에는 그러하지 아니하다.

① 사망자가 1명 이상 발생한 경우(제10조 제1항의 경우): 50억 원 이하의 벌금
② 동일한 사고로 2개월 이상 치료가 필요한 부상자가 10명 이상 발생하거나 동일한 원인으로 3개월 이상 치료가 필요한 질병자가 10명 이상 발생한 경우(제10조 제2항의 경우): 10억 원 이하의 벌금

(3) 중대산업재해와 차이점

1) 중대시민재해는 불특정 다수인을 보호하기 위해 안전관리에 중점을 두므로, 법정 인력 배치, 평가, 종사자 의견 청취 절차 등이 제외됨.

2) 안전보건 목표와 경영 방침에 관한 의무는 없으나, 연 1회 이상 인력 확보와 안전 점검, 정밀 안전 진단, 유지 보수 등에 관한 안전 계획을 수립, 이행 의무 부여됨.

3) 처벌 요건의 차이(부상자, 질병자 기준)

10. 중대재해 처벌 등에 관한 법률이 안고 있는 문제점

산업재해 예방에 대한 1차적인 책임은 경영의 주체인 기업에게 있겠지만, 그렇다 하여 기업을 범죄 집단으로 인식하여 기업에게만 가혹하리만치 책임을 전가하여 처벌만을 강화하는 것에는 쉽게 동의하기 어렵다.

물리적으로 국가 권력이 기업에 대한 처벌을 강화한다 하여 반드시 재해가 줄어든다고 볼 수도 없다. 오히려 기업 경영이 위축될 수 있고, 조직 전체가 사기 저하는 물론, 정책에 대한 불신·반감 등에서 자발적 참여 의욕의 저하로 정부가 기대하는 효과를 얻을 수 있을까 하는 의문이 생긴다.

중대재해 발생 시 수사기관이 재해 발생 원인을 찾고 분석을 할 때 먼저 생각하게 되는 것은 중대재해 처벌법을 적용할 것인가를 놓고 수사가 진행될 것이며, 이때 동 법을 적용할 경우 사업주 또는 경영 책임자를 행위자로 볼 수 있는가의 문제와 형사책임을 물을 때 재해와 경영 책임자의 의무 불이행 사항과의 인과관계를 명백하게 규명할 수 있는가가 문제 될 수 있다.

인과관계와 관련하여는 법 제4조 또는 제5조를 위반하고, 그 위반이 원인이 되어 재해가 발생하여야 하는데. 수사기관은 작업자의 과실은 제대로 묻거나 파악하려 하지 않고, 사고의 원인 규명이 처음부터 사법 처리에 초점을 맞추고 있는 현실의 수사 관행에 비추어 볼 때, 위 법률 조항의 위법성과 사망 사이에 인과관계가 제대로 규명이 될 수 있을지가 의문이다.

문제는 정부가 아무리 실질적인 경영 책임자에 대한 처벌을 강화하더라도 근로자의 자발적 참여 없이는 산업재해를 줄이는 데는 한계가 있으며, 기업에 대한 처벌 강화는 별개로 하고, 근로자의 재해 예방 참여를 제도권 안으로 끌어들이려는 정책 개발이 절실히 요구된다.

구체적인 문제점을 살펴본다면 다음과 같다.

(1) 책임 있는 사람의 모호성

법규의 내용이 포괄적이어서 모호하다. 중대재해처벌법 제2조 제9호에서 '사업을 대표하고 총괄하는 권한과 책임 있는 사람'을 어디까지로 하는가 하는 모호성이다.

여기서 '사업을 대표하고 총괄하는 권한과 책임 있는 사람'을 기업의 최고 경영자인 사장 또는 회장 등 기업 총수로 보느냐, 아니면 '책임 있는 사람'을 법인 등기 이사로 등재하여 일정한 경영권의 영역을 독자적으로 행사할 수 있는 소위 전무, 상무, 이사 등으로 보느냐의 경계가 모호하여, 법관에 따라 달리 해석될 수도 있고, 대기업과 중소기업 등 기업의 규모와 업무 분담의 체계 등 안전관리 체계에 대한 조직을 어떻게 갖추는가에 따라 경영 책임자의 대상이 달라질 수도 있어 '권한 있는 사람'의 범위 설정 기준이 모호하다. (현재까지 중처법 판결 시 대부분 회사의 대표가 처벌받음)

(2) 징벌적 손해배상

수사기관이 사고 원인을 찾고 이를 분석하는 과정에서 근로자 과실은 간과하고 있다. 그러므로 손해배상 상한선을 5배수까지 할 수 있게 함으로써 손해배상의 공정배분 문제가 발생할 수 있다.

손해배상은 고의 또는 과실에 의한 불법 행위로 타인에게 손해를 입힐 때(민법 제750조) 손해배상의 책임이 있고, 그 손해액의 배분은 과실책임주의에 따라 배분되는 것이 원칙이다.

이는 민법 제750조의 "불법 행위의 내용이 고의 또는 과실에 의한 위법행위로 타인에게 손해를 입힐 때"에 두고 있기 때문이며, 그러므로 손해배상을 5배수로 하려면, 적어도 사고 원인 규명에서 법관으로부터 공정한 재판을 받을 수 있도록 근로자의 과실과 사업주의 과실을 의무적으로 수사 기록에 담을 것이 요구된다.

(3) 과잉 금지의 원칙

중대재해 발생 원인을 보면, 보통의 사람으로는 예상치 못한 사고의 원인이 많고, 근로자의 사소한 과실에 의한 사고도 생각보다는 많다는 것이 일반이다.

정부는 평소 기업이 정부의 시책에 성실히 따랐고, 기업 자체적으로 산업재해를 줄이기 위한 노력은 고려하지 않고, 중대재해가 발생하였다는 이유만으로 ① 산업안전보건법 위반, ② 형법 위반, ③ 중대재해처벌법 위반, ④ 건설산업기본법 위반, ⑤ 건설기술진흥법 위반, ⑥ 건축법 위반으로 기업에 대해서 무차별적으로 처벌을 강화한다고 재해가 획기적으로 줄어든다고 볼 수 없으며, 재해가 일선 행위자의 과실 임에도 2차 책임 성격인 경영 책임자에 대한 과대한 형량은 과잉 금지의 원칙에 위반된다고 볼 여지가 있다.

중대재해처벌법 위반으로 최초로 기소된 두성산업은 "중대재해처벌법은 헌법상의 명확성의 원칙, 과잉 금지의 원칙, 평등의 원칙에 어긋나는 것"이라며 위헌법률심판 제청을 신청한 바 있으며, 이처럼 중대재해처벌법은 시행 전뿐만 아니라 시행 후에도 여전히 논란을 불러일으키고 있어 법원의 결정에도 불구하고 논란은 여전할 것으로 보인다. (판례 참조)

이에 필자는 사고의 원인 분석이 제대로 되었을 때 비로소 사고를 예방할 수 있는 Idea도 창출될 수 있다고 생각하며, 중대재해 발생 시 형사 처벌에 대한 법규가 처벌 강화에 치우쳐 있어 손해배상의 공정배분과 사고 원인의 투명성 확보를 위해 아래와 같이 근로감독관집무규정 개정의 필요성을 제기해 본다.

사건을 송치 할 때
① 사업주, 경영 책임자, 안전관리총괄책임자 등 책임자들에 대한 각자의 구체적인 법적 의무 사항 명시와 법적 근거
② 사업주 등 경영 책임자가 조치하지 아니한 법적 의무 사항과 사고와의 구체적인 인과관계
③ 근로자 과실의 존재 여부와 존재할 경우 구체적인 과실
④ 법인이 안전 조치 사항을 게을리한 구체적 사실
⑤ 사고를 예방할 수 있었던 실현 가능한 대안 등을 수사 기록에 명시하여 사건을 송치하는 등 특별사법경찰관 집무 규정의 보완을 제기한다.

즉, 경영 책임자로서 부담하는 중대재해처벌법상의 안전·보건 확보 의무의 정도나 내용은 개별 사안마다 구체적인 사정을 종합적으로 고려하여 판단하여야 하며, 그러한 의무 위반이 일부에 한해 인정된다 하더라도 그것과 중대재해의 발생 사이에 상당인과관계가 성립되는지를 공정하게 따져봐야 할 것이다.

11. 적용 대상 확대(5인 이상 사업장)

중대재해처벌 등에 관한 법률 부칙 단서에서 "이 법 시행 당시 개인사업자 또는 상시 근로자가 50명 미만인 사업 또는 사업장(건설업의 경우에는 공사 금액 50억 원 미만의 공사)에 대해서는 공포 후 3년이 경과한 날부터 시행한다."라고 규정하고 있다.

따라서, 법 적용의 유예기간이 경과된 이후인 2024. 1. 27.부터 50인 미만(공사 금액이 50억 원 미만)인 사업장에 대해서도 이 법의 적용이 확대되었는바, 고용노동부는 「중대재해처벌법」의 시행이 50인 미만 사업장에 미치는 영향과 파급효과, 각각의 사업장별로 상이한 재정 및 인력 상황과 안전보건법규 준수 능력의 차이 등 어려움이 있을 수 있어 법 적용 제외 유예 기간을 2년 연장하는 것이 검토되었으나 법 적용 유예 연장보다는 정부의 재정 지원과 컨설팅 지원 등이 필요하다는 것에 무게를 두는 것 같다.

우리 헌법은 제34조 제6항에서 "국가는 재해를 예방하고 그 위험으로부터 국민을 보호하기 위하여 노력하여야 한다."라고 하여 재해로부터 국민을 보호해야 할 국가의 의무를 규정하고 있어 국가가 국민의 안전을 기본권으로 하여 보호하고 실현할 의무를 명시하고 있다.

경제적·사회적 약자 지위에 있는 근로자는 사용자와 실질적으로 평등한 관계의 형성을 기대할 수 없기 때문에 국가가 노동 관련 법령을 통해 근로자를 보호하여야 하고, 특히 노동 과정에서 다양한 신체 위험에 놓일 수 있으므로 국가는 근로자가 입게 될 재해를 예방하기 위한 제도를 발전시켜 왔다.

따라서, 중대산업재해에 가장 취약하고, 실제로 중대산업재해가 가장 빈번하게 발생하는 50인 미만 사업장(건설업 50억 원 미만 공사)의 근로자에게 안전하고 건강하게 일할 권리를 보장하기 위해서는, 법 적용 유예기간의 연장이 아닌, 해당 사업장에서 중대재해처벌법상의 안전보건조치 등 의무 사항이 안정적으로 정착될 수 있도록 정부의 적극적인 재정, 기술 및 컨설팅 지원 등을 확대하는 것이 바람직하다고 판단하고, 당초 법 적용 예외 유예 기간 연장 계획을 수정하는 방향에서 구체적인 대응 방안이 검토되고 있다.

동법 확대 적용과는 별개로 고용노동부는 중대재해 로드맵(22. 11. 30.)을 통해서 중대재해를 예방하겠다는 「재해 예방 육성 방안」을 발표했다. 여기에는 중대재해 발생 기업에 대한 '자기규율 예방 체계 확립' 지도와 함께 책임부과 강화와 작업 중지, 안전 진단 명령, 형사처벌 등 공권력의 강화가 병행될 전망이다.

이때, '자기규율 예방 체계 확립'의 중심에는 '위험성 평가'가 대두되는데, 이는 기업 스스로가 과거 직접 경험한 사례와 동종 타 기업의 유사 사례, 산업안전공단이 확보하고 있는 정보 등을 활용하여 노사가 함께 유해·위험 예측 분야를 발굴하고, 예방 계획을 수립하여 재해 예방 활동의 실효성을 높이고자 하는 정부의 시책이다.

산업안전보건법에 위험성 평가를 도입하여 시행한 지 이미 오래되었지만, 아직 정착되지 못하고 있다는 판단에 따라 정부에서는 「중대재해 감축 로드맵」을 통해 위험성 평가의 실효성을 담보하기 위해 단계적으로 위험성 평가의 미실시 또는 부적정한 위험성 평가에 대해 벌칙을 신설할 것임을 예고하고 있다.

즉, 사업장 규모에 따라 단계별로 위험성 평가의 의무화를 시행할 것으로 보이고, 이를 위반 시 벌칙을 부과할 수 있도록 입법화할 것으로 전망되지만, 재해는 기업의 노력과 공권력의 개입만으로는 부족하고 근로자의 적극적인 참여와 협조가 요구된다.

문제는 영세 소규모 사업장의 경우 정부와 사법부가 요구하고 있는 수준의 산업 재해 예방을 위한 기획과 시행 과정을 관리 감독할 수 있는 고급 전문 인력을 영입할 능력이 없다는 점과. 그러한 인력으로 일정한 조직을 갖출 여력이 없다는 것이 뼈아픈 오늘의 현실이다. (고급 인력은 보수가 높고 영세 중소기업의 취업을 기피하면서 유능한 인력은 대기업으로 쏠리고 있어 소규모 기업으로는 이들의 영입이 불가능에 가깝고, 대기업처럼 안전팀과 같은 조직의 구성을 기대할 수 없다는 것이 오늘의 현실이라는 의미임.)

이러한 측면에서 적용 대상을 확대하면서 물리적 수단인 처벌만을 강화한다고 하여 산업재해가 줄어드는 것도 아니고, 영세기업에 대한 정부의 지원에도 한계가 있으므로 협력업체 등 영세 소규모 기업인은 자기 관리에 더욱 세심한 주의가 필요하다.

아무쪼록, 중대재해처벌법이 안고 있는 여러 문제점은 별개로 하고 기왕에 중대재해처벌법이 시행되고 있는 현실에서 향후 경영 책임자에 대한 처벌이 한층 더 강화될 것으로 전망되어 자기방어 차원에서 중대재해처벌법이 적용되는 소규모 기업들의 경우에도 중대재해처벌법을 적절히 이행하기 위한 준비가 필요하다.

12. 중·소규모 사업장의 안전보건 관리 체계 구축 방안

(1) 중·소규모 사업장의 현실과 특성

 1) 중소기업도 중대산업재해 예방을 위한 조치로 사업주 또는 경영 책임자 등은 안전보건 관리 체계를 갖추고 이행하여야 한다. 법은 예외가 없으며, 단일 사업장의 경우에는 대표자가 기존의 안전보건관리 책임자이거나, 중대재해처벌법상 경영 책임자에 해당된다.

 2) 대기업은 소기업에 비해 상대적으로 준비가 잘 되어 있어(예산, 조직 등) 법이 정한 기준에 맞춰 안전보건 관리 체계를 잘 운영 중이나, 중소기업은 많은 홍보에도 불구하고 예산, 조직 등 여러 가지 이유로 대부분 해당 법에 대한 이해도 부족과 실행력 부족으로 안전보건 관리 체계가 구축되어 있지 않고 있으며, 되어 있더라도 법에서 요구하는 실질적인 내용이 현저히 부족한 상태임(대부분 형식적이며, 그마저도 되어 있지 않음).

 3) 중소기업은 대기업처럼 많은 금액을 투입해 대형 로펌의 조력을 받을 수 없고, 회사 형편상 안전관리자를 추가로 고용하는 것도 쉽지 않음(안전관리자를 추가 고용한다고 해도 급여 차이로 인해 전문가 영입이 안 됨).

 4) 중소기업에서는 안전보건 관리 체계를 구축하는 데 있어, 소기업의 특수성이 있으므로 대기업을 모방하기도 어렵고, 그렇게 하여서도 될 수 없으며, 소기업의 특수성을 고려하여 여러 가지 법적 요소에 선택과 집중이 필요.

(2) 중·소규모 사업장의 안전관리 체계 구축

현재, 중처법에 의한 판결 선고가 중·소규모 사업자에 집중되고 있는 현실에서, 소규모 사업장으로서 어려움이 있더라도 중대재해처벌법의 기초 형식을 갖추고 모든 의무를 준수하는 것으로 일단 형식을 갖춰 놓는 게 중요하며, 기초 형식을 갖추고 지속적인 개선을 통해 실질적인 내용을 보완해 나가는 방식으로 대응하는 것이 필요하다. (소규모 건설 현장의 경우, 재해예방기술지도 등 지원체계 활용)

1) 경영자 리더십

'안전과 보건'을 최우선으로 하는 안전보건에 관한 목표와 경영 방침을 설정(전 직원에게 공표)하고 작업 단위별 관리 감독자를 지정 및 예산 편성(안전 전담인력 및 조직은 50명 미만 사업장에 미적용)

2) 근로자 참여(위험성 평가 활동)

가장 중요한 위험성 평가 등 안전 활동에 근로자를 반드시 참여하게 하고(안전보건 미팅 기록 관리), TBM을 활용하여 정보를 공개하고 근로자 안전 제안 제도를 운영

– 다음 날 실시 예정인 위험 작업에 관한 안전 회의 간략히 실시

– 모든 근로자가 참여하는 작업 전 안전 회의(TBM) 매일 실시

3) 위험 요인 파악(위험성 평가 활동)

작업장 정리정돈을 우선적으로 실시하고, 위험 장소 및 작업 형태별 위험 요인 파악

– 위험성 수준 3단계(저·중·고 또는 상·중·하) 판단법 활용

4) 위험 요인 제거, 대체 및 통제(위험성 평가 활동)

사업장에 맞는 위험성 평가(6개월에 한 번씩 점검) 및 산안법상 교육 훈련 실시

– 아차 사고, 산재 사고 발생 시 재발 방지 대책 수립

5) 비상 조치 계획 수립(위험성 평가 활동)

– 비상 발생 시나리오별 조치 계획(사고 발생 시 대처 매뉴얼) 수립 및 주기적 훈련 (급박한 위험이 있는 경우 작업 중지 및 대피 절차)

6) 도급, 용역, 위탁 시 안전보건 확보

사업장 내 모든 구성원(협력업체 직원 포함)이 안전보건에 대해 보호받을 수 있도록 조치

– 협력업체 선정 시 안전 수준 확인

– 협력업체에게 안전·보건 관련 정보 제공

– 협력업체 근로자 포함한 의견 수렴 체계 운영

7) 평가 및 개선(위험성 평가 활동)

    안전보건 목표 관리 및 발굴된 문제점 개선, 기록
- 안전보건관계자의 업무수행 적정 여부 평가
- 유해·위험작업에 관한 안전보건교육 실시 여부 점검
- 평가 점검 결과 문제 있는 부분 개선

중소기업에서는 평소 안전사고 예방을 위해 위의 안전보건 관리 체계를 사업의 규모 등을 고려하여 현실에 맞게 간단, 명료하게 실천적으로 운영하고, 만약 중대재해가 발생했을 경우, 형량 결정에 중요한 **사고 원인 및 인과관계 분석 등을 면밀히 규명할 수 있도록** 협조 체계를 평소에 갖추는 것도 필요하다 할 수 있겠다.

(3) 외국인 종사자 안전보건 필수 사항

중대재해처벌법은 재해자의 국적은 따지지 않으며, 최근 외국인 근로자 재해가 증가추세에 있으므로 내국인에 준하여 아래와 같이 안전보건관리가 필요하며, 외국인에 대한 안전관리 노력은 양형의 결정 요소로 충분히 의미를 가질 수 있다.

① 외국인에 대한 언어 소통 방안 마련
② 외국인 종사자로 하여금 회사가 마련한 종사자 의견 청취 절차(시행령 제4조 제7호) 이행
③ 중대산업재해가 발생하거나 발생할 급박한 위험이 있는 경우 작업 중지 및 대피 절차 교육
④ 법령에 따라 실시하여야 하는 안전 보건 교육(시행령 제5조 제2항 제3호)을 이들이 이해할 수 있도록 하기 위한 노력

(4) 중·소규모 사업장 안전보건 체계 구축 가이드(고용노동부 자료)

① 안전보건을 경영 방침의 핵심 가치로 하고 모든 구성원에게 알린다.
② 작업 환경을 최대한 깨끗하고 쾌적하게 관리한다.
③ 주요 작업 현장 휴게실에 안전 수칙을 게시하고, 위험한 기계설비 장소에 안전 표지판을 부착한다.
④ 작업 전 안전 미팅 안전 제안 활동 아차 사고 신고 등 모든 구성원이 참여할 수 있는 간단하면서도 효과적인 절차를 도입한다.

⑤ 모든 구성원이 사업장의 위험 요소에 대해 격이 없이 논의하여 논의 결과를 기록하고 공개한다.

⑥ 정기적으로 안전보건 관리 체계, 사고 사례 등에 대한 교육을 실시한다.

⑦ 동기부여를 위한 직원 포상 제도를 운영한다.

⑧ 안전보건 활동을 근무 시간으로 인정한다.

⑨ 도급 계약을 체결하는 경우 수급인에게 안전보건과 관련된 정보를 제공한다.

⑩ 최악의 산업재해를 가정하고 모든 구성원이 함께 대응 방안을 논의한다.

※ 핵심 행동 수칙

1 작업장 정리정돈은 반드시 실시하세요

핵심 행동수칙

현장의 사고는 사소한 부주의, 작은 방해물로 부터 발생

작업장 바닥 등을 안전하고 청결히 유지하여 사고를 유발할 수 있는 불필요한 요인들을 제거할 것

2 사업장 적재적소에 안전표지판을 배치하세요

핵심 행동수칙

위험기계·기구에 대해서는 반드시 적절한 안전표지판을 설치·게시할 것

안전표지판을 통해 작업 전 근로자들에게 안전수칙, 주의사항을 상기시킬 것

3 하루 업무는 반드시 TBM으로 시작하세요

핵심 행동수칙

TBM 실시 전에 그날의 주요 작업내용, 핵심 안전수칙을 사전에 꼼꼼히 준비할 것

TBM시 최근 현장에서 발생한 아차사고사례 확인, 보호구 지급 여부와 착용상태 점검

TBM 시 안전에 관한 내용만 토의하고 품질, 공기 등 다른 주제는 언급하지 말 것

4 위험성평가는 반드시 근로자를 참여시키세요

핵심 행동수칙

유해·위험요인 파악을 위해 현장을 잘 아는 근로자 참여가 필수

유해·위험요인에서 누락되면 이후 감소대책 수립도 불가

위험성평가 결과를 모든 근로자에게 공유하고, 안전대책은 현장에서 실행되어야 함

5 안전관리 인력은 반드시 배치하세요

핵심 행동수칙

현장에는 반드시 안전보건 관계 업무 담당자 배치

〈참고: 안전업무 담당자 배치기준〉

구분	대상
안전보건총괄책임자	20억원 이상 현장
안전보건관리책임자	20억원 이상 현장
관리감독자	모든 현장
안전관리자	50억원 이상 현장

6 '중대재해 사이렌'을 적극 활용하세요

핵심 행동수칙

'중대재해 사이렌'으로 전파되는 사고사례 및 안전조치 수시 확인

유사사고 예방을 위해 핵심 안전조치 이행 여부 확인

공유 받은 자료를 TBM, 안전교육 등을 통해 근로자에게 전파

13. 판례와 추이(事例)

    중대재해처벌법 시행 이후 2022년 1월부터 2024년 8월 말까지 1심에서 유죄를 받은 기업은 22곳이며(제조 업체 9, 건설사 및 관리 업체 13), 이 중 12곳이 상시 근로자 수 50인 미만 사업장인 것으로 나타났다.

    한편, 이때까지 검찰에 송치된 중처법 위반 사건은 141건이며, 검찰이 기소한 사건은 60건, 18건은 불기소 처분되었다. (언론사 기사 참조)

■ 중처법 시행 후 선고된 사건(22건, 24년 9월 현재 기준)

년도	사건	법원	종국일자	재판기간	형종류	선고형	법인벌금
2023년	온유파트너스	의정부지법 고양지원	4월 6일	118일	집행유예	징역 1년 6개월, 집행유예 3년	3000만 원
	한국제강	창원지법 마산지원	4월 26일	174일	징역	징역 1년 법정구속	1억 원
	시너지건설	인천지법	6월 23일	141일	집행유예	징역 1년, 집행유예 3년	5000만 원
	만덕건설	창원지법 마산지원	8월 25일	197일	〃	징역 1년, 집행유예 2년	5000만 원
	건륭건설	의정부지법 고양지원	10월 6일	301일	〃	징역 1년 6개월, 집행유예 3년	2000만 원
	국제경보산업	서울북부지법	10월 12일	118일	〃	징역 8개월, 집행유예 2년	3000만 원
	제동종합건설	제주지법	10월 18일	264일	〃	징역 1년 2개월, 집행유예 3년	8000만 원
	두성산업	창원지법	11월 3일	494일	〃	징역 1년, 집행유예 3년	2000만 원
	정안철강	대구지법 서부지원	11월 9일	105일	〃	징역 1년, 집행유예 2년	7000만 원
	홍성건설	대구지법 서부지원	11월 17일	245일	〃	징역 1년, 집행유예 2년	8000만 원
	제효	서울중앙지법	11월 21일	172일	〃	징역 1년, 집행유예 2년	5000만 원
	성무건설	부산지법	12월 21일	227일	〃	징역 6개월, 집행유예 1년	5000만 원
2024년	삼성포장	대구지법	1월 16일	89일	집행유예	징역 1년 2개월, 집행유예 2년	8000만 원
	LDS산업개발	대구지법 서부지원	2월 7일	476일	〃	징역 1년, 집행유예 2년	8000만 원
	엠텍	울산지법	4월 4일	464일	징역	징역 2년	1억 5000만 원
	성지종합건설	수원지법 안산지원	4월 24일	194일	집행유예	징역 1년, 집행유예 2년	8000만 원
	상운건설	창원지법 마산지원	5월 2일	94일	〃	징역 1년, 집행유예 2년	8000만 원
	영광	울산지법	7월 4일	217일	〃	징역 1년 6개월, 집행유예 2년	5000만 원
	태성종합건설	춘천지법	8월 8일	588일	〃	징역 1년, 집행유예 2년	5000만 원
	심강에스앤씨	창원지법 통영지원	8월 21일	566일	징역	징역 2년 법정구속	20억 원
	상현종합건설	전주지법	8월 21일	126일	집행유예	징역 1년, 집행유예 2년	8000만 원
	광인산업	의정부지법	8월 27일	237일	〃	징역 8개월, 집행유예 2년	5000만 원
			평균	255일		법인벌금 평균	1억 5136만 원
						심강에스앤씨 제외	6333만 원

(법률신문 2024. 9. 24.)

(1) 'D산업' 중대재해처벌법 위반(제1호 업체 대표 기소 사건, 항소심)

1) 선고

재판부는 D산업의 중대재해처벌법 위헌법률심판 제청 신청 기각 결정 및 대표이사 징역형 집행유예(징역 1년, 집행유예 3년), 법인에 대하여 벌금 2천만 원 판결

2) 사건 내용

2023. 11. 3. 창원지방법원이 중대재해처벌법을 적용한 '1호 기소' 사례이며, 첫 직업성 질병 중대산업재해 사건이며, D산업은 2022. 2. 독성 물질인 트리클로로메탄이 함유된 세척제를 사용하면서도 국소배기장치를 설치하지 않아 근로자 16명에게 집단 급성 간중독 피해를 입혔다는 혐의로 2022. 6. 27. 기소.

3) 판결 및 결정의 주요 원인

가. D산업의 경영 책임자가 유해 위험 요인을 확인하여 개선하는 업무 절차를 마련하지 아니함

나. 관리감독자가 해당 업무를 충실하게 수행하는지 평가하는 기준 마련하지 않는 등 사업장의 특성을 고려한 안전보건 관리 체계를 구축하지 아니함

① 2021년 인사평가 실시계획 및 결과 보고는 D산업의 관리직 직원들에 대한 인사 평가에 관한 내용일 뿐이라는 점,

② 보건관리자 비대면 설문지는 인사평가 대상 직원들이 직접 자신의 성과, 실적, 그렇게 판단한 이유 등을 기재하는 것으로 통상적인 인사 평가에 앞서 작성하는 것에 불과하다는 점을 들어 안전보건관리책임자 등에 대한 평가 기준 마련이 미비하였다고 판시

다. 사업장에서 국소배기장치 설치 및 작업자들에게 세척제 성분 및 그 유해성, 취급 시 주의사항 등에 대한 정보 제공 등 필요한 조치를 취하지 않았다고 판단

라. D산업 측이 제시한 '안전보건관리규정', '위험성 평가 매뉴얼', 'ESH 업무 매뉴얼' 등에 대하여,

① 산업안전보건법과 동법 제36조 제4항에 따른 사업장 위험성 평가에 관한 지

침에서 정한 일반적인 내용으로 이루어져 있을 뿐 D산업의 **사업장이 가지고 있는 고유한 특성을 반영하지 못하고 있다는 점,**

② 관리 대상 유해 물질인 염화메틸렌을 세척제로 사용하고 있었음에도 사업장에는 국소배기장치가 설치되지 않은 상태였는데, 위험성 평가 매뉴얼에 따라 이루어진 **위험성 평가 결과 보고서에는 국소배기장치 설치 여부에 대한 언급이 없다는 점,**

③ ESH 업무 매뉴얼은 D산업으로부터 에어컨 부품을 공급받는 L전자의 D산업에 대한 점검 및 평가와 관련된 것으로서 **D산업의 유해 위험 요인 확인 개선과는 무관하다는 점** 등을 들어 D산업의 **유해 위험 요인의 확인 및 개선 업무 절차 마련이 미흡**하다고 판단함.

마. 상당인과관계[22]의 인정 부분

D산업은 대표이사의 안전보건 확보 의무 미이행이 존재하더라도, 이는 "허위로 작성된 물질안전보건자료로 인하여 유해 물질의 존재를 인식하지 못하는 바람에 발생한 것이므로 안전보건 확보 의무 미이행과 사고 발생 사이의 인과관계가 없다."라는 주장에 대해, 법원은 "'상당인과관계'는 피고인의 행위가 피해자의 상해라는 결과를 발생케 한 유일한 원인이어야 하는 것은 아니며, 피해자나 제3자의 과실 등이 경합하여 발생한 경우에도 이를 인정할 수 있다."라는 점을 들어, 사업장에 국소배기장치가 설치되어 있지 않았던 사정이 이 사건 사고 발생의 유일한 원인은 아니라고 하더라도 이 사고 발생에 상당한 영향을 미쳤을 것은 명백하므로 상당인과관계가 인정된다고 판시하였다.

---

22) 상당인과관계: 범죄 발생과 원인의 관계에 관한 유형의 하나로, 어떤 원인이 있으면 보통 그러한 결과가 발생하리라고 인정되는 관계. 예를 들어, 산재 사고로 상해를 입은 피해자가 치료를 받던 중 의료 사고로 손해가 확대되었다면, 확대된 손해와 산재 사고 사이에도 어떠한 인과관계가 있다고 본다.

(2) 위헌법률심판 제청 신청

D산업은 경영 책임자의 안전보건 확보 의무 조항 및 그 불이행 시 처벌 조항인 중대재해처벌법 제4조 제1항 제1호, 제6조 제2항이 '명확성 원칙' 과잉 금지의 원칙, '평등 원칙'에 각 위배되어 위헌이라는 취지로 위헌법률심판 제청 신청을 한 바 있고, 이는 법조계에서 중대재해처벌법 입법 초기부터 문제 제기되었던 부분으로써, 재판부의 인용 여부에 관심이 집중되었으나, 위헌법률심판 제청 신청을 기각하는 결정을 하였다.

1) 피고인 측 주장

　　가. 경영 책임자의 안전보건 확보 의무 조항인 중대재해처벌법 제4조 제1항 제1호가 그 개념이 불명확하여 예측 가능성이 없으므로 죄형법정주의의 명확성 원칙에 위배된다고 주장

　　나. 중대산업재해가 발생한 경우 경영 책임자 등에게 '1년 이상의 징역 또는 10억 원 이하의 벌금'형을 규정한 것은 과잉 금지의 원칙에 위배된다고 주장

2) 판단

　　가. 법원은 "처벌 법규의 구성 요건이 명확하여야 한다고 하더라도 입법자가 모든 구성요건을 단순한 의미의 서술적 개념만으로 규정하여야 한다는 것은 아니라면서 경영 책임자는 위험을 방지하기 위해 필요한 조치가 무엇인지를 알 수 있고, 전문가에게 조언받을 수 있어 자기에게 부여된 의무 내용을 예측할 수 있으므로 명확성 원칙에 위반된다고 볼 수 없다."라고 판단

　　나. 처벌 조항인 중대재해처벌법 제6조 제2항에 대하여는 법원은 "법률 조항은 경영 책임자 등이 안전 및 보건 확보 의무를 위반해 고의로 발생한 중대재해만 처벌 대상으로 삼고 있어 방법 및 수단의 적절성과 피해의 최소성 요건을 갖추었고, 종사자의 생명과 신체를 보호하는 입법 목적의 정당성 및 법익 균형성을 갖추었다."라는 취지로 판단하여 과잉 금지 원칙에 위배하여 작업 수행의 자유를 침해한다고 볼 수 없다는 점을 상기시켰다.

　　위와 같은 법원의 결정으로 중대재해처벌법의 위헌 여부에 대한 논란이 어느 정도는 정리되었다고 볼 수 있겠으나, 현재 중소기업인 단체에서 위헌법률심사 헌법소원심판을 청구(24. 4. 1.) 중에 있어 향후 귀추가 주목된다.

(3) '○○제강' 중대재해처벌법 위반(판결 '제2호' 사건, 항소심)

1) 선고

부산고등법원은, 창원지방법원 마산지원이 ○○제강 주식회사의 중대재해처벌 등에 관한 법률 위반 사건에서 원청인 ○○제강의 대표이사에게 징역 1년의 실형을 선고 하였으나 ○○제강이 항소한 사안에서, 2023. 8. 23. 피고인들의 항소를 기각하며 원심을 유지하였다. (부산고등법원 2023. 8. 23. 선고 2023노167 판결)

→ 대법원에서 원심이 확정됨

2) 판단

법원은 **안전·보건에 관한 목표와 경영 방침을 설정할 때 추상적이고 일반적 사항 열거만으로 부족하다고 판단**하였다. 안전·보건 경영 방침이 포함된 계획을 수립하고 이를 이사회에 보고하였더라도, 이러한 절차를 밟았다는 사정만으로는 중대재해처벌법이 규정하는 의무를 이행한 것으로 보기 어렵다고 판단하였다.

(4) 시사점

1) 유해 위험 요인 확인 개선 절차 마련 미비(중대재해처벌법 시행령 제4조 제3호)

법원은 그간의 형식적인 설시에서 진일보하여 '유해 위험 요인의 확인 및 개선 업무 절차'가 마련됐는지 여부를 판단하는 더욱 상세한 기준을 제시하였는데, 구체적으로는 다음과 같다.

① 유해 위험 요인을 '확인'하는 절차란 누구나 자유롭게 사업장의 위험 요인을 발굴하고 신고할 수 있는 창구를 포함하여 경영 책임자 등이 사업장의 유해 위험 요인을 파악하는 체계적인 과정을 의미하고, 이러한 확인 절차에는 사업장에서 실제 유해 위험 작업을 하고 있는 종사자의 의견을 청취하는 절차를 포함하여야 한다는 기준을 제시

② 유해 위험 요인을 '개선'하는 절차란 확인된 유해 위험 요인을 체계적으로 분류, 관리하고 유해 위험 요인별로 제거, 대체, 통제하는 방안을 의미한다고 판단함.

2) 안전보건관리책임자 등에 대한 평가 기준 마련 미비(시행령 제4조 제5호)

법원은 산업안전보건법에 따른 업무 수행 및 그 충실도를 반영할 수 있는 내용이 포함되어야 하고, 충분히 구체적이고 세부적이어야 한다고 판단

3) 위험성 평가

위험성 평가에 관한 절차로 동법 시행령 제4호 제3호를 갈음하기 위하여는 해당 사업장의 유해 위험 요인을 파악, 평가, 관리, 개선할 수 있도록 해당 사업장의 고유한 특성을 반영하고 있어야 할 것이라는 점에 관하여는 앞선 판례들의 기조를 유지함.

종합하면, 중대재해처벌법 시행령 제4조 제3호가 문제된 사안에서 법령상의 형식적인 기준만을 설시한 채 곧바로 사안을 포섭하던 판결에 비하여 구체성을 지닌 세부적인 기준을 마련하여 실행할 것을 요구하는 것으로 보여짐.

결국, 판결의 쟁점은 형식보다 실질을 중시하여 비교적 구체적으로 판단 기준을 제시하였다는 점에서 의미가 있다.

(5) 필자의 견해(私見)

건설 현장의 경우, 착공 전에 유해위험방지계획서는 고용노동부장관에게, 안전관리계획서는 지방자치단체장에게 각각 제출하고, 이를 승인받은 후, 집행은 건설현장 소장에게 위임하여 공사를 진행하면서 발생하는 위험성의 변화에 맞추어 그때그때 대응을 하고, 본사에서 구체적인 매뉴얼에 따라 수시로 점검하고 확인하는 것이 추상적이라면, 법원이 요구하는 추상적이 아닌 것이 무엇을 가리키는 것인지가 제시되어야 한다.

경영 책임자는 산업 안전·보건 업무에만 머무는 것이 아니라, 기업의 경영을 총괄하는 위치에서 인력 및 자금의 조달과 관리, 생산 설비의 유지 및 관리, 무역 등 어느 하나 중요하지 않는 것이 없다.

경영 책임자인 대표자가 경영 전체를 직접 관리한다는 것은 불가능하기 때문에 전무, 상무, 이사, 현장 소장(제조업의 경우 공장장), 부장, 과장, 계장 등과 같이 일정한 조직의 체계를 구축하여 업무를 분담하고 그에 따른 책임과 권리를 부여하면서 자기의 직무에 충실함으로써 업무의 유기적 결합으로 기업이 정진하기 때문에 산업

안전에 대한 책임도 분담되어 있다.

판례의 경향은 안전관리책임자 및 안전관리총괄책임자의 법정 의무는 별개로, 일정한 조직과 체계를 갖추어 형식적인 내용에 그치는 것이 아닌, 구체적 내용들이 포함되어 그 집행이 적절히 이루어지도록 운영체계의 구축과 실행의 확인을 경영 책임자에게 요구하고 있지만, 경영 책임자에게는 구체적인 전문지식과 기술을 기대할 수 없는 것이 현실이다. (일부 판결에서 경영책임자에게 직접적인 안전 조치 실시, 확인을 요구)

이 때문에 법령은 경영 책임자와 안전 관리 총괄 책임자의 직무를 엄격하게 구분하고 있으며, 경영 책임자의 경우 중대재해처벌 등에 관한 법률 제4조와 동법 시행령 제5조 위반의 죄를 묻고 있는바, 문제는 재해와 경영 책임자의 법 위반 사실과의 인과관계를 어떻게 증명하는가인데, 판례는 '상당인과관계'는 경영 책임자의 위법 행위가 피해자의 상해라는 결과를 발생케 한 유일한 원인은 아니라고 하더라도 사고 발생에 상당한 영향을 끼쳤다고 포괄적으로 인정하고 있어 범죄의 구성 요건인 구체성 및 명확성과 충돌하는 모습을 보이고 있다.

따라서, 법원은 입법 취지의 실효성 확보를 위한 사법 기능의 충실도 중요하지만, 한편으로는 행정부의 과잉 행정 규제를 조정하고 견제하는 사법 기능의 역할도 고려되어야 하겠고, 무엇보다도 일선 행정기관의 균형 있는 사고의 원인 분석으로 법 집행의 합리적·객관성의 확보가 우선되어야 하겠다.

(6) 중대재해처벌법 판결의 주요 내용

1) 중대재해처벌법 판결 사례(판례 18건: 2022~2024)

구 분 (사건번호)	판결 내용	법 위반 사항(시행령 제4조)
1호 (의정부지법고양지원 2022고단3254)	· (도급인)대표이사: 징역 1년 6개월, 집행유예 3년 · (도급인)법인: 벌금 3천만 원	· 유해 위험 요인을 확인하여 개선하는 업무 절차 마련(3호) · 안전보건 총괄 책임자 등의 충실한 업무 수행에 관한 조치(5호) · 중대산업재해 발생 대비 매뉴얼 마련 및 점검(8호)
2호 (창원지법마산지원 2022고합95, 항소 기각)	· (도급인)대표이사: 징역 1년(실형) · (도급인)법인: 벌금 1억 원	· 안전보건 총괄 책임자 등의 충실한 업무 수행에 관한 조치(5호) · 제3자 도급 관련 기준 절차 마련 및 점검(9호)
3호 (인천지법2023고단 651)	· (도급인)대표이사: 징역 1년, 집행유예 3년 · (도급인)법인: 벌금 5천만 원	· 안전보건에 관한 목표 및 경영 방침 설정(1호) · 유해 위험 요인을 확인하여 개선하는 업무 절차 마련(3호) · 안전보건 관련 예산편성 및 집행(4호) · 안전보건 총괄 책임자 등의 충실한 업무 수행에 관한 조치(5호) · 종사자 의견 청취 및 점검 등(7호) · 중대산업재해 발생 대비 매뉴얼 마련 및 점검(8호)
4호 (창원지법마산지원 2023고합8)	· (도급인)대표이사: 징역 1년, 집행유예 3년 · (도급인)법인: 벌금 5천만 원	· 안전보건에 관한 목표 및 경영 방침 설정(1호) · 안전보건 관련 예산 편성 및 집행(4호) · 안전보건 총괄 책임자 등의 충실한 업무 수행에 관한 조치(5호) · 제3자 도급 관련 기준, 절차 마련 및 점검(9호)

5호 (의정부지법고양지원 2022고단3255)	· (도급인)대표이사: 징역 1년 6개월, 집행유예 3년 · (도급인)법인: 벌금 2천만 원	· 유해 위험 요인을 확인하여 개선하는 업무 절차 마련(3호) · 안전보건 총괄 책임자 등의 충실한 업무 수행에 관한 조치(5호) · 제3자 도급 관련 기준 절차 마련 및 점검(9호)
6호 (서울북부지법2023 고단2537)	· 대표이사: 징역 8개월, 집행유예 2년 · 법인: 벌금 3천만 원	· 안전보건에 관한 목표 및 경영 방침 설정(1호) · 유해 위험 요인을 확인하여 개선하는 업무 절차 마련(3호) · 안전보건 총괄 책임자 등의 충실한 업무 수행에 관한 조치(5호) · 종사자 의견 청취 및 점검 등(7호)
7호 (제주지법2023고단 146)	· (도급인)대표이사: 징역 1년 2개월, 집행유예 3년 · (도급인)법인: 벌금 8천만 원	· 안전보건에 관한 목표 및 경영 방침 설정(1호) · 유해 위험 요인을 확인하여 개선하는 업무 절차 마련(3호) · 안전보건 총괄 책임자 등의 충실한 업무 수행에 관한 조치(5호) · 종사자 의견 청취 및 점검 등(7호) · 중대산업재해 발생 대비 매뉴얼 마련 및 점검(8호)
8호 (창원지법2022고단 1429)	· 대표이사: 징역 1년, 집행유예 3년 · 법인: 벌금2천만 원	· 유해 위험 요인을 확인하여 개선하는 업무 절차 마련(3호) · 안전보건 총괄 책임자 등의 충실한 업무 수행에 관한 조치(5호)
9호 (대구지법서부지원 2023고단1746)	· 대표이사: 징역 1년, 집행유예 2년 · 법인: 벌금 7천만 원	· 유해 위험 요인을 확인하여 개선하는 업무 절차 마련(3호) · 안전보건 총괄 책임자 등의 충실한 업무수행 관련 조치(5호)

10호 (대구지법서부지원 2023고단593)	· (도급인)대표이사: 징역 1년, 집행유예 2년 · (도급인)법인: 벌금 8천만 원	· 안전보건 관리 전담 조직 마련 미비 (2호) · 유해 위험 요인을 확인하여 개선하 는 업무 절차 마련(3호) · 제3자 도급 관련 기준 절차 마련 및 점검(9호)
11호 (서울중앙지법2023 고단3237)	· 대표이사: 징역 1년, 집행유예 2년 · 법인: 벌금5천만 원	· 유해 위험 요인을 확인하여 개선하 는 업무 절차 마련(3호) · 안전보건 관련 예산 편성 및 집행 (4호) · 안전보건 총괄 책임자 등의 충실한 업무 수행에 관한 조치(5호)
12호 (부산지방법원2023 고단1616)	· (도급인)대표이사: 징역 6개월, 집행유예 1년 · (도급인)법인: 벌금 5천만 원	· 유해 위험 요인을 확인하여 개선하 는 업무 절차 마련(3호) · 종사자 의견 청취 및 점검 등(7호) · 제3자 도급 관련 기준 절차 마련 및 점검(9호)
13호 (대구지법 2023 고단3905)	· 대표이사: 징역 1년 2개월, 집행유예 2년 · 법인: 벌금 8천만 원	· 유해 위험 요인을 확인하여 개선하 는 업무 절차 마련(3호) · 안전보건 총괄 책임자 등의 충실한 업무 수행에 관한 조치(5호) · 중대산업재해 발생 대비 매뉴얼 마 련 및 점검(8호)
14호 (대구지법서부지원 2022고단2940)	· (도급인)대표이사: 징역 1년, 집행유예 2년 · (도급인)법인: 벌금 8천만 원	· 안전보건 목표 및 경영 방침 설정 (1호) · 유해·위험 요인 확인 및 개선 절차 마련(3호) · 안전보건 총괄 책임자 평가 기준 마 련(5호) · 제3자 도급 관련 기준 절차 마련 및 점검(9호)

15호 (울산지법2022고단 4497)	• 대표이사: 징역 2년(실형) • 법인: 벌금 1억 5천만 원	• 유해·위험 요인 확인 및 개선 절차 마련(3호) • 안전보건 관련 예산 편성 및 집행(4호) • 안전보건 총괄 책임자 평가 기준 마련(5호) • 중대산업재해 발생 대비 매뉴얼 마련 및 점검(8호)
16호 (수원지법안산지원 2023고단3 139)	• (도급인)대표이사: 징역 1년, 집행유예 2년 • (도급인)법인: 벌금 8천만 원	• 안전보건 목표 및 경영 방침 설정(1호) • 유해·위험 요인 확인 및 개선 절차 마련(3호) • 안전보건 관련 예산 편성 및 집행(4호)
17호 (창원지법마산지원 2024고단8 9)	• (도급인)대표이사: 징역 1년, 집행유예 2년 • (도급인)법인: 벌금 8천만 원	• 유해·위험 요인 확인 및 개선 절차 마련(3호) • 안전보건 관련 예산 편성 및 집행(4호) • 안전보건 총괄 책임자 평가 기준 마련(5호) • 종사자 의견 청취 및 점검 등(7호) • 중대산업재해 발생 대비 매뉴얼 마련 및 점검(8호)
18호 (울산지법2023고단 5014)	• (도급인)대표이사: 징역 1년 6월, 집행유예 2년 • (도급인)법인: 벌금 5천만 원	• 유해·위험 요인 확인 및 개선 절차 마련(3호) • 안전보건 총괄 책임자 평가 기준 마련(5호) • 제3자 도급 관련 기준 절차 마련 및 점검(9호)

2) 중대재해처벌법 시행령 제4조 위반 내용 분석

구 분	중대재해처벌법 시행령 제4조	건 수	비 율(%)
1호	안전보건에 관한 목표 및 경영방침 설정	5	8.3
2호	안전보건에 관한 업무를 총괄 관리하는 전담 조직 마련	1	1.7
3호	유해·위험 요인을 확인하여 개선하는 업무 절차 마련(위험성 평가)	16	26.7
4호	안전보건 관례 예산 편성 및 집행	5	8.3
5호	안전보건 총괄 책임자 등의 충실한 업무 수행에 관한 조치	15	25
6호	정해진 수 이상의 안전보건 관리 인원 배치	0	
7호	종사자 의견 청취 및 점검 등	5	8.3
8호	중대산업재해 발생 대비 매뉴얼 마련 및 점검	6	10
9호	제3자 도급 관련 기준 절차 마련 및 점검	7	11.7
합 계		60	100

※ 위반 비율이 높은 순서

유해·위험 요인을 확인하여 개선하는 업무 절차 마련(위험성 평가) → 안전보건 총괄 책임자 등의 충실한 업무 수행에 관한 조치 → 제3자 도급 관련 기준 절차 마련 및 점검 → 중대산업재해 발생 대비 매뉴얼 마련 및 점검 → 종사자 의견 청취 및 점검 등

3) 법원의 주요 판단 기준 요약

법령 내용 (중처법 시행령 제4조)	판단 내용
안전보건 목표·경영 방침	■ 사업장의 규모 및 특성이 반영되어야 함 　－ 통용되는 표준 양식 그대로 활용(특성에 맞게 수정 및 변경 필요) 　－ 실질적이고 구체적인 방안 미포함 등
유해·위험 요인 확인 및 개선 절차	■ 사업장의 특성이 반영된 절차 마련 필요 　－ 일반적인 안전보건 경영 시스템 매뉴얼 및 안전보건 초청 강연·자문 　－ 형식적인 위험성 평가
안전보건 예산 편성 및 집행	■ 일반적 법상의 산업안전보건관리비에 국한됨 　－ 필요한 인력, 시설 및 장비 구비를 위한 비용 추가 필요 　－ 사업장의 용도에 맞는 예산 집행 필요
안전보건관리책임자 평가 기준	■ 사업장과 관련된 평가 기준 마련 필요 　－ 일반적인 안전보건 경영 매뉴얼 문제 　－ 안전보건관리책임자의 업무 수행, 충실도 등을 반영할 수 있는 구체적이고 　　세부적인 내용 포함 필요

제 3 편

중대재해와 수사 실무

1. 법체계

법은 제정 주체에 따라 분류되는데, 크게는 국가에 의해 일정한 절차와 형식을 거쳐 문서로 제정된 성문법과 관습적으로 내려온 불문법으로 나뉜다.

성문법에는 헌법, 법률, 명령, 규칙, 훈령, 예규, 조례 등이 있는데, 상위법과 하위법이 서로 충돌할 때는 상위법을 우선하여 적용하는 상위법 우선의 원칙이 적용되고, 불문법은 관습법, 판례법, 조리로 나뉜다. 법의 형성 과정에 따라 자연법, 실정법으로 나뉘며, 법이 규율하는 생활관계의 실체에 따라 공법, 사법, 사회법으로 나뉘고, 법의 효력이 미치는 범위에 따라 일반법과 특별법으로 나뉘는데, 일반법과 특별법이 충돌할 때는 특별법을 우선 적용한다.

그리고, 법의 제정 주체와 효력이 미치는 범위에 따라 국내법과 국제법으로 분류되고, 국제법은 조약, 협약 등 일정한 형식으로 국가 간 합의사항에 대한 규범적 성질을 갖고 체결 당사자국만 구속하지만, 힘의 논리에 따라 또는 자국의 이해관계에 따라 개별국가에 의해 무시되는 경우도 있다.[23]

사회법은 인간의 평등과 사회적 조화를 목적으로 하면서, 사회적 약자를 보호하려는 법으로 사람을 대상으로 하는 특별법으로는, 근로기준법, 산업안전보건법, 산업재해보상법, 노사관계 및 노동관계조정법 등 노동법이 이에 해당하고, 동 법을 위반하였을 경우 절차법인 형사소송법에 따라 수사가 진행된다.

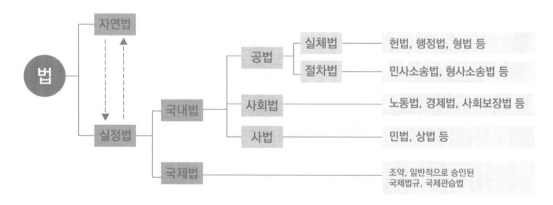

---

23) 국제관습법: 국가 간에 묵시적으로 합의 이행되어오던 오랜 기간 법적 의무처럼 지켜온 관행(例: 외교관의 면책특권)

2. 수사의 개념

수사라 함은 넓은 의미에서는 특정 사안에 대하여 범죄의 단서, 범죄의 간접 경험 등을 통해 범죄 행위를 발견하고, 범죄 행위의 단서가 있을 때 공소제기를 위해 범인이 누구이며, 범죄의 내용이 무엇인지의 실체적 진실을 발견하여 증거를 수집하고 보전하고, 공소제기[24] 후에 공소를 유지하기 위한 수사기관의 활동 모두를 의미하며, 광의로는 조사와 수사를 함께 포함하지만, 좁은 의미에서는 조사와 수사가 구분된다.

즉, 수사는 수사기관의 직접체험인 불심검문, 변사자 검시, 현행범 발견 시 조사 결과 범죄의 혐의가 있을 경우 입건을 하여 구체적인 범죄사실의 입증을 보강하여 검찰에 '기소' 의견으로 송치하고, 검사가 법원에 공소제기를 하는 경우와 타인의 직접체험인 고소·고발·자백에 의거 수사를 하고 혐의가 없을 때는 경찰이 수사를 종결할 수 있고, 수사는 검사가 법원에 공소제기를 하기 전 단계까지를 말한다.

* 수사(피의자) → 공판[25](피고인) → 집행(수형자)

　예시: 야산에서 변사체가 발견되었을 경우 자살인지 타살인지 알 수 없는 상태에서 주변 인물들에 대하여 조사가 진행된다면 보통 이를 수사한다고도 말하지만, 실제로 범죄혐의자를 찾아 입건한 다음 피의자의 지위에서 조사하고 범증을 확보하는 단계부터 수사라 하며, 수사가 개시된다고 함. (입건, 고소, 고발, 자수, 현행범)

그런데, 수사는 사람이 하고, 사람이 하다 보면 잘못할 수도 있고, 수사하는 사람의 능력에 따른 한계도 있지만, 무한정 시간과 비용을 쓸 수도 없고, 시간과 비용을 많이 쓴다 하더라도 완전무결하게 입증할 수가 없는 경우도 허다할 뿐만 아니라, 때로는 다른 법익과 충돌되면 상당 수사의 제약을 받게 된다.

그래서 결국 수사는 완전무결하게 이루어질 수는 없고, 결국, 수사가 추구하는 실체적 진실은 '보통 사람이면 누구나 의심하지 않을 정도로 진실하다고 믿는 정도'로 이해하면 될

---

24) 공소제기: 범죄 혐의가 충분하고 소송 요건과 처벌 조건을 구비하였으며, 기소할 가치가 있을 때 검사가 "기소"의견으로 사건 기록 일체를 법원으로 넘겨 재판을 받게 하는 것으로 이를 공소제기라고 하고, 공소가 제기되면 가해자는 피의자의 신분에서 피고인의 신분으로 전환된다.
25) 공판: 넓은 의미에서는 공소제기로부터 소송 종결까지의 모든 절차, 좁은 의미로는 공판기일(公判期日의 절차)

것 같고, 그러다 보니 가끔 무고한 사람을 범인으로 처벌하는 경우도 있다(화성 연쇄 살인 사건을 상기하며).

근로감독관은 수사가 마무리되면 수사 결과 보고서를 작성하여 사건을 송치할 때 근로감독관의 의견을 함께 부기하는데, 내용은 범죄 사실, 사건 발생 경위, 범행 동기, 범증, 수사의 단서(범죄인지 경위), 관계법령, '기소'에 관한 의견 등이다.

결국, 수사의 궁극적인 목적은 피의자에 대하여 공소를 제기하고 재판을 받게 하여 확정 판결에 따라 형을 집행하게 하는 데 있고, 비공개 임의수사가 원칙이며, 강제수사에는 체포, 압수수색이 있는데 이 경우에는 법률로 정하고, 일정한 절차와 요건이 따른다.

3. 구속영장 집행 요건

우선 체포를 하려면 먼저 피의자에게 구속영장 원본 제시, 범죄 요지, 구속 이유, 변호인 선임권 고지, 변명 기회 부여(법원에 대하여 피의자 심문 신청권이 있음을 고지), 확인서 징구, → 감호 조치(구치소가 아닌 유치장) → 24시간 이내에 가족 또는 변호인에게 통보 → 48시간 이내에 검사에게 인치(구치소 수감) → 검사의 구속 기간 10일, 단 필요 시 판사의 허가를 받아 10일 이내에서 연장 가능하고, 구속 사유는 아래와 같다.

① 도주 또는 증거 인멸의 우려가 있을 때,
② 현행범일 때,
③ 법원의 소환을 받고도 정당한 이유 없이 법원에 출석하지 않을 때,
④ 증인 혹은 핵심사건 관계자에게 위해를 가할 염려가 있을 때,
⑤ 법원의 공지사항을 위반 하였을 때 등에 해당되고

사전영장실질심사는 변호인, 법정대리인, 배우자, 형제자매, 호주, 가족, 동거인 또는 고용인의 신청이 있을 때 판사가 피고인을 직접 신문한다.

그리고, 변호인, 가족, 친지 등과 접견하여 서류 또는 물건을 수수할 수 있는 권리가 있고(접견 교통권), 특히, 변호인의 접견 교통권은 헌법상 보장된 기본권[26]이기도 하다(피의자 방어권에 속한 사항임).

수사의 절차는 현장 보존 및 검증 → 내사 → 증거 확보 → 입건(범죄 인지) → 피의자 신문 조서 작성 → 수사 결과 보고서 작성 → 사건 송치 → 수사 종결(검사) → 사건 처리 (공소 제기)로 진행된다.

---

26) 헌법 제12조: ① 모든 국민은 신체의 자유를 가진다. 누구든지 법률에 의하지 아니하고는 체포·구속·압수·수색 또는 심문을 받지 아니하며, 법률과 적법한 절차에 의하지 아니하고는 처벌·보안 처분 또는 강제역을 받지 아니한다. ② 모든 국민은 고문을 받지 아니하며, 형사상 자기에게 불리한 진술을 강요당하지 아니한다.

4. 범죄인지보고서

사법경찰관이 직접 체험에 의한 수사에 착수할 때에는 범죄인지보고서를 작성하여야 하고, 보고서에는 피의자의 성명, 주민등록번호, 주소, 직업, 주거, 범죄 경력, 죄명, 범죄 사실 및 적용 법조를 기재하고, 범죄 사실에는 범죄의 일시, 장소, 방법, 피해 결과 등을 명시하며, 특히 수사의 단서 및 범죄를 인지하게 된 경위를 명백하게 기재하는데, 이때 내부 결재를 받아 범죄접수부에 등재를 하는데, 이를 '입건'[27] 한다고 한다.

---

27) 입건: 범죄 사건을 접수하는 것을 말하고(사건 접수부), 수사는 이때부터 개시됨. 고소, 고발은 고소장과 고발장이 접수되므로 그 자체가 사건이 접수된 것이어서 별도로 입건하지 않음.

5. 사건 처리

(1) 송치

경찰은 사건을 검사에 송치하지 않고 자체 종결할 수 있고(불기소 사건에 한함), 기소를 할 경우에만 사건 기록을 모두 관할 지방검찰청 검사장 또는 지청장에게 이송하는데, 이를 '송치'라고 한다.

사건을 송치할 때에는 소속 관서의 장인 사법경찰관의 명의로 하여야 하며, 소속 관서의 장이 사법경찰관이 아닌 경우에는 수사주무과장인 사법경찰관 명의로 한다. 다만, 의견서는 수사한 사법경찰관이 서명 날인을 한다.

사건이 송치된 후, 추가 소명 자료에 대한 새로운 증가가 있을 경우, 이를 사법경찰관을 통해 추송(추가로 문서를 보냄) 또는 검찰에 직접 제출할 수도 있다.

일단, 사건이 법원으로 이송되면 수사는 종결되므로 더 이상 수사를 진행할 수 없다.

(2) 약식명령 청구

검사는 수사 기록을 면밀히 검토한 후 '구속'이나 '정식 재판'이 아닌 약식 재판에 해당하는 경우 절차가 간결한 벌금형을 법원에 청구하는데, 이를 '약식명령[28] 청구'라고 하고, 이 때 법원은 피고인에게 약식명령 통지서를 교부하며, 만약 주소변경 등 사유로 약식명령서(등본)가 송달되지 않는 경우에는 지명수배 등 불이익을 받을 수 있으므로 주의가 필요하다.

벌과금은 약식명령서를 송달받은 다음 날로부터 7일이 경과하면 확정이 되므로 불복 절차를 진행할 경우 사전에 검찰에 이의신청(항고[29])을 하든, 범칙금이 부과된 이후 일주일 내에 법원에 대하여 정식 재판을 청구하여야 한다. 이 기간은 불변기간이다.

이와 같이 약식 재판이라 함은 두 당사자가 서로 대립하여 자기 주장을 입증하는 등 소송의 절차와 요건을 갖추지 못하는 소송을 말하고, 단독 판사가 재판한다.

---

28) 약식명령: 형사소송법 제448조의 규정에 따라 지방법원이 그 관할에 속한 사건에 대하여 검사의 청구가 있는 때 공판 절차 없이 약식명령으로 벌금 또는 몰수를 명하는 재판 절차 → 구약식
29) 항고: 결정 및 명령에 대한 상소

(3) 불기소 내용

검사는 혐의가 있다고 인정될 경우에 공소제기를, 그렇지 않을 경우에 불기소처분[30]을 하게 된다. 불기소 내용으로는 아래와 같은 사항이 있다.

1) 기소 유예: 사안이 경미하고, 전과가 없고, 피해가 회복되고, 재범의 위험이 적고, 피의자가 깊이 반성할 경우, 또는 법률상 특별히 감면 사유가 있는 경우 '기소 유예 처분'을 할 수 있다. 즉, 범죄는 인정되나 정상을 참작하여 기소하지 않는다.

2) 혐의 없음: 범죄 행위가 불명확하거나 증거 불충분, 범죄 구성 요건 결여 등 사유.

3) 죄 안 됨: 위법성 조각(정당행위 및 정당방위행위, 긴급피난행위, 자구행위)과 책임 조각 사유(責任阻却事由[31]: 미성년자의 행위 심신상실자의 행위, 강요된 행위) 단, 과잉방어는 죄가 됨(例: '방성자' 사건).

4) 공소권 없음: 소송 요건을 구비하지 못하는 경우(피의자 사망, 공소시효 소멸, 관련 법 개폐로 형이 폐지된 때, 확정 판결이 있을 때, 외교관, 동 사안에 대하여 이미 공소제기 되었을 때, 반의사불벌죄[32] 등)

    ※ 외교관은 국제조약으로서의 효력을 갖는 비엔나 협약에 따라 형사 재판의 면책특권을 가짐으로 국내법의 재판관할권이 없음. 단, 현행범은 제외.

5) 기소 중지: 피의자 또는 중요 참고인의 소재불명 등으로 수사를 종결할 수 없는 경우에 해당되고, 종국처분이 아닌 중간처분으로 기소중지의견으로 송치하고, 불시검문 등 신병이 확보되었을 경우에는 체포하여 감호 조치 또는 구속수사가 원칙이지만, 경미한 사건인 경우에는 신병보증인을 세워 불구속 상태에서 재판을 받는 것이 일반적이다.

수사의 기본 이념은 실체적 진실의 발견과 기본적 인권의 보장이며, 수사는 기본적으로 임의수사와, 비공개로 이루어지고, 수사결과 수사기관에 의한 형사소추는 곧 헌법에 보장된

---

30) 불기소처분: 고소나 고발된 범죄 피의자에 대해 수사를 한 검사가 공소(피의자를 재판장에 세우는 것)를 제기하지 않는 결정

31) 책임 조각 사유: 범죄의 성립 요건의 하나인 책임의 성립을 조각하는 사유로, 면책 사유라고도 한다.

32) 反意思不罰罪 피해자가 가해자의 처벌을 원하지 않으면 형사처벌할 수 없는 범죄.

인격과 자유권이 일부 제한된다는 점에서 무엇보다도 우리 자신의 권리는 우리 스스로가 지켜야 한다. (방어권)

(4) 근로감독관의 배타적 수사권

근로기준법 제105조(사법경찰권 행사자의 제한) 규정에 의거 근로기준법 기타 노동관계 법령에 의한 인검, 서류의 제출, 심문 등 수사는 근로감독관이 진행하도록 규정하고 있고, 이때 근로감독관에게는 사법경찰관의 직무를 독자적으로 수행하는 배타적 수사권을 인정하고 있다.

산업안전 근로감독관의 권한은 근로기준법 제101조에 따라 아래 장소에 출입하여 사업주, 근로자 또는 안전보건관리책임자 등에게 질문하고, 장부, 서류, 그밖에 물건의 검사 및 안전보건 점검을 하며, 관계 서류의 제출을 요구할 수 있다.

① 사업장
② 안전 보건 교육기관, 안전보건진단기관, 건설재해예방 전문지도기관, 안전인증기관, 안전점검자율 안전검사기관, 석면조사기관, 작업환경측정기관, 일반건강진단기관 등 관계 기관의 사무소
③ 석면 해체·제거 작업자의 사무소
④ 등록된 산업안전지도사의 사무소

* 수사 관련 자료: 안전보건 관계자 선임 여부, 교육 및 점검 일지, 보호구 지급 대장, 위험성 평가 자료, 작업계획서, 작업허가서, 도급계약서, 협의체 운영, 안전보건 결재 사항 및 본사 관련 자료 등

현행 형사소송법상 수사기관으로 인정된 국가기관은 검찰와 경찰청의 2개가 있다. 검사는 수사기관인 동시에 수추 기관이며, 경찰청 조직 내에 있는 사법경찰관에 대한 수사를 지휘할 수는 없다. 사법경찰관 중에서 수사에 종사하는 경무관, 총경, 경정, 경감, 경위를 '사법경찰관'이라고 하고, 경사, 경장 순경을 '사법경찰관리'라고 하며, 이들은 수사 업무를 보좌한다.

사법경찰관의 직무를 수행할 자와 그 직무 범위에 관한 법률에서는 교도소장, 소년원장, 보호감호 조치시설 근무자 중 7급~4급 공무원, 출입국 관리 업무에 종사하는 자 중 7급 ~4급 공무원 등 사법경찰관을 두어 해당 범죄를 수사할 수 있도록 하고 있고, 식품, 보건, 산림, 출입국관리사무소, 안전사고 등 전문성이 필요한 영역의 범죄 수사를 위해 행정공무원에게 수사권을 부여하고 있는데, 이들을 '특별사법경찰관'이라 한다.

근로감독관은 일반 행정공무원으로서 일반 행정 업무 외 그의 관할 구역에서 발생하는 노동 분야에서 발생하는 범죄에 관하여 사법경찰관의 직무를 수행하고 있어 이중적 지위에서 업무를 수행한다. (사법경찰관의 직무를 수행할 자와 그 직무 범위에 관한 법률 제6조의2)

산업안전보건법 위반 피의 사건은 산업안전 근로감독관이 검사의 지휘를 받아 수사하여 입건, 검사에게 기소 의견으로 송치하면 검사가 기소하고(기소독점주의), 사회적으로 물의를 빚었거나, 사안이 매우 중대하여 구속이 불가피할 경우를 제외하고 일반적으로 종전에는 벌금형에 해당하는 약식재판으로 진행되어 왔으나, 법 개정에 따른 형량이 높아지면서 중대재해의 경우 종전과는 달리 처음부터 정식 재판으로 진행되고 있다.

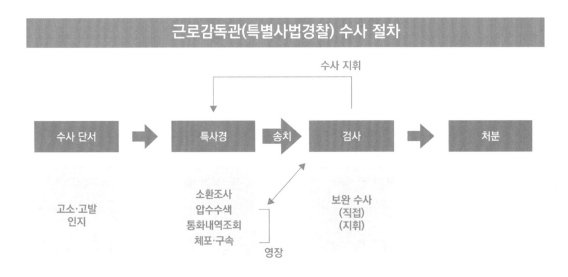

(5) 변론 종결과 항소[33)

증인 신문을 모두 마치고 나면 필요에 따라 피고인 신문을 하고 검사가 구형을 한 뒤에 변호인의 최후 변론, 그리고 피고인의 최후 진술을 거쳐 변론을 종결하면서 판결 선고일을 지정한다.

판결이 선고되면 검사 또는 피고인은 7일 이내에 항소할 수 있는데, 민사 사건과 달리 형사 사건에서는 판결문 송달일이 아니라 판결 선고일을 기준으로 7일 이내에 항소해야 한다.

(6) 중대재해 발생 시 수사

1) 주된 수사 대상은 산업안전보건법 위반, 중대재해처벌법 위반, 형법상 업무상과실치사 상죄
2) 일반적으로 현장소장, 공장장을 행위자로 하고, 법인의 대표자는 경영 책임자로 봄이 원칙임
3) 중대산업재해는 노동청의 근로감독관이, 중대시민재해는 경찰이 각각 수사
4) 검사의 경찰에 대한 수사지휘권은 폐지됐으나, 특별사법경찰에 대한 수사지휘권은 존속(형사소송법 제245조의 10 제2항)
5) 경찰에서는 업무상과실치사상(형법 제268조)에 대한 수사 진행

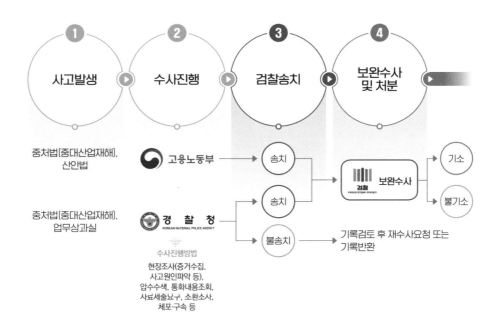

---

33) 항소: 지방법원(본원 또는 지원)의 단독 판사 또는 합의부가 내린 제1심 판결에 대하여 제2심 법원(지방법원본원 합의부 또는 고등법원)에 하는 불복 신청

(7) 검사의 직무

검찰 사무는 그 성격상 재판사무와는 달리 행정작용으로 법무부장관의 지휘·감독을 받는다. 이때 법무부장관은 검찰 사무에 대한 일반적인 지휘·감독권만 가지며, 개별사건의 수사에 대하여는 관여할 수 없다. (例: 과거 법무부 장관과 검찰 총장의 갈등과 대립 사건)

종전에는 사법경찰관은 검사의 지휘를 받으면서 형사소송법 제196조에 따른 사법경찰관의 직무를 수행하고, 사법경찰관리는 형사소송법 제196조 제2항에 따른 사법경찰 관리의 직무를 수행하였지만, 지금은 검·경 수사권 조정으로 일정 분야를 제외하고는 검사의 지휘권이 배제되었다.

검사는 국가를 대표하며, 직무는 아래와 같다.
① 2대 범죄[34]에 대한 수사·공소 제기와 그 유지에 필요한 사항
② 사법경찰관이 송치한 사건에 대한 공소제기와 그 유지에 필요한 사항, 단, 사법경찰관에 대한 수사 지휘권은 없으나, 이의 신청이 있을 경우 재수사 요구권 부여
③ 법원에 대한 법령의 정당한 적용의 청구
④ 재판 집행의 지휘·감독
⑤ 국가를 당사자로 한 소송에 있어 소송참가 및 지휘 감독
⑥ 다른 법령에 의하여 그 권한에 속하는 사항

※ 국가를 당사자로 한 소송에서 법무부장관이 소송에 관여할 수가 있는데, 이 경우 법무부장관은 검사를 지정하거나 변호사를 선임하여 소송 대리인으로 할 수가 있다.

---

34) 2대 범죄: 검경수사권조정(검수완박법)으로 인해 검사의 직접 수사할 수 있는 '2대 범죄'는 부패 범죄, 경제 범죄임

6. 형사처벌의 대상

(1) 부작위[35]에 대한 처벌

산업안전보건법의 특징 중 하나는 산업안전보건법 위반사건의 처벌 대상이 산업재해 방지를 위한 사업주의 안전보건상의 조치 의무사항을 사업주가 이행하지 아니한 것, 즉 조치를 취하여야 할 사항에 대하여 조치를 취하지 아니한 '부작위'를 주처벌 대상으로 하고 있고 (형법 제18조 참조), 비록 사업주가 안전상의 보호 조치를 취한 행위가 있다 하더라도 규칙에서 정하고 있는 기준에 미달하는 안전상의 조치는 기준에 맞는 안전 조치로는 미이행이 되어 처벌 대상이 된다.

(2) 피의자 선정

피의자라 함은 범죄자가 아니고, 범죄 혐의가 있어 수사기관에서 입건을 하였거나 현행범을 체포하였을 때 피의자가 되고, 재판 과정에서는 피고인이 되며, 확정판결을 받으면 수형자 (범죄자)가 되고, 형사소송법에서 피의자는 범죄의 혐의가 있는 자가 되고, 산안법에서 처벌 대상은 일반적으로 법을 위반한 행위자와 양벌규정에 따라 '법인' 사업주가 피의자가 된다.

즉, 법인의 경우 법인이 사업주이고, 법인은 행위 능력과 수형 능력이 부정되기 때문에 사업주로부터 권한의 위임을 받아 안전보건에 관한 책임을 지고 독립적 업무를 수행하는 행위자가 있다면 그 행위자(현장소장)가 피의자가 되고, 법인의 대표자가 사실상의 행위자라면 대표자가 처벌 대상이 된다.

 1) 근로감독관의 범죄인지 기준(근로감독관 집무 규정 제31조)
   가. 감독관은 감독, 점검, 조사 등의 산재예방업무 수행 결과 적발된 법령 위반 사항이 산안법 제167조부터 제172조까지, 중처법 제6조 또는 진폐법 제32조의 3부터 제34조까지에 해당하는 경우에는 이 훈령에서 해당 업무별로 정한 조치 기준에 따라 행정조치 또는 범죄인지보고를 하고 수사를 개시하여야 한다. 이 경우 조치기준이 없는 업무의 조치는 유사한 업무의 조치 기준을 따른다
   나. 제1항의 법령 위반 사항에 대하여 작업중지·제거·파기 등 명령, 시정지시 및 그

---

35) 부작위: 어떤 행위를 해야 할 의무가 있는 사람이 이를 하지 않는 것

밖에 행정조치를 하는 경우에는 그 조치를 서면 등으로 지시하고, 이를 이행하지 않으면 필요한 경우 범죄인지보고를 하고 수사를 개시하여야 한다.

다. 감독관은 감독, 점검, 조사 등의 업무를 수행하는 과정에서 다음 각 호의 어느 하나에 해당하는 법령 위반사항을 발견한 경우에는 해당 법령 위반 사항에 대하여 범죄인지보고를 하고 수사를 개시하여야 한다. 다만, 제19조 제3항, 제41조, 제42조 제1항에 해당하는 경우에는 그러하지 아니한다.

① 산업재해가 발생할 급박한 위험이 있을 때 또는 중대재해가 발생하였을 때 즉시 작업을 중지시키지 아니하였거나, 근로자를 작업 장소로부터 대피시키지 아니하는 등 안전 및 보건에 관하여 필요한 조치를 하지 아니한 경우(산안법 제51조 및 제54조)

② 중대재해 발생 현장을 훼손하거나 원인 조사를 방해한 경우(산안법 제56조 제3항)

③ 의무안전인증 대상 기계·기구 등을 제조·수입하는 자가 안전인증을 받지 않은 경우(산안법 제84조제1항), 또는 표시·광고를 위반한 경우(산안법 제85조 제2항), 제조·수입·양도·대여·사용 등의 금지를 위반한 경우(산안법 제87조 제1항)

④ 자율안전 확인 대상 기계·기구 등에 대한 자율안전 확인신고 의무를 위반한 경우(산안법 제89조 제1항), 또는 표시·광고를 위반한 경우(산안법 제90조 제2항), 제조·수입·양도·대여·사용 등의 금지를 위반한 경우(산안법 제92조 제1항)

⑤ 작업 중지·제거·파기 등 명령을 위반한 경우(산안법 제42조 제4항, 제53조 제1항 및 제3항, 제85조 제4항, 제87조 제2항, 제90조 제4항, 제92조 제2항, 제118조 제4항 및 제5항, 제119조 제4항, 제131조 제1항)

⑥ 건축물 등 철거·해체자가 장관에게 등록한 자로 하여금 석면을 해체·제거토록 하지 아니한 경우(산안법 제122조 제1항)

⑦ 공정안전보고서의 내용이 중대산업사고를 예방하기 위하여 적합하다고 통보받기 전에 관련 설비를 가동한 경우(산안법 제44조 제1항 후단)

⑧ 지도사, 안전인증을 하는 자 등이 비밀 유지 의무를 위반한 경우(산안법 제162조)

⑨ 건강진단기관이 건강진단 실시 결과를 거짓으로 작성하거나, 결과표를 장관에게 제출하지 아니하거나 사업주에게 송부하지 아니한 경우(진폐법 제16조 제1항)

2) 양벌규정 적용(근로감독관 집무 규정 제34조)

감독관이 양벌규정을 적용하는 경우에는 사업주가 법인이면 특별한 사유가 없는 한 법인의 대표자(대표자가 2명 이상인 경우에는 해당 업무를 관장하는 사람을 말한다.)를 행위자로 본다. 다만, 법인 또는 법인의 대표자에게 권한을 위임받은 경우에는 그 내용, 지위 및 책임 그 밖에 필요한 사항을 확인하여 행위자를 판단한다.

(3) 관리감독자, 안전관리자의 처벌

실무적으로도 관리감독자나 종업원을 처벌하는 경우는 특별한 경우를 제외하고는 일반적으로 없으며, 여기서 안전관리자가 피의자가 되는가 하는 문제가 있으나 안전관리자는 직무 분야가 안전관리담당자일뿐, 안전 업무에 관한 사업주로부터 권한을 위임받은 자가 아닌, 안전관리총괄책임자를 보좌하는 것에 불과하기 때문에 안전관리자는 작업 방법의 결정권 등이 없다는 점에서 안전관리자를 형사처벌 대상으로 하는 것은 무리라고 보여진다. (문서번호: 산안 68331-511(1993. 11. 16.))

다만, 안전관리자가 자신의 직무를 소홀히 하고, 그 사고가 안전관리자의 직무 소홀과 상당 부분 인과관계가 있을 경우는 직무유기로 형사책임을 묻는 것도 가능하다고 본다. **(중대재해처벌법 이후 안전관리자 및 관리감독자에 대한 처벌이 증가하고 있다.)**

* 중대재해 사건에 대해 안전관리자의 업무상과실치사죄(중처법 판결 제1, 7, 13, 20, 23호 등) 적용, 제7호 판결의 경우 안전관리자에 대해 금고 8월, 집행유예 2년 선고. 제16호 판결의 경우 관리감독자(작업반장)에 대해 금고 4개월, 집행유예 1년 선고. (상기 각각 업무상과실치사죄 적용) 등 처벌 증가 추세

(4) 형벌의 가중처벌과 수강명령의 병과

5년 이내에 2회 이상의 안전조치 위반으로 사망자 발생 시 형의 1/2이 가중되고, 도급인의 안전조치 위반 시 3년 이하의 징역, 또는 3천만 원 이하의 벌금을, 법 제38조 제1항부터 제3항까지, 제39조 제1항 또는 제63조를 위반하여 근로자를 사망에 이르게 한 자는 7

년 이하의 징역 또는 1억 원 이하의 벌금에 처한다. 이때, 사망으로 인해 유죄의 확정 판결
이 선고될 경우, 고용노동부장관은 200시간 내에서 수강명령을 병과 할 수 있다.

7. 업무상 과실 중과실 치사죄

형법 제268조의 업무상과실 치사죄는 업무상 정상의 주의를 태만함으로 인하여 사망이
라는 결과를 가져오게 했을 때 비로소 범죄가 성립된다 하겠고, 주의 의무 태만은 행위의
주의 의무 위반으로 산업재해의 경우 안전상의 조치 의무 미이행이라는 과실 외 근로자의
과실도 업무상 과실로 처벌 대상이 된다. 여기서 중과실 치사죄는 중대한 과실로 인하여
사람을 사망에 이르게 하는 범죄로 중대한 과실이라 함은 주의 의무 위반의 정도가 현저한
경우 즉, 조금만 주의를 기울였다면 사망이라는 결과 발생을 회피할 수 있음에도 불구하고
주의 의무를 게을리한 경우를 말한다.

> 주의 의무 태만의 예: 차량용 건설장비 경우 운전 전에 차체를 정비하거나, 점검을 하여
> 고장 여부를 조사·수리해야 하고(대판 1961. 7. 31. 1968. 2. 20.), 운전 속도의 조절, 중량
> 물 무게의 조절, 장비의 부속물 점검, 전방 주시 의무 등 타워크레인의 설치 작업 중 전문
> 업자에게 도급을 주어 설치 작업을 하던 중 발생한 사고에 대하여 건설 회사의 현장 대리
> 인에게 과실치사상의 죄책을 물을 수 없다. (대법원 2005. 9. 9. 선고 2005도3108)

대법원 양벌위원회는 안전사고에 대한 형벌 기준이 강화되면서 과실치사와 업무상과실·
중과실치상, 업무상과실·중과실치사, 산업안전보건법 위반죄에 양형 기준을 마련하고 있다.

가중 요소로는 불구나 불치 등 중상해 발생, 술이나 약물에 취해서 법정 자격이 없는
업무를 담당하다가 주의 의무나 안전·보건 조치 의무 위반 등이다. 피해자에게도 사고 발
생의 책임이 인정되고, 사고 발생 경위에 참작할 사유가 있으며, 피해가 가벼우면 형량도 가
벼워진다.

산업재해의 경우, 업무상 과실 또는 중과실에 따른 중대재해와 중대 산업 사고가 이에

해당한다 하겠고, 건설 장비에 의한 사고의 경우 운전자의 과실이 있고, 장비 소유자의 과실을 따질 때 공사의 도급으로 보느냐, 아니면 단순 장비의 임대로 보느냐, 장비의 단순임대로 볼 경우 운전자에 대한 지휘·통제권이 누구에게 있는가, 주요 부품 명세 및 장비 수리 내역 통보 의무 등 여건을 종합하여 사업주의 과실 여부를 판단하여야 한다.

8. 상상적 경합[36]

형법상 업무상과실치사죄와 산업안전보건법 위반의 죄는 위반의 행위가 사업주의 안전조치 미이행이라는 서로 동일한 기반 위에 있다면 양자의 관계는 형법 제40조에 따라 상상적 경합관계에 있다 할 것이므로, 한쪽 범죄가 '기소'되어 확정되고, 형량이 과해지면 다른 한쪽의 범죄는 성립되어 '기소'는 하지만 형량을 이중으로 부과할 수 없다.

그러나 형법과 산업안전보건법은 반드시 상상적 경합관계에 있는 것은 아니다. 형법은 사업주가 아닌 일반 근로자를 행위자로 하여 업무상과실치사죄로 처벌하면서 현장 소장은 처벌하지 아니하는 경우도 있다.

판례에서 거리집회 시위에 대하여 검찰은 '집시법 위반의 죄'와 '도로교통법 위반의 죄'로 공소를 제기하였지만 법원은 위 양자관계가 서로 상상적 경합관계에 있다고 보아 '집시법 위반의 죄'만 인정하고, '도로교통법 위반의 죄'는 인정은 되나 처벌은 하지 않은 사례가 있고, 특히 건축법 제28조(공사현장의 유해방지 등)와 산안법 제38조(안전조치)는 상상적 경합관계에 있다 할 것이다.

---

36) 상상적 경합 :하나의 행위가 여러 가지 죄명에 해당하는 경우, 그 중 가장 중한 벌로 처벌하는 것실체적 경합: 수 개의 행위가 수 개의 죄를 성립시키는 경우 법이 정한 방식으로 가중하여 처벌하는 것

【판례】

중대재해처벌법 위반죄와 산업안전보건법 위반죄 및 업무상과실치사죄는 상상적 경합
관계에 있다고 본 사례

1. 사건 개요

피고인 1은 피고인 회사의 대표이사이고, 피고인 회사는 ○○산업과 도급 계약을 체결,
○○산업 소속 근로자인 피해자가 방열판 보수 작업을 하는 도중 섬유 벨트가 끊어져
피해자를 사망케 한 사건

2. 판결 요지

대법원은 이 사건에서 중대재해처벌법(산업재해치사) 죄와 근로자 사망으로 인한 산업안
전보건법 위반죄 및 업무상과실치사죄는 상호 간 1개의 행위가 수 개의 죄에 해당하는
경우로서 형법 제40조의 상상적 경합관계에 있다고 판단 (대법원 2023. 12. 28. 선고 2023
도12316 판결)

조사 대상 재해 선정 기준은 노동부 훈령인 근로감독관 집무 규정으로 정하고 있고, 그 내용은 아래와 같다.

① 중대재해
② 근로자의 부상 및 사업장 인근 지역에 피해를 동반한 중대 산업 사고
③ 기타 지방관서의 장이 필요하다고 인정한 재해 등

【조사를 생략하거나 자체 종결할 수 있는 재해】

① 법 제3조 단서조항에 따라 법의 일부 적용 대상 사업장에서 발생한 재해 중 적용조항 외의 원인으로 발생한 것이 객관적으로 명백한 재해

② 사업장 외 고혈압, 등 개인 지병, 방화 등에 의한 재해 중 재해의 원인이 사업주의 법 위반에 기인하지 아니한 것이 명백한 재해

③ 해당 사업장의 폐지, 재해 발생 후 84일 이상 요양 중 사망한 재해로써 목격자 등 참고인의 소재 불명 등으로 재해 발생에 대하여 원인 규명이 불가능하여 재해 조사의 실익이 없다고 지방관서장이 인정하는 재해로 한정하고 있음

결국, 재해 조사 대상은 전적으로 고용노동부의 기속재량권[37]이 폭넓게 인정되고 있다고 보아야 한다.

---

37) 자유재량(自由裁量)이란 재량 행위 중에서도 무엇이 공익 목적이나 행정 목적에 좀 더 적합한지를 판단하는 재량을 말한다. 즉, 행정 기관이 일정한 범위 안에서 법에 구속됨이 없이, 어떤 행위나 판단 등을 독자적으로 행하는 것이다. 반면 무엇이 법인지를 판단하는 재량을 기속재량(羈束裁量)이라 한다.

10. 법인의 양벌규정

【산안법 제173조(양벌규정)】

법인의 대표자나 또는 개인의 대리인, 사용인, 그 밖의 종업원이 그 법인 또는 개인의 업무에 관하여 제167조 제1항 또는 제168조부터 172조까지의 어느 하나에 해당하는 위반행위를 하면 그 행위자를 벌하는 외에 그 법인에게 다음 각 호의 구분에 따른 벌금형을 개인에게는 해당 조문의 벌금형을 과(科)한다. 다만, 법인 또는 개인이 그 위반 행위를 방지하기 위하여 해당 업무에 관하여 상당한 주의와 감독을 게을리하지 아니한 경우에는 그러하지 아니하다.

1. 제167조 제1항의 경우: 10억 원 이하의 벌금
2. 제168조부터 제172조까지의 경우 해당 조문의 벌금형

헌법재판소는 2007. 11. 29. 종업원 등의 위반 행위를 이유로 개인 영업주를 처벌하는 양벌규정에 대하여 책임주의에 반한다는 이유로 위헌 결정(2005. 헌가10)한 바 있고, 그 후 2009. 7. 20. 종업원 등의 위반 행위를 이유로 법인을 처벌하는 양벌규정에 대하여 같은 이유로 위헌 결정(2008. 헌가 14. 16. 16. 17. 24.)을 하였다.

본 위헌 결정으로 이 사건 심판 대상 법률 조항은 소급하여 효력을 상실하고 이 사건 법률 조항에 근거한 유죄의 확정 판결에 대하여는 재심을 청구할 수 있다. (헌법재판소법 제47조 제2항~제4항)

"형벌의 자기책임원칙에 비추어 보면, 위반행위가 발생한 그 업무와 관련하여 법인이 상당한 주의 또는 관리 감독 의무를 게을리한 때에 한하여 양벌규정이 적용된다고 보아야 하며, 위반 여부는 당해 법률의 입법 취지, 처벌 조항 위반으로 예상되는 법익침해의 정도, 양벌규정을 마련한 취지, 위반행위의 구체적인 모습과 그로 인하여 실제 야기된 피해 또는 결과의 정도, 행위자에 대한 감독 가능성, 구체적인 지휘 감독 관계, 법인이 위반 행위 방지를 위하여 실제 행한 조치 등을 전체적으로 종합하여 판단하여야 한다." (대법원 2010. 9. 9. 선고 2008도7834호 판결)

본 결정은 헌법재판소가 과거 양벌규정에 대하여 책임주의 원칙에 반한다는 이유로 위헌 선언을 한 것과 동일한 맥락에서 양벌규정이 책임과 형벌의 비례를 요구하는 책임 원칙에 위배되어서는 안 된다는 헌법재판소의 입장을 다시 한번 확고히 한 것으로 보아야 한다.

여기서, "법인이 그 위반 행위를 방지하기 위하여 해당 업무에 관하여 상당한 주의와 감독을 게을리하지 아니한 경우"에 대하여는 위 판례에 따라 구체적으로 개별적 사건마다 살펴보아야 하겠지만, 대체로 법인이 공기를 단축하기 위하여 작업을 독촉하였거나, 불량 자재를 공급하였거나, 자재를 적기에 공급하지 아니하였거나, 법인 차원에서 상당한 주의 또는 관리 감독 의무를 게을리하여 발생하였거나, 공사 대금을 제때에 지급하지 아니하였거나, 기타 법인 차원에서의 업무가 재해에 영향을 미치지 아니한 이상 법인은 처벌 대상이 아니라는 것이 헌법재판소의 결정 취지로 보인다.

【헌재 유사 판결】
사건 번호: 헌재 2017헌가30 (2019. 4. 11. 선고)

1. 사건 개요
   주식회사 재정신청인은 그 소속임원들(이하 '종업원 등'이라 함)이 공모하여 노동조합의 조직·운영에 지배·개입한 것은 부당노동행위이다. 이는 노조법 제94조에 의거 그 법인에 대하여도 양벌규정을 적용하여야 한다.

2. 판단
   심판 대상 조항은 법인의 대리인·사용인·기타의 종업원이 법인의 업무에 관하여 근로자가 노동조합을 조직 또는 운영하는 것을 지배하거나 개입하는 행위를 한 사실이 인정되면 곧바로 그 법인에게도 벌금형을 과하도록 한 규정은 종업원 등이 범죄행위에 대한 법인의 가담 여부나 이를 감독할 주의 의무 여부를 법인에 대한 처벌 요건으로 규정하지 아니하고, 달리 법인이 면책될 가능성에 대해서도 정하지 아니한 채, 곧바로 법인을 종업원 등과 같이 처벌한다.

   그 결과, 법인은 선임·감독상의 주의 의무를 다하여 아무런 잘못이 없는 경우도 심판 대상 조항에 따라 종업원 등의 행위에 대한 형벌을 부과하게 된다.

이처럼, 심판 대상 조항은 종업원 등의 범죄 행위에 관하여 비난할 근거가 되는 법인의 의사 결정 및 행위 구조, 즉, 종업원 등이 저지른 행위의 결과에 대한 법인의 독자적인 책임에 관하여 전혀 규정하지 아니한 채, 단순히 법인이 고용한 종업원 등이 업무에 관하여 범죄 행위를 하였다는 이유만으로 법인에 대하여 형벌을 부과하도록 정하고 있는 바, 이는 다른 사람의 범죄에 대하여 그 책임 유무를 묻지 않고 형사처벌하는 것으로 헌법상 법치국가 원리에서 도출되는 책임주의 원칙에 위배된다.

11. 검·경 수사권 조정

1948년 검찰청법, 1954년에 형사소송법이 제정된 이래 검사는 수사와 기소권을 독점하고, 경찰은 검사와의 수직적 관계에서 어디까지나 검사의 지휘·통제 아래 제한적인 수사권에 한정되었으나, / 2021. 1. 1.부터 검경 수사권 조정 내용을 담은 형사소송법이 개정되어 1년 동안의 유예 기간을 거쳐 시행하게 되었고, 주요 내용은 아래와 같다.

(1) 수사권 조정 내용

1) 경찰은 특정 사건을 제외한 모든 사건에서 수사권 및 불기소 사건에 한하여 수사종결권 부여
2) 검찰은 송치 전 사건을 수사 지휘할 수 없다
3) 검사는 송치 후, 필요 시 경찰에 보완수사를 요구할 수 있다. (종전의 수직관계에서 협력관계로의 전환으로 볼 수 있다.)
   * 특별사법경찰관에 대한 검사의 수사지휘는 종전을 유지.

(2) 검찰 수사권

1) 검사는 ① 선거법 위반 범죄, ② 부패·경제범죄(마약범죄 포함) 외 나머지는 경찰에 수사권을 이관. 단, 부패 범죄와 경제범죄의 범위는 시행령으로 위임.
2) 경찰이 송치한 사건을 필요 시 수사할 수 있다.

3) 경찰과 검찰이 동시 수사할 경우 검사에게 송치 요구권 부여.

(3) 경찰의 수사 종결

1) 경찰은 사건을 검사에 송치하지 않을 수 있다. (불기소 사건에 한함)

2) 검사는 불송치가 부당하다고 판단되면 재수사를 요청할 수 있다.

3) 기소의견 송치 경우, 검사는 ① 기소, ② 보완수사요구, ③ 직접수사를 할 수 있다.

경찰의 수사종결권 부여에 대하여는 장·단점이 있겠으나, 일반 국민이 우려는 억울한 사정을 구제받고자 고소·고발을 하였음에도 경찰이 '무혐의' 처분으로 자체 종결하였을 경우 권리 회복의 절차적 문제일 것이다. 이때, 민원인은 경찰에 이의신청을 하면, 사건이 검사에게 송치되고, 검사는 경찰의 사건 기록을 검토하여 90일 이내에 재수사를 경찰에 요구할 수 있고, 재수사 요청은 1회에 한한다. 단, 현행 항고제도는 그대로 유지된다. 결국, 우리 국민은 경찰에 이의신청을 하고도 권리를 구제받지 못한 채 사건이 종결된다면 정식 재판을 통해 억울함을 다툴 수밖에 없다.

범죄인지보고서 例示

○○ 고용노동지청장

2020년 제   호

수 신: 고용노동지청장
제 목: 범죄인지보고

　　　아래 사람에 대한 산업안전보건법 위반 피의사실을 인지하였기 보고합니다.

1. 피의자 인적사항:
2. 범죄 경력
3. 죄명
4. 범죄 사실

1) 피의자인 사업주는 높이가 2미터 이상인 작업발판의 끝이나 개구부로부터 추락에 의하여 근로자에게 위험을 미칠 우려가 있는 장소에는 안전난간, 울, 손잡이 등으로 방호 조치를 하거나 충분한 강도를 가진 구조의 덮개를 뒤집히거나 떨어지지 않도록 설치하여야 함에도 불구하고,
2014. 0. 00. 00:00경 위 현장 202동 12층 남쪽 슬라브 단부에 안전난간을 설치하지 아니하는 등 추락 방지를 위한 방호조치를 하지 아니함으로써 근로자 ○○○으로 하여금 사망케 한 것이다.

2) 피의자 ○○종합건설(주)는 피의자를 위하여 행위 하는 피의자 홍길동의 전항 기재와 같이 근로자의 위험을 예방하기 위한 필요한 조치를 이행하지 아니한 것이다.

　　관련법: 산업안전보건법 제63조
　　인지 경위: 중대재해 조사 중

　　첨부: 사건 기록 목록

2020. 00. 00.
특별사법경찰관. 근로감독관 홍 길 동 (인)

공소 사실 부인 例示

피고인 ○○○ 외 1

위 사건에 관하여 피고인은 공소사실에 대하여 다음과 같이 의견을 진술합니다.

다　　음

1. 인정하는 사실관계

공소장 기재의 신분관계는 이를 인정하고,

공소장 기재의 사고 경위와 관련하여 피해자 000이 2020. 00. 00. 00:00경 ○○시 ○○구 ○○동 ○○○번지 소재 공사장에서 건축자재 운반 작업을 하다가 자재에 깔려 사고가 발생하였고, ○○○이 이로 인하여 같은 날 00:00경 사망한 사실은 인정합니다.

2. 부인하는 사실관계

가. 피고인의 안전조치 위반 여부와 관련하여
피고인이 위 사고 당시 근로자들이 사용한 와이어로프 후크의 해지 장치가 탈착된 부분을 점검하지 아니한 채 위 ○○○등으로 하여금 그대로 사용하게 하였다는 부분은 이를 부인합니다.

나. 사고 경위에 관하여
피고인은 본건 사고가 해지 장치가 탈착된 와이어로프 후크에서 자재가 이탈되어 ○○○에 낙하됨으로써 발생하였다는 공소장 기재의 사고 경위에 관하여도 이를 부인합니다.

– 이하 기략 –

3. 검찰의 석명 요구

산업안전보건법 제66조의 2, 제23조 제1항 위반의 죄는 사업주가 산업안전보건법 제23조 제1항 각 호의 위험을 예방하기 위하여 필요한 조치를 하지 아니하여 근로자를 사망에 이르게 한 경우에 성립하는 범죄입니다.

검사는 모두 사실에서 위험 예방에 필요한 조치로서 ① 이동식 크레인을 사용하여 화물을 운반할 때에는 해지 장치를 사용하여야 하고, ② 후크 등의 파손 및 손상상태 점검, 불량품 제거를 통해 부적격 인양 도구를 사용하지 않도록 하여야 하며, 안전 교육을 실시하여 화물의 낙하 등으로 인한 사고를 미리 방지하여야 하는 것을 들고 있습니다.

그런데 산업안전보건법 제23조 제4항은 같은 법 제23조 제1항에서 규정하고 있는 사업주가 하여야 할 안전상의 조치사항을 노동부령으로 정하고 있으며, 노동부령에 규정하고 있지 아니한 안전상 조치사항을 취하지 아니하였다면, 그것이 비록 사고 예방을 위하여 필요한 조치라고 하더라도 산업안전보건법 제23조 제1항 위반의 범죄를 구성하지 아니합니다(대법원 2009. 5. 28. 선고 2008도7030).

따라서

피고인은 방어권 행사를 위하여 검찰에게 사업주가 취하지 아니한 안전상의 조치의 근거가 되는 법령을 구체적으로 특정하여 줄 것을 요청합니다.

아울러 공소장 모두에는 "안전 교육을 실시하여 화물의 낙하 등으로 인한 사고를 미리 방지하여야 할 안전 조치"를 거시하면서 공소장 본문에서는 사업주가 안전 교육을 실시하여야 하는 안전 조치를 위반하였다는 기재가 없는데 공소의 취지가 사업주의 안전 교육 미실시도 주장하는 것인지 여부도 함께 밝혀주실 것을 요청합니다.

2010. 00. 00.

피고인 ○○○외 1 (인)

○○지방법원 제○○형사단독 귀중

12. 증거와 입증

(1) 증거능력과 증명력

1) 증거능력

증거가 엄격한 증명의 자료로 쓰이기 위해 갖추어야 할 법률상 자격. 증거능력이 없는 증거는 사실 인정의 자료로써 사용할 수 없을 뿐 아니라, 공판장에서 증거로서 제출하는 것도 허용되지 않는다. 증거의 증거능력의 유무는 법률의 규정에 따르며, 원칙적으로 법관의 자유로운 판단은 허용되지 않는다.

2) 증명력

증거의 실질적인 가치를 의미. 법관의 자유로운 판단(자유심증주의)에 맡겨진다는 의미에서 증거능력과 구별이 되며, 범죄 사실의 인정은 합리적인 의심이 없는 정도의 증명에 이르러야 한다. (형사소송법 제307조 2항)

(2) 방어권

모든 국민은 공정한 재판을 받을 권리가 있고, 공정한 재판은 공공의 이익과 결코 무관하지 않으므로 모든 국민은 적정한 재판의 실현을 위해 재판에 협조할 의무가 있다. 일반적으로 공판에 있어서 피해자(피의자)에게는 방어권이 보장되는데 그 내용은 아래와 같다.

① 증인 신청권

형사 사건에서 증인 신청은 검사 또는 피해자에게 있으며, 증인으로 채택된 자는 재판 절차에 증인으로 출석하여 사건에 관한 증인 신문에 증언하여야 하며, 반대 신문 때도 같다. 다만, 사생활·신변보호의 필요성 등에서 정당한 사유가 있으면 비공개로 할 수 있다.

② 소송 기록 열람·등사 신청권

③ 증거 보전 신청권

④ 공판 기일 변경 신청권

⑤ 변호인 선임권

⑥ 증거 조사에 있어 의견진술권

⑦ 진술거부권, 이익이 되는 사실을 진술할 권리

⑧ 검증, 감정 등에 참여권

⑨ 항고(고등검찰청)·재항고(대검찰청) → 고소·고발인의 방어권으로 검찰의 불기소처분의 경정을 요구하는 제도

⑩ 재정 신청 → 검사의 불기소처분에 대하여 항고 절차를 거쳐 고등법원에 당·부당을 묻는 재판 절차로, 刑事裁判의 길을 여는 과정임

※ 신뢰관계인 동석 제도

전문지식이 부족하거나 사회적 약자의 피해자가 수사기관에서 진술하거나 법정에서 증언할 때 심리적 안정과 원활한 의사소통을 위해 신뢰관계에 있는 사람을 그 옆에 있도록 해 주는 제도(교통사고 피해자, 가정폭력 피해자, 성폭력 피해자 등)

(3) 방어권 행사

수사관은 '기소'를 위하여 범죄 사실을 찾고, 증거를 확보하려 하며, 피의자는 '무혐의'를 주장하면서 '무혐의'에 대한 증거를 확보하려 하는 소위 창과 방패의 구도가 형성된다.

여기서 종종 수사관은 유도 질문을 하는데, 질문자는 수사의 기법을 발휘하여 피의자로부터 우회적인 방법으로 그의 협조를 얻거나 유죄의 단서를 얻기 위해 지나치게 온정적인 호의를 베푸는 등 비상한 전략과 사람의 심리를 이용하여 유죄를 인정하는 자백을 유인하려 한다,

예를 들어, 추락 사고의 경우 "회사가 안전대를 지급하고 작업자가 안전대를 사용하였더라면 사고는 일어나지 않았겠지요."라고 질문을 한다면 이 질문은 유도 질문이지만, 질문 그 자체는 잘못이 없다. 이때 피의자 또는 참고인의 신분으로 조사를 받을 때, "네. 그렇습니다."라고 대답을 한다면, 질문자는 더 이상 질문을 하지 않고, 조사를 마무리할 수도 있다.

이렇게 되면 사건은 꼬이고 조사를 받는 피조사자는 방어권을 행사할 기회를 잃게 되어 낭패를 볼 수 있다.

답변 예시: "물론 선생님의 말씀이 잘못된 것은 아니지만, 그 장소는 작업발판 위에서 하는 작업이므로 안전대를 사용할 필요가 없습니다." 또는 "그 장소는 작업발판 끝에서 하는 작업이 아니므로 추락의 위험이 없어 안전대를 사용하지 아니하여도 됩니다."라고 대답을 한다면, 질문은 계속 이어질 것이고, 피조사자에게는 방어권을 행사할 기회의 폭이 점점 넓어지게 되므로, 검사가 기소를 할 때, 또는 재판 과정에서 더욱 공정한 판결을 내리는 효과를 얻게 된다.

* 당시 상황을 잘 모를 경우 상상적 답변 금지

다시 말해, 공격과 방어는 누가 법리적으로 정통한가에 있고, 증거를 누가 증명력과 증거능력이 있는 증거를 제시하느냐에 달려있다.

증거의 증명력은 법관의 자유 판단에 의한다. 이것은 형식상 증거능력이 있다 하더라도 진실 여부를 믿느냐의 여부는 법관의 마음이며, 유죄의 증거로 삼을 것인가의 여부도 법관의 마음이다. 이를 자유심증주의라고 한다.

※ 참 고

〈헌법 전문〉
"정치, 경제, 사회, 문화의 모든 영역에 있어서 각인의 기회를 균등히 하고"라고 규정함으로서 평등한 대우를 요구할 수 있는 모든 국민의 권리로서의 기본권임을 천명하고 있고, 여기서 '평등'이라 함은 합리적인 이유가 없는 한 불합리한 차별을 하지 못하는 원칙으로, 평등은 자유와 함께 으뜸가는 헌법의 기본 가치이다.

〈헌법 제103조〉
"법관은 헌법과 법률에 의하여 그 양심에 따라 독립하여 심판한다."라고 규정하고 있어 법관의 재량권을 자유재량권이 아닌 기속재량권에 두고 있음을 알 수 있다.

여기서 '추정'이 증명력이 있는가 하는 것이 문제가 되는데, 이 역시 법관이 판단할 사항이지만, 추정을 깨뜨릴 수 있거나 달리 이를 뒤집을 수 있는 특별한 반증을 제시하지 못한다면 비록 추정이기는 하지만 증명력이 있다는 것이 소수 의견이기도 하다. (합리적 추정)

※ 관련 판례

피고인이 범죄 구성 요건에의 주관적 요건인 고의를 부인하는 경우, 범죄 자체를 객관적으로 증명할 수는 없으므로, 사물의 성질상 범의와 관련성이 있는 간접 사실 또는 정황 사실을 증명하는 방법으로 이를 증명할 수밖에 없다. 이에 무엇이 관련성이 있는 간접 사실 또는 정황 사실에 해당하는지는 정상적인 경험에 바탕을 두고, 치밀한 관찰력이나 분석력으로 사실의 연결 상태를 합리적으로 판단하는 방법으로 판단하여야 한다. (대법원 2002. 8. 23. 선고 2000도329 판결, 대법원 2017. 1. 12. 선고 2016도15470 판결)

자유심증주의를 규정한 형사소송법 제308조가 증거의 증명력을 법관의 자유 판단에 의하도록 한 것은 그것이 실체적 진실 발견에 적합하다 할 것이므로 증거 판단에 관한 전권을 가지고 있는 사실심 법관은 사실 인정에 있어 공판 절차에서 획득한 인식과 조사된 증거를 남김없이 고려하여야 한다.

형사 재판에 있어 심증 형성은 반드시 직접 증거에 의하여 형성되어야만 하는 것은 아니고, 간접 증거에 의할 수도 있는 것이며, 간접 증거는 이를 개별적 고립적으로 평가하여서는 아니 되고, 모든 관점에서 빠짐없이 상호 관련시켜 종합적으로 평가하고, 치밀하고 모순 없는 논증을 거쳐야 한다.

증거의 증명력은 법관의 자유 판단에 맡겨져 있으나, 그 판단은 논리와 경험칙에 합치하여야 하고, 형사 재판에 있어서 유죄로 인정하기 위한 심증 형성의 정도는 합리적인 의심을 할 여지가 없을 정도여야 하나, 이는 모든 가능한 의심을 배제할 정도에 이를 것까지 요구하는 것은 아니며, 증명력이 있는 것으로 인정되는 증거를 합리적인 근거가 없는 의심을 일으켜 이를 배척하는 것은 자유심증주의의 한계를 벗어나는 것으로 허용될 수 없다 할 것인바, 여기서 말하는 합리적 의심이라 함은 모든 의문, 불신을 포함하는 것이 아니라 논리와 경험칙에 기하여 요증사실(要證事實)과 양립할 수 없는 사실의 개연성에 대한 합리성 있는 의문을 의미하는 것으로써 피고인에게 유리한 정황을 사실 인정과 관련하여 파악한 이론적 추론에 그 근거를 두어야 하는 것이므로, 단순히 관념적인 의심이나, 추상적인 가능성에 기초한 의심은 합리적 의심에 포함된다고 할 수 없다. (대법원 2004. 6. 25. 선고 2004도2221 판결)

(4) 압수수색

수사관은 수사상 필요하다고 인정할 때에는 범죄 현장 또는 기타 장소에 임하여 실황을 조사하며 실황조사를 할 때는 실황조서를 작성한다.

이때 통상 사진을 찍고, 물증을 확보하게 되는데, 필요할 경우 증거물 또는 몰수할 물건을 압수하는 경우에는 압수조서 및 압수물 목록을 작성하여야 하며, 압수조서에는 압수 경위를, 압수물 목록에는 물건의 특징을 각각 구체적으로 기재하여야 하고, 이 경우, 피의자 신문조서, 진술조서, 검증조서 또는 실황조사서에 압수의 취지를 기재하여 압수조서에 갈음할 수 있다.

문제는 압수를 할 경우, 법관의 영장이 필요한데, 영장의 발부 경계선을 어디까지로 할 것인가가 문제이다. 사무실, 자택에 대한 압수수색, 휴대폰, 컴퓨터, 은행계좌 등은 법관의 영장이 필요하겠지만, 개인정보나, 일상생활, 기업 활동 경제적 손실 등에 영향을 미치지 않는 범위 내에서 수사의 단서가 될 수 있는 증거물에 대하여 그 증거가 훼손될 우려가 있는 경우에는 밀봉을 하거나, 상대방의 동의를 얻는 경우에는 압수의 개념이 아닌 일시적인 인수 또는 보관의 개념으로 보는 것이 타당하다.

압수물은 향후 유죄의 증거가 되고, 참고인·피의자 조사 시 활용되므로, 불가피하게 원본을 제출하더라도 사본을 보관하도록 한다.

(5) 공판중심주의

오늘날 재판은 피의자의 방어권을 보장하고, 수사절차의 투명성을 높이기 위하여 법정에서 제기되는 법정 진술과 증거를 중심으로 엄격한 증거재판을 하는 소위 '공판중심주의'를 채택하고 있다.

수사 기록의 공개를 놓고 검찰과 법원이 가끔 충돌하는 경우가 있으며, 과거 용산 참사사건에 대한 법원의 수사 기록 공개와 관련하여 검찰과 사법부가 갈등을 빚었던 일을 기억한다.

여기에는 개정된 형사소송법의 내용 중 수사 기록 열람이나 등사 허용 조항이 있는데, 이 조항이 제한적이기 때문에 그 해석과 운영에 관하여 검찰과 법원의 견해에 차이가 있는 것 같다.

일각에서는 검찰과 법원의 충돌을 주도권 다툼의 시각으로 보는 견해가 지배적이지만, 수사 기록 열람이나 등사 허용 조항은 극히 제한적으로 허용되고, 이는 수사 기록의 일부 공개라는 측면에서 법원이 수사 절차를 투명하게 하려는 의지로 보는 것이 오히려 건전한 사고가 아닌가 생각한다.

이 같은 현상은 검찰 개혁의 과정으로 보이며, 그렇다고 검찰 개혁이라는 이름 아래 수사 기록의 공개가 폭넓게 허용된다면 국민들의 일상적인 사생활침해와, 인권침해, 또 다른 법익의 침해 소지도 있을 수 있기 때문에 이런 것들이 피고인의 방어권과 함께 균형을 이루어 할 것이다.

한편, 검경이 수사권 독립을 놓고 의견이 분분하지만, 그동안 기소독점주의에 따라 검찰이 수사의 기득권을 누리면서 인권침해, 정치검찰 등 오명을 받아온 것도 일부 사실로 받아들여지고 있는 부분이 있다.

이런 측면에서 경찰에게도 기소권을 제한적으로 독립시키는 것이 일부 국민의 요구로 인식되어 정치권을 뜨겁게 하지만, 이 경우는 헌법 개정이 있어야 하고, 새로운 권력의 잉태와 확대로 또 다른 유형의 인권침해에 대한 우리 국민은 어떻게 저항할 것인가부터가 더 걱정스럽다.

(국민들은 현재 검찰과 사법부의 권력에 항거하기에도 벅찬데, 여기에 경찰에게까지 기소권을 준다면, 국민에게는 저항의 대상이 확대되어 더 힘들 것은 뻔하고, 자칫하면 경찰국가화 되는 것은 아닌지 걱정스럽다는 의미임.)

(6) 입증 방법

증거능력이 없는 증거는 사실 인정의 자료로써 채택할 수 없을 뿐만 아니라 증거능력의 유무는 법률에 정해져 있으며, 원칙적으로 법관의 자유로운 판단을 허용하지 않는다.

형사소송법에서는 "사실의 인정은 증거에 의한다."라고 명시하고 있는데, 이때 '사실'은 범죄의 구성을 증명하는 직접증거, 간접증거, 기타 사실을 말하고, '인정'은 법관으로 하여금 합리적인 의심을 할 여지가 없을 정도의 확신을 가지게 하는 증명력 있는 엄격한 증거를 의미한다.

형사 재판에서 범죄사실의 인정은 법관으로 하여금 합리적인 의심을 할 여지가 없을 정도의 확신을 가지게 하는 증명력을 가진 엄격한 증거에 의하여야 하므로 검사의 증명이 위와 같은 확신을 가지게 하는 정도에 이르지 못한 경우에는, 비록, 피고인의 주장이나 변명에 모순되거나 석연치 않은 면이 있는 등 유죄의 의심이 든다고 하더라도 피고인의 이익으로 판단하여야 한다. (대법원 2012. 6. 28. 선고 2012도231)

특히, 진실에 합치할 만한 단서를 가지고 자백을 받아냈을 경우, 그 자백이 비록 진실임에는 의심할 여지가 없다 하더라도 고문과 같은 강제에 의한 자백이라면 이는 적법한 절차를 거쳤다고 할 수가 없으므로 사실 인정의 자료로 할 수 없다. 이와 같이 임의성이 없는 자백은 증거능력이 없다. (헌법 제12조 제7항, 형사소송법 제307조).

현행법상 증거능력에 대하여는 적극적으로 그 요건을 규정하지 않고, 소극적으로 증거능력의 상실 또는 제한 규정을 두고 있다.

형사소송에서는 원고와 피고가 아닌 검사와 피고인의 지위에서 다투게 되는데, 피고인은 공소 사실을 부인을 할 수 있다. 이때 피고인이 공소 사실을 부인하려면, 수사기록을 열람하거나 등사 신청을 하여 공소 사실에 대한 반박 주장을 하면서 부인(否認)을 하되, 법관이 확신을 갖도록 반증을 제시하여야 한다.

이와 같이 소송에서 검사와 대립을 한다는 의미는 공소 사실에 적시된 수사 기록에 대항하여 무죄를 주장한다는 의미가 되는데, 그 수사 기록이 피고인에게 유리한 증거가 될 수는 없어 항상 피고인은 불리할 수밖에 없다.

따라서, 피고인은 수사 기록에 피고인에게 유리한 증거를 남겨두도록 할 필요가 있고, 초동 수사 단계에서 피고인도 사고의 원인을 자체 분석하여 이에 터 잡아 자기방어를 할 수 있는 의견을 제시하여야 하고, 그럼에도 불구하고 피고인의 주장이 받아들여지지 아니할 경우를 대비하여 사건이 검찰에 송치된 후, 피의자의 신분에 있을 때, 변호인 또는 자신이 직접 '의견서', '탄원서' 등의 이름으로 사건 진실의 실체를 검사에게 호소하면서 수사 기록에 피고인의 주장을 남기도록 하는 것도 자기방어의 수단이기도 하다.

우리 헌법은 "모든 국민은 고문을 받지 아니하며, 형사상 자기에게 불리한 진술을 강요당하지 아니한다.", "피고인의 자백이 고문, 폭행, 협박, 구속의 부당한 장기화 또는 기망 기타의 방법에 의하여 자의로 진술된 것이 아니라고 인정될 때, 또는 재판에서 피고인의 자백이 그에게 불리한 유일한 증거일 때와 의심할 만한 이유가 있는 때에는 이를 유죄의 증거로 삼거나 이를 이유로 처벌할 수 없다."라고 선언하고 있다.

※ 형사소송법 제312조
① 검사가 작성한 피의자신문조서는 적법한 절차와 방식에 따라 작성된 것으로써 공판준비, 공판기일에 그 피의자였던 피고인 또는 변호인이 그 내용을 인정할 때에 한정하여 증거로 할 수 있다.
② 검사 이외의 수사기관이 작성한 피의자 신문조서는 적법한 절차와 방식에 따라 작성된 것으로서 공판 준비 또는 공판 기일에 그 피의자였던 피고인 또는 변호인이 그 내용을 인정할 때에 한하여 증거로 할 수 있다.

협박은 사람의 의사 결정의 자유를 제한하거나 의사 실행의 자유를 방해할 정도로 겁을 먹게 할만한 해악을 고지[38]하는 것을 말하고, 행위자가 불법한 위세를 이용하여 어떤 이익을 요구하고 상대방으로 하여금 그 요구에 응하지 않을 경우에는 부당한 불이익을 당할 위험이 있다는 의구심을 일으키게 하는 경우에도 해악의 고지가 되고(대법원 2013. 4. 11. 선고 2010도13774 판결), 해악의 고지가 권리 실현의 수단으로 사용된 경우라고 하여도 그것이 권리 행사를 빙자하여 협박을 수단으로 상대방을 겁을 먹게 하였고, 권리 실행의 수단 방법이 사회 통념상 허용되는 정도나 범위를 넘는다면 공갈죄가 성립한다. (대법원 2004. 9. 24. 선고 2003도6443 판결 등 참조)

사법경찰관이 작성한 수사결과보고서상의 '송치의견서' 검사의 '공소장' 등도 증거능력이 없다. 실체적 진실의 발견만을 형사 재판의 지상 목적으로 하는 입장에서는 증명력이 있는 증거는 모두 증거로 하는 것이 바람직하지만, 현행 재판에서 소송 절차의 공정성, 인권을 보호할 필요가 있는 경우에는 그 증명력의 여하를 불문하고 증거능력을 박탈하는 경우도 있다.

형사 사건이든 민사 사건이든 자기주장에 대한 입증을 어떻게 할 것인가 하는 것은 아

---

38) 해악의 고지: 불이익을 가할 것이라는 것을 알리는 행위. 현실적 공포 느낄 정도로 '언제 어디서 해치겠다.' 등 구체적 해악 고지 있을 때 협박죄 성립

주 중요하고, 아무리 법리적으로 주장을 잘한다 하더라도 사실관계에 대한 입증이 안 되면 소용이 없다.

특히, 형사 사건에서 입증 방법은 상해를 한 도구, 혈흔, 지문, 머리카락, 옷, 장갑, 신발 자국, DNA 검사, 몰래카메라, 은행 계좌, 목격자 증언, 자백, 부검 등 다양하지만, 산업안 전보건법에서는 관계법령과 규칙 그 자체가 입증 방법이 되고, 진술조서 외 안전 조치를 취 했다는 현장 사진, 사고 발생 상황도, 보호구 지급 대장, 교육 일지, 근로계약서, 서약서, 사 실 확인서 등이 대부분이다.

우리가 자주 이용하는 소위 "목격자 진술서" "사실 확인서"가 증거로써의 능력이 있는가 의 문제이다. '목격자 진술서' 또는 '사실확인서'는 그 작성자의 독자적인 의사표시일 뿐, 그 것이 비록 진실하다 할지라도 적법한 절차를 거친 증거라고는 할 수가 없어 증거능력은 인 정되지를 않고, 참고자료에 불과하다 할 것이나, 검사나 법관에게 신뢰를 갖게 하는 데 영 향을 미치므로 매우 중요한 의미를 갖는 것은 사실이다.

형사 소송에서는 피해자를 증인으로 신청할 수 있고, 행정 소송에서 보조참가인, 또는 당사자는 출석하지 않고 대리인만 출석시킬 경우에는 보조참가인은 증인으로, 당사자는 당 사자 신청을 하여 법정에 세울 수 있다.

녹취록

제3자가 아닌 직접 당사자가 녹취한 녹취록 또는 녹음 테이프가 증거 능력이 있다고 인정 되는 경우에도 그 내용이 법관이 믿을 수 있는 내용이어야 하며, 녹음을 할 경우, 상대방 에게 고지를 한 후 녹음을 하는 것이 바람직하지만, 이 경우에는 상대방이 거짓으로 대 화를 할 수 있으므로 구태여 상대방에게 고지를 한 후 녹음을 할 필요까지는 없고, 이해 당사자가 진실을 증명하기 위하여 상대방 몰래 녹음을 한 행위가 불법 행위는 아니므로 일반적으로 상대방 동의 없이 녹음하는 경우가 많으며, 녹취록을 재판부에 제출할 때는 녹취의 목적, 대화의 일시, 장소, 주위에 있었던 사람 등 객관적인 정황을 함께 기술하는 것이 좋다.

(7) 입증 책임

민사 사건이든 형사 사건이든 입증 책임은 어디까지나 자기에게 유리하게 주장하는 측에 있다.

다만, 행정 소송에서의 입증 책임은 정보와 자료가 행정청이 일반 국민에 비해 많이 확보하고 있으므로, 일반 국민은 주장만 하면 되고 입증 책임은 처분청에 있다는 것이 다수의 일반적 견해이지만, 이는 주장일 뿐 실제로는 그렇지만은 않다.

형사 사건에 있어 입증 책임을 피의자에게 두는 법적 근거는 없고, 피의자가 자기 방어의 수단으로 무혐의에 대한 증명을 하게 되며, 검사가 '기소'하려면 유죄에 대한 입증 책임은 검사에게 있다.

그러므로, 검사는 피고인의 범죄 사실(공소 사실)을 증명할 수 있는 각종 증거를, 그것도 합법적인 절차를 거친 증거능력이 있는 증거를 제시하여야만 한다. 이 증거의 종류에는 제한이 없다. 물증, 증인, 증거가 되는 서류(서증)는 물론이고 간접증거가 될 수 있는 정황증거도 의심에 의한 추정이 범죄와 개연성이 충분하리만치 합리적이라면 무방하다.

검사가 공소 사실의 유죄를 입증하기 위해 제시한 모든 증거는 '법관이 의심할 여지가 없을 정도'의 증거, 즉 유죄라는 확신을 갖기에 족할 정도의 증거이어야 한다.

이처럼 공소 사실의 유죄를 입증할 책임을 검사에게 부과하고, 그 책임을 다하지 못하여 법관이 유죄의 확신을 주는 데 실패할 경우 피고인에게 유리한 판결을 하는 이유는 증거재판주의, 무죄 추정의 원칙[39], '의심스러운 때에는 피고인의 이익으로'라는 형사 사건의 대원칙이 있기 때문이다. (형사소송법 제325조 '무죄의 판결' 참조)

이와 같이 입증 책임은 다툼의 사실에 적용되는 당해 법률 규정의 적용을 통해 어떤 법률 효과의 발생을 원하는 당사자에게 돌아가게 되고, 당사자는 자기에게 '유리한' 법규의 요건 사실에 대해 입증 책임을 부담하게 되는데, 이를 '법률 요건 분류설'이라고 하고, 이는 통설이기도 하다.

---

39) 무죄 추정의 원칙: 피고인 또는 피의자는 유죄 판결이 확정될 때까지는 무죄로 추정한다는 원칙

※ 일반적인 수사 관련 참고 '판례'

판례 1. 허위 공문서 작성(직무에 관한 문서)

허위공문서작성죄에 있어서 직무에 관한 문서라 함은 공무원이 직무권한 내에서 작성하는 문서를 말하고, 그 문서는 대외적인 것이거나, 내부적인 것을 구별하지 아니하며, 공무원의 직무에 속하는지의 여부는 있음을 필요로 하는 것이 아니고, 명령, 내규, 또는 판례에 의한 직무 집행의 권한으로 작성하는 경우라도 포함되는 것이다. (대법원 1995. 4. 14. 선고 94도3401 판결)

판례 2. 허위 공문서 작성(허위)

허위공문서작성죄에서 '허위'라 함은 표시된 내용과 진실이 부합하지 아니하여 그 문서에 대한 공공의 신용을 위태롭게 하는 경우를 말하는 것이고, 허위공문서작성죄는 허위공문서를 작성함에 있어 그 내용이 허위라는 사실을 인식하면 성립할 것이다. (대법원 2013. 10. 24. 선고 2013도5752 판결)

판례 3. 허위 공문서 작성

허위공문서작성이란 공문서에 진실에 반하는 기재를 하는 때에 성립하는 범죄이므로, 고의로 법령을 잘못 적용하여 공문서를 작성하였다 하더라도 그 법령 적용의 전제가 된 사실관계에 대한 내용에 거짓이 없다면 허위공문서작성죄가 성립될 수 없다 할 것이다. (대법원 2000. 6. 27. 선고 2000도1858 판결)

판례 4. 부당한 명령

공무원이 그 직무를 수행함에 있어 상관과 하관에 대하여 범죄 행위 등 위법한 행위를 하도록 명령할 직권이 없는 것이며, 또한 하관은 소속 상관의 적법한 명령에 복종할 의무는 있으나, 위와 같이 명백한 위법 내지 불법한 명령인 때에는 이는 벌써 직무상의 지시명령이라 할 수 없으므로 이에 따라야 할 의무는 없다. (대법원 2000. 4. 23. 선고 99도636 판결, 대법원 2013. 11. 28. 선고 2011도5329 판결)

판례 5. 공모

2인 이상의 범죄에 대한 공범 관계에서 공모는 법률상 어떤 정형을 요구하는 것이 아니고, 2인 이상이 공모하여 범죄에 공동 가공하여 범죄를 실현하려는 의사의 결합만 있으면 되는 것으로서, 비록, 전체의 모의 과정이 없더라도 수인 사이에 순차적으로 또는 암묵적으로 상통하여 의사의 결합이 이루어지면 공모 관계가 성립한다. 그리고, 이러한 공모 관계를 인정하기 위해서는 엄격한 증명이 요구되지만, 피고인이 범죄의 주관적 요소인 공모의 점을 부인하는 경우에는 사물의 성질상 이와 상당한 관련성이 있는 간접 사실 또는 정황 사실을 증명하는 방법으로 이를 증명할 수밖에 없으며, 이때, 무엇이 상당한 관련성이 있는 간접 사실에 해당할 것인가는 정상적인 경험칙에 바탕을 두고 치밀한 관찰력이나 분석력에 의하여 사실의 연결 상태를 합리적으로 판단하는 방법으로 하여야 한다. (대법원 2011. 12. 22. 선고 2011도9721 판결)

판례 6. 범죄 사실의 증명

형사 재판에서 범죄사실의 인정은 법관으로 하여금 합리적인 의심을 할 여지가 없을 정도의 확신을 가지게 하는 증명력을 가진 엄격한 증거에 의하여야 하므로, 검사의 증명이 위와 같은 확신을 가지게 하는 정도에 충분히 이르지 못하는 경우에는 비록, 피고인의 주장이나 변명이 모순되거나 석연치 않은 면이 있는 등 유죄의 의심이 간다 하더라도 피고인의 이익으로 판단하여야 한다. (대법원 2007. 6. 28. 선고 2002도3600 판결)

판례 7. 증거 위조

'위조'라 함은 문서에 관한 죄에 있어서의 위조 개념과는 달리 새로운 증거의 창조를 의미하는 것이므로 존재하지 아니한 증거를 이전부터 존재하고 있는 것처럼 작출하는 행위도 증거 위조에 해당하며. (대법원 2007. 6. 28. 선고 2002도3600 판결)

판례 8. 위계

위계에 의한 공무집행방해죄에 있어서 위계라 함은 행위자의 행위 목적을 이루기 위하여 상대방에게 오인, 착각, 부지를 일으키게 하여 그 오인, 착각, 부지를 이용하는 것을 말하는 것으로, 상대방이 이에 따라 그릇된 행위나 처분을 하여야만 이 죄가 성립되는 것이고, 만약, 범죄 행위가 구체적인 공무 집행을 저지하거나 현실적으로 고난하게 하는 데까지는 이르지 아니하고 미수에 그친 경우에는 위계에 의한 공무집행방해죄로 처벌할 수 없다. (대법원 2000. 3. 24. 선고 2000도102 판결)

판례 9. 오인한 행위

형법 제16조에서 자기가 행한 행위가 법령에 의하여 죄가 되지 아니한 것으로 오인한 행위는 그 오인에 정당한 이유 있는 때에 한하여 벌하지 아니한다고 규정하고 있는 것은 일반적으로 범죄가 되는 경우이지만 자기의 특수한 경우에는 법령에 의하여 허용된 경우로써 죄가 되지 아니하다고 그릇 인식하고 그와 같이 그릇 인식함에 정당한 이유가 있는 경우에는 벌하지 아니한다는 취지이고, 이러한 정당한 이유가 있는지 여부는 행위자에게 자기 행위의 위법 가능성에 대해 심사숙고하거나 조회할 수 있는 계기가 있어 자기의 지적 능력을 다하여 이를 회피하기 위한 진지한 노력을 다하였다면 스스로의 행위에 대하여 위법성을 인식할 수 있는 가능성이 있었음에도 이를 다 하지 못한 결과 자기 행위의 위법성을 인식하지 못한 것인지 여부에 따라 판단하여야 할 것이고, 이러한 위법성의 인식에 필요한 노력의 정도는 구체적인 행위 정황과 행위자 개인의 인식 능력 그리고 행위자가 속한 사회 집단에 따라 달리 평가되어야 한다. (대법원 2006. 3. 24. 선고 2005도3717 판결)

13. 산재 은폐(법 제57조 산업재해 발생 은폐 금지 및 보고 등)

(1) 산재 은폐란?

산재 은폐란 산업재해 발생 사실의 전부 또는 일부를 숨기거나 산업재해가 드러나지 않도록 하는 적극적이거나 의도적인 행위를 말하며, 형사처벌이 대상이 되는 범죄 행위임. 산재 은폐는 사안별로 사실관계를 구체적으로 조사한 후 종합적으로 판단하여야 한다.

질병이 아닌 사고로 인한 중대재해의 경우에는 은폐 자체가 불가능하여 해당하지 않겠지만, 질병의 경우와 사소한 부상인 경우에는 여러 이유에서 산재보험으로의 처리를 기피하려는 현상이 있었고, 이 같은 현상은 지금도 마찬가지이다.

특히, 유기용제 등 발암성 물질을 취급하는 사업장에서는 직업성 질병의 논란에 쉽게 휩싸이게 되므로 이를 노출시키지 않으려는 기피심리가 작용하는 듯싶어 고도화된 산업사회에서 그 심각성이 더해진다.

(2) 산재 은폐 규정 관련

1) 중대재해 발생 시 지체 없이 노동부에 보고해야 하고, 3일 이상 휴업이 수반되는 산업체에 대해서는 발생일로부터 1개월 이내 보고하도록 규정

2) 1개월 판단 시점에 대해서는 안전 사고인 경우에는 사고 당일로부터 산정, 질병인 경우에는 근로복지공단으로부터 산재 승인을 받은 날로부터 산정

3) 협력업체 근로자에게 산업재해가 발생하고 이를 은폐하면 협력업체 사업자뿐만 아니라 원청도 산재 은폐로 함께 형사처벌 가능

4) 건설현장에서는 협력업체 근로자에게 사고가 발생한 경우에 1개월이 지난 이후에 산재 처리를 해달라고 원청에 요청에 들어오는 경우, 요양 신청 전에 산업재해 발생 보고를 하는 게 필요

※ 건설공사 참여자는 건설 사고 발생을 알게 된 즉시 필요한 조치를 취하고, 발생 인지 후 6시간 이내에 발주청 및 인허가 기관에게 통보하여야 한다. 다만, 천재지변 등 부득이한 사유가 발생한 경우에는 그 사유가 소멸된 때를 기준으로 지체 없이 보고하여야 한다. (건설공사 안전 관리 업무 수행 지침 제60조_국토교통부 고시_건진법 관련 참고)

(3) 산재 은폐 벌칙

산재 은폐란 특정 사실을 숨기거나 가리는 것으로 고의성이 있어야 하고, 산재가 발생한 경우, 사업주에게 신고 의무를 부과하고, 이를 위반하여 재해 발생 사실을 은폐한 자와 은폐하도록 교사하거나 공모한 자에 대하여는 1년 이하의 징역이나 1천만 원 이하의 벌금을, 보고를 하지 않거나 허위보고를 한 자는 1천오백만 원의 과태료를 부과하며, 중대재해 발생 사실을 보고하지 아니하거나 거짓으로 보고한 자는 3천만 원 이하의 과태료를 부과한다.

산재 발생 보고 의무는 일반 재해도 보고 의무가 있으므로, 모든 재해는 산재 보험으로 처리하는 것이 바람직하고, 경우에 따라 공상 처리를 하더라도 '재해조사표'를 작성하여 관할 고용노동지청에 제출하도록 하여야 한다.

산업재해조사표

※ 뒤쪽의 작성방법을 읽고 작성해 주시기 바라며, [ ]에는 해당하는 곳에 √ 표시를 합니다.　　　　(앞쪽)

Ⅰ. 사업장 정보	①산재관리번호 (사업개시번호)			사업자등록번호			
	②사업장명			③근로자 수			
	④업종			소재지	(－)		
	⑤재해자가 사내 수급인 소속인 경우(건설업 제 외)	원도급인 사업장명		⑥재해자가 파견근로 자인 경우		파견사업주 사업장명	
		사업장 산재관리번호 (사업개시번호)				사업장 산재관리번호 (사업개시번호)	
	건설업만 작성	발주자		[ ]민간 [ ]국가·지방자치단체 [ ]공공기관			
		⑦원수급 사업장명					
		⑧원수급 사업장 산재 관리번호(사업개시번호)		공사현장 명			
		⑨공사종류		공정률		%	공사금액 백만원

※ 아래 항목은 재해자별로 각각 작성하되, 같은 재해로 재해자가 여러 명이 발생한 경우에는 별도 서식에 추가로 적습니다.

Ⅱ. 재해 정보	성명		주민등록번호 (외국인등록번호)		성별	[ ]남 [ ]여	
	국적	[ ]내국인 [ ]외국인 [국적:	⑩체류자격:]	⑪직업			
	입사일	년 월 일	⑫같은 종류업무 근속 기간		년 월		
	⑬고용형태	[ ]상용 [ ]임시 [ ]일용 [ ]무급가족종사자 [ ]자영업자 [ ]그 밖의 사항 [ ]					
	⑭근무형태	[ ]정상 [ ]2교대 [ ]3교대 [ ]4교대 [ ]시간제 [ ]그 밖의 사항 [ ]					
	⑮상해종류 (질병명)		⑯상해부위 (질병부위)		⑰휴업예상 일수	휴업 [ ]일	
					사망 여부	[ ] 사망	

Ⅲ. 재해 발생 개요 및 원인	⑱ 재해 발생 개요	발생일시	[ ]년 [ ]월 [ ]일 [ ]요일 [ ]시 [ ]분
		발생장소	
		재해관련 작업유형	
		재해발생 당시 상황	
	⑲재해발생원인		

Ⅳ. ⑳재발 방지 계획	

※ 위 재발방지 계획 이행을 위한 안전보건교육 및 기술지도 등을 한국산업안전
보건공단에서 무료로 제공하고 있으니 즉시 기술지원 서비스를 받고자 하는 경
우 오른쪽에 √ 표시를 하시기 바랍니다. ／ 즉시 기술지원 서비스 요청[ ]

작성자 성명

작성자 전화번호　　　　　　　　　　　　작성일　　　　년　　　월　　　일

　　　　　　　　　　　　　　　　　　　　사업주　　　　　　　　　　(서명 또는 인)

　　　　　　　　　　　　　　　　　　　　근로자대표(재해자)　　　　(서명 또는 인)

( )지방고용노동청장(지청장) 귀하

재해 분류자 기입란 (사업장에서는 작성하지 않습니다)	발생형태	□□□	기인물	□□□□□
	작업지역·공정	□□□	작업내용	□□□

210mm×297mm[백상지(80g/㎡) 또는 중질지(80g/㎡)]

14. 합의

(1) 합의의 법적 성격

손해배상은 ① 고의 또는 과실에 의한 불법 행위로 타인에게 손해를 입힐 때(민법 제750조) ② 도급인은 수급인이 그 일에 관하여 제3자에게 가한 손해를 배상할 책임이 없다. 그러나 도급 또는 지시에 관하여 도급인에게 중대한 과실이 있는 때에는 그러하지 아니하다. (민법 제757조) ③ 공작물의 설치 또는 보존의 하자로 인하여 타인에게 손해를 가한 때에는 공작물 점유자가 손해를 배상할 책임이 있다. (민법 제758조) 등이 민법상 손해배상의 법적 근거이다.

산업안전보건법 위반 사범과 관련한 손해배상 청구 소송에 있어 과실책임주의인가, 무과실책임주의[40]인가에 대하여는 과실책임주의에 따라 배분되고, 그 논거로는 산업안전보건법 위반의 죄도 형법이 적용된다는 것과 민법 제750조의 '불법 행위의 내용'이 '고의 또는 과실에 의한 위법 행위로 타인에게 손해를 입힐 때'에 두고 있기 때문이다.

민법에서 과실 책임을 특별히 법률로 정하는 경우가 있으며, 광업법, 원자력 손해배상법, 독점규제 및 공정거래에 관한 법률, 환경정책기본법, 자동차손해배상보험법, 등이 있고, 산업안전보건법에서는 특별히 과실책임주의로 한다는 명문 규정이 없다.

그러나 산업재해보상보험법은 사업주의 과실이 있든 근로자의 과실이 있든 불문하고 업무 수행 중 업무에 기인된 재해인 경우 업무상 재해로 인정하고 있어 무과실책임주의를 채택하고 있다.

합의의 성격은 두 가지가 있다.

1) 민사 합의: 피해자나 그 유족이 입은 각종 피해에 대해 배상한다는 성격의 합의
2) 형사 합의: 검찰의 기소 및 구형량 판단이나 법원의 양형[41]판단을 하는 데 영향을 미치게 하는 성격의 합의가 있다.

---

40) 무과실책임(無過失責任) 또는 결과 책임이란 손해를 발생시킨 특정인에게 고의나 과실 여부와 상관없이 법률상 손해배상 책임을 부과하는 법리를 말한다

41) '양형'이란 법관이 유죄 판결을 받은 피고인에게 내릴 형벌의 정도를 결정하는 것.

한편, 중대재해처벌 등에 관한 법률에서는 사업주, 법인 또는 기관이 피해자의 손해액의 5배 범위 내에서 배상 책임을 지우고 있는데, 이 경우는 합의가 안 되어 소송으로 다툴 경우에는 사법부의 판단에 맡기게 된다.

사망 사고가 발생하면 일반적으로 수사 기관에서 합의서를 요구하게 되는데, 이는 형사 사건에 있어 당사자들의 합의 여부가 공소 제기 시 피의자에 대한 형량의 결정에 반영시키기 위함에 있고 이때 합의는 형사 합의만을 의미하며(통상 양측은 민사와 형사 합의 절차를 한꺼번에 진행해 하나의 합의서를 작성해 합의를 종결하는 방식으로 진행하게 된다.) 최근 중대재해처벌법 판례를 볼 때, 형량 감형 및 선처 이유에 진지한 반성과 재발 방지 노력, 그리고 유족과의 조속한 합의가 중요시되고 있다.

(2) 공증과 준비 서류

일반적으로 합의서에 공증을 하게 되는데 공증이라 함은 합의 당사자가 추후 합의사항에 대한 어느 일방의 이의 제기 또는 법정 다툼이 있을 경우를 대비하여 합의사항에 대한 증명력을 높이기 위한 하나의 수단이라 하겠다.

합의 때 필요한 서류는 법인 인감증명서 3부, 법인 등기부 등본 3부, 사업자등록증 사본 3부, 위임장 1부, 수임인의 신분증과 도장, 그리고 유족보상금의 대체 수령 시 유족 보상 및 장의비 청구서를 준비하여야 한다.

유족 측에 대하여는 수급권자의 인감도장(대체 수령의 경우 수급권자의 위임장과 인감증명서, 인감도장), 주민등록증, 사망진단서 3부, 호적(제적)등본 3부, 주민등록등본 사망 전후 각 3부, 합의 당사자들의 인감증명서 각 3부와 인감도장, 장제 실행 확인서 등이 필요하다.

합의 당사자는 배우자, 자녀, 부모, 형제자매, 조부모 등 법령상 위자료의 청구권이 있는 유족을 모두 포함하는 것이 바람직하며, 배우자인 1순위가 없을 경우 우선순위를 살펴야 하고, 특히 사실상 혼인관계에 있는 자가 있을 경우에는 변호사 등 전문가의 조력을 받을 필요가 있다.

(3) 손해배상 및 위자료

사망의 경우 손해배상액 산출은 다음 공식에 따르며, 다른 법령에 따라 보상을 받은 경우에는 그 상당액만큼 공제된다.

- 일실수입: 월 수익(평균 임금) × 2/3(생계비 1/3 공제) × 호프만계수(소수점 넷째 자리에서 반올림)

일실수입을 산출한 다음 재해자 본인 과실율을 승하여 상계하고, 위자료 청구권은 생명, 신체를 침해받은 직접 피해자뿐만 아니라 그로 말미암아 정신적 고통을 입은 피해자의 직계존속, 직계비속, 및 배우자에 대하여 재산상의 손해가 없는 경우에도 손해배상의 책임이 있다.

형제자매, 친족, 사실혼관계의 배우자도 정신적 고통에 대한 입증을 하면 위자료 청구권이 있다. (대법원 1978. 1. 17. 77다1942)

100,000,000원 × 노동 상실률 × 【1 − (재해자 과실률 × 0.6)】
배우자: 50%, 자녀: 배우자의 1/2%, 형제자매: 나머지 균등분배

(4) 합의서 작성 시 유의할 사항

1) 합의금에 산업재해보상보험법상의 보험급여액이 포함된 것인지를 명확히 할 필요가 있다.

2) 합의금에는 '민·형사상 일체의 손해배상금'이라는 내용이 포함되도록 할 것

3) 합의 이후 피해자 측은 "합의 당시 예기치 못한 사항을 포함한 일체의 민형사상, 행정상 문제 제기 및 언론 제보 등 어떠한 이의도 제기하지 않기로 한다."라는 내용과 "해당 기업과 경영 책임자 등을 포함해 해당 기업의 임직원 및 이해관계인에 대한 형사상 책임을 묻지 않는다."라는 내용이 포함되도록 할 것.

4) 공증, 세금 공제 여부 등

합 의 서(例示)

1. 당사자   2. 재해 발생   3. 합의 사항

위 공사 원수급인 ○○건설(주)와 하수급인 (주)○○건설(이하 '갑'이라 함)과 유가족들 (이하 '을'이라 함)은 홍길동의 사망 재해와 관련하여 다음과 같이 합의한다.

다   음

제1조(합의금)

"갑"과 "을"은 위 사망 사건과 관련하여 일체의 합의금으로 금 0억(000,000,000)원에 합의한다. 단, 위 합의금에는 산업재해보상 유족보상금, 장의비, 근재보험, 선지급금을 포함하며, 이를 정산한다.

제2조(재보상금의 청구와 수령): → 사안에 따라 구체적으로 작성

제3조(민·형사상 책임)

① "을"은 본 합의가 성립됨에 따라 "갑" 기타 어느 누구에게도 민·형사상의 책임을 묻지 않으며, 일체의 청구권을 포기한다.
② 향후, 망인의 친족 또는 이해관계에 있는자가 "갑" 또는 "을"과의 이해관계에 있는 자에게 민·형사상의 책임이나 금품을 청구할 경우 '을'이 전적으로 책임을 진다.

"갑"과 "을"은 위와 같이 합의하고, 합의서 2부를 작성하여 서명 날인한 후, 각 1부씩 보관한다.

2020. 00. 00.
"갑"   (인)
"을"   (인)

제 4 편

중대재해 원인분석과 전략적 대응

1. 초동 단계 대응

1. 피해자 병원 후송 등 응급 조치
2. 작업 중지 및 근로자 대피
3. 현장보존 및 출입금지 조치
4. 본사 지휘 보고
5. 피해자 가족 연락
6. 재해 발생 보고(고용노동부)
7. 목격자 및 자료 확보
8. 사고 발생 경위 확인 등 사고 원인 자체 조사 개시
9. 수사 대응에 대한 창구 일원화
10. 서류는 사본을 제출하고 부본 1부는 별도 보관 및 정보 공유

일반적으로 사고가 발생하면 병원 후송, 지휘계통에 의한 보고, 현장보존, 피해자 가족 연락 및 협의 등 대응 방안이 따르지만, 인명 구조가 최우선이므로 재해자의 구조에 총력을 집중시키되 사고 현장을 보존하여야 하며, 사람들의 출입과 접근을 금지하는 표시를 해 두는 것이 무엇보다 우선이다.

이는 추가 피해와 사고 현장의 훼손을 막고, 추후 진행될 수사 기관의 현장검증에 협조함으로써 향후 진행될 사고 원인 규명을 확실히 하고자 함에 있다.

통상 수사 기관은 현장검증을 통해 사고 발생 시각, 사고 발생 경위, 기인물, 기인물의 구조, 성능, 목격자 여부 및 진술서 확보, 안전상의 조치 내용, 사고 발생 원인 등을 인지하고 이를 통해 증거를 확보하게 되는데, 증거 확보로는 주로 사진을 찍고, 사건 관련자의 진술 청취와 필요에 따라서는 증거물의 확보를 위해 가져가기도 한다.

이는 초동 수사가 사고의 원인 규명, 과실의 책임 등 사건의 진실을 밝히는 데 결정적인 단서가 되기 때문이며, 따라서 현장에서는 수사에 적극적으로 협조하여야 하고, 경찰의 질문과 답변 내용, 사진, 기타 증거물 등을 빠짐없이 메모 정리하여 기록으로 보존한다.

2. 중대재해 발생 보고(산안법 제54조)

재해 발생 보고는 종전에는 시행규칙으로 정하였으나, 현재는 법령에서 '지체 없이'로 규정하고 있어 종전에 비해 보고 의무를 무겁게 강화하였다.

여기서 '지체 없이'란 반드시 사고 발생 즉시라는 시간적 개념이라기보다는 사고 현장의 훼손, 고의로 시간을 늦추어 보고하는 등 폐단이 있어 이를 막기 위한 개념으로 이해되고, 따라서 피해자를 병원에 후송시켜 응급처리를 하고, 피해자 가족에게 연락을 하는 등 우선적 조치를 취한 다음, **피해자의 인적사항, 사고 발생 경위, 피해 상황, 조치 및 전망 등을** 확인한 후, 전화, Fax 등 적절한 방법으로 사업장 소재지를 관할하는 지방노동관서에 보고하면 된다. **(근로감독관은 사고 인지 후, 24시간 이내에 본부에 보고함)**

이때 재해 발생 보고는 향후 전개될 경찰서 및 고용노동부 조사의 기초가 되므로 사고 발생 경위는 육하원칙에 따라 간결·명료하게 보고하고, 사고의 원인이 즉시 확인되는 경우도 있지만, 때로는 장기화되는 경우도 많으며, 경우에 따라서는 미궁으로 빠져들 때도 왕왕 있으므로 재해 보고 시 사고의 원인을 단정하거나 추단하는 것은 지양하고, 더욱 신중하게 다루어야 할 사안이다.

3. 사고 원인 분석의 중요성

우리 사회 산업 현장의 재해 유형을 보면 추락 재해가 가장 많고, 붕괴, 감전, 협착 등 다양하며, 예상하지 못한 작업자들의 불안정한 행동으로 인한 재해가 주류를 이루고 있고, 유독가스 누출로 인한 화재 폭발과 같은 대형 사고가 종종 발생한다는 점에서 그 심각성이 더해지고 있다.

사고 원인 규명은 향후 전개될 수사 대상의 기초가 되므로 매우 중요하고, 재해 발생 경위, 서면진술서 작성, 출석진술 등에 대비하여 사고 원인을 법적 근거와 실증적 사실관계에 따라 하나하나 규명해 나간다.

사고 원인 규명은 주로 수사 기관이 현장조사를 통해 이루어지며, 이때 일반적으로 현장 관계자들을 참여시켜 질문에 대한 설명과 대답 형식으로 진행되고, 이때 대부분 증거 확보와 사고의 원인을 찾는 데 중점을 둔다.

수사관은 항상 사업주를 입건한다는 전제하에 혐의점을 찾는 데 주력할 것이고, 현장 관계자들은 무혐의를 염두에 두고 사고의 원인을 찾으려 할 것이다.

다시 말해, 수사관과 현장 관계자들은 창과 방패의 상반된 이해관계에 놓이는 셈이고, 이 부분은 누가 자기주장에 대한 법리와 입증 방법에 더 정통한가의 대립이기도 하다.

이 때문에 수사관이 현장 확인조사를 할 때 정통한 사업주 측 실무자가 동참하여 상대방으로부터의 정보 획득과 이의 분석 및 활용으로 향후 임의 출석하여 조사를 받을 때 조사자의 공격에 적절히 대응할 수 있는 방어적인 사전 전략이 필요하고, 여기에는 반드시 작업의 내용, 위험 요소, 작업 방법과 순서의 적합성, 안전조치 사항과 관련 법령 등이 체계적으로 정리되어야 한다.

결국, 산업재해는 일반 살인 사건과는 달리 대부분 업무상 과실에 의한 사고라는 특수성에서 어떠한 관점에서 준비하고 대응하는가에 따라 조사 결과가 달라질 수 있는 여지가 있다.

사고의 원인은 형량, 피해보상에 영향을 미치며, 유사 재해 방지 대책 수립에도 필요하므로 정확한 심층 분석이 요구된다.

4. 서면보고서 작성 요령

(1) 보고서 작성 내용

① 사업장 및 공사 일반 개요

② 사실 인정 정리(작업 조건 포함)

③ 사고 발생 경위 일반

④ 작업 내용·작업 방법·작업 순서

⑤ 목격자, 참고인 증언 확보

⑥ 증거 확보 및 자료 정리

⑦ 사고 원인 분석·규명(사고 발생 경로 추적)

⑧ 관계법령조항 정리

⑨ 논리 전개·결과 도출·의견 제시

⑩ 결론

서면보고서는 내부 품신용으로 활용하고, 향후 변호인이 대응 방향을 설정하는 데 도움이 되며, 변호인을 선임하지 아니할 경우 수사 기관에 직접 제출할 수도 있다.

서면보고서가 증거로서의 능력이 있는지는 별개로 하고, 증명력을 갖게 하는 데는 영향을 미치므로, 그 효과가 구술 진술과는 달리 체계적, 과학적, 법률적으로 정리할 수가 있다는 장점이 있어 구술 진술에 대한 보완이 될 수 있을 뿐만 아니라 수사 기관에 대하여 확실한 의사를 전달할 수 있다는 측면에서 실무적으로는 매우 유용하다.

보고서 작성 시 무혐의를 주장할 경우, 산업안전보건법에 의한 사업주의 안전상의 조치 의무 사항과 조치를 한 사항을 항목별로 구분하여 구체적으로 작성하되 추상적이거나 변명으로 비추어져서는 안 되며, 미사여구의 사용 등 화술로 작성할 것이 아니라 실증적으로 접근하여 입증을 중심으로 작성하되, 관련법 및 관련법을 위반하지 아니한 법적 근거와 사실상 근거 및 이유를 체계적으로 정리하여 하나하나 전개해 나가면서 방어적이어야 하고, 작성 시기는 수사 기관의 현장검증 이후 초동 단계에서부터 개시하여 수정·보완하면서 진행하고, 분량은 제한이 없으나 추락 사고를 예로 본다면, 첨부물을 제하고 약 12~15p 정도 내외의 분량이면 적절하다고 본다.

　보고서의 분량이 너무 많으면 똑같은 내용이 반복될 수 있고, 오히려 자기변명으로 비추어질 수도 있으므로 문장의 표현은 가급적 수식어를 피하고, 구체적 사실을 꼼꼼하게 정리하여 제시하되 법리 주장은 공격형 방어라고 하여 거친 주장만 할 것이 아니라 주장에 대한 법적 근거와 사실상 근거를 선명하게 하라는 뜻이다.

　보고서에 첨부하는 첨부물은 사고의 원인과 무혐의를 입증할 수 있는 증거로써의 증명력이 있어야 하고, 주로 사고 경로 등을 쉽게 알 수 있는 관련 시설의 투시도, 평면도, 시방서, 사고 경로 도면, 관련 사진, 교육일지, 자술서, 문답서 등 핵심적인 사항만 간추려 첨부하는 것이 바람직하고, 그 외 일반적인 서류는 수사 기관에 모두 제출이 되었으므로 중복하여 이중 삼중으로 첨부할 필요는 없다.

(2) 서면보고서의 성격과 효과
① 법률 발생 효과가 구술 진술과 동일하다.
② 법률 정리 용이성의 이점이 있다.
③ 법리(法理)를 체계적 과학적으로의 전개가 용이하다.
④ 입증 방법의 투명성 확보가 용이하다.
⑤ 방어권 행사의 다양성 확보 및 의사 전달의 투명성 제고
⑥ 의사 표시의 폭이 넓어진다는 장점도 있다.

5. 진술조서 작성 시 응대 요령

목격자, 안전관리자, 공사과장, 현장소장(제조업의 경우 공장장) 등이 1차적으로 참고인 신분에서 조사 대상이 된다.

참고인 진술조서는 조사자가 현장검증 때 이미 확보된 정보와 자료에 따라 사업주의 범죄혐의가 있을 것이라는 심증을 갖고 이를 확인하고 보강하는 차원에서 이루어지며, 일반적으로 목격자를 먼저 조사한 후 안전관리자와 하수급인회사 현장소장, 원수급인 현장소장, 본사 경영담당자 순으로 조사가 진행된다. (일반)

(1) 조사 시 응대 요령

① 미사여구를 사용하지 마라.
② 상대방을 설득하려 하지 마라.
③ 대답은 가급적 간결하게 하되 명쾌하게 하라.
④ 냉철하라.
⑤ 범죄혐의를 부인할 경우 완벽하게 부인하라(법적 근거와 법리, 사실상 근거 제시).
⑥ 질문의 핵심을 정확하게 파악한 후 답변하라.
⑦ 사고의 원인은 분명히 하라.
⑧ 온정적인 유도 질문을 경계하라.
⑨ 겸손한 자세로 덕목을 갖추어라.

사법경찰관이 피의자 또는 참고인에 대하여 출석을 요구할 때는 출석요구서를 발부하여야 한다. 그러나 대부분 구두로 출석을 요구하는 경우가 일반화되어 있고, 이는 임의출석 형식을 취하는 것이다.

출석요구서에는 출석요구의 취지를 명백히 기재하여야 하며, 피의자 또는 참고인에 대하여는 지체 없이 진술을 들어야 하고, 장시간 대기시키는 일이 없도록 하여야 하며, 외국인을 조사할 때에는 국제법과 국제조약에 위배되는 일이 없도록 하여야 한다.

특히, 참고인을 조사할 때에는 형사소송법의 규정을 준수하여 조금이라도 진술을 강요하여서는 안 된다.

참고인의 진술은 조서로 작성하여야 하며, 진술사항이 복잡하거나 진술인이 서면 진술을 원할 때는 이를 작성 제출하게 할 수 있고, 이때 경찰관은 반드시 자필로 작성할 것을 요구하지는 않는다.

(2) 목격자 진술

목격자는 참고인의 지위에서 일반적으로 동료 근로자가 되고, 작업 내용, 작업 방법, 작업 순서, 사고 발생 상황 및 과정, 사고 원인, 교육 내용 등이 주요 내용이다.

이는 조사자가 목격자 진술을 통하여 사고 원인과 범죄의 단서를 찾으려 하는 것이며, 그러므로 목격자는 자신의 진술이 수사의 단서가 되어 수사에 중대한 영향을 미치게 된다는 사실을 알고 '그럴 것이다.'라는 추정만을 가지고 마치 그런 것처럼 진술하는 것은 바람직스럽지 못하며, 사고 발생 상황을 직접 목격한 것이 아니라면 "사고 발생 상황을 직접 목격하지 못하여 잘 모릅니다."라고 답변해도 문제 될 것이 없다.

그러나 사고 발생 상황을 근접거리에서 보아 어느 정도 알고 있었다면 아는 그대로 명쾌하게 진술하여야 한다. 안전 교육에 대한 질문 시 평소 실질적인 교육이 있어야 하고 이를 전제로 하여 답변하면 된다.

※ 예시

① "귀가 아프도록 매일 말하며, 위험 요소 발견 시 현장에서 시정이 가능한 것은 즉시 발견자가 시정 조치를 하고 시정이 불가능할 경우 작업반장이나 안전관리자, 또는 직접 현장 소장에게 보고토록 교육을 받고 있습니다."라고 답변할 수가 있어야 하고, 실제로 그렇게 평소에 훈련되어 있어야 한다.

② "안전모나 안전대 착용은 회사에서 엄격하여 안전관리자가 순찰하면서 지적도 하고, 어떤 때는 작업을 하지 말라고 하면서 귀가시키기도 합니다."

③ "물체가 떨어지거나 날아올 위험 또는 머리를 부딪칠 위험이 있을 때와 추락 위험이 있는 장소에서 작업할 때는 안전모와 안전대를 반드시 착용하라고 교육을 받습니다." 등
⇒ 평소 안전 교육이나 TBM시 안전지침에 대해 실제적이며 반복적인 교육이 필요하다.

(3) 안전관리자, 현장 소장(안전보건 총괄 책임자 등)의 진술

수사관은 현장검증 등 초동 수사 때 확보된 정보와 자료를 가지고, 산업안전보건 기준에 관한 규칙, 각종 지침 등 법률관계를 살피면서 확인·추궁을 하거나 새로운 단서를 찾는 데 수사의 초점이 맞추어지고 있으므로 사전 철저한 준비가 필요하다.

원칙에는 사실에 근거하되, 안전보호조치 등 구체적인 진술에서는 증거와 함께 법률적인 근거와 이유를 제시하면서 산업안전보건법 및 관계법령상 주의 의무를 다하였다는 점을 소명하며 방어적으로 답변하여야 한다.

작업자의 불안정한 동작 또는 자세, 불필요한 행동, 제3자 가해 행위, 돌발적·우발적·불가항력적인 예측할 수 없는 사고, 원인 미상 등을 사고의 원인으로 답변할 경우, 조사자는 반대로 사업주의 안전조치 의무 태만이나 미비점을 집중적으로 추궁하기 때문에 이를 염두에 두고 조사자에 대한 확신을 줄 수 있는 답변이 요구된다.

추락 재해의 경우 작업 내용과 추락의 높이에 따라 안전 조치 내용이 달라지고, 질문과 답변도 달라진다. 고공 작업 시 1차로 추락 위험이 있는 장소에 작업발판, 안전난간대 등을 설치하여야 하고, 안전난간대 등을 설치하기가 매우 곤란할 경우, 안전방망을 설치하여야 하며, 방망 설치가 곤란할 경우 안전대와 같은 개인 보호구를 사용토록 하는 것이 법령이 요구하는 내용이다.

한편, 조사자는 작업자의 불안정한 행동 등 책임 문제에 관련하여, 일반적으로 질문하지 않으므로 조사를 받는 사람은 사업주의 책임과 작업자의 책임을 구분하여 분명히 한 다음 현장소장이나 안전관리자는 법률상 부여된 자기의 책임과 의무를 다하였다는 진술을 할 수 있어야 하며, 평소에 실질적인 안전과 사고 예방에 대한 책임과 의무에 충실하여야 한다.

이와 같이 조사자는 공격적이고, 피조사자는 방어적이라는 상대성을 갖고 있으며, 누가 안전상의 보호 조치에 대해 정통한 지식과 합리적인 방법으로 공격과 방어가 이루어지는가 하는 것이 공격과 방어의 기법이다.

일반적으로 피조사자는 위축되거나 당황하게 되므로 질문에 제대로 답변을 하지 못하는 경우가 종종 있는데, 출석하기 전에 충분한 준비가 필요하고, 조사를 받을 때 참고자료를 찾아가면서 확인을 하고 생각하면서 천천히 답변해도 문제 될 것이 없으며, 원수급인은 산안법 제38조(안전조치)와 제63조(도급인의 안전 조치 및 보건 조치)에 대한 법리를 사전에 습득하는 것이 도움이 된다.

6. 피의자 신문조서

피의자 신문조서 작성은 사법경찰관이 수집된 증거와 진술조서에 의해 입건을 한 이후에 이루어지는 것으로 일종의 범행을 자백받는 과정이며, 건설업에서 산업안전보건법 위반 피의자는 도급인, 관계수급인의 안전관리총괄책임자가 되고, 중대재해처벌법 등에 관한 법률 위반 피의자는 본사 경영 책임자가 되며, 이때, 변호인을 대동하여도 무방하다.

일반적으로 참고인 진술조서의 질문내용과 피의자 신문조서의 질문 내용이 거의 같지만, 참고인조사 때는 범증을 찾아 확인하고, 의혹이 있는 부분을 보강하여 질문하고 답변을 통해 범행을 확인하고 증거를 확보하는 단계로, 증거 능력이 부족한 반면, 피의자 신문조서는 자백으로써 증거능력을 갖는다는 측면에서 참고인조서와는 차이가 있다.

방어권 차원에서 피의자도 참고인조사 때 잘못 답변을 했다면 피의자 신문조사 때 이를 번복하여 진술할 수가 있고, 새로운 주장과 증거를 제시할 수도 있으며, 불리한 자백을 강요하거나 유도할 때는 이를 부인하거나 묵비권을 행사할 수도 있지만 특별한 사정이 없는 한 묵비권 행사는 하지 않는다.

조사 기관의 강압이나 회유(예: 구속은 하지 않고 벌금형을 과할 테니까 이렇게 진술을 하라는 등)에 의한 피의자의 답변은 의사 표시에 있어 진의가 아니므로 이는 증거능력을 인정받기 어려우며[42], 그러나 이를 다투려면 결국 재판에서 다투어야 하고, 시간, 비용 등에서 어려움이 적지 않으므로 조사자의 회유에 넘어가지 않도록 주의가 요구된다.

최근 사회 일각에서 자백의 증거능력을 둘러싸고 수사의 신뢰에 의혹을 제기하면서 적지 않은 논란이 있고, 사법부에서는 재판부가 법정 진술과 물증을 중심으로 증거판단을 하는 소위 공판중심주의가[43] 이 같은 배경에서이다.

신문 내용은 인정신문, 진술거부권 고지, 전과, 학력, 병역사항, 가족사항, 재산 현황, 생활 정도, 취미 생활, 사고 경위, 사고 원인, 기타 수집된 자료에 따라 범죄 추궁, 피의자에게 유리한 진술기회 부여, 열람 후 수정 기회 부여, 서명 날인으로 종결되고, 이때 피조사자는 자기 자신이 피의자 신분임을 직시하고 스스로를 보호할 수 있는 방어권을 충분히 활용할 수 있는 지혜가 필요하다.

---

42) 민법 제107조(진의 아닌 의사표시) ① 의사표시는 표의자가 진의 아님을 알고 한 것이라도 그 효력이 있다. 그러나, 상대방이 표의자의 진의 아님을 알았거나 이를 알 수 있었을 경우에는 '무효'로 한다.

43) 공판중심주의: 재판에서 모든 증거자료를 공판에 집중시켜 공판정에서 형성된 심증만을 토대로 사안의 실체를 심판하는 원칙.

7. 피조사자의 자세

참고인조사이든 피의자 신문조사이든 조사자의 연령, 성격, 경험, 지식의 정도, 인간관계 등에 따라 조사자의 태도나 행동에 차이가 있으며, 때로는 조사를 받는 사람에게 인격적인 모멸감을 주는 언행도 수사의 기법에서 종종 있을 수 있고, 범행을 자백받으려는 과정에서 피조사자가 범행을 부인할 경우 조사자는 때로는 고성을 지르거나 인상을 찌푸리면서 심리적인 압박을 가해오는 경우도 있을 수 있다.

물론, 그와 같은 조사자의 태도도 수사의 기법 중 하나이기도 하므로 조사자가 피조사자의 의사표시를 제한하거나 억압할 정도까지가 아니라면 이를 강압에 의한 수사라고는 할 수가 없다.

따라서, 이때 질문에 응하는 피조사자는 절대로 흥분하거나 맞대응을 하면서 불필요하게 상대방을 자극하는 언행은 삼가야 하고, 오히려 스스로 자기 감정을 억제하여 다스리면서 상대를 존중하는 겸허한 자세로 조사에 임하되 자기주장은 분명히 할 수 있는 피조사자로써의 덕목과 냉철한 자세가 요구된다.

특히, 신문 조서가 마무리되는 단계에서 조사자가 조서의 내용을 열람케 하면서 수정·보완의 기회를 부여할 때, 피조사자는 조서의 내용을 꼼꼼하게 살피면서 잘못 적시된 부분, 부족한 부분, 누락된 부분이 있는지를 확인하여 수정·보완할 것이 요구된다.

양벌규정에 따라 법인을 입건한 경우, 법인은 행위의 능력이 부정되므로 이때는 법인 대표자를 상대로 조서를 작성하는 것이 원칙이지만, 대부분 법인 대표자로부터 진술권 일체를 위임받아 본사 임원을 상대로 진술을 받는 것이 일반이며, 서면으로 법인진술서를 징구하는 경우도 있고 출석진술을 요구하는 경우도 있다. 이때 법인 등기부등본을 첨부한다.

법인진술서의 내용은 상황에 따라 다르다. 예컨대, 도급인(원수급인) 법인의 경우과 관계 수급인의 경우 관련법 조항이 다르기 때문에 내용도 그에 합당한 내용으로 구성되어야 하고, 범죄 사실을 부인할 경우와 부인하지 아니하는 경우, 법인의 규모, 경영상태, 법인 차원에서 안전 관리를 할 수 있는 영역과 사고 원인에 대한 법인 차원에서의 대처 실현 가능성 등 당시 상황을 종합적으로 판단하여 간결한 논리적 구성으로 작성하는 것이 바람직하다.

법 인 진 술 서 例示

관 련: 동절기 건설 현장 점검 지적 사항(안전난간 미설치) 관련
관련법: 산업안전보건법 위반

위 관련 당 법인은 다음과 같이 진술서를 제출합니다.

다 음

1. 이 건 2020. 00. 00. 동절기 건설현장 점검 시 스파동 2층에 이미 설치되어 있었던 작업자들의 임시 이동 통로인 가설 계단을 작업공정상 해체함으로서 생긴 단부(개구부)에 안전난간대를 설치하지 아니한 것에 대한 지적사항 관련입니다.

2. 위와 같은 형태의 개구부는 건축 공사를 시공하면서 발생 → 변경 → 소멸을 반복하는 과정을 거치면서 최종 목적물이 완성됩니다.

3. 임시 작업자들의 통로인 가설 계단은 언제인가 철거해야 하고, 그 철거 시점은 작업자들이 가설 통로의 이용이 최소화되는 시점과 순차적으로 시공되는 작업 공정상 다음 작업을 위하여 불가피한 경우를 합리적으로 조정하여 철거 시기를 선택하게 됩니다. 이는 건축 공사가 여러 공정이 서로 유기적으로 결합이 되어 균형과 조화를 이루면서 공정이 병행하여 시공되기 때문입니다.

4. 이 건의 경우 조적 등 외부 공사가 거의 마무리 되어가는 과정에서 작업자들이 가설 계단의 이용이 최소화되는 시기에 있었고, 한편에서는 알루미늄 창호 설치 직전의 단계가 도래하였으며, 창호를 설치하기 위해서는 반드시 가설 계단을 해체하여야 합니다.

5. 이 건 개구부는 가설 계단을 해체함으로써 생긴 단부(개구부)로써 작업 공정상 새로이 발생한 단부입니다.

6. 가설 계단은 2020. 00. 해체하였고, 가설 계단 해체 이후에는 작업자들의 임시 이

동통로 자체가 없어졌으므로 근로자들이 출입할 수가 없어 근본적으로 추락 사고가 발생할 위험 요소는 없었습니다.

7. 당시 현장에서는 가설 계단 해체 후 창호를 설치하기에 앞서 난간대를 설치할 계획으로 있던 차에 지적을 받은 것으로 공교롭게도 설치 직전에 지적을 받은 것입니다. 지적을 받은 장소에는 안전난간대를 설치하지 아니하고는 다음 공정을 진행할 수 없는 장소입니다.

   2020. 00. 가설 계단 해체 → 개구부 발생 → 2020. 00. 00. 지적 → 2020. 00. 난간대 설치 후 결과 보고

8. 위와 같이 현장 관계자들은 안전난간대를 설치하지 않은 상태에서 근로자들에게 작업을 시킨 것은 아닙니다.

9. 건의 사항
   이 건 위와 같이 현장에서는 안전난간대를 설치할 계획으로 있었고, 설치 직전의 단계에서 지적을 당했으며, 임시 통로의 해체로 작업자들이 출입할 수 없는 장소라는 점, 위 단부로 인해 어떤 사고도 발생하지 아니한 점,
   특히, 시정명령에 대하여 즉시 이행함으로써 명령을 거부하거나 해태하지 아니한 점, 법인 차원에서는 물론 안전관리총괄책임자가 안전관리를 소홀히 한 사실이 없다는 점, 등에서 이 건 범죄를 구성하지 않는다는 의견을 드립니다.

첨부 1: 외부 비계(가설 계단 포함) 해체 작업 일보
    2: 법인등기부등본
    3: 위임장

위와 같이 진술합니다.

2020. 00. 00.
위 진술자 주식회사 ○○   (인)

담당근로감독관님 귀하

8. 사고 원인 분석 사례

> 이천 화재 사건(2020. 4. 29.)의 사고 원인 분석 事例

사고 원인 분석에 앞서, 위험 요소 및 화재 발생의 가능성과 인명 피해가 많았던 점에(사망 38명, 부상 10명) 유의, 아래와 같은 정보를 수집하여 사고 발생의 원인을 추적해 보았다. 원인 분석 내용의 구성 요건은 다음과 같다.

① 화재가 인화성 물질에 의한 객관적 기초 위에서 출발
② 공사에 사용된 인화성 물질의 종류와 사용량
③ 인화성 물질의 성분
④ 기화된 유증기가 실내공기 중에 섞여 있는 농도의 객관적 추정과 근거
⑤ 발화점이 어디인가
⑥ 발화의 동기부여가 된 열에너지의 정체(자연 발화 가능 온도 확인 포함)
⑦ 인명피해의 성격과 규모
⑧ 건축물의 내부 구조
⑨ 작업의 내용과 작업 방법, 작업 순서의 적합성 여부
⑩ 목격자 진술 확보
⑪ 법령상 사업주가 취해야 할 안전 조치 내용과 취한 안전 조치 내용
⑫ 문제점 파악
⑬ 사고의 원인 분석 및 인재라는 측면에서 책임 소재 규명
⑭ 사고를 예방할 수 있는 현실적인 대안 제시.
⑮ 관련법 및 법 위반 내용 검토
⑯ 입증 방법 등 목록 정리
⑰ 사고 조사 및 결과보고서 작성(수사 기관이 제시한 안전 조치 요구 사항에 대한 실현 가능성 및 법령 관계 등 분석 내용 포함)
⑱ 변호인 선정 및 지원 검토

例: 발화점을 확인하기란 쉬운 일이 아니며, 2008년도 사건의 경우, 발화의 동기로는 전기합선, 담뱃불, 용접 시 스파이크 등을 고려할 수가 있는데 당시 언론은 용접 때 나오는 스파이크 불똥으로 보도되었지만, 당시 용접을 한 흔적이 없었고, 추후 작업 장소가 아닌 방 천장 형광등에서 불빛이 번쩍하였다는 목격자 증언이 나왔으며, 그렇다면 형광등에 부착된 점화등의 가열로 유증기에 발화가 되었다는 추정도 가능하고, 2020년도의 경우 지하에서 엘리베이터 설치 작업 중 용접 과정에서 발생한 스파이크가 원인일 수 있으나, 직접 목적자가 없어 추정일 뿐임.

피의자: "별지 1" 목록과 같음
관련법: 산업안전보건법, 건축법 소방법 및 형법

2020 4. 29. 발생한 이천 냉동 물류 창고 건설 현장에서 발생한 화재 사고 관련 사고발생 원인에 관한 의견을 다음과 같이 분석 제시함.

다　　음

1. 공사 일반: 생략

2. 인적 피해 상황: 사망 38명, 부상 10명

3. 사고 발생 경위

화재는 2020년 4월 29일 오후 1시 32분에 발생하였다. 이 사고는 지하 2층 작업장 2구역(엘리베이터 작업장 인근)에서 배관에 산소 용접 작업 중 불꽃이 튀면서 발생한 것으로 추정된다.

목격자들의 증언에 따르면, 순식간에 '펑'하는 연쇄적인 폭음과 함께 검은 연기의 화염에 휩싸였고 이때, 폭음은 용접 스파이크로 인해 발생한 불꽃이 공기 중 시너 또는 냉매가스(유증기)에 발화되는 순간의 폭발음으로 추정되고, 검은 연기와 화염은 작업장 내부 벽면과 천장 모두가 건축 자재인 10cm 두께의 가연성이 높은 우레탄폼으로 되어있기 때문에 검은 연기와 함께 불이 더 빠르게 번져 갔고 시안 유독가스도 많이 발생하여 인명피해가 컸던 것으로 보인다.

이 불이 삽시간에 건물 지하에서 지상 4층 전체로 퍼져간 것은 당시 작업 공정률이 약 95%에서 마감 공사 중 작업 공정상 작업을 할 수밖에 없었던 우레탄 발포작업 중, 우레탄에 섞여 있던 시너와 냉매가스가 건물 내부 전체 공간에 기체화하여 퍼져 유증기 상태에서 발화가 되었다면, 불길은 발화 장소인 지하 2층 전체가 화염에 휩싸이게 되고, 곧바로 엘리베이터 피트와 층간 통로 또는 개구부를 따라 지상층으로 번졌다는 것이 합리적인 추론으로 이를 부인하기는 어렵다.

4. 사고의 원인 분석

(1) 사고유발 동기부여 요소

① 샌드위치 판넬이 타면서 발생한 유독가스, ② 우레탄 발포(몰싱) 작업을 한 것, ③ 건물 내부에 시너, 냉매가스가 퍼져 유증기 상태로 실내 공기 중에 퍼져 있었던 것, ④ 어떤 에너지에 의해 공기에 떠 있는 가스에 발화되어 유증기가 폭발한 것, ⑤ 환풍이 안 된 것, ⑥ 비상 통로 미흡 ⑦ 가연성이 높은 우레탄폼 발포제를 사용하면서 동시에 용접 작업을 진행한 점, ⑧ 시공자의 안전관리 소홀, ⑨ 상황 전파 등 비상 대응 체계 미작동, ⑩ 감독 행정기관의 허술한 관리 감독, 등을 가정할 수 있다. (**이상 신문, 방송 매체 전파 내용 인용**)

(2) 분석(작업 조건)

① 벽체에 사용된 샌드위치 판넬의 모형.

※ 판넬 1개의 규격: 가로 2m, 세로 1m, 두께 10cm = 2㎡(여러 모형 중 하나임)

② 건물 벽면은 샌드위치 판넬로 설계되었고, 판넬의 내부는 석유화학 정제 과정의 산물인 우레탄수지로, 가볍고, 방음, 보온, 단열의 효과가 우수하며, 가격이 저렴하여 실효성과 경제성에서 장점이 있으나, 고온에 약하고, 인화성이 강한 석유화학 제품으로 여소 과정에서 검은 여기와 함께 시아 유독가스가 발생한다.

특히, 액상의 우레탄에는 시너와 냉매가스가 섞여 있어(이하 '인화 물질'이라 함) 이를 충진 몰싱이나 슬라브 스프레이 살포 작업 시 인화 물질이 공기 중에 퍼져 쉽게 휘발되지만, 공간이 밀폐되어있을 경우 실내 공기 중에 산재되어 있어 어떤 에너지에 의한 직접적인 발화가 될 경우, 유증기에 의한 폭발에 의해 화재가 발생한다.

③ 당시 건물 내부에서는 벽면에 우레탄 몰싱 작업(일명 '발포 작업'), ○○작업, ○○○작업, 엘리베이터 설치 작업, 전기 배선 작업 등 여러 공정이 유기적으로 결합되어 작업이 진행 중에 있었기 때문에 작업 인원이 밀집되어 있었다.

④ 발화 장소는 지하 2층으로 확인되었지만, 발화점은 직접 목격자가 없는 상태에서 과학수사에도 불구하고 확인된 바 없다.

⑤ 따라서 발화의 동기가 된 에너지원이 무엇인지에 대하여는 지하 2층 화물 엘리베이터 작업 인근 실내기 산소용접 시 발생한 스파이크 불꽃이 천정 속에 도포됐던 우레탄폼 작업 시 발생한 유증기에 인화되었을 것이라는 게 대체적인 추론이다. 그밖에 형광등 점화기에 의한 자연발화, 방화, 등 가능성도 완전 배제할 수는 없다.

언론에 따르면, 산업안전공단은 시공사 측에 화재 위험성을 수차례 경고한 것으로 확인됐고, 공단은 시공사가 제출한 유해위험방지계획서에서 서류심사 2차례, 현장 확인 4차례에 걸쳐 문제점을 지적했다. 결국, 해당 업체가 공단의 개선 요구를 지키지 않아 화재를 키웠을 가능성을 제기하였지만, 이 부분은 사실관계를 확인하여 더 살펴보아야 할 문제이며, 속단할 사항은 아니다.

안전 점검은 항상 고용노동부 근로감독관과 산업안전공단 기술진이 합동 점검을 한 후, 고용노동부 근로감독관이 시정지시를 하면 시공자는 반드시 시정조치 후, 그 결과를 보고하며, 근로감독관은 이를 확인하도록 시스템화되어 있어 시공자가 근로감독관의 개선명령을 지키지 않았을 가능성 제시는 현실적으로 희박하여 언론 보도를 그대로 신뢰하기에는 한계가 있다.

⑥ 공사를 하며 경보장치, 자동소화시설인 스프링쿨러 등의 소방 설비들에 오작동이 일어나면 번거롭다며 모두 작동하지 못하도록 조작해 놓고 작업을 하였다는 언론보

도에 대하여는 공사가 현재 진행 중에 있었고, 소방 시설은 보통 공사 맨 마지막 단계에서 설치하기 때문에 화재 당시 화재 감지기 등 소방 시설의 정상 가동은 사실상 기대하기 어렵고, 이를 감안할 때 사업주가 소방 설비들의 오작동을 예상하여 모두 작동하지 못하도록 조작해 놓았다는 언론 보도 역시 신뢰하기 어렵다.

⑦ 언론에 따르면, 사고 발생 당시 9개 업체 78명이 동시에 지하 2층부터 지상 4층까지 공간에서 작업하고 있었다. 이때 상황 전파 등 비상 대응 체계가 제대로 작동하지 않아 지하 2층에서 발생한 불로 지상 근로자도 다수 사망한 것으로 보인다고 전파하고 있다. 그러나, 당시 건물 내부에 우레탄 작업, 도색 작업을 하면서 인화성이 강한 유증기가 가득 찬 상태에서 순간적으로 폭발과 함께 화재에 휩싸였기 때문에 설령 비상 대응 체계가 정상적으로 작동하고 있었다 하더라도 작업자들은 화염, 연기 등에서 질식 또는 혼란 상태에 놓이게 되어 사실상 탈출이 어려웠을 것이고 다수 인명 피해가 늘어날 수밖에 없었던 상황으로 파악된다.

소방당국은 "대형 인명 피해가 발생한 주요 원인으로는 대피로가 확보되지 않은 사업장의 특성뿐 아니라 병행해서는 안 될 위험 작업의 동시 진행이라는 안전 부주의"로 설명한다.

우레탄폼의 경우 건조 과정에서 휘발되면서 다량의 유증기가 발생하는데, 옥외이거나 환기가 잘 되는 곳이면 자연스레 바람에 휩쓸려 희석되지만, 지하 공간 등 밀폐된 공간에선 유증기가 못 빠져나가므로, 불꽃이 유증기에 점화되면 폭발과 함께 화염에 휩싸이므로 대피로가 있다손 치더라도 작업자들이 안전하게 대피하는 데에는 한계가 있다.

⑧ 그 밖에 ① 불에 잘 타는 우레탄폼을 사용하였다. ② 공사 기간을 줄이기 위해서 작업자들을 재촉했다. ③ 시행사는 환산 재해율 4.58로 비교적 높은 회사를 입찰하여 시공사로 선정하였다는 문제, ④ 행정청으로부터 6차례나 되는 화재 위험 경고에도 불구하고 공사를 속행했다는 것, ⑤ 현장소장, 안전관리자 등 실무책임자들에만 치중한 솜방망이 처벌 외 시공사에 아무런 패널티가 없다는 점 등에서 유사한 사건이 계속 일어날 수밖에 없다는 일반인들의 의견이 있다.

5. 안전 점검 체크리스트

  (1) 공사 계약, 금액 및 공사 기간의 적정성

  ① 공사금액은 도급받은 공사를 수행하기에 적정한가: 설계예정가 대비 낙찰률

  ② 공정으로 볼 때 공사 기간에 무리는 없는가.

  ③ 안전관리비는 적정하게 계상되었으며, 계약 내용에 공사 지연에 따른 패널티 조항을 두어 시공자에게 부담을 주는 것은 아닌가.

  ④ 공사 기간 연장, 설계 변경에 관한 발주자와 시공자 간 권리 의무에 관한 사항이 계약 내용에 포함되어 적정하게 운영되고 있는가.

  ⑤ 발주자가 계약 이외에 무리한 요구를 한 것은 없는가.

  ⑥ 현장 관리를 위한 감리원이 배치되어 있는가.

  ⑦ 감리원의 책임과 역할 등 의무 사항이 적정하게 이루어지고 있는가.

  (2) 협력업체 선정 및 관리

  ① 협력업체 선정 시 시공 능력 평가의 적정성

  ② 안전관리비, 건축자재 등은 적정하게 계상하였는가.

  ③ 무면허자가 시공에 참여하고 있지는 아니한가.

  ④ 채용 시 안전교육, 정기안전교육, 특별안전교육 이행 상태

  ⑤ 공종별 작업계획서 수립 및 협력업체 전파 방법과 이행 상태

  ⑥ 내실 있는 공정 회의 운영 상태

  ⑦ 우레탄 살포 등 작업 방법의 적합성

  (3) 안전 관리

  ① 안전 관리 체계

  ② 폭발, 화재 예방에 대한 안전계획서 적정 수립 및 집중 관리 상태

  ③ 전담 안전관리자 배치 및 활동 상태

  ④ 용접, 용단 작업은 어느 곳에서 작업을 하며, 우레탄 발포 작업과 산소 용접 작업이 병행하여 이루어지는가와 발화원 차단에 대한 안전성 확보 및 이행 상태

  ⑤ 현행 작업 방법이 폭발 화재를 원천적으로 봉쇄할 수 있는 작업 방법으로 적절한지에 대한 점검(현행 공법에 대한 위험성 평가 포함)

  ⑥ 법령에서 정하고 있는 안전관리총괄책임자의 업무 수행 상태

⑦ 폭발, 화재 위험성에 대한 협력업체와의 정보 공유로 작업 방법 및 순서와 시기 조정 등 협의를 하고, 그 내용들이 작업자들에게 전파가 되었는지 등 이행 상태

⑧ 공기 중 유증기의 포함 농도 측정 및 환기 시설 관리 상태

⑨ 마스크, 보안경 등 근로자 개인 보호구 착용 상태

⑩ 용접 작업 시 불티 방지막 설치의 실효성 검토

⑪ 인화성 물질의 반입 절차, 사용 방법

⑫ 흡연자의 관리 상태

⑬ 비상 탈출구 및 경보 장치 점검 및 모의 훈련 실시 여부

⑭ 현재 사용하고 있는 인화성 물질의 성분, 성질, 사용 방법, 사용 시 안전성 확보 등 물질안전자료의 내용을 근로자들에게 주지시키고 있는지 등

⑮ 단열 공사에 사용되는 재료의 불연성 정도

⑯ 행정청의 수시 점검 후 시정 지시 또는 권고 사항의 이행 상태

6. 종합 의견

이천 물류 창고 공사장 화재는 2008년도에 이어 2020년도에도 재발한 초대형 사건으로, 사고의 원인이 서로 유사하고, 많은 전문 수사 인력을 투입하여 집중적 수사에도 불구하고 발화점, 발화원 등 직접적인 원인을 확인하지 못한 상태에서 인재에 따른 많은 인명피해를 가져왔다는 점에서 사회적 충격이 매우 크다.

결과적으로, 사건은 공사관계자들과 법인에 대한 사법처리로 일단락 수습이 되었는바, 혹시 근로자 및 정부의 책임은 하나도 없고 모든 책임이 사업주에게만 있다는 것인지 되짚어볼 문제이다.

동종 유사 재해의 재발 방지를 위해서는 물론, 정부의 감독 강화도 필요하지만, 정부는 본질적인 대책을 마련하여 이를 제도화할 필요가 있고, 기업은 이번 사고를 남의 일로만 볼 것이 아니라 사고의 원인을 자체적으로 분석하여 보다 근본적인 대안을 찾으려는 자구노력이 요구된다. (불에 쉽게 타지 않는 소재 개발 노력 등)

언론보도에 따르면, 이 건 사고의 원인을 규명하기 위하여 수사 기관은 10일 이상 정

밀검사를 실시하였고, 국과수는 61명을 동원하여 7차례에 걸쳐 감식을 하는 등 사고의 직접 원인을 찾으려 하였지만, 정확한 발화 지점과 직접적인 발화 원인의 증거를 확보하는 데에는 실패하였다.

다만, 경찰은 공사관계자 17명을 건축법 위반, 산업안전보건법 위반, 업무상과실치사죄 등의 관련법 위반으로 입건하였는바, 이들의 관련법 위반의 행위가 사고 원인의 전부이고, 이들이 관련법을 위반하지 않았다면 이 건 폭발 및 화재라는 대형 사고가 발생하지 않았을 것이라는 확신을 줄 수 있는지 등은 아무도 장담할 수 없어 향후 풀어야 할 과제이기도 하다.

(※ 참고: 안전보건규칙 제241조 화재 위험 작업 시의 준수 사항)

제 5 편

안전 보건 교육

안전 보건 교육은 근로자의 행동을 계획적으로 변화하게 하는 방법으로서 교육을 통해 안전보건에 대한 기본 지식을 습득하고, 유해·위험 요인으로부터 근로자 보호와 불안전한 행동을 방지하여 사업장 내 크고 작은 사고 예방하는 효과가 있으며, 안전하고 건강한 일터를 만들기 위한 안전 보건 교육의 중요성은 더욱 강조되고 있다.

1. 교육의 체계

사업주는 ① 근로자를 채용하였을 때, ② 작업 내용을 변경할 때, ③ 유해하거나 위험한 작업에 필요한 안전 보건 교육을 하여야 한다. 안전 교육은 '채용 시 교육', '정기 교육', '특별 교육', '수시 교육' 등으로 구분하고 교육 내용과 교육 시간은 고용노동부령으로 정하고 있으며, 채용 시 안전 교육 내용에는 아래 내용을 포함한다.

① 산업 안전 및 예방에 관한 사항
② 직업병에 관한 사항
③ 건강 증진 및 질병에 관한 사항
④ 유해·위험 작업 환경 관리에 관한 사항
⑤ 산업재해 보상보험법 제도에 관한 사항
⑥ 작업 공정의 유해·위험에 관한 사항(재해 유형 사례 등)
⑦ 근로자 의무에 관한 사항
⑧ 작업장 정리정돈, 개인 보호구 착용과 관리, 기타 필요한 사항

안전 보건 교육은 일정한 요건을 갖추고 있는 경우에는 교육의 전부 또는 일부를 면제받을 수 있고, 그 요건은 아래와 같다.

① 산업재해 발생 정도가 고용노동부령으로 정하는 기준에 해당하는 경우
② 근로자가 법 제11조 제3호에 따른 고용노동부장관이 설치·운영하는 시설에서 교육을 이수한 경우
③ 관리감독자가 고용노동부령으로 정하는 교육을 이수한 경우
④ 당해 근로자가 채용 또는 변경된 작업에 경험이 있는 등 고용노동부령으로 정하는 경우에는 교육의 전부 또는 일부를 하지 아니할 수 있다.

산업안전보건교육 체계도

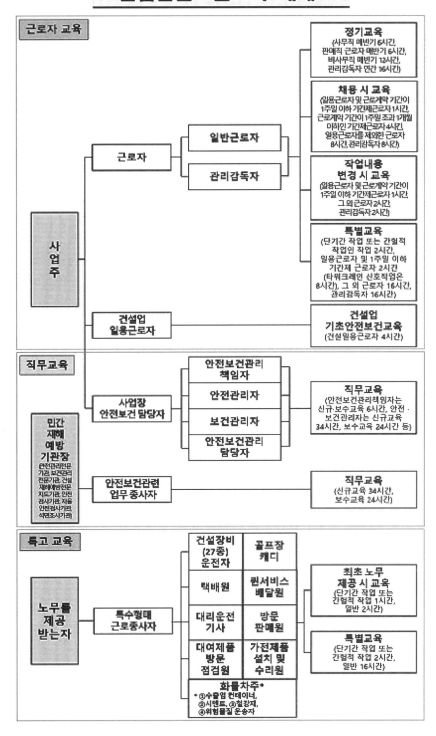

※ 근로자교육의 경우, 영 별표1 제1호에 따른 사업 및 상시 근로자 수 50인 미만의 도매·음식·숙박업은 교육 시간의 1/2 이상을 그 교육시간으로 한다. (시행규칙 별표4 참조)

2. 안전 보건 교육 종류 및 내용

(1) 최근 교육 제도 개선 사항

```
                    <안전보건교육 제도 개선>
  □ 추진배경 : 안전보건교육 시간 및 내용 정비를 통해 안전보건교육 제도의
               내실화를 기하고 위험성평가의 중요성 부각
  □ 주요내용
    ○ 보수교육 이수기간이 전후 6개월(총 1년)로 확대
    ○ 근로자 정기교육 주기가 매분기에서 매반기로 완화
    ○ 일용근로자 및 기간제 근로자의 채용 시 교육시간 개선
    ○ 타법에 따른 안전교육 이수대상자 교육시간 감면
    ○ 근로자 및 관리감독자 채용 시·정기 교육 내용에 위험성평가 추가
  □ 시 행 일 : 2023년 9월 27일
```

2024 안전 보건 교육 안내서(고용노동부)

(2) 교육 종류별 교육 시간(24년도 개정)

교육과정	교육대상	교육시간
정기교육	①사무직 종사 근로자 ②판매업무에 직접 종사하는 근로자	매반기 6시간 이상
	그 외 근로자	매반기 12시간 이상
채용 시 교육	일용근로자 및 근로계약 기간이 1주일 이하인 기간제근로자	1시간 이상
	근로계약 기간이 1주일 초과 1개월 이하인 기간제근로자	4시간 이상
	그 외 근로자	8시간 이상
작업내용 변경 시 교육	일용근로자 및 근로계약 기간이 1주일 이하인 기간제근로자	1시간 이상
	그 외 근로자	2시간 이상
특별교육	일용근로자 및 근로계약 기간이 1주일 이하인 기간제근로자(타워크레인 신호작업에 종사하는 일용근로자 제외)	2시간 이상
	타워크레인 신호작업에 종사하는 일용근로자 및 근로계약 기간이 1주일 이하인 기간제근로자	8시간 이상
	일용근로자 및 근로계약 기간이 1주일 이하인 기간제근로자를 제외한 근로자	16시간 이상 (단기간 작업 또는 간헐적 작업인 경우 2시간)

(3) 특별 안전 보건 교육 대상

근로자가 유해·위험 작업에 채용되거나 작업 내용이 해당 작업으로 변경되는 경우에 특별 안전 보건 교육을 받아야 한다.

건설 현장의 주요 특별 안전 보건 교육 대상	▶ 굴착면의 높이가 2미터 이상이 되는 지반 굴착 및 암석 굴착 ▶ 흙막이 지보공의 보강·설치·해체. 거푸집 동바리의 조립 또는 해체 작업 ▶ 비계의 조립·해체 또는 변경 작업 ▶ 콘크리트 인공 구조물(높이 2미터 이상) 해체 또는 파괴 작업 ▶ 밀폐 공간에서의 작업 ▶ 가연물이 있는 장소의 화재 위험 작업 ▶ 타워크레인 신호 업무 작업, 타워크레인 설치·해체·상승 작업 ▶ 1톤 이상의 크레인 사용 작업, 건설용 리프트·곤돌라 사용 작업 ▶ 허가 및 관리 대상 유해 물질 취급, 석면 해체·제거 작업 등 ▶ 전압 75V 이상 정전 및 활선 작업

3. 주요 교육 내용(산업안전보건법 시행규칙 [별표 5]: 부록 참조)

교육은 형식이 아닌 실질이 중요하고, 정해진 매뉴얼에 따라 작업 내용에 맞는 맞춤형 교육을 실시하는 것이 더 필요하다. 건설 현장의 경우, 착공에서부터 준공에 이르기까지 공통적인 위험 요소가 있고, 공정별로 작업의 특성과 내용에 따른 위험요소가 수시로 발생과 소멸을 반복하므로 유해위험방지계획서와 시방서 등을 연계하여 종합적인 기본 계획을 마련한 다음, 시공 과정에서 필요에 따라 변경·수정 또는 보강하면서 탄력적으로 유연하게 운영하는 것이 바람직하다.

※ 정기 교육 내용(시행규칙 별표5 제1호 가목)

▶ 산업안전 및 사고 예방에 관한 사항
▶ 산업보건 및 직업병 예방에 관한 사항
▶ 위험성 평가에 관한 사항
▶ 건강 증진 및 질병 예방에 관한 사항
▶ 유해·위험 작업 환경 관리에 관한 사항
▶ 산업안전보건법령 및 산업재해보상보험 제도에 관한 사항
▶ 직무 스트레스 예방 및 관리에 관한 사항
▶ 직장 내 괴롭힘, 고객의 폭언 등으로 인한 건강 장해 예방 및 관리에 관한 사항

(1) 추락

① 지급된 개인 보호구는 자기 책임하에 철저하게 관리하라.
② 안전대는 폼으로 착용하라고 지급하는 것이 아니다. 추락의 위험이 있을 때는 반드시 안전대 고리를 걸대에 걸고 작업을 하라.
③ 고리를 걸 곳이 마땅치 않으면 작업을 중단하고, 지휘계통을 통해 보고한 후, 적절한 조치를 받아 작업을 하라.
④ 개구부 덮개 위를 밟지 말라. 부착된 위험경고 표지판은 훼손하지 말고, 먼지가 쌓여 있으면 먼저 본 사람이 스스로 닦아라. 닦기가 싫으면 작업반장에게 보고하라.

⑤ 작업 도중 또는 작업 장소로 이동 중 경미한 위험 요소는 스스로 제거하고, 스스로 처치가 곤란한 경우에는 즉시 보고하라.

⑥ 작업발판, 안전난간대, 안전대, 밧줄 상태, 등을 사전에 점검하라.

⑦ B/T 위에서 내려올 때 난간대를 넘거나 뛰어내리지 말 것.

⑧ 사다리 작업 시 안전 지침 준수 등.

(2) 크레인 인양 작업(중량물 취급)

① 크레인 선회 범위 내에 주변 상태 등 장애물이 없는가를 확인하라.

② 안전 장치는 모두 구비되어 있고, 정상인가를 확인하라.

③ 소형 자재를 인양할 경우 반드시 포대에 담을 것.

④ 정격 하중 대비 과부하가 안 걸리도록 인양 하중을 적정히 하라.

⑤ 탑재 시 편 하중이 발생하지 않도록 주지시킬 것.

⑥ 작업지휘자와 신호수를 꼭 배치하고, 신호 방법을 정하라.

⑦ 신호수의 안전성 확보 및 인양 반경에 출입자를 통제하라.

⑧ 크레인 운전자에 대한 탑승과 내려올 때 주의하라.

(3) 철골 구조 설치 작업

① 통로(승강로 포함) 및 작업발판은 적정하게 설치하라.

② 안전대 부착 설비를 확인하고, 이동 시 안전대를 이용하라.

③ 작업 전 인양용 줄걸이를 확인하라.

④ 악천후 시 작업을 중지하라.

⑤ 낙하물 방지망 또는 그물망을 설치(가능할 경우).

⑥ 철골보 위에 자재 적치 금지.

(4) 비계 설치·해체 작업

① 안전관리자 또는 담당자, 기타 관리감독자의 지휘하에 작업할 것.

② 조립·해체 또는 변경의 시기와 범위 및 절차를 작업자들에게 교육시킬 것.

③ 조립·해체 또는 변경 작업 구역 내에는 불필요한 인원 출입을 금지시키고, 그 내용을 보기 쉬운 장소에 게시할 것.

④ 비계 상에서 이동할 때는 반드시 안전대의 고리를 걸고 이동.

⑤ 감전 사고에 대비하여 가공선로 유무를 반드시 확인할 것.

⑥ 통행자, 또는 통행 차량 통제.

⑦ 기타 추락 위험에 철저할 것을 교육.

(5) 작업발판 위에서의 작업

① 발판 재료는 작업 시의 하중을 견딜 수 있는지를 확인.

② 작업발판의 폭은 40cm 이상으로 되어 있는지를 확인.

③ 추락의 위험이 있는 장소에는 안전난간대의 설치 여부 확인.

④ 작업자에게 작업 순서, 방법, 주변 상황 등 설명.

⑤ 작업발판 위에 자재 적재, 편하중이 발생하지 않도록 사전 교육.

⑥ 기타 추락 관련 내용을 주지시킬 것.

(6) 맨홀 등 질식 관련 작업

① 내연기관이 부착된 적정한 환기 시설을 갖춘 장비 사용.

② 작업 전 산소 농도 측정 및 농도 18% 이상 유지.

③ 공기호흡기 및 산소호흡기 등 개인 보호구 착용.

④ 조명 도구, 무전기 지참.

⑤ 긴급 피난, 구출을 위한 사다리, 섬유 로프 등 설치.

⑥ 안전 담당자 지정 배치.

(7) 기계 설비의 위험점

① 협착점: 프레스, 전단기, 성형기, 조형기, 절곡기 등 운동 부분과 고정 부분 사이 형성되는 위험점.

② 끼임점: 고정 부분과 회전체의 위험점. 연삭숫돌과 덮개, 교반기의 날개와 하우징,

에스컬레이터.

③ 물림점: 2개의 회전체 사이 위험점. 롤러와 롤러의 사이, 기어와 기어 사이.

④ 말림: 회전하는 기계에 말려 들어감. 둥근톱 덮개 등.

⑤ 전원 취급상의 주의

(8) 비정상(비정형) 작업 시 유의할 점

① 안전 관리 체계: 비정상 작업 및 이상 사태 발생 대비한 매뉴얼, 안전작업허가서 등.

② 적정 안전 시설 및 보호구 구비.

③ 작업 환경 정비: 조명 확보 및 소음 방지, 정리 정돈 등 안전 작업 환경 정비.

④ 작업 절차 준수: 작업 순서의 결정과 수행 절차.

⑤ 점검 계획 수립 및 이에 관한 교육

⑥ 출입 통제와 그에 따른 안전 설비

4. 건설업 일용근로자[44] 기초 안전 교육

건설업의 사업주는 건설 일용근로자를 채용할 때는 그 근로자로 하여금 고용노동부장관에게 등록한 안전 보건 교육 기관이 실시하는 '건설업 기초 안전 교육'을 이수하도록 하여야 하고, 다만, 채용되기 전에 동 기초교육을 이수한 자는 제외한다. (산안법 제31조)

여기서 기초 안전 교육이란, 채용 시 안전 교육을 의미한다기보다는 '기본 교육'의 의미로 보아야 하고, 최근에는 건설 일용근로자들은 고용노동부에 등록한 안전 보건 교육 기관에서 실시하는 교육을 이수하고 있다. 결국, 건설업에 종사하는 모든 일용근로자는 동 교육을 이수하여야만 건설업에 종사할 수가 있다. (단, 그 근로자가 사업주에게 채용되기 전에 교육을 이수한 경우는 그러하지 아니하다.)

이와 같은 제도는 건설업 기초 안전 교육은 건설 일용근로자가 타 현장으로 이동할 때마다 건설 현장 단위의 채용 시 안전 보건 교육을 받는다면, 근로자 입장에서는 매우 빈번하게 중복되는 교육으로, 그 실효성에 문제가 있고, 기업의 입장에서는 전문 인력을 활용하는 데 시간적 낭비가 있어 이를 전향적으로 개선하기 위한 제도로써, 고용노동부에 등록된 전문교육기관에서 건설 일용근로자에게 필요한 기본 교육을 실시하는 것을 사업주의 채용 시 교육으로 대체한 것이다.

---

44) 일용근로자: 1일 단위의 계약으로 채용되고 당일 약정된 근로의 종료 시 근로 관계가 계속 유지되지 않는 자

5. TBM(Tool Box Meeting)의 활용

(1) TBM이란

작업 전 안전 점검 회의(TBM)는 작업 직전 현장 근처에서 관리감독자 등을 중심으로 작업자들이 모여 그날의 작업 내용과 안전한 작업 방법 등을 서로 확인하고 공유하는 활동으로, 산업재해 예방의 핵심 수단이다.

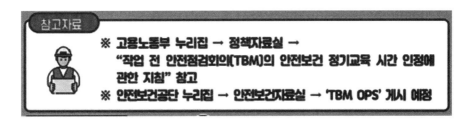

(2) TBM 교육

고용부는 23년 12월부터 작업 전 안전 점검 회의를 교육 시간으로 인정하고 있으며, TBM 교육일지, 작업일지, 어플리케이션, 동영상 등 다양한 방식의 기록도 인정하고 있다.

한편, 안전 교육은 교육일지를 잘 정리하는 것도 중요하지만, 실제로 어떤 교육을 어떻게 실시를 하느냐가 더욱 중요하고, 위의 주요 교육 내용은 TBM 시간에 한 번 더 점검하면서 작업자들에게 상기시켜주는 것도 평소 훈련되어 있어야 한다.

(3) TBM 실시 가이드라인(고용노동부)

> **참고** **TBM 실시 가이드라인** ('작업 전 안전점검회의 가이드', '23.2월 배포)
>
> ① **(주재)** 작업반장, 직장, 팀장 등 **관리감독자 및 강사자격***이 있는 자
>
>   * 안전보건교육규정 **별표 1**에 따른 근로자 등 안전보건교육 강사기준
>
> ② **(내용)** 작업장의 **현재** 또는 **향후 활동**과 관련된 주제 선정
>
> - **당일 작업**과 관련하여 **안전을 확보**하기 위한 **주제를 선정**하여 진행
>
> > 〈예시〉 TBM 논의 주제
> >
> > □ 작업 절차변경 내용   □ 최근 이슈와 사건·사고 사례
> > □ 새로운 위험의 식별 및 기존 위험 검토   □ 작업 일정
> > □ 위험요인 통제방안   □ 안전 작업절차 등
>
> ③ **(대상)** 현장 또는 작업장에 **투입되는 인력** 및 **공정 규모** 등을 **고려하여 TBM 인원·단위 결정**
>
> ④ **(주기 및 시간)** 1일 단위 **10분 내외**로 실행하는 것이 **효과적**이나, 공정·교대제 등 사업장 특성을 고려하여 유연하게 실시 가능

작업 전 10분! TBM 이렇게 실행합시다!

준비단계
- ✔ 모든 구성원이 참석합니다.
- ✔ 안전하게 대화할 수 있는 장소를 찾습니다.
- ✔ 관리자는 일방적으로 명령하거나 지시하지 않습니다.

확인 단계
- ✔ 모든 작업자가 자유롭게 이야기합니다.
- ✔ 오늘 할 작업이 무엇인지 공유합니다.
- ✔ 작업자 스스로가 위험을 예지하고 함께 해결방법을 찾습니다.

개선단계
- ✔ 작업자 모두가 합의하여 안전한 작업방법을 결정합니다.
- ✔ 관리감독자는 작업자가 지켜야 할 안전수칙을 교육합니다.
- ✔ 작업자는 관리감독자의 교육을 집중해서 듣습니다.

마무리단계
- ✔ 나와 옆 사람이 필요한 보호구를 착용했는지 확인합니다.
- ✔ 내가 지켜야 할 안전수칙을 한번 더 되새깁니다.
- ✔ 작업자가 다 함께 안전구호를 외칩니다.

※ 소규모 사업장의 경우 TBM을 활용하여 그 날의 안전에 대한 교육과 위험 요소 전파 등 위험성 평가에서 요구하는 사항을 상당 부분 이행할 수 있는 방안이 될 수 있으므로 반드시 매일 실시토록 한다.

6. 안전 교육 법정 제외 사업

(1) 개별법에서 따로 정하고 있는 사업(보건에 관한 사항은 제외)

① 광산안전법 적용 사업장(제조 공정은 제외)

② 원자력 안전법 적용 사업장

③ 항공안전법 적용 사업장(항공 관련 사업은 제외)

④ 선박안전법 적용 사업장(선박 및 보트 제조업은 제외)

(2) 개별법에서 정함이 없는 사업에 대한 적용 제외 사업(법 제29조 제3항[45]은 제외)

① 소프트웨어 개발 및 공급업

② 컴퓨터 프로그램, 시스템 통합 및 관리업

③ 영상·오디오물 제공 서비스업

④ 정보서비스업

⑤ 금융 및 보험업

⑥ 기타 전문 서비스업

⑦ 건축 기술, 엔지니어링 및 기타 과학 기술 서비스업

⑧ 기타 전문, 과학 및 기술 서비스업(사진 처리업 제외)

⑨ 사회 지원 서비스업

⑩ 사회 복지 서비스업

(3) 다음 사업 중, 상시근로자 50인 미만을 사용하는 사업(법 제29조 제3항은 제외)

① 농업

② 어업

③ 환경 정화 및 복원업

④ 소매업(자동차 제외)

---

45) 법 제29조 제3항: 사업주는 근로자를 유해하거나 위험한 작업에 채용하거나 그 작업으로 작업 내용을 변경하여야 할 때는 제2항에 따른 안전 보건 교육 외에 고용노동부령으로 정하는 바에 따라 유해하거나 위험한 작업에 필요한 안전 보건 교육을 추가로 하여야 한다.

⑤ 영화, 비디오, 방송 프로그램 제작 및 공급업

⑥ 녹음 시설 운영업

⑦ 방송업

⑧ 부동산 및 임대업(부동산 관리업은 제외)

⑨ 예술, 스포츠 및 여가 관련 서비스업

⑩ 협회, 단체, 기타 개인 서비스업

(4) 상시근로자 5인 미만 사업장(법 제29조 제3항은 제외)

< 근로기준법 상 상시 근로자 수 산정 방법 >

해당 사업 또는 사업장에서 ▲법 적용사유 발생일 전 ▲1개월 간 사용한 ▲근로자의 연인원을 같은 기간의 ▲가동 일수로 나누어 산정(근로기준법 제11조 및 동법 시행령 제7조의2)

$$\text{상시근로자 수} = \frac{\text{산정기간 동안 사용한 근로자 연인원}}{\text{산정기간 중 가동일수}}$$

■ [例] 근로자 연인원 산정 시 업무가 바쁠 때 가끔 근무하는 아르바이트생이나, 1주일에 15시간 미만 근무하는 근로자의 경우도 해딩 근로를 제공한 날에는 1명으로 포함

7. 소규모 사업장의 안전 보건 교육 방안

(1) 사전 준비

1) 사업장에 있는 유해·위험 요인 파악

2) 산업 재해 및 아차 사고[46] 조사

3) 위험 기계, 기구, 설비 파악

4) 유해인자 파악

5) 위험 장소, 작업 형태별 유해·위험 요인 파악: 현장 작업자 참여 중요

---

46) 아차 사고: 생명이나 건강에 위험을 초래할 가능성은 있었지만, 산업재해로는 이어지지 않은 사고

(2) 안전 교육 방법

1) 주제와 관련된 교육 자료 확보

2) 장소에 구애 없이 교육에 적합한 장소 이용

3) 안전보건관리책임자, 팀장 등 비교적 경험이 많은 자를 교육자로 선정

4) 건설 안전 기초 교육 자료 발췌 교육 내용으로 활용

5) 근로자와 의견 청취 및 공유

6) 기타 TBM 적극 활용

7) 교육 내용 기록 보관

(3) 효과적인 교육 진행 방법

1) 미참석자 최소화

2) 주제별 맞춤 교육으로 집중력 있는 교육 진행

3) 소규모 현장 여건상 주기적 교육을 상시 교육으로 대체

4) 질문 유도 활용으로 근로자 주의력 집중

(4) 교육 결과 자료

1) 사내(현장) 게시판에 교육 안내, 교육 자료 게시 등 상호 소통 환경 조성

2) 교육 후 안전 보건 교육 일지 작성 보관: 정해진 양식이나 보관 방법은 없음(사진, 동영상 등 실시된 교육에 대한 충분한 기록과 증빙이 중요)

3) 교육 후 근로자와 상호 의견 교환을 통해 효과를 검증하고 다음 교육에 반영

제 6 편

환경과 질병

1. 환경 문제에 대한 고찰

오늘날 우리가 직면한 환경 문제는 산업의 발달과 인구의 증가, 삶의 질적 변화 등 복합적인 요인에서 대기 오염과 토양 오염, 수질 오염 등 자연 환경 폐해의 심각성은 우리가 해결해야 할 당면 과제이다.

산업의 발달은 우리의 삶을 윤택하게 해 준 것은 사실이지만, 그러한 과정에서 에너지 확충을 위한 발전소의 건설, 수자원·토지 개발 등 각종 자원 개발을 증대하면서 매연, 오수, 폐기물, 유독 화합물, 방사능 물질 등이 배출되고, 생활 쓰레기의 양산으로 환경오염이 심화되었다.

이러한 현상은 자연 생태계를 파괴하고 생물의 생존을 위협하며, 자연 자원의 고갈, 악화를 더욱 촉진하여 인간의 생활환경을 위협하게 된다. 피해를 일으키는 환경오염은 인간 생활에 직접적인 영향을 미치는 대기오염·수질오염·토양오염이 대표적이다.

대기 오염은 굴뚝 산업에서 발생하는 연료의 연소, 폐기물의 소각 과정에서 배출되는 가스·분진, 자동차 배기가스 등이 주범이지만, 우리나라에는 중국 고비사막으로부터 편서풍을 타고 유입되는 황사와 미세먼지가 피해를 가중시킨다.

매연의 성분은 연료의 종류에 따라 다르며, 중유를 사용하는 공장이나 화력발전소의 보일러에서는 아황산가스와 탄화수소, 분진이 많이 배출되고, 휘발유를 연료로 하는 자동차의 배기 중에는 일산화탄소, 질소산화물, 탄화수소, 납(鉛) 화합물이 많다.

탄화수소 중에는 발암성 물질인 벤즈파이렌, 니트로파이렌, 니트로자민이 포함되며, 자동차 배기 중의 납 화합물은 휘발유에 혼합 사용되는 항노킹제(antiknocking agent)로 인해 발생한다. 석탄, 중유, 경유에는 유황 성분이 포함되어 있어 이것이 연소하면서 아황산가스가 발생한다.

산업 현장에서는 연소 매연이 배출되는 외에도 각종 유기용제와 화학 약품의 취급 과정에서 가스·분진·각종 화학 물질이 유증기로 기화하면서 대기를 오염시키는 경우도 있다.

이들은 공기 중에 비산(飛散)되어 대기 오염을 유발하지만 바람이나 비, 그리고 공기의 대류 작용에 의해 이동, 희석, 정화된다. 그러나 무풍 상태나 기온역전(氣溫逆轉) 상태가 계속되면 공기 중의 대기 오염물이 희석되지 않고 계속 축적되어 낙진하거나 대기 오염 상태로 남아있게 된다.

계곡이나 분지에서는 공기의 이동이 감소되므로 자연 생태계에 미치는 영향이 크고, 도시에서는 자동차에서 배출되는 매연이 대기 오염의 가장 큰 원인으로 작용하고, 도시, 공업 지역에서 발생한 대기 오염은 그 지역에 피해를 입힐 뿐만 아니라 풍향으로 이동하여 부근 또는 원거리의 농촌이나 임야에까지 확산되어 대기 오염의 피해가 증폭되고 인체에 영향을 미칠 경우, 천식, 기관지염, 폐기종, 폐암, 호흡기 질환과 같은 질병을 유발시키는 동기부여가 된다.

한편, 하천이나 호수의 수질 오염은 도시 하수, 공장 폐수, 농경지 하수 등 오수와 오염된 지표수나 쓰레기가 흘러들 때 발생하고, 대기 오염물이나 산성우가 지면에 떨어져 빗물과 같이 유입되어 수질 오염을 일으킨다.

도시 하수에는 각종 유해성 세균이 함유되어 있고, 공장 폐수에는 중금속 등 유독성이 강한 각종 유기용제가 함유되어 있으며, 생활폐기물과 섞여 이들이 하천이나 호수, 바다로 유입되어 수질을 오염시킬 경우 수중 생물의 번식을 방해하고, 때로는 해저에서 부패한 슬러지가 수중 생물에 유독한 가스를 발생시킴으로써 어패류를 집단 폐사시키기도 하고, 농경지의 용수로 이용할 경우 수은, 카드뮴, 납, 비소 등 유독한 성분이 토양에 축적되고 농작물에 흡수되어 토양 미생물의 분포를 변화시켜 식물 성장을 억제하거나 고사시키는 원인이 된다.

특히 오염된 수질을 취수 등 생활수로 이용할 경우 정화 처리할 때 염소소독 과정에서 발암성(發癌性)이 있는 트리할로메탄(trihalomethan)과 같은 소독부산물을 생성시켜 도시 급수에 섞여 나오게 되면 인체에 직접적인 영향을 줄 수도 있다.

이렇듯 환경 문제는 매우 심각하지만, 우리에게는 아직 기회가 있고, 환경 문제에 대하여 많은 관심을 가져야 한다. 여기서는, 산업현장에서 공통으로 문제가 되는 대기 환경(비산먼지)과 질병, 업무상 재해에 관하여 요점을 기술한다.

2. 대기 환경(비산먼지)

【관련법】

* 대기환경보전법 제43조(비산먼지의 규제)

* 대기환경보전법 제89~93조(벌칙)

* 시행규칙 제58조(비산먼지발생사업의 신고 등)

(1) 건설현장 비산먼지 발생 규제 대상(대기환경보전법 시행규칙 별표 13)

1) 건축물 축조 공사: 연면적 1,000제곱미터 이상 공사. 단, 굴정공사는 총연장 200미터 이상 또는 굴착 토사량 200세제곱미터 이상

2) 토목 공사: 구조물의 용적 합계가 1,000세제곱미터 이상, 또는 공사 면적 1,000제곱미터 이상 또는 총연장이 200미터 이상

3) 조경 공사: 면적의 합계가 5,000제곱미터 이상

4) 지반 공사 중 건축물 해체 공사, 토공사, 정지 공사: 연면적이 3,000제곱미터 이상, 단, 토공사 및 정지공사는 공사 면적의 합계 1,000제곱미터 이상(농지정리는 제외)

5) 농지 조성 및 농지 정리 공사의 경우 흙 쌓기(성토) 등을 위하여 운송 차량을 이용한 토사 반·출입이 함께 이루어지거나 농지 전용 등을 위한 토공사, 정지공사 등이 복합적으로 이루어지는 공사로써 공사 면적의 합계가 1,000제곱미터 이상인 공사

6) 도장 공사: 「공동주택관리법」에 따라 장기수선계획을 수립하는 공동주택에서 시행하는 건물 외부 도장 공사 등

비산먼지라 함은 일정한 배출구 없이 대기 중에 직접 배출되는 먼지를 말하며, 비산먼지의 발생을 억제하기 위한 필요한 조치 및 이행 사항은 법 제43조 제1항에서 규정하고 있다.

(2) 일반적으로 건설 현장에서 조치하고 있는 주요 내용

① 세륜 시설 설치   ② 고압살수기 설치

③ 휀스, 망 설치　　　　④ 살수차 확보　　　　⑤ 환경전담요원 배치 등

대기환경보전법 본문에서 비산먼지의 발생을 억제하기 위한 시설의 설치와 필요한 조치로 구분하고, 시행은 시행령과 시행규칙으로 위임하고 있는바, 시행규칙에서 정하고 있는 시설의 설치를 제외한, '필요한 조치사항 기준'은 질서를 유지하기 위한 하나의 기준을 설정하여 준수하도록 함으로써 비산먼지의 발생을 사전에 억제하려는 예방적 행정규범이라 하겠고, 이 기준을 위반하였을 경우에는 질서 위반에 대한 행정명령 또는 과태료 부과 대상이다.

여기서, 과태료는 행정질서 유지를 위하여 행정법규 위반이라는 객관적 사실에 대하여 과하여지는 제재의 수단으로서 금전벌이라는 점에서 단지 의무의 이행만을 요구하는 조치 이행명령보다 무겁다 하겠고, 벌금은 형벌이기 때문에 최후의 수단으로 과하여지는 벌칙으로 과태료에 비해 훨씬 더 무겁다 하겠다.

(3) 사업장 안의 통행 도로
살수와 관련하여 법령에서는 '통행 차량의 운행 기간 중 공사장 안의 통행 도로에 1일 1회 이상 살수할 것'을 의무화하고 있는바, 여기서 통행 도로라 함이 차량이 통행하는 도로교통법상 '도로'를 의미한다고 보아야 한다.
도로교통법상 도로의 정의는 다음과 같다.

① 도로법에 따른 도로
② 유료도로법에 따른 유료도로
③ 농어촌 도로정비법에 따른 도로
④ 그 밖에 현실적으로 불특정 다수의 사람 또는 차마가 통행할 수 있도록 공개된 장소로, 도로의 종류로는 고속국도, 일반국도, 특별시도, 지방도, 시도(市道), 군도, 구도 등이 있다.

그러므로 '사업장 안의 통행 도로'라 함은 사업장(건설 현장 포함) 내에서 불특정 다수의 사람 또는 차마가 통행할 수 있도록 공개된 장소를 말하므로 공개된 장소가 아닌 토사를 반출하는 작업 장소는 도로라고 할 수 없음에 유의하기 바란다.

다음으로 토사가 운반 과정에서 도로에 떨어진 경우에는 그로 인해 비산먼지가 어느 정도 발생하였는가의 문제로써, 도로에 떨어진 토사가 비산먼지로 발생하여 인근 주민이나 동식물이 피해를 입은 사실이 있는지 와는 별개의 문제이다.

관련법은 어디까지나 비산먼지의 발생 억제를 위한 사전 예방에 두고 있고, 인근 주민이나 동식물에 피해를 입고 안 입히고는 결과일 뿐, 결과에 대한 입증까지를 요구하는 것은 아니다.

이 때문에 비산먼지의 발생으로 인해 피해를 입을 우려가 있을 때를 전제로 하여 비산먼지 발생 기준을 설정하고, 발생을 사전에 억제하는 시설과 필요한 조치를 강제하는 것이다.

법 제92조 제5호 후단, 단서조항에서 토사의 운송에 대하여는【법 제43조 제1항을 위반하여 비산먼지의 발생을 억제하기 위한 시설을 설치하지 아니하거나 필요한 조치를 하지 아니한 자】에 대한 처벌 대상에서 운송사업주에게는 본조 적용을 제외하고 있음에 견주어 볼 때, 운송에 대한 책임의 귀속주체를 행위자로서의 자연인에게 두고 있는 것으로도 해석이 가능하므로, 이 부분은 다툼의 여지가 있어 별도 검토하여 정립하여 둘 필요가 있다.

(4) 법 위반에 대한 형사 처벌 기준

위반 사항	처벌 기준
① 비산먼지 발생 사업신고 미이행 및 비산먼지 발생 억제조치 미이행	300만 원 이하의 벌금(법 제43조)
② 무허가(변경 허가) 대기 배출 시설을 이용하여 조업한 자	7년 이하 징역 또는 1억 원 이하의 벌금(법 제23조)
③ 대기 배출 시설 설치신고 미이행	5년 이하 징역 또는 5천만 원 이하 벌금(법 제23조)
④ 대기 방지 시설 미설치	7년 이하의 징역 또는 1억 원 이하의 벌금(법 제26조)

⑤ 대기 방지 시설 미가동 및 공기 희석 배출 행위	7년 이하의 징역 또는 1억 원 이하의 벌금(법 제31조)
⑥ 공기 조절 장치 및 가지 배출관 설치 행위	5년 이하의 징역 또는 5천만 원 이하의 벌금(법 제31조)
⑦ 비상 가동으로 인한 배출 허용 기준 초과	7년 이하의 징역 또는 1억 원 이하의 벌금(법 제31조)
⑧ 측정기기 미부착, 측정 미작동, 측정기기 고의 훼손, 조작으로 측정결과 누락 및 거짓 측정	5년 이하의 징역 또는 5천만 원 이하의 벌금(법 제32조)

(5) 법 위반에 대한 행정벌 기준

① 대기 오염 물질 자가 측정 미이행 → 500만 원 이하의 과태료

② 배출 시설 방지 시설 운영일지 미보존 → 300만 원 이하의 과태료

③ 부식, 마모, 고장, 훼손 방지 → 200만 원 이하의 과태료

비산먼지 발생 사업장 관리 가이드라인(서울시)

구 분	이행요소	지 표	비 고
(가) 신고 및 시설 관련 법적 의무사항	비산먼지 발생 사업 신고	– 비산먼지 발생 사업 신고를 이행하였는지	세부 점검표에 의함
		– 신고사항과 설치시설이 일치하는지	
	비산먼지 발생 억제 시설에 관한 기준	– 비산먼지 발생 억제 시설에 관한 기준에 적합하게 시설을 설치하였는지	
		– 시설의 임의 철거 등 변경 사항은 없는지	
		– 설치된 시설은 정상적으로 운영하는지	
(나) 법에서 정하는 상당한 주의와 감독에 미치는 이행 관련 판단 기준	실질적 관리 감독	– 현장 사무실을 설치하고 운영하는지	
		– 현장을 관리 감독할 책임자가 지정되어 실제 활동하고 있는지	
		– 배출 공정별 설치된 시설의 가동을 위한 운영 인력이 배치되어 활동하는지	
	비산먼지 저감 매뉴얼	– 비산먼지 발생 억제를 위한 계획을 작성하고 실행 하는지(신고서 제출 시 작성한 계획서, 도면 등 활용) ■ 비산먼지 발생 억제 시설 설치 계획 ■ 해당 시설 관리 방안 ■ 소요 예산 등	
		– 억제 시설별 세부 점검표를 작성하는지 ■ 가동 기간 중 주기적인 점검 결과 보고	
		– 비산먼지 발생 억제를 위해 공정별로 필요한 교육을주기적으로 실시하는지 ■ 교육 일정, 교육대상, 내용 및 방법 ■ 교육 후 결과보고(참석명단, 교육사진 등)	
	상시 현장 점검	– 억제 시설에 대한 점검이 주기적으로 이루어지고 있는지	
		– 점검에 따라 위법, 미흡, 지적 사항 발생 시 조치는 하였는지 ■ 조치 계획, 조치 이행 결과 보고(사진 자료) 등	
	가이드 라인 입증	– 관련 문서 및 자료를 현장 사무실에 비치하였는지	
		– 적정 결재선을 유지하는지	
		– 현장 근무자가 비산먼지 발생을 억제하기 위한 내용을 주지하고 있는지(필요 시 관련자 공람 조치 등)	

(가)항은 대기환경보전법 제43조 제1항에 의함

(나)항은 대기환경보전법 제95조에 의하며 인력 운영, 교육·점검 주기 등 항목별 현장 여건에 따라 정함

이행요소	지 표		
	배출 공정	기 준	세 부 내 용
시설의 설치 및 필요한 조치	야 적	1-가	방진 덮개는 적정량 구비 여부
			1일 이상 보관 시 방진 덮개 조치 여부
		1-나	방진벽, 방진망(막) 설치 여부
			기준에 맞게 설치 여부
		1-다	물을 뿌리는 시설 설치 여부
			물을 뿌리는 시설 적정 운영 여부
	신기 및 내리기	2-가	고정식 또는 이동식 물을 뿌리는 시설의 설치 여부
			고정식 또는 이동식 물을 뿌리는 시설의 적정 운영 여부
			신기 및 내리기 작업 중 먼지가 다시 흩날리는지
		2-나	작업 중지 요건임에도 작업 중인 곳이 있는지
	수 송	3-가	적재함 덮개 설치 여부
			적재물이 외부에서 보이거나 흘림이 있는지
		3-나	적재함 상단으로부터 5㎝ 이하까지 적재되었는지
		3-다	도로가 비포장 사설도로인지
		3-라	1) 자동식 세륜 시설 설치 여부
			자동식 세륜 시설 적정 운영 여부
			2) 수조를 이용한 세륜 시설 설치 여부
			수조를 이용한 세륜 시설 적정 운영 여부
		3-마	측면 살수 시설 설치 여부
			측면 살수 시설 적정 운영 여부
		3-바	수송 차량의 세륜 및 측면 살수 후 운행 여부
		3-사	통행 차량은 적정하게 운행하는지
			통행 차량 운행으로 먼지가 흩날리는지
		3-아	공사장 안 통행 차량 이용도로의 1일 1회 이상 살수 여부
	그 밖의 공정	4-가	1) 바닥 청소, 벽체 연마 작업, 절단 작업, 분사 방식에 의한 도장 작업 시 방진막 등 설치 여부
			2) 철골 구조물 내화 피복 작업 시 먼지 발생량 적은 공법 사용 및 방진막 등 설치 여부
			3) 콘크리트 구조물 내부 돌출면 면 고르기 연마 작업 시 방진막 등 설치 여부
			4) 건물 내부 바닥 청결 유지 관리 여부
		4-나	건축물 축조 및 토목 공사장의 철 구조물 분사 방식에 의한 야외 도장 시 방진막 등 설치 여부
		4-다	건물 해체 작업 시 먼지가 공사장 밖으로 흩날리지 않도록 방진막 또는 방진벽 설치 여부

배출공정	시설의 설치 및 조치에 관한 기준
1. 야 적 (분체상 물질을 야적하는 경우에만 해당한다.)	가. 야적 물질을 1일 이상 보관하는 경우 방진 덮개를 덮을 것
	나. 야적 물질의 최고 저장 높이의 1/3 이상의 방진벽을 설치하고, 최고 저장 높이의 1.25배 이상의 방진망(막)을 설치할 것 다만, 건축물 축조 및 토목 공사장, 조경 공사장, 건축물 해체 공사장의 공사장 경계에는 높이 1.8m(공사장 부지 경계선으로부터 50m 이내에 주거·상가 건물이 있는 곳의 경우에는 3m) 이상의 방진벽을 설치하되, 둘 이상의 공사장이 붙어 있는 경우의 공동 경계면에는 방진벽을 설치하지 아니할 수 있다.
	다. 야적 물질로 인한 비산먼지 발생 억제를 위하여 물을 뿌리는 시설을 설치할 것(고철 야적장과 수용성 물질 등의 경우는 제외한다.)
	위와 같거나 그 이상의 효과를 가지는 시설
2. 싣기 및 내리기 (분체상 물질을 싣고 내리는 경우에만 해당한다.)	가. 싣거나 내리는 장소 주위에 고정식 또는 이동식 물을 뿌리는 시설(살수 반경 5m 이상, 수압 3kg/㎠ 이상)을 설치·운영하여 작업하는 중 다시 흩날리지 아니하도록 할 것
	나. 풍속이 평균초속 8m 이상일 경우에는 작업을 중지할 것
	위와 같거나 그 이상의 효과를 가지는 시설
3. 수 송 (토사의 운송업의 경우 가, 나, 바, 사의 경우에만 해당)	가. 적재함을 최대한 밀폐할 수 있는 덮개를 설치하여 적재물이 외부에서 보이지 아니하고 흩림이 없도록 할 것
	나. 적재함 상단으로부터 5㎝ 이하까지 적재물을 수평으로 적재할 것
	다. 도로가 비포장 사설도로인 경우 비포장 사설도로로부터 반지름 500m 이내에 10가구 이상의 주거 시설이 있을 때는 해당 마을로부터 반지름 1㎞ 이내의 경우에는 포장, 간이포장 또는 살수 등을 할 것
	라. 다음의 어느 하나에 해당하는 시설을 설치할 것 1) 자동식 세륜(洗輪) 시설 금속지지대에 설치된 롤러에 차바퀴에 닿게 한 후 전력 또는 차량의 동력을 이용하여 차바퀴를 회전시키는 방법으로 차바퀴에 묻은 흙 등을 제거할 수 있는 시설 2) 수조를 이용한 세륜 시설 – 수조의 넓이: 수송 차량의 1.2배 이상 – 수조의 깊이: 20센티미터 이상 – 수조의 길이: 수송차량 전체 길이의 2배 이상 – 수조수 순환을 위한 침전조 및 배관을 설치하거나 물을 연속적으로 흘려보낼 수 있는 시설을 설치할 것
	마. 다음 규격의 측면 살수 시설을 설치할 것 – 살수 높이: 수송 차량의 바퀴부터 적재함 하단부까지 – 살수 길이: 수송 차량 전체 길이의 1.5배 이상 – 살수압: 3kg/㎠ 이상

배출 공정	시설의 설치 및 조치에 관한 기준
4. 수 송 (토사의 운송업의 경우 가, 나, 바, 사 경우에만 해당)	바. 수송 차량은 세륜 및 측면 살수 후 운행하도록 할 것
	사. 먼지가 흩날리지 아니하도록 공사장 안의 통행 차량은 시속 20km 이하로 운행할 것
	아. 통행 차량의 운행 기간 중 공사장 안의 통행 도로에는 1일 1회 이상 살수할 것
	위와 같거나 그 이상의 효과를 가지는 시설
5. 그 밖의 공정	가. 건축물축조공사장에서는 먼지가 공사장 밖으로 흩날리지 아니하도록 다음과 같은 시설을 설치하거나 조치를 할 것 1) 비산먼지가 발생되는 작업(바닥청소, 벽체 연마 작업, 절단 작업, 분사 방식에 의한 도장 작업 등의 작업을 말한다.)을 할 때는 해당 작업 부위 혹은 해당 층에 대하여 방진막 등을 설치할 것. 다만, 건물 내부 공사의 경우 커튼 월(curtain wall) 및 창호 공사가 끝난 경우에는 그러하지 아니하다. 2) 철골 구조물의 내화 피복 작업 시에는 먼지 발생량이 적은 공법을 사용하고, 비산먼지가 외부로 확산되지 아니하도록 방진막 등을 설치할 것 3) 콘크리트 구조물의 내부 마감공사 시 거푸집 해체에 따른 조인트 부위 등 돌출면의 면 고르기 연마 작업 시에는 방진막 등을 설치하여 비산먼지 발생을 최소화할 것 4) 공사 중 건물 내부 바닥은 항상 청결하게 유지·관리하여 비산먼지 발생을 최소화할 것
	나. 건축물 축조 공사장 및 토목 공사장에서 철 구조물의 분사 방식에 의한 야외 도장 시 방진막 등을 설치할 것
	다. 건축물 해체 공사장에서 건물 해체 작업을 할 경우 먼지가 공사장 밖으로 흩날리지 아니하도록 방진막 또는 방진벽을 설치하고, 물 뿌림 시설을 설치하여 작업 시 물을 뿌리는 등 비산먼지 발생을 최소화할 것
	위와 같거나 그 이상의 효과를 가지는 시설

비고: 분체(粉體) 형태의 물질이란 토사, 석탄, 시멘트 등과 같은 정도의 먼지를 발생시킬 수 있는 물질을 말한다.
 ※ 출처: 서울시

【판례】

대기환경보전법에서 비산먼지 발생 신고의무자를 발주자로부터 최초 공사를 도급받은 자(원수급인)로 명시하고 있어 시설조치의무자와 신고의무자를 달리 볼 것은 아니라, 하도급에 의하여 공사를 하는 경우에도 시설조치의무와 의무 위반 시 처벌대상자는 최초수급인일 뿐 최초수급인으로부터 도급을 받은 자(하수급인)가 아니다. (대법원 2016. 12. 15. 선고 2014도8908 판결)

3. 질병과 업무상 재해

오늘날 우리 사회는 무한 경쟁 시대에서 살아가고 있고, 경쟁 구도는 기술의 발달로 고도 경제성장을 이룩하였지만, 그에 따른 산업 구조의 혁신과 변화 과정에서 우리는 과로와 스트레스에 항상 노출되고 있다.

우리의 인체 면역체계는 골수와 흉선에서 발달한 백혈구는 인체의 외부에서 침입하는 유해한 이물질, 즉 박테리아, 곰팡이, 바이러스 혹은 기생체를 발견하고 제거하는 기능을 담당한다. 면역 기능은 기본적으로 면역 유전자에 의하여 영향을 받고 외상이나 방사선, 영양 부족, 약물 사용, 온도, 나이 등도 영향을 주는 것으로 알려져 있는데, 최근 스트레스와 심리적 요인이 면역체계에 어떠한 영향을 미치는가에 관한 많은 연구가 이루어지고 있다.

각종 연구보고서에 의하면, 일반적으로 스트레스는 인체의 면역체계를 교란시키는 요인 중의 하나로 인정된다. 스트레스는 우리 몸에 있는 자연 살해 세포의 기능을 떨어뜨리고 면역체계의 일부를 교란시켜서 면역력을 떨어지게 하는 것으로 알려져 있다. 과로는 일반적으로 스트레스를 동반하고, 스트레스 또는 과로가 인체의 면역체계를 약화시킨다는 사실을 의학계에서도 인정하고 있다.

산업재해보상보험법이 정하는 업무상 재해가 되기 위해서는 업무와 질병 사이에 인과관계가 있어야 하지만, 질병의 주된 발생 원인이 업무 수행과 직접적인 관계가 없더라도 업무상 과로 등이 질병의 주된 발생 원인에 겹쳐서 질병을 유발 또는 악화시켰다면 거기에 인과관계가 있다고 보아야 할 것이고, 그 인과관계는 반드시 의학적·자연과학적으로 명백히 입증하여야 하는 것이 아니라 제반 사정을 고려하여 업무와 질병 사이에 상당 부분 인과관계가 있다고 추단되는 경우도 그 입증이 있다고 보아야 하며, 평소 정상적인 근무가 가능한 기초 질병이나 기존 질병이 직무의 과중 등이 원인이 되어 자연적인 진행 속도 이상으로 급격하게 악화된 때도 그 입증이 있는 경우에 포함되는 것이고, 업무와 질병 사이의 인과관계 유무는 보통 평균인이 아니라 당해 근로자의 건강과 신체 조건을 기준으로 판단한다.

현재까지 육체적 과로 또는 정신적 스트레스가 질환의 경과 및 악화와 직접적인 연관성이 있다거나 혹은 연관성이 없다고 제시한 신뢰성 있는 보고는 아직은 없는 것으로 보인다.

최근 법원의 판례는 업무와 질병 사이의 관계가 의학적으로 명확하지는 않더라도 근무환경 말고는 설명이 안 될 때 산업재해를 인정해야 한다는 전향적인 태도를 보이고 있고, 의학적인 입증 책임을 피해자한테 떠넘기는 행정 행위를 견제하려는 모습이 판례의 경향이다.

우리 사회는 직무와 관련된 스트레스의 적절한 관리가 중요한 문제로 등장하면서, 직무 스트레스가 직장인들의 심혈관계 또는 각종 질환에 미치는 영향에 대한 연구와 함께 그에 대한 사회적 차원에서의 대처 노력을 요구한다.

현재까지 과로 또는 스트레스가 각종 질환의 경과 및 악화와 직접적인 연관성이 있다거나 혹은 연관성이 없다고 제시한 신뢰성 있는 보고는 없다 하여 이를 산업재해의 영역 밖에 계속 방치하기보다는, 산업재해의 영역 내에서 현재의 의학 지식의 범위를 벗어나지 않는 범위 안에서 더욱 적극적, 규범적으로 접근할 필요성이 있다 할 것이고, 이러한 문제는 국민적·사회적 차원에서 전향적으로 검토해야 할 국가적 과제이다.

【판례】
질병의 주된 발생 원인이 업무 수행과 직접적인 관계가 없더라도 적어도 업무상의 과로나 스트레스가 질병의 주된 발생 원인에 겹쳐서 질병을 유발 또는 악화시켰다면 그 사이에 인과관계가 있다고 보아야 할 것이고, 그 인과관계는 반드시 의학적, 자연 과학적으로 명백히 입증하여야 하는 것은 아니고 제반 사정을 고려할 때 업무와 질병 사이에 상당 부분 인과관계가 있다고 추단되는 경우에도 그 입증이 있다고 보아야 하고(대법원 1998. 12. 8. 98두12642, 2001. 7. 27. 선고 2000두4538 판결 등 다수)

【판례】
평소에 정상적인 근무가 가능한 기초 질병이나 기존 질병이 직무의 과중 등이 원인이 되어 자연적인 진행 속도 이상으로 급격하게 악화된 때에도 그 입증이 된 경우에 포함된다 할 것이고, 나아가 업무와 질병과의 인과관계 유무는 보통 평균인이 아니라 당해 근로자의 건강과 신체 조건을 기준으로 판단하여야 할 것이다. (대법원 2010. 12. 9. 선고 2010두15803)

이하에서는 업무상 재해 인정 범위와 기준에 관하여 살펴보겠다.

(1) 주요 관련법

〈산업재해보상보험법〉

법 제37조(업무상의 재해의 인정 기준) ① 근로자가 다음 각 호의 어느 하나에 해당하는 사유로 부상·질병 또는 장해가 발생하거나 사망하면 업무상의 재해로 본다. 다만, 업무와 재해 사이에 상당인과관계(相當因果關係)가 없는 경우에는 그러하지 아니하다. (시행일 2018. 1. 1.)

1. 업무상 사고
   가. 근로자가 근로계약에 따른 업무나 그에 따르는 행위를 하던 중 발생한 사고
   나. 사업주가 제공한 시설물 등을 이용하던 중 그 시설물 등의 결함이나 관리 소홀로 발생한 사고

2. 업무상 질병
   가. 업무 수행 과정에서 물리적 인자(因子), 화학 물질, 분진, 병원체, 신체에 부담을 주는 업무 등 근로자의 건강에 장해를 일으킬 수 있는 요인을 취급하거나 그에 노출되어 발생한 질병
   나. 업무상 부상이 원인이 되어 발생한 질병
   다. 그 밖에 업무와 관련하여 발생한 질병

3. 출퇴근 재해
   가. 사업주가 제공한 교통수단이나 그에 준하는 교통수단을 이용하는 등 사업주의 지배관리하에서 출퇴근하는 중 발생한 사고
   나. 그 밖에 통상적인 경로와 방법으로 출퇴근하는 중 발생한 사고
      ② 근로자의 고의·자해 행위나 범죄 행위 또는 그것이 원인이 되어 발생한 부상, 질병, 장해 또는 사망은 업무상의 재해로 보지 아니한다. 다만, 그 부상·질병·장해 또는 사망이 정상적인 인식 능력 등이 뚜렷하게 저하된 상태에서 한 행위로 발생한 경우로서 대통령령으로 정하는 사유가 있으면 업무상의 재해로 본다.
      ③ 제1항 제3호 나목의 사고 중에서 출퇴근 경로 일탈 또는 중단이 있는 경우에는 해당 일탈 또는 중단 중의 사고 및 그 후의 이동 중의 사고에 대하여는 출퇴근 재해로 보지 아니한다. 다만, 일탈 또는 중단이 일상생활에 필요한 행위로서 대통령령으로 정하는 사유가 있는 경우에는 출퇴근 재해로 본다.

④ 출퇴근 경로와 방법이 일정하지 아니한 직종으로 대통령령으로 정하는 경우에는 제1항 제3호 나목에 따른 출퇴근 재해를 적용하지 아니한다.

⑤ 업무상의 재해의 구체적인 인정 기준은 대통령령으로 정한다.

〈시행령〉

제27조(업무 수행 중의 사고)

① 근로자가 다음 각 호의 어느 하나에 해당하는 행위를 하던 중에 발생한 사고는 법 제37조 제1항 제1호 가목에 따른 업무상 사고로 본다.

1. 근로 계약에 따른 업무 수행 행위

2. 업무 수행 과정에서 하는 용변 등 생리적 필요 행위

3. 업무를 준비하거나 마무리하는 행위, 그 밖에 업무에 따르는 필요적 부수 행위

4. 천재지변·화재 등 사업장 내에 발생한 돌발적인 사고에 따른 긴급 피난·구조 행위 등 사회 통념상 예견되는 행위

② 근로자가 사업주의 지시를 받아 사업장 밖에서 업무를 수행하던 중에 발생한 사고는 법 제37조 제1항 제1호 가목에 따른 업무상 사고로 본다. 다만, 사업주의 구체적인 지시를 위반한 행위, 근로자의 사적(私的) 행위 또는 정상적인 출장 경로를 벗어났을 때 발생한 사고는 업무상 사고로 보지 않는다.

③ 업무의 성질상 업무 수행 장소가 정해져 있지 않은 근로자가 최초로 업무 수행 장소에 도착하여 업무를 시작한 때부터 최후로 업무를 완수한 후 퇴근하기 전까지 업무와 관련하여 발생한 사고는 법 제37조 제1항 제1호 가목에 따른 업무상 사고로 본다.

제28조(시설물 등의 결함 등에 따른 사고)

① 사업주가 제공한 시설물, 장비 또는 차량 등(이하 이 조에서 '시설물 등'이라 한다.)의 결함이나 사업주의 관리 소홀로 발생한 사고는 법 제37조 제1항 제1호 나목에 따른 업무상 사고로 본다.

② 사업주가 제공한 시설물 등을 사업주의 구체적인 지시를 위반하여 이용한 행위로 발생한 사고와 그 시설물 등의 관리 또는 이용권이 근로자의 전속적 권한에 속하는 경우에 그 관리 또는 이용 중에 발생한 사고는 법 제37조 제1항 제1호 나목에 따른 업무상 사고로 보지 않는다.

제30조(행사 중의 사고)

운동경기·야유회·등산대회 등 각종 행사(이하 '행사'라 한다.)에 근로자가 참가하는 것이 사회 통념상 노무 관리 또는 사업 운영상 필요하다고 인정되는 경우로서 다음 각 호의 어느 하나에 해당하는 경우에 근로자가 그 행사에 참가(행사 참가를 위한 준비·연습을 포함한다.)하여 발생한 사고는 법 제37조 제1항 제1호 라목에 따른 업무상 사고로 본다.

1. 사업주가 행사에 참가한 근로자에 대하여 행사에 참가한 시간을 근무한 시간으로 인정하는 경우
2. 사업주가 그 근로자에게 행사에 참가하도록 지시한 경우
3. 사전에 사업주의 승인을 받아 행사에 참가한 경우
4. 그 밖에 제1호부터 제3호까지의 규정에 준하는 경우로서 사업주가 그 근로자의 행사 참가를 통상적·관례적으로 인정한 경우

제31조(특수한 장소에서의 사고)

사회 통념상 근로자가 사업장 내에서 할 수 있다고 인정되는 행위를 하던 중 태풍·홍수·지진·눈사태 등의 천재지변이나 돌발적인 사태로 발생한 사고는 근로자의 사적 행위, 업무 이탈 등 업무와 관계없는 행위를 하던 중에 사고가 발생한 것이 명백한 경우를 제외하고는 법 제37조 제1항 제1호 바목에 따른 업무상 사고로 본다.

제32조(요양 중의 사고)

업무상 부상 또는 질병으로 요양을 하고 있는 근로자에게 다음 각 호의 어느 하나에 해당하는 사고가 발생하면 법 제37조 제1항 제1호 바목에 따른 업무상 사고로 본다.
1. 요양 급여와 관련하여 발생한 의료 사고
2. 요양 중인 산재 보험 의료 기관(산재 보험 의료 기관이 아닌 의료 기관에서 응급 진료 등을 받는 경우에는 그 의료기관을 말한다. 이하 이 조에서 같다.) 내에서 업무상 부상 또는 질병의 요양과 관련하여 발생한 사고
3. 업무상 부상 또는 질병의 치료를 위하여 거주지 또는 근무지에서 요양 중인 산재 보험 의료 기관으로 통원하는 과정에서 발생한 사고

제33조(제3자의 행위에 따른 사고)

제3자의 행위로 근로자에게 사고가 발생한 경우에 그 근로자가 담당한 업무가 사회 통념상 제3자의 가해 행위를 유발할 수 있는 성질의 업무라고 인정되면 그 사고는 법 제37조 제1항 제1호 바목에 따른 업무상 사고로 본다.

제34조(업무상 질병의 인정 기준)

① 근로자가 「근로기준법 시행령」 제44조 제1항 및 같은 법 시행령 별표 5의 업무상 질병의 범위에 속하는 질병에 걸린 경우(임신 중인 근로자가 유산·사산 또는 조산한 경우를 포함한다. 이하 이 조에서 같다.) 다음 각 호의 요건 모두에 해당하면 법 제37조 제1항 제2호 가목에 따른 업무상 질병으로 본다.

   1. 근로자가 업무 수행 과정에서 유해·위험 요인을 취급하거나 유해·위험 요인에 노출된 경력이 있을 것
   2. 유해·위험 요인을 취급하거나 유해·위험 요인에 노출되는 업무 시간, 그 업무에 종사한 기간 및 업무 환경 등에 비추어 볼 때 근로자의 질병을 유발할 수 있다고 인정될 것.
   3. 근로자가 유해·위험 요인에 노출되거나 유해·위험 요인을 취급한 것이 원인이 되어 그 질병이 발생하였다고 의학적으로 인정될 것

② 업무상 부상을 입은 근로자에게 발생한 질병이 다음 각 호의 요건 모두에 해당하면 법 제37조제1항 제2호 나목에 따른 업무상 질병으로 본다.

   1. 업무상 부상과 질병 사이의 인과관계가 의학적으로 인정될 것
   2. 기초질환 또는 기존 질병이 자연발생적으로 나타난 증상이 아닐 것

③ 제1항 및 제2항에 따른 업무상 질병(진폐증은 제외한다)에 대한 구체적인 인정 기준은 별표 3과 같다.
④ 공단은 근로자의 업무상 질병 또는 업무상 질병에 따른 사망의 인정 여부를 판정할 때에는 그 근로자의 성별, 연령, 건강 정도 및 체질 등을 고려하여야 한다.

제35조(출·퇴근 중의 사고)

① 근로자가 출·퇴근하던 중에 발생한 사고가 다음 각 호의 요건에 모두 해당하면 법 제37조제1항제3호가목에 따른 출퇴근 재해로 본다.

   1. 사업주가 출·퇴근용으로 제공한 교통수단이나 사업주가 제공한 것으로 볼 수 있는 교통수단을 이용하던 중에 사고가 발생하였을 것
   2. 출·퇴근용으로 이용한 교통수단의 관리 또는 이용권이 근로자 측의 전속적 권한에 속하지 아니하였을 것

② 법 제37조제3항 단서에서 "일상생활에 필요한 행위로서 대통령령으로 정하는 사유"란 다음 각 호의 어느 하나에 해당하는 경우를 말한다.

1. 일상생활에 필요한 용품을 구입하는 행위
2. 「고등교육법」 제2조에 따른 학교 또는 「직업교육훈련 촉진법」 제2조에 따른 직업교육 훈련기관에서 직업능력 개발향상에 기여할 수 있는 교육이나 훈련 등을 받는 행위
3. 선거권이나 국민투표권의 행사
4. 근로자가 사실상 보호하고 있는 아동 또는 장애인을 보육기관 또는 교육 기관에 데려주거나 해당 기관으로부터 데려오는 행위
5. 의료기관 또는 보건소에서 질병의 치료나 예방을 목적으로 진료를 받는 행위
6. 근로자의 돌봄이 필요한 가족 중 의료기관 등에서 요양 중인 가족을 돌보는 행위
7. 제1호부터 제6호까지의 규정에 준하는 행위로서 고용노동부장관이 일상생활에 필요한 행위라고 인정하는 행위[본조신설 시행일 2018.1.1.]

제35조의2(출퇴근재해 적용제외 직종 등)
법 제37조제4항에서 "출퇴근 경로와 방법이 일정하지 아니한 직종으로 대통령령으로 정하는 경우"란 다음 각 호의 어느 하나에 해당하는 직종에 종사하는 사람(법 제124조에 따라 자기 또는 유족을 보험급여를 받을 수 있는 자로 하여 보험에 가입한 사람으로서 근로자를 사용하지 아니하는 사람을 말한다)이 본인의 주거지에 업무에 사용하는 자동차 등의 치고지를 보유하고 있는 경우를 말한다.

1. 「여객자동차 운수사업법」 제3조제1항제3호에 따른 수요응답형 여객자동차운송사업
2. 「여객자동차 운수사업법 시행령」 제3조제2호라목에 따른 개인택시운송 사업
3. 제122조제1항제2호라목에 해당하는 사람이 수행하는 배송 업무

제36조(자해행위에 따른 업무상의 재해의 인정기준)
법 제37조제2항 단서에서 "대통령령으로 정하는 사유"란 다음 각 호의 어느 하나에 해당하는 경우를 말한다.

1. 업무상의 사유로 발생한 정신질환으로 치료를 받았거나 받고 있는 사람이 정신적 이상 상태에서 자해행위를 한 경우
2. 업무상의 재해로 요양 중인 사람이 그 업무상의 재해로 인한 정신적 이상 상태에서 자해행위를 한 경우
3. 그 밖에 업무상의 사유로 인한 정신적 이상 상태에서 자해행위를 하였다는 것이 의학적으로 인정되는 경우

제37조(사망의 추정)

① 법 제39조제1항에 따라 사망으로 추정하는 경우는 다음 각 호의 어느 하나에 해당하는 경우로 한다.

    1. 선박이 침몰·전복·멸실 또는 행방불명되거나 항공기가 추락·멸실 또는 행방불명되는 사고가 발생한 경우에 그 선박 또는 항공기에 타고 있던 근로자의 생사가 그 사고 발생일부터 3개월간 밝혀지지 아니한 경우

    2. 항행 중인 선박 또는 항공기에 타고 있던 근로자가 행방불명되어 그 생사가 행방불명된 날부터 3개월간 밝혀지지 아니한 경우

    3. 천재지변, 화재, 구조물 등의 붕괴, 그 밖의 각종 사고의 현장에 있던 근로자의 생사가 사고 발생일부터 3개월간 밝혀지지 아니한 경우

② 제1항에 따라 사망으로 추정되는 사람은 그 사고가 발생한 날 또는 행방불명된 날에 사망한 것으로 추정한다.

③ 제1항 각 호의 사유로 생사가 밝혀지지 아니하였던 사람이 사고가 발생한 날 또는 행방불명된 날부터 3개월 이내에 사망한 것이 확인되었으나 그 사망 시기가 밝혀지지 아니한 경우에도 제2항에 따른 날에 사망한 것으로 추정한다.

④ 보험가입자는 제1항 각 호의 사유가 발생한 때 또는 사망이 확인된 때(제3항에 따라 사망한 것으로 추정하는 때를 포함한다)에는 지체 없이 공단에 근로자 실종 또는 사망확인의 신고를 하여야 한다.

⑤ 법 제39조제1항에 따라 보험급여를 지급한 후에 그 근로자의 생존이 확인되면 보험급여를 받은 사람과 보험가입자는 그 근로자의 생존이 확인된 날부터 15일 이내에 공단에 근로자 생존확인신고를 하여야 한다.

⑥ 공단은 근로자의 생존이 확인된 경우에 보험급여를 받은 사람에게 법 제39조제2항에 따른 금액을 낼 것을 알려야 한다.

⑦ 제6항에 따른 통지를 받은 사람은 그 통지를 받은 날부터 30일 이내에 통지받은 금액을 공단에 내야 한다.

(근로기준법 시행령)

1. 근로기준법 시행령 제44조제1항

① 법 제 72조 제 2항에 따른 업무상 질병과 요양의 범위는 별표 5와 같다.

2. 근로기준법 시행령 별표 5 "업무상 질병의 범위"

가. 업무상 부상으로 인한 질병

나. 물리적 요인으로 인한 질병

    1) 엑스선, 감마선, 자외선 및 적외선 등 유해방사선으로 인한 질병

    2) 덥고 뜨거운 장소에서 하는 업무 또는 고열물체를 취급하는 업무로 인한 일사병, 열사병 및 화상 등의 질병

    3) 춥고 차가운 장소에서 하는 업무 또는 저온물체를 취급하는 업무로 인한 동상 및 저체온증 등의 질병

    4) 이상기압(異常氣壓) 하에서의 업무로 인한 감압병(減壓病) 등의 질병

    5) 강렬한 소음으로 인한 귀의 질병

    6) 착암기(鑿巖機) 등 진동이 발생하는 공구를 사용하는 업무로 인한 질병

    7) 지하작업으로 인한 안구진탕증

다. 화학적 요인으로 인한 질병

    1) 분진이 발생하는 장소에서의 업무로 인한 진폐증 등의 질병

    2) 검댕·광물유·옻·타르·시멘트 등 자극성 성분, 알레르겐 성분 등으로 인한 봉와직염, 그 밖의 피부질병

    3) 아연 등의 금속흄으로 인한 금속열(金屬熱)

    4) 산, 염기, 염소, 불소 및 페놀류 등 부식성 또는 자극성 물질에 노출되어 발생한 화상, 결막염 등의 질병

    5) 다음의 물질이나 그 화합물로 인한 중독 또는 질병

        납, 수은, 망간, 비소, 인, 카드뮴, 시안화수소.

    6) 다음의 물질로 인한 중독 또는 질병

        크롬·니켈·알루미늄·코발트, 유기주석, 이산화질소·아황산가스, 황화수소, 이황화탄소, 일산화탄소, 벤젠 또는 벤젠의 동족체와 그 니트로 및 아미노 유도체, 유기용제, 외의 지방족 또는 방향족의 탄화수소화합물, 기타 화학적 요인 외의 독성 물질, 극성 물질, 그 밖의 유해화학물질.

라. 생물학적 요인으로 인한 질병
   1) 환자의 검진, 치료 및 간호 등 병원체에 감염될 우려가 있는 업무로 인한 감염성 질병
   2) 습한 곳에서의 업무로 인한 렙토스피라증
   3) 옥외작업으로 인한 쯔쯔가무시증, 신증후군(腎症候群) 출혈열
   4) 동물 또는 그 사체, 짐승의 털·가죽, 그 밖의 동물성 물체, 넝마 및 고물 등을 취급하는 업무로 인한 탄저, 단독(丹毒) 등의 질병

마. 직업성 암
   검댕, 콜타르, 콜타르피치, 정제되지 않은 광물유, 6가 크롬 또는 그 화합물, 염화비닐, 벤젠, 석면, B형 또는 C형 간염바이러스, 엑스선 또는 감마선 등의 전리방사선, 비소 또는 그 무기 화합물, 니켈 화합물, 카드뮴 또는 그 화합물, 베릴륨 또는 그 화합물, 목재 분진, 벤지딘, 베타나프틸아민, 결정형 유리규산, 포름알데히드, 1,3-부타디엔, 라돈-222, 또는 그 붕괴물질, 산화에틸렌 및 스프레이 도장 업무 등 발암성 요인으로 인한 암

바. 무리한 힘을 가해야 하는 업무로 인한 내장탈장, 영상표시단말기(VDT) 취급 등 부적절한 자세를 유지하거나 반복 동작이 많은 업무 등 근골격계에 부담을 주는 업무로 인한 근골격계 질병

사. 업무상 과로 등으로 인한 뇌혈관 질병 또는 심장 질병

아. 업무와 관련하여 정신적 충격을 유발할 수 있는 사건으로 인한 외상후 스트레스장애

자. 가목부터 아목까지에서 규정한 질병 외에 「산업재해보상보험법」 제8조에 따른 산업재해보상보험 및 예방심의위원회의 심의를 거쳐 고용노동부 장관이 지정하는 질병

차. 그 밖에 가목부터 자목까지에서 규정한 질병 외에 업무로 인한 것이 명확한 질병

한편,
① 분진 작업에 노출되어 발생하는 만성폐쇄성폐질환을 명문화하여 진폐에 해당되지 않는 경우에도 적정한 보상을 받을 수 있도록 하였고

② 정신질환 중 발병의 연관성이 확인되는 '외상 후 스트레스장애'를 인정 기준에 포함

③ 근골격계 질병의 경우, 연령에 따른 자연경과적인 변화가 신체부담 업무로 인하여 더욱 빨라진 경우도 업무상 질병으로 인정하도록 명문화

④ 또한, 인정 기준에 명시되지 않은 유해 물질 및 질병이라도 개별적 업무 관련성 평가를 통해 업무상 질병으로 인정할 수 있도록 하는 근거 규정(포괄 조항) 명시

⑤ 산재보험법 시행령의 업무상 질병 인정 기준의 분류 방식을 현행 유해 요인별 체계에서 질병 계통별로 개편하여 재해 근로자와 담당 의사 등 업무 관련자가 좀 더 쉽게 활용할 수 있도록 한 점 등은 진일보한 것이다.

(2) 혈관계 질환

현대인에게 많이 나타나는 질병 중 혈관계 질병은 뇌 또는 심장혈관이 막히거나 터져서 발생하는 질병이다. 이 같은 혈관계 질병은 의학적으로 고혈압, 고지혈증, 협심증, 심근경색증, 해리성 대동맥류 경화와 같은 기초 질병이 서서히 진행·악화되는 자연 경과적 변화를 거치는 것이 일반적이지만, 직업상 과로와 스트레스에 노출될 경우 기초 질병 유무와는 상관없이 나타나는 경우가 매우 흔하다.

고혈압이란, 심장이 수축하거나 이완할 때 혈액이 혈관 벽에 가하는 압력을 혈압이라고 하며, 혈압이 정상 수치보다 높은 상태를 고혈압이라고 하고, 고혈압은 유전 이외에도 음주, 흡연, 운동 부족, 과로와 스트레스, 잘못된 생활 습관 등이 유해 인자로 평가된다.

고지혈증은 혈액 내에 필요 이상으로 많은 지방 성분이 존재하면서 혈관 벽에 쌓이는 상태를 말하며, 콜레스테롤과 지방이 동맥 내벽에 침착되어 동맥 내벽이 두꺼워지고 굳어져서 탄력을 잃게 된 상태를 동맥 경화증이라고 한다.

동맥 경화증은 별다른 초기 증상이 나타나지 않지만, 진행 정도에 따라 어지러움, 두통 등의 증상이 나타나고, 심할 경우 뇌졸중이나 심장 마비로 생명을 잃을 수도 있다. 고지혈

증과 동맥 경화증을 예방하려면 지방과 콜레스테롤 함량이 많은 식품의 섭취를 줄이고, 흡연과 스트레스를 줄여야 한다.

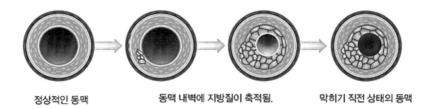

정상적인 동맥　　　　동맥 내벽에 지방질이 축적됨.　　　　막히기 직전 상태의 동맥

산업재해보상보험법 시행령 별표 3 제1호 '가'목 2)의 인정 기준

가. 다음 어느 하나에 해당하는 원인으로 뇌실질내출혈(腦實質內出血), 지주막하출혈(蜘蛛膜下出血), 뇌경색, 심근경색증, 해리성 대동맥류가 발병한 경우에는 업무상 질병으로 본다. 다만, 자연발생적으로 악화되어 발병한 경우에는 업무상 질병으로는 보지 않는다.

  1) 업무와 관련한 돌발적이고 예측 곤란한 정도의 긴장·흥분·공포·놀람 등과 급격한 업무 환경의 변화로 뚜렷한 생리적 변화가 생긴 경우

  2) 업무의 양·시간·강도·책임 및 업무 환경의 변화 등으로 발병 전 단기간 동안 업무상 부담이 증가하여 뇌혈관 또는 심장혈관의 정상적인 기능에 뚜렷한 영향을 줄 수 있는 육체적·정신적인 과로를 유발한 경우

  3) 업무의 양·시간·강도·책임 및 업무 환경의 변화 등에 따른 만성적인 과중한 업무로 뇌혈관 또는 심장혈관의 정상적인 기능에 뚜렷한 영향을 줄 수 있는 육체적·정신적인 부담을 유발한 경우

나. 가목에 규정되지 않은 뇌혈관 질병 또는 심장 질병의 경우에도 그 질병의 유발 또는 악화가 업무와 상당한 인과관계가 있음이 시간적·의학적으로 명백하면 업무상 질병으로 본다.

다. 가목 및 나목에 따른 업무상 질병 인정 여부 결정에 필요한 사항은 고용노동부장관이 정하여 고시한다.

업무상 과로로 인하여 뇌심혈관질환이 발생한 경우는 다른 업무상 질병과 같은 기준으로 의학적 인과관계가 입증되는 것을 요구한다면, 그 입증이 매우 어렵고 거의 불가능한 경우가 대부분이다. 그렇기 때문에 산업재해보상보험법 등 관련 법규에서도 업무의 양, 시간, 강도 등을 고려하여 업무상 질병으로 인정할지 여부를 결정한다.

그런데, 업무의 양, 시간, 강도 등을 획일적으로 정하여 무 자르듯이 판단할 수도 없기 때문에 그동안 혈관계 질환의 증가 추이, 및 과거 산재보험 청구 심사자료 분석을 통해 얻어진 지표로 근로 시간을 과로의 가이드라인으로 설정하여 운영하고 있다.

고용노동부는 고시를 통해 뇌혈관 질병에 대하여 발병 전 24시간, 발병 전 1주일, 발병 3개월 이상의 연속적 과로로 나누어 급격한 업무 환경의 변화, 단기간 업무상 부담의 증가, 연속적인 과중한 육체적, 정신적 부담 발생 등의 업무적 요인을 토대로 업무상 질병으로 인정하는 기준을 제시하여 왔다.

업무상 과로로 질병이 발생하였는지를 인정함에 있어서 시간을 기준으로 고려할 경우에는 급성 과로, 단기간 과로, 만성 과로 세 가지로 나누어 볼 수 있다.

1) 급성 과로

뇌심혈관질환의 발생 시기가 과도한 스트레스성 사건으로부터 적어도 24시간 이내에 발생한 경우 급성 스트레스성 과로에 해당하며, 급성 과로는 업무와 관련하여 돌발적이고 예측 곤란한 정도의 긴장, 흥분, 공포 등 급격한 업무 환경의 변화로 인하여 뚜렷한 생리적 변화가 생긴 경우이고,

2) 단기간 과로

뇌심혈관질환 발생 직전의 1주일간 근로 시간이 60시간을 초과하는 경우를 의미한다.

3) 만성 과로

뇌심혈관질환 발생 직전 약 3개월 이상 연속된 과로로 육체적 정신적 피로가 누적되어 발생한 과로이며, 만성 과로는 3개월 이상 기간 동안 주당 52시간(월 평균 225시간) 이상 근무한 것 또는 휴일이 월 2일 미만인 경우로 볼 수 있는데, 주당 52시간은 근로기준법에서 정한 최고 근로 시간에 해당한다. 또한, 과로를 일으키는 근로 시간

을 검토하는 데에는 야간 근로 여부도 중요한 요인이 된다.

과로와 관련한 대부분의 연구에서 야간 근무 및 교대 근무는 동일한 시간을 근무해도 피로를 더 많이 느끼고, 생리적 변화를 초래한다고 보고하였다.

따라서, 야간 근무자 또는 교대 근무자와 과로가 함께할 경우에는 근로 시간 기준을 적용하는 데 있어 근로 시간을 가중하는 등의 특별한 고려가 있어야 한다.

* 뇌심혈관계질환 과로 기준에 관한 학계의 연구 사례(주관: 연세대학교 2008. 11.)

업무상 뇌심혈관질환은 다른 업무상질환과는 달리 명백한 의학적 인과관계를 입증하는 것은 매우 어렵고, 불가능한 경우가 대부분이다. 이 업무상 뇌심혈관 질병은 의학적 타당성과 사회적 요구가 어우러져 인정되어왔기 때문에 사회적 요구와 시대적 상황이 변하면 언제든지 변할 수 있다고 생각된다. 따라서 뇌심혈관질환의 인정기준은 의학적 타당성과 함께 현재의 사회적 요구와 상황이 반영될 수 있어야 한다고 생각된다.

산업재해보상보험법 시행령에 정해진 업무상 뇌심혈관질환 인정기준의 과로 및 스트레스에 대한 업무상 과로를 정의하는데 있어 업무의 양, 시간, 강도와 함께 개인적 조건이 고려되어야 하지만, 업무적 양이나 강도는 개인의 능력과 상황에 따라 달라질 수 있고, 주관적이고 정량화가 어렵다. 본 연구는 과로에 대한 정량적인 기준에 대한 연구를 위해서 업무상질병 인정기준에서 정의한 급성과도한 스트레스성 사건, 단기간 한시적 과로, 만성과로의 기준을 업무 시간을 중심으로 정의하였다.

업무와 관련한 돌발적이고 예측 곤란한 정도의 긴장·흥분·공포·놀람 등과 급격한 업무환경의 변화로, 뚜렷한 생리적 변화가 생긴 경우, 눈 업무와 관련 뚜렷한 생리적 변화가 동반되는 사건이 있음을 말하고, 이런 사건으로 인한 생리적 변화가 뇌심혈관질환의 발생에 영향을 주어야 함을 의미한다. 따라서 이러한 사건은 뇌심혈관질환의 발생에 근접할수록 관련성이 높다고 볼 수 있으며, 적어도 24시간 이내에 발생해야 한다. 또한, 근로자에게 정신적 육체적 스트레스가 현저한 생리적 변화로 나타날 수 있어야 함을 의미한다. 예를 들어 이에 준하는 정도의 사건이 해당한다고 생각된다.

업무의 양·시간·강도·책임 및 업무환경의 변화 등으로 발병 전 단기간 동안 업무상 부담이 증가하여 뇌혈관 또는 심장혈관의 정상적인 기능에 뚜렷한 영향을 줄 수 있는 육체적·

정신적인 과로를 유발한 경우는 단기간 동안의 과로가 뇌혈관 또는 심장혈관의 기능에 영향을 주는 것을 의미하는데, 여기서 단기적 과로의 시간적 정의는 뇌심질환발생 직전의 1주일간 근로시간이 60시간을 초과하는 경우로 정의하였다.

이 60시간은 문헌 고찰에서 나타난 하루 11시간 이상 근무한 근로자의 심근경색 발생 위험이 2.94배 증가한 것, 주당 60시간 이상 일한 근로자의 심근경색증이 1.94배 증가한 것, 및 과거 산재보험 청구 심사자료 분석에서 나타난 승인과 불승인의 의미 있는 차이를 두는 시간에 근거하였다.

그러나, 뇌심질환질병 발생 1주일 전의 근로시간이 60시간을 초과하였거나 반대로 60시간을 근무하지 않았더라도 근무시간이 절대적 기준은 아니며, 업무상 관련성은 업무의 양이나 강도 및 책임의 정도를 고려하여 판단하여야 한다.

업무의 양·시간·강도·책임 및 업무환경의 변화 등에 따른 만성적인 과중한 업무로 뇌혈관 또는 심장질환의 정상적인 기능에 뚜렷한 영향을 줄 수 있는 육체적·정신적인 부담을 유발한 경우의 만성적 과중한 업무는 3개월 이상 연속되는 과로로 육체적·정신적 과로가 누적되어 발생하는 경우로, 만성과로로 인한 고혈압 등 생리적 변화가 뇌심혈관질환의 원인이 된것을 말한다.

여기서 만성과로는 문헌고찰 결과에 따라 3개월 이상 기간 동안 주당 50시간(월 평균 225시간)이상 근무한 것 또는 휴일이 월 2일 미만인 경우로 정의하였다. 주당 52시간은 근로기준법에서 정한 최고 근로시간에 해당하며, 이에 해당하는 근로자는 전체의 15.6%에 해당한다. 그러나, 만성과로는 이러한 시간적 기준이 절대적인 것은 아니며, 업무 관련성을 평가할 때는 시간 기준뿐만 아니라 업무의 양, 강도 및 책임 등을 고려해서 판단해야 한다.

(3) 근골격계 질환

근골격계 질환은 근육, 신경, 건, 인대, 뼈와 주변 조직 등에 발생하는 통증 또는 손상을 말하며, 고용노동부 고시 제2020-12호(근골격계 부담 작업의 범위 및 유해 요인조사 방법)에 따라 3년마다 유해 요인 조사를 실시하여야 한다.

산업재해보상보험법 시행령 별표 3 제2호

가. 업무에 종사한 기간과 시간, 업무의 양과 강도, 업무 수행 자세와 속도, 업무 수행 장소의 구조 등이 근골격계에 부담을 주는 업무(이하 '신체부담업무'라 한다.)로서 다음 어느 하나에 해당하는 업무에 종사한 경력이 있는 근로자의 팔, 다리 또는 허리 부분에 근골격계 질병이 발생하거나 악화된 경우에는 업무상 질병으로 본다. 다만, 업무와 관련이 없는 다른 원인으로 발병한 경우에는 업무상 질병으로 보지 않는다.

 1) 반복 동작이 많은 업무
 2) 무리한 힘을 가해야 하는 업무
 3) 부적절한 자세를 유지하는 업무
 4) 진동 작업
 5) 그 밖에 특정 신체 부위에 부담되는 상태에서 하는 업무

나. 신체부담업무로 인하여 기존 질병이 악화되었음이 의학적으로 인정되면 업무상 질병으로 본다.

다. 신체부담업무로 인하여 연령 증가에 따른 자연경과적 변화가 더욱 빠르게 진행된 것이 의학적으로 인정되면 업무상 질병으로 본다.

라. 신체부담업무의 수행 과정에서 발생한 일시적인 급격한 힘의 작용으로 근골격계 질병이 발병하면 업무상 질병으로 본다.

마. 신체부위별 근골격계 질병의 범위, 신체부담업무의 기준, 그 밖에 근골격계 질병의 업무상 질병 인정 여부 결정에 필요한 사항은 고용노동부장관이 정하여 고시한다.

(4) 직업성 암

산업재해보상보험법 시행령 별표 3 제10호

가. 석면에 노출되어 발생한 폐암, 후두암으로 다음의 어느 하나에 해당하며 10년 이상 노출되어 발생한 경우
    1) 흉막반 또는 미만성 흉막비후와 동반된 경우
    2) 조직검사 결과 석면소체 또는 석면섬유가 충분히 발견된 경우

나. 석면폐증과 동반된 폐암, 후두암, 악성중피종

다. 직업적으로 석면에 노출된 후 10년 이상 경과하여 발생한 악성중피종

라. 석면에 10년 이상 노출되어 발생한 난소암

마. 니켈 화합물에 노출되어 발생한 폐암 또는 비강·부비동(副鼻洞)암

바. 콜타르피치(10년 이상 노출된 경우에 해당한다.), 라돈-222 또는 그 붕괴 물질(지하 등 환기가 잘되지 않는 장소에서 노출된 경우에 해당한다.), 카드뮴 또는 그 화합물, 베릴륨 또는 그 화학물, 6가 크롬 또는 그 화합물 및 결정형 유리규산에 노출되어 발생한 폐암

사. 검댕에 노출되어 발생한 폐암 또는 피부암

아. 콜타르(10년 이상 노출된 경우에 해당한다.), 정제되지 않은 광물유에 노출되어 발생한 피부암

자. 비소 또는 그 무기화합물에 노출되어 발생한 폐암, 방광암 또는 피부암

차. 스프레이나 이와 유사한 형태의 도장 업무에 종사하여 발생한 폐암 또는 방광암

카. 벤지딘, 베타나프틸아민에 노출되어 발생한 방광암

타. 목재 분진에 노출되어 발생한 비인두암 또는 비강·부비동암

파. 0.5피피엠 이상 농도의 벤젠에 노출된 후 6개월 이상 경과하여 발생한 급성·만성 골수성백혈병, 급성·만성 림프구성백혈병

하. 0.5피피엠 이상 농도의 벤젠에 노출된 후 10년 이상 경과하여 발생한 다발성 골수종, 비호지킨림프종. 다만, 노출 기간이 10년 미만이라도 누적 노출량이 10피피엠·년 이상이거나 과거에 노출되었던 기록이 불분명하여 현재의 노출 농도를 기준으로 10년 이상 누적 노출량이 0.5피피엠·년 이상이면 업무상 질병으로 본다.

거. 포름알데히드에 노출되어 발생한 백혈병 또는 비인두암

너. 1,3-부타디엔에 노출되어 발생한 백혈병

더. 산화에틸렌에 노출되어 발생한 림프구성 백혈병

러. 염화비닐에 노출되어 발생한 간혈관육종(4년 이상 노출된 경우에 해당한다.) 또는 간세포암

머. 보건의료업에 종사하거나 혈액을 취급하는 업무를 수행하는 과정에서 B형 또는 C형 간염바이러스에 노출되어 발생한 간암

버. 엑스(X)선 또는 감마(γ)선 등의 전리방사선에 노출되어 발생한 침샘암, 식도암, 위암, 대장암, 폐암, 뼈암, 피부의 기저세포암, 유방암, 신장암, 방광암, 뇌 및 중추신경계암, 갑상선암, 급성 림프구성 백혈병 및 급성·만성 골수성 백혈병

(5) 진폐

진폐증이란 석탄가루, 돌가루뿐만 아니라 최근 건설 현장에서 수년에 걸쳐 노출된 먼지가 폐 조직에 쌓여 서서히 반흔을 만들고, 이로 인해 호흡곤란이 생기는 직업성 질환이다. 시간이 지남에 따라 이러한 호흡곤란은 더욱 악화되며, 노출되는 정도에 따라 증상의 정도가 달라진다. 과거에는 주로 석탄 탄광부의 진폐증이 주류를 이루었으나, 탄광 지역이 쇠퇴하고 오히려 건설 현장 일용근로자들에게 자주 증상이 발생하고 있다.

원인은 폐 속으로 들어온 미세한 분진이 수년이 지나면 폐 조직을 자극하는데, 이런 형태가 계속해서 노출되면 매우 심각한 합병증인 진행성 전격성 섬유증으로 발전한다. 특히 석탄 가루의 경우에는 규사가 포함되어 있어 훨씬 더 심각한 증상을 초래하기도 한다.

초기에는 증상이 없으나 시간이 갈수록 기침을 심하게 하고 기침을 할 때 검은색 가래가 나오며, 운동할 때 호흡곤란이 발생한다.

진폐증은 일반건강진단과 특수건강진단 시 흉부검사만으로도 쉽게 발견할 수 있으며, 동맥혈 가스검사로 혈액 내 산소와 이산화탄소를 측정하여 산소가 얼마나 효과적으로 전달되는지를 알 수 있다.

진폐증 환자의 경우 만성기관지염과 폐결핵 등의 질환에도 쉽게 걸릴 수 있으며, 점점 악화되는 경우 호흡곤란이 심해지고 호흡부전에 빠질 수 있고. 진행성 전격성 섬유증인 경우에는 원인물질에 더 이상 노출되지 않더라도 계속해서 질환이 진행될 수 있으며, 완치 방법은 현재 의학 기술로는 아직은 없지만, 기관지 확장제나 산소요법 등을 이용하면 증상을 호전시키는 데 도움이 될 수 있고, 정기적으로 흉부 물리요법을 시행하는 것이 좋다.

진폐 근로자가 산재신청을 한 경우에는 진폐근로자보호법이 정하는바에 따라 공단이 지정해 준 의료기관에서 진폐 판정에 필요한 건강 진단을 받아야 하고, 진폐심사위원회는 공단에서 조사한 기초 자료와 건강 진단 결과 등을 기초로 하여 진폐병형 및 합병증 유·무, 심폐 기능의 정도 등 업무상 질병 여부를 결정하여 그 결과를 공단으로 보내면 공단이 최종적으로 등급 등 업무상 질병 여부를 결정한다. (산업재해보상보험법 시행령 별표11의 2 참조)

(6) 출·퇴근 교통사고

종전에는 통근버스 등 사업주가 제공한 교통수단을 이용하던 중 재해가 발생한 경우에 사업주의 지배관리하에 있는 것으로 보아야 한다는 형성된 판례에 따라 극히 제한적으로 업무상 재해를 인정해 왔으나, 출퇴근의 정의를 "취업과 관련하여 주거와 취업 장소 사이의 이동 또는 한 취업 장소에서 다른 취업 장소로의 이동"으로 정의하면서 출퇴근 교통사고를 구체화하여 확대하는 내용의 법이 개정되어 2018년 1월 1일부터 시행되고 있다. 또한, 근로자가 출퇴근 과정에서 교통사고가 났다면 산재보험법 제37조 제1항 제3호에 따라 산재처리가 가능하다.

근로복지공단의 「출퇴근 재해 업무 처리 지침」 내용에서 '통상적인 경로'는 일반적·사회통념상 인정되는 경로의 개념에 두고, 건설 공사나 시위·집회 등으로 도로 사정에 따라 우회하거나 직장 동료 등과의 카풀 이동 경로를 포함하는 합리적인 교통수단을 통상적인 방법으로 보고 있다.

물론, 통상적 경로를 이탈하거나 중단했을 경우, 업무상 재해로 인정할 수 있는가 하는 것이 문제 될 수가 있겠으나, 이는 그 이탈 또는 중단의 범위와 객관적인 사정 등이 고려되어 개별적 사안에 따라 구체적으로 판단할 수밖에 없고, 그 이탈 또는 중단이 업무와 인과관계가 있다면 업무상 재해로 인정받을 수가 있다.

산재보험은 무과실 책임주의가 원칙이므로, 근로자의 과실은 따지지 않지만, 사업주의 구체적인 지시를 위반한 행위, 근로자의 사적(私的) 행위 또는 범법 행위로 발생한 사고는 업무상 사고로 보지 않는다.

산재보험법 제37조 제2항에 범죄 행위 또는 그것이 원인이 되어 발생한 부상·장해 또는 사망은 업무상의 재해로 보지 아니한다고 정하고 있으며, 범죄 행위는 '형법'에 의하여 처벌되는 행위는 물론 특별법에 의하여 처벌되는 행위도 포함된다.

이와 같은 입법 취지는 '범죄 행위'가 국가가 보호하는 사회생활상의 이익·가치를 침해내지 위협하는 반사회적 행위라는 점에서 범죄 행위가 원인이 되어 발생한 재해에 대하여는 산재보험의 수혜 대상에서 제외시킨 것으로 이해된다.

여기서 주로 퇴근 시 음주운전으로 인한 교통사고가 자주 문제가 되는데, 음주운전의 경우에는 사업주의 지배관리 하에서 업무를 수행 또는 수반되는 업무 수행 과정으로 볼 수가 없어 업무상 재해를 인정하지 않고 있으며, 사업이 법률로 금지되어 있고, 형사처벌 조항이 있는 불법 행위가 동반되는 경우에는 업무상 재해로 인정할 수 없다는 것이 판례이다.

그러나 한편으로는 범죄 행위로 인해 재해가 발생하였다는 이유만으로 업무상 재해를 무조건 인정하지 않는다는 취지로만 접근한다면, 그 범죄 행위가 업무 수행 과정에서 업무에 기인하여 발생하였을 경우, 근로자 무과실책임주의라는 대원칙과 이해(利害) 충돌이 되므로, 이 부분은 모 아니면 도식으로 단정하여 획일적으로 판단할 것이 아니라, 개별 사안에 따라 업무와의 인과관계를 구체적으로 따져 판단하는 전향적인 자세가 요구된다.

판례 1 : 운전부주의에 의한 사고에 대해 업무상 재해 불인정

이 사건 원심은 소외 회사 근로자인 원고가 야간근무를 위해 원고 소유 오토바이를 운전하여 회사로 출근하던 중 운전 부주의로 부상한 사고에 대하여, 이는 출·퇴근 방법이나 경로의 선택 등이 원고에게 맡겨져 있는 상황에서 사업장 밖에서 발생한 사고로서, 사업주의 지배·관리 아래 발생한 사고라고 할 수 없어 업무상 재해에 해당하지 않는다고 판단하였다.

그러나 원심이 적법하게 확정한 사실 및 기록에 따르면, 울산 울주군 두서면 ○○리에 있는 소외 회사는 부산 거주 근로자들을 위한 통근버스를 제공하고 있는데 이 통근버스는 울산 울주군 두동면 △△리에 있는 원고의 주거지 근처를 경유하지 않는 점, 원고가 오토바이를 이용하지 않고 소외 회사에 출근하려면, 주거지에서 두동면사무소 앞까지 걸어간 다음 그곳에서 ㅁㅁ삼거리까지 ○○번 시내버스를 타고, 여기에서 다시 소외 회사 앞까지 △△번 시내버스 또는 통근버스를 타거나 걸어가야 하는 점, 원고의 주거지에서 두동면사무소 앞까지도 1~2㎞ 정도의 상당한 거리로 보이는 데다가 ○○번 시내버스는 1일 8회씩 120분 간격, △△번 시내버스는 1일 21회씩 56분 간격으로 운행되며, ㅁㅁ삼거리에서 소외 회사 앞까지 걷는 데는 약 25분이 걸리는 점, ㅁㅁ삼거리에서 통근버스를 타는 방법은 평일 주간근무시에나 가능한 점 등의 사정을 알 수 있다.

이러한 사정을 종합해 보면, 원고가 출·퇴근을 위해 대중교통수단이나 통근버스를 이용하는 것은 사실상 불가능하거나 현저한 육체적 노고와 일상생활의 부담을 감수해야 하는 것이어서 사회통념상 원고가 자신의 오토바이나 승용차 등 개인적인 교통수단이 아닌 다른 출·퇴근 방법을 선택하도록 기대하는 것은 무리이고, 따라서 원고에게는 출·퇴근의 방법 등에 선택의 여지가 없어 실제로는 그것이 원고에게 유보된 것이라고 볼 수 없고 사회통념상 아주 긴밀한 정도로 업무와 밀접·불가분의 관계에 있다고 판단되며, 이러한 출·퇴근 중에 발생한 재해와 업무 사이에는 직접적이고도 밀접한 내적 관련성이 존재하여 그 재해는 사업주의 지배·관리 아래 업무상의 사유로 발생한 것이라고 보아야 한다.

그런데도 원심은 원고가 시내버스나 통근버스의 운행시간에 맞추어 소외 회사로 출·퇴근하거나 그 경로 중 일부를 걸어서 다니는 것이 전혀 불가능하였다고 보기 어렵다는 등의 사유를 들어 이 사건 사고가 업무상 재해에 해당하지 않는다고 판단하였으니, 원심판결에는 (구) 산업재해보상보험법상 업무상 재해에 관한 법리를 오해한 위법이 있다.

그러므로 평등권 침해에 관한 나머지 상고이유를 판단하지 아니한 채 원심판결을 파기하고 사건을 다시 심리·판단하게 하기 위하여 원심법원에 환송하기로 하여, 관여 대법관의 일치된 의견으로 주문과 같이 판결한다.

(대법원 2009. 5. 28. 선고 2007두2784 판결)

판례 2 : 회식후 발생사고에 대한 업무상 재해 인정

회사의 송년회를 겸한 회식에 참석한 근로자가 2차 회식장소인 노래방에서 사업주가 계산을 마치고 귀가한 후, 동료를 찾기 위해 밖으로 나갔다가 노래방 앞 도로에 쓰러져 뒷 머리를 다쳐 사망한 사안에서, "망"인은 사업주가 마련한 공식 회식의 끝 무렵에 회식으로 인한 주취상태에서 깨지 못해 일시적으로 남았던 것에 불과하여 회식의 연장선상에 있었던 것으로 보아야 하므로, 그 상황에서 발생한 사고는 업무상 재해에 해당한다.

(대법원 2008. 10. 9. 선고 2008두8475판결)

판례 3 : 회식후 귀가시 사고에 대한 업무상 재해 인정

바이어 접대를 겸한 직원 회식에 참석하여 과음하여 만취상태에 이른 근로자가 귀가하던 중 지하철 승강장에서 달리는 지하철에 머리를 부딪쳐 중증 뇌좌상 등의 상병을 입은 사안에서, 사업주의 전반적인 지배·관리하에 있는 회식에서의 과음으로 만취하는 바람에 사고가 발생한 이상 업무상 재해에 해당한다. (대법원 2008. 10. 9. 선고 2008두9812판결)

판례 4 : 근로자 출·퇴근 과정이 사업주의 지배관리하에 있다고 판단

환경미화원으로 근무하던 원고는 야간 및 심야근무라는 특성상 퇴근 시 택시 외에는 별다른 교통수단이 없는 상황이었던 점, 원고가 교통비 명목으로 주간 근로자보다 더 받은 수당은 4만원에 불과할 뿐만 아니라 도시근로자 월 평균소득의 구준을 보이는 원고에게 퇴근 할 때마다 택시를 이용하라고 요구하는 것은 현실적이지 못한 점, 이러한 상황에서 원고가 출·퇴근 수단으로 오토바이를 이용하고 있음을 사업자 측도 알고 있었고, 별다른 조치를 취하지도 않았던 것으로 보이는 점, 이 사건 교통사고도 원고의 통상적인 출·퇴근 경로의 선택이 원고에게 맡겨진 것으로 보이나, 업무의 특성상 출·퇴근의 방법 등에 그다지 선택의 여지가 없어 실제로는 그것이 원고에게 유보된 것이라고 볼 수 없고, 원고가 선택한 출·퇴근의 수단에 대하여 사업주 측도 알고 있었으며, 별다른 조치를 취한 바도 없었던 여러 사정을 종합 판단하면 , 이 사건에 있어 원고의 출·퇴근 과정은 사업주의 지배관리하에 있었다고 봄이 상당하다. 따라서 퇴근시간에 발생한 원고의 부상은 업무상 재해에 해당한다 할 것이므로 이와 달리 보고 이루어진 이 사건 처분은 위법하다. (대전지방법원 2010구단35 요양불승인 처분 취소 (2010. 4. 1선고)

판례 5 : 퇴근길 교통사고에 대한 업무상 재해 인정

다른 교통수단을 선택할 여지가 없어 자신의 승용차를 이용하여 출·퇴근을 하던 중, 퇴근길에 교통사고로 사망한 경우 업무상 재해에 해당한다. 대구지방법원 2013구단2896(2014. 7. 25선고)

판례 6 : 「산업재해보상보험법」 제37조 제2항 '근로자의 범죄행위가 원인이 되어 발생한 사망'에 해당하지 않는다고 판단

근로자가 업무상 미팅 후 미팅 참석자끼리 저녁 식사를 마치고, 음주 상태로 전기자전거를 타고 귀가하다가 사망한 것은 업무상 재해에 해당한다고 본 사례
[대상 판결: 서울행정법원 2024. 11. 8. 선고 2023구합76990 판결]

(7) 자해행위와 업무상재해

자해행위의 경우, 그 행위가 업무와의 인과관계가 있다는 것을 입증하기란 쉽지 않다. 자해행위가 업무상재해로 인정되는 경우는,

1. 업무상의 사유로 발생한 정신질환으로 치료를 받았거나 받고 있는 사람이 정신적 이상 상태에서 자해행위를 한 경우

2. 업무상의 재해로 요양 중인 사람이 그 업무상의 재해로 인한 정신적 이상 상태에서 자해행위를 한 경우

3. 그 밖에 업무상의 사유로 인한 정신적 이상 상태에서 자해행위를 하였다는 것이 의학적으로 인정되는 경우 등이다.

문제는

오늘날 아무리 현대의학이 발달하였다 하더라도, 정신적 이상상태에서의 자해행위가 업무상의 사유에 따른 것인지, 아니면, 사생활에 따른 것인지 그 경계선을 의학적 소견에 맡긴다는 것에 한계가 있다.

근로자가 업무로 인하여 ①우울증이라는 질병이 발생하였거나, ②스트레스가 우울증의 주된 발생 원인이거나, 겹쳐서 악화되고, 그로 인하여 정신 착란의 상태 또는 정상적인 인식능력이나 행위선택능력, 정신적 억제력이 현저히 떨어진 상태에 빠져 자살에 이르게 된 것이라고 추단할 수 있는 때에는 업무와 사망사이에 인과관계가 있다고 보는 것이 판례의 경향이다.

따라서 자해행위를 업무상재해로 인정받기 위해서는 그 자해행위가 개인적 취약성에 의해 발생한 내인성 우울증이 아니라는 것을 합리적으로 주장할 수 있어야 하고, 그렇기 위해서는 경찰의 수사결과와 동료근로자의 증언, 가족관계 및 최근 대화내용 등 주변여건을 종합하여 업무와 관련한 스트레스로 우울증이 발생·악화되어 급격한 정신분열 상태에 빠졌고, 결국 행위선택의 능력이나 정신적 억제력이 현저히 떨어진 상태에서 자해행위를 했음을 객관적 자료를 통해 구체적으로 입증하여야 한다.

(8) 보험급여의 종류

보험급여에는 요양급여, 휴업급여, 장해급여, 간병급여, 유족급여, 상병보상연금, 장의비, 직업재활급여, 진폐보상연금, 진폐유족연금 등이 있고, 요양급여를 받을 자가 치유 후, 요양의 대상이 되었던 업무상의 부상 또는 질병이 재발하거나, 치유 당시보다 상태가 악화되어 이를 치유하기 위한 적극적인 치료가 필요하다는 의학적 소견이 있으면, 재요양을 받을 수 있다.

장해등급표(평균임금)

등급	장해보상 연금	장해보상 일시금	지급 방법
1급	329일 분	1,474일 분	연금
2급	291일 분	1,309일 분	
3급	257일 분	1,155일 분	
4급	224일 분	1,012일 분	연금/일시금 선택
5급	193일 분	869일 분	
6급	164일 분	737일 분	
7급	133일 분	616일 분	
8급		495일 분	일시금
9급		385일 분	
10급		297일 분	
11급		220일 분	
12급		154일 분	
13급		99일 분	
14급		55일 분	

- 유족보상연금 : 급여기초연금액(평균임금 × 365) × 47/100
- 유족보상가산금 : 유족보상연금 수급권자 및 사망당시 생계를 같이하고 있던 수급자격자 1인당 급여기초연금액의 5/100가산지급. 단 총합이 급여기초 연금액의 20/100를 초과하지 못한다.
- 유족보상일시금 : 평균임금의 1,300일 분
- 장의비 : 평균임금의 120일 분. 단, 고용노동부장관이 고시하는 한도 내에서 지급.

맺으며

산업재해를 줄이는 데에는 정부가 아무리 규제를 강화하고, 기업이 기술과 비용을 투자한다 해도 여기에는 한계가 있고, 근로자들의 참여와 협력 없이는 재해는 막을 수 없습니다.

그리고, 형벌을 가함에 있어 법을 위반하였다는 그 자체만으로는 부족하고, 당해 법률의 입법 취지, 처벌 조항 위반으로 예상되는 법익 침해의 정도, 위반 행위의 구체적인 모습과 그로 인하여 실제 야기된 피해 또는 결과의 정도, 영업 규모 및 본 사업을 하게 된 배경, 위반 행위를 인지하고 나서 실제로 행한 조치 등을 전체적으로 종합하여 판단하여야 하고, 입법 취지가 근로자의 고용 안정과 복지 증진에 있고, 인력 수급을 원활하게 하는 등 노동시장의 유연화에 있다는 점에서 일반 형법과는 달리 정부는 시정명령, 개선명령, 행정권고 등 행정명령을 통한 재해 예방을 유인하고, 사법처리는 행정강제와 더불어 기업 경영을 크게 위축시키는 것이므로 시정이 안 될 경우 최후의 수단으로 삼아야 한다는 것이 필자의 견해입니다.

또한, 중대재해처벌법은 사고 감축 효용성에 대한 논란이 끊이지 않고 있으나, 2024년 1월 27일부터 전국 83만7천여 개 중소·영세 사업장과 현장에 전면 시행됐으므로, 소규모 기업에서도 중대재해법 및 그 시행령에서 정하고 있는 안전 및 보건 확보의무 이행에 관한 일련의 조치를 적극적으로 취하여 대표이사 등 경영 책임자의 형사 리스크를 감경할 필요가 있습니다.

재갈공량의 연전연승의 비결은 치밀한 사전 전략과 이를 직접 실행할 용병술에 있었다고 합니다. 바둑과 장기에 있어서도 대책 없는 행마는 곧 패배를 자초합니다.

　아무쪼록, 사고를 적극적으로 예방하고, 발생한 재해에 대하여는 현명하게 대처하고 관리할 수 있는 지혜를 발휘하여 여러분 자신을 스스로 보호함으로써 건강한 직장 생활과 회사 경영을 영위하시기 바랍니다.

부 록

———

제1장

사고의 원인 분석 사례

1. B/T 위 추락 사고

본 사건은 이동식 B/T 위에서 추락 사망한 사건으로, 생각보다 흔히 일어나는 사고 유형으로, 추락 경로를 두고 사고의 원인을 규명하는 과정을 살펴본 사례임.

(1) 공사 일반 개요

(2) 사고 발생 경위

재해근로자(이하 "망"인이라 함)는 높이 1.8m 이동식 틀비계 작업발판 위에서 공기배기 덕트를 해체하는 작업을 하고 있었다.

사고 발생 당일 16:20경, "망"인은 작업을 하던 중, 갑자기 직업발판 안전난간대 밖으로 떨어졌고, 이후, 인근 병원에 즉시 119 구조대에 의해 후송되어 응급처치를 받았으나, 다음 날 사망하였다.

(3) B/T 구조 및 사고 당시 작업 조건

가. B/T구조: 아래 그림 참조

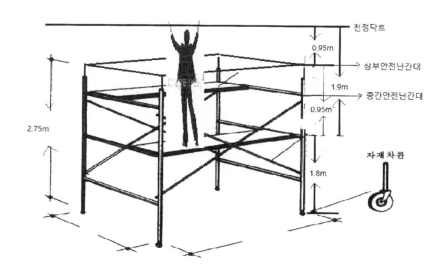

나. 작업 조건 일반

    1) 바닥에서 작업자가 서 있는 작업발판까지의 높이: 1.8m(추락 높이가 됨)

    2) 작업발판과 중간 난간대 사이 간격: 0.475m

    3) 중간 난간대와 상부 난간대 사이 간격: 0.475m

    4). 작업자가 서 있는 작업발판 위에서 상부 난간대 사이 간격: 0.95m

    5) 작업자가 서 있는 작업발판 위에서 천정 닥트까지의 높이: 1.9m

    6) "망"자의 신장: 약 170cm(1.7m)

    7) "망"자의 팔 길이: 약 60cm

    8) "망"자의 신장 끝(머리끝)부터 손까지의 팔 길이: 약 40cm

결국, "망"인이 작업을 함에 있어, "망"인의 신장 170cm + 40cm(팔 길이) = 2.1m 범위 내에서 작업이 가능하고, 이 건의 경우, "망"인이 작업발판 위에서 작업을 할 때 약 20cm 정도 여유가 있으므로 아무런 장애를 받지 않고도 스패너로 볼트를 쉽게 풀 수가 있었던 작업 조건이었다.

(4) 추락 경로

당시 작업반장이 있었으나, 작업반장은 B/T를 붙잡아주고 있었고, 작업반장의 머리로부터 대각선 방향 위 중간 난간대 지점에 있는 작업발판이 작업반장의 시야를 가려 "망"인의 행동을 볼 수가 없었던 상태였다. (현장 검증 때 조사반에 의해 수차례 확인된 사항임)

당시 작업반장은 "악" 하는 비명 소리가 나서 보니 "망"인이 이미 바닥에 떨어졌고, 즉시 동료에게 인공호흡을 하게 하고, 자신은 119에 긴급 신고를 하는 등 워낙 순식간에 일어났기 때문에 정신이 없었다고 증언하고 있어 목격자의 증언만으로는 사고의 경로와 원인을 찾는 데 한계가 있었다.

추정하건대, 일단 추락의 높이가 1.8m인 점과 혈흔, 안전모가 벗겨져 있었던 상황, 목격자의 증언, 작업발판과 상부 난간대의 높이, "망"인의 신장이 170cm인 점, "망"인이 서서 작업을 하던 방향 등 요소들을 종합할 때, "망"인은 어떤 행동에 의해 몸이 앞쪽으로 굽혀지면서 쏠렸고, 이때 상부 난간대가 "망"인의 배꼽과 가슴 사이 언저리 부위와 맞닿으면서 몸무게의 중심이 상체로 쏠려 거꾸로 떨어지면서 안전모는 벗겨졌고, "망"인의 머리가 먼저 콘크리트 바닥과 충돌하면서 그 충격으로 뇌진탕을 일으킨 것으로 추정이 가능하다. (합리적인 추정)

이때 왜 거꾸로 떨어졌는가에 대하여 현장 검증 때 약 4시간 이상 여러 가능성을 열어 놓고 추정을 해 보았지만, 원인에 대해서는 결론을 내지 못했었다.

(5) 사고의 원인

당시 합동조사반은 무려 4시간 30여 분 동안 목격자, 현장소장을 대동하고 현장검증을 하면서 수차례 반복 점검을 하였지만 왜 "망"인이 B/T 위에서 거꾸로 떨어졌는지 그 원인에 대한 결론을 쉽게 찾을 수가 없었다.

조사 내용은 목격자를 대상으로 ① 당시 작업 대상, ② 작업 내용, ③ 작업 방법, ④ B/T의 구조 확인, ⑤ 안전대 지급 여부 확인, ⑥ 혈흔 위치 확인, ⑦ B/T 위치 확인 ⑧ 작업 동작 재현, ⑨ 팀 구성, 기타 작업반장이 거짓 답변을 하는 것으로 오해했는지는 알 수가 없지만, 작업반장과 조사자 간에 당시 B./T의 위치를 놓고 대립하기도 하였다.

조사 과정에서 조사반은 "작업반장의 말대로라면 왜 떨어지느냐?", "떨어질 이유가 없지 않느냐?" 등 말을 여러 차례나 반복하면서 직접 작업발판 위로 올라가 사진을 찍고 살펴보면서 같은 내용을 반복하여 조사를 하였다.

나중에 조사자는 B/T의 위치를 약 30cm 정도 뒤로 물리게 한 다음, "이 위치에서 작업을 한 것이 맞다."라고 하면서 다시 작업발판 위로 직접 올라가 작업 대상에 팔을 뻗어 보이면서 "이렇게 손이 쉽게 닿지 않으니 앞으로 떨어질 수밖에 없는 것 아닌가."라고 하였고, 이때 혈흔의 위치를 놓고, 조사반은 B/T의 위치를 약 30cm 뒤로 물릴 때 일치한다고 설명을 했고, 작업반장은 조사자에게 원위치(30cm를 뒤로 물리지 아니한 위치) 현 상태에서도 거꾸로 떨어지면 머리가 혈흔 위치에 떨어질 수는 있다고 반대의견을 제시하면서 조사자의 의견에 동의하지는 않았다. (즉, 거꾸로 떨어졌다면 목격자의 증언이 틀리지는 않다는 의미로 해석됨)

이때 작업반장은 "그 위치(뒤로 약 30cm 물린 위치)에서도 작업이 충분하다고 하면서,

B/T의 위치는 문제 될 것이 없다고 설명하였고, 그러나 작업 대상 위치와 B/T가 일직선상에 놓여 있었음을 분명히 하면서 B/T의 위치는 30cm 뒤로 물리기 직전 위치가 맞다."라고 답변을 하였다.

결국, 이 건 "망"인이 거꾸로 1.8m 아래로 추락한 동기는 정확히 알 수는 없었으나, 추정하건대, 조사자는 이 건 사고를 "망"인이 볼트를 해체하는 과정에서 몸의 쏠림 현상 때문에 거꾸로 추락한 것으로 접근하고 있었다.

이 건 조사자의 견해대로라면 당시 작업자가 닥트 밑 부분 볼트를 모두 풀기 위해 볼트 한 개를 풀은 후, 나머지 한 개를 거의 풀어가는 과정에서 닥트가 갑자기 앞쪽으로 쏠렸다면, 이때 작업자가 무의식적·반사적으로 닥트를 붙잡거나, 손을 닥트에 접촉시키거나 등 어떤 행동을 하였다면, 닥트는 앞쪽으로 밀리게 될 것이고, 그렇다면 조사반의 이 같은 추정은 가능하다 하겠다.

그러나, 아래 사진에서 보듯이 당시 닥트 밑 부분 볼트 2개 중, 하나는 풀지 않았고, 앞 부분 볼트는 풀기는 하였지만, 완전히 풀지는 않고, 닥트의 모서리 부분에 약간 틈새가 벌어져 있었음이 확인되었다.

원래 닥트 해체 작업 방법은 닥트 윗부분 볼트 2개는 그냥 체결된 채로 놔두고, 닥트 밑 부분의 볼트 2개만 풀어놓고, 나중에 작업자 2명이 닥트 밑 부분을 받쳐주는 상태에서 윗 부분 볼트 2개를 풀어 완전히 분리하여 아래로 내리는 것이 작업 순서이다. (닥트의 무게가 약 20kg 미만이므로 윗부분 볼트 2개가 양쪽에서 잡아 줄 때 힘의 균형과 볼트의 크기 등에서 밑 부분 볼트를 풀었다 하여 닥트가 떨어지지는 않으므로 작업자의 안전을 고려한 올

바른 작업 방법임)

문제는 위 사진에서 보듯이 왜 닥트와 닥트 사이에 틈새가 생겼는가 하는 것이다.

분명한 사실은 닥트 윗부분이 볼트 2개가 양쪽에서 고정되어 있고, 밑 부분의 볼트 1개도 고정되어 있으며, 나머지 1개도 완전히 풀리지 않고 닥트 모서리에 걸쳐있는 상태라면, 위 사진과 같이 틈새는 생기지 않아야 한다. (지금까지 작업을 해 오면서 틈새가 생겼던 경우는 없었음)

결국, 틈새가 생겼다는 의미는 최초 볼트 1개를 해체하는(푸는) 과정에서 틈새가 생겨 벌어진 것이고, 틈새가 벌어져 있었다는 의미는 볼트를 해체하는 쪽 아래로 닥트의 무게 중심이 이동하면서 쏠림 현상 때문으로 보아야 한다.

즉, "망"인이 풀다가 다 풀지 못하고(또는 풀지 않고) 걸쳐놓았던 방향의 닥트 윗부분의 볼트가 부식되어 빠졌거나, 아예 처음부터 체결이 안 되어 있었거나 등 이유에서 무게가 아래로 쏠렸는데, 밑 부분 볼트 1개가 닥트를 잡아주고 있었기 때문에 닥트는 떨어지지 않고 틈새가 벌어진 것으로 보아야 한다.

다음으로, 볼트가 닥트 안쪽 모서리에 걸쳐 있는 상태에 대하여 살펴보았다.

"망"인이 볼트를 완전히 풀지 않고 약간 걸치게 한 것은 틈새가 벌어진 상태에서 볼트를 완전히 해체하였을 경우 나머지 볼트가 약해지므로 안전성을 고려하여 일부러 닥트의 끝부분을 걸치게 한 것으로 보아야 하며, 후속 작업으로 닥트를 아래로 내릴 때 닥트가 떨어지지 않도록 닥트를 밑에서 잡아 받쳐주는 상태에서 나머지 볼트를 풀려고 했던 것으로 추단하는 것이 합리적이다. (**볼트를 풀고 조이고 하는 구체적인 동작은 작업자 스스로가 판단하는 것이지 사용자가 구체적인 위치 동작 자세 등까지 정해주는 것은 아니므로 공단 직원의 말 대로라도 사고의 원인은 작업자의 구체적인 작업 동작에 있었다고 보아야 함**)

결국, 이 건 사고는 조사반의 견해와 같이 볼트 해체 작업 중 추락한 것이 아닌, 볼트 해체 현 위치에서 작업을 일단 중단한 이후에 사고가 발생한 것으로 보아야 한다.

그렇다면 이 건 처음으로 되돌아 다시 생각해 보겠다.

당시 "망"인은 닥트와 닥트 사이에 뜻하지 않은 틈새가 생겼다면 이는 닥트의 "떨어짐" 위험성이 있다 할 것이어서 당연히 작업은 중단해야 할 것이고, 작업이 일시 중단이 되었다면 작업자는 일단, B/T 위에서 내려와야 다음 어떻게 해야 할 것인가를 작업자들과 협의하려 했을 것이다.

그런데, B/T 위에서 내려오려면, B/T에 설계된 3단 이동통로 사다리를 이용하여 내려와야 하는데, 당시 "망"인은 사다리로 내려오려면 작업발판 아래로 허리를 굽혀야 하는 불편이 있어 상부 난간대를 넘어 1.8m 아래로 B/T의 가새를 디디면서 내려오려고 했던 것으로 추정된다.

상부 난간대는 직경 약 30mm의 둥근 강관파이프이므로 이 난간대를 넘으려면, 달리 잡을 만한 손잡이가 없어 몸의 균형을 잃기가 안성맞춤이고, "망"인의 신장이 170cm이고, 작업발판과 상부 난간대까지의 높이가 88cm~90cm이므로, "망"인이 상부 난간대를 넘으려면 상부 난간대는 "망"인의 배꼽과 가슴 중간 부근에 닿았을 것이고, 넘으려는 순간 몸무게가 상체로 쏠림과 동시에 한 바퀴 회전하면서 떨어졌고, 이때 잡고 있던 상부 난간대를 놓치면서 머리가 먼저 바닥에 닿았던 것으로 추정이 가능하다. (철봉대 위를 생각하면 이해가 쉬움)

일단, 사고 당시 닥트의 밑 부분 나사를 해체하는(푸는) 작업이 중단되었다면 "망"인이 B/T를 내려오는 것은 분명하므로, B/T의 위치, "망"인의 위치, 혈흔의 위치, 안전모의 위치, "망"인의 신장, 발판과 상부 난간대의 높이 등을 종합해 보면 이 같은 추정이 가능하고, 이 추정대로라면, 이 건 사고는 "망"인의 불안정한 행동에 있다는 의견임. (법 제63조 단서조항 참조)

(6) 난간대의 높이에 대한 의견

조사반은 이 건 안전난간대의 높이가 88cm로써 법정 기준인 90cm에 미달하므로 이를 법 위반으로 결론을 내렸다.

【안전규칙 제13조(안전난간의 구조 및 설치요건)】

사업주는 근로자의 추락 등의 위험을 방지하기 위하여 안전난간을 설치하는 경우 다음 각 호의 기준에 맞는 구조로 설치하여야 한다.

2. 상부 난간대는 바닥면·발판 또는 경사로의 표면(이하 "바닥면등"이라 한다)으로부터 90센티미터 이상 지점에 설치하고, 상부 난간대를 120센티미터 이하에 설치하는 경우에는 중간 난간대는 상부 난간대와 바닥면등의 중간에 설치하여야 하며, 120센티미터 이상 지점에 설치하는 경우에는 중간 난간대를 2단 이상으로 균등하게 설치하고 난간의 상하 간격은 60센티미터 이하가 되도록 할 것

이와 관련, 계산상으로 볼 때,

① 바닥에서 상부 난간대 까지의 높이 = 2.75m
② 바닥에서 작업발판까지의 높이 = 1.8m
③ 작업발판에서부터 상부 난간대까지의 높이 = 2.75m − 1.8m = 95cm인 바,

현장검증이 끝나고, 합동 조사반이 철수한 이후 자체적으로 다시 난간대의 높이를 줄자로 측정해 본 결과, 88.5cm로 확인이 되었다.

높이는 발판의 두께, 발판 또는 난간대를 봉에 체결할 때 생길 수 있는 편차 외, 측정자가 어느 지점에서 어떻게 측정을 했는가에 따라 몇mm 정도의 편차는 당연히 생긴다.

회사는 B/T 전문 제조 회사에서 제조 생산된 완제품을 구매한 것으로 B/T의 경우 안전 인증을 받지 아니한 제품은 구매 자체를 할 수 없음을 감안할 때 적어도 B/T 자체의 하자는 없다고 보아야 하고, 단지 발판을 설치하는 과정, 또는 높이를 측정하는 과정에서 다소

편차가 생긴 것으로 보아야 한다.

분명한 사실은, 난간대의 높이에 대한 회사와 행정청 간에 약 1.5cm~2cm 차이를 두고 견해의 차이는 있지만, 1.5cm, 또는 2cm가 법정 기준치에 미달한 것이 이 건 사고의 원인이 아니라는 점과 이 건 작업 발판으로부터 상부 난간대까지의 높이가 90cm라고 하더라도 "망"인이 정해진 승강 통로를 이용하지 않고 상부 난간대를 넘었다면, 이 건 작업자의 임의 행동에 기인된 사고라 하겠다.

그러므로, 난간대의 높이가 90cm에서 1.5cm, 또는 2cm 정도 모자란다는 것이 이 건 사망과의 사이에 인과관계가 있는 것은 아니므로 이 건은 자기 책임 원칙에 따라 사업주에게 형사책임을 물기는 어려울 것으로 보인다. (대법원 2010. 9. 9. 선고 2008도7834 판결, 대법원 2009. 5. 28. 선고 2008도7030 판결 및 개정법 제63조 참조)

즉, 당시, 상황으로 보아 "망"인은 B/T의 승강로인 사다리형 계단을 통하지 않고, 상부 난간대를 넘어 가새를 딛고 내려오다가 사고가 발생했음에는 달리 의심의 여지가 없다는 견해이다. (난간대 위로 내려오는 데 약 10초 정도 걸리고, 정해진 승강 통로를 이용할 경우에는 약 30초 내외 정도 걸림) 이 건과 유사한 사고가 종종 발생하므로 각별한 주의와 교육이 요구된다.

2. 크레인 붐대와 버켓 연결 부분 파손에 의한 사고

본 사건은 가축 사료의 원료로 사용되는 유지(乳脂)를 운반한 후, 가공하기 위해 싸일로에 내리는 과정에서 집게의 붐대와 버켓의 연결 부분이 파손되면서 집게 운전자가 운전석에서 바닥으로 튕겨져 바닥에 떨어지면서 그 충격으로 부상(이후 사망)을 당한 사건으로, 붐대와 버켓의 연결 부분이 파손된 원인 규명으로 과실 책임의 소재를 알아본 사례임.

(1) 사건 개요

재해자는 공장 내에서 고정식 크레인 집게로 25톤 화물트럭에 탑재되어 있는 원료(도축된 동물 유지)를 내리던 중, 샤프트와 베이스하우징 하단부에 30mm의 홈에 결속되어 있는 M16×100mm 4개의 렌치 볼트가 결속되어 있었는데 사고 발생 당시 모두 파손되면서 장비의 몸체가 베드로부터 이탈되는 순간 운전자인 재해자가 운전석 의자에서 앞쪽으로 튕겨져 약 3m 아래 콘크리트 작업장 바닥으로 떨어진 사고이다.

(2) 주변 환경 일반 조건

1) 고정식 집게 재원

① 지주 높이: 약 1.5m

② 몸체 높이: 약 1.5m

③ 붐대 길이: 3단계 관절식으로 완전히 폈을 때 9m

④ 운전석: 의자가 있고 가장자리에 안전 난간대가 설치되어 있음

⑤ 정격하중: 1.5톤 단, 1단계 붐대 정격하중이고, 2단, 3단 시 정격하중은 줄어들
   며 버켓의 무게를 포함한 정격하중임.

⑥ 버켓 무게: 500kg

⑦ 운전 방법: 유압식으로 6개의 레버로 조작

2) 철 구조물(베드)과 수직 몸체 연결 상태

① 샤프트를 잡아주는 앙카 볼트 4개 구속

  − 길이: 10cm

  − 직경: 16mm

② 베이스 빔 고정 볼트 6개 구속

③ 하우징 고정 볼트 구속

④ 베드 앙카 볼트 3개 구속

⑤ 사고 발생 당시 상태

   샤프트를 잡아주는 볼트 4개가 파손되면서 30mm가 박혀있는 샤프트를 밀어내고
   베이스 빔 쪽으로 약 5°정도 몸체가 기울어짐.

⑥ 파손된 볼트

3) 전도 위험성 여부

지주(철 구조물)가 평면 콘크리트 바닥 위에 고정 설치되어 있어 경사도가 없고, 이동식이 아니므로 전도의 위험성은 없다.

4) 운전석

① 운전석은 몸체 위(지상 높이: 약 3m)에 위치하고, 운전석 정면에 6개의 장비 운전(조작) 레버가 있다. 우측으로부터

레버 1: 좌·우 기둥 회전

레버 2: 중간 붐대 상·하 작동

레버 3: 끝 붐대 상·하 작동

레버 4: 익스텐션 붐대 전진·후진

레버 5: 버켓 회전(좌·우)

레버 6: 버켓 작동(쥠, 풀림)

② 운전자는 운전석 의자에 앉은 자세에서 위 레버로 장비를 조작함

③ 운전석 좌·우로 난간대 설치

5) 장비의 구조

공장 바닥 콘크리트에 철 구조물을 설치하고 베드 위에 고정식 집게가 올라가며 고정식 집게의 몸체와 베드를 고장력 볼트로 구속하게 되어 있다.

즉, 전체적인 구조는 크게 베드, 몸체, 붐대, 집게로 구분되는 고정식 집게로 분류되어 건설기계관리법상 건설 기계가 아니다.

다만, 고정식 집게는 유압 작동의 원리로 운전석에 설치되어 있는 6개의 레버를 작동하여 적재된 물건을 집고, 올리고, 돌리고, 회전하는 등의 연결 동작에 의해 물건의 상·하차 작업을 하는 기계로 위험 기계로는 분류된다는 견해와 아니라는 견해가 대립하기도 한다.

※ 위험 기계 기구의 분류 요건

① 작동 부분에 돌기 부분이 있을 것

② 동력 전달 부분 또는 속도 조절 부분이 있을 것

③ 회전 기계에 물체 등이 말려 들어갈 부분이 있을 것

- 예초기   - 원심기
- 공기압축기   - 금속절단기
- 지게차   - 포장 기계(진공포장기, 랩핑기로 한정한다.)

6) 세부 구조

① 베이스하우징   ② 베이스 빔
③ 3-포인트 브리지   ④ 샤프트
⑤ 하우징 고정 볼트   ⑥ 베이스 빔 고정 볼트
⑦ 하우징 고정 돌기   ⑧ 칼럼
⑨ 베드   ⑩ 3-포인트 볼트

7) 조립 과정

베이스하우징은 하우징 고정 볼트로 베이스 빔에 6개의 고장력 볼트로 구속되어 고정되어 있으며, 바닥 구조물인 베드에 위 ⑥, ⑩의 앵카 볼트로 구속되어 고정되어 있고, 샤프트는 베이스하우징 하단부에 3cm의 홈에 결속되어 있다.

(3) 사고의 원인 규명을 위한 고려 사항

1) 기본 방향

본 사고의 발생이 베드와 수직 몸체를 연결하는 볼트가 파손되었다는 점에서 일단 어떤 외부로부터 강한 에너지가 발생하였다는 것에 방점을 두었다.

그렇다면, 그 발생한 외부 에너지란 무엇이고, 그 에너지의 발생이 볼트가 부러질 정도인가의 문제, 그 같은 에너지를 감당할 수 없을 정도였다면 혹시 장비의 결함은 아닌가 등 이건 종합적으로 접근함으로써 사고 원인 규명의 객관성을 유지하였다.

2) 기계의 구조적 특성과 고려 대상

가. 유압식 구조의 성질

고정식 집게는 레버를 작동하여 움직이는 유압식으로, 저온에서는 유압이 원활히

작동하지 않는 특성 때문에 충분한 시운전 후 장비를 작동하는 것이 일반화되어 있고, 위 사고 발생 시간은 08:00경으로, 회사의 업무 시작 시간과 거의 동일한 시간에 사고가 발생하였음을 고려하면, 추정컨대 운전자는 시동을 건 후 유압 활동이 원활치 않은 상태에서 기계를 작동 작업을 시작했었을 것이라는 추정이 가능하다.

나. 정격 하중의 변화

정격하중은 버켓의 무게를 포함하고 있으며, 붐대를 2단, 3단으로 뺐을 경우에는 정격하중이 붐대의 길이에 비례하여 줄어들게 되고, 이러한 성질도 고려의 대상이 되어야 한다.

다. 적재 화물이 갖는 성질

적재된 화물은 가축의 부산물로 포대에 담아 차곡차곡 화물 트럭에 적재된 상태에서 장거리 운행되어 옴에 따라 포대와 포대는 밀착 압축되면서 화물의 내부는 화물의 자체 무게가 더해지면서 공기가 외부로 빠져나가 진공 상태에 가까운 현상이 되어 포대와 포대는 서로 밀착되어 떨어지지 않으려는 응집 성질을 갖게 되고, 이 같은 성질은 화물이 동물의 부산물이라는 점에서 추정이 가능하다.
- 1포대의 무게: 약 40kg
- 25톤을 적재했을 경우 최대 적재량: 25t/40kg = 약 625포대

라. 운전자의 장비 조작 문제

당시 장비의 운전자는 화물이 도착하자 적재된 포대를 집게로 집었을 것이고, 집게의 반경을 넓게 하여 집어 올렸을 경우, 포대와 포대와의 응집력 때문에 포대는 쉽게 위로 달려 올려지지 않았을 것이라는 추정 또한 가능하다.

이때 운전자는 집게를 다시 풀어 반경을 좁게 하여 다시 집거나 집게를 약간 올려주면서 집게를 좌우로 약간씩 흔들어준다면 형성되었던 포대와 포대의 응집력이 약해지면서 작업을 용이하게 할 수 있었을 것이다.

만약, 위와 같이 작업을 하지 않고 운전자가 무리하게 집게를 넓게 벌려 포대를

집어 올렸고, 화물 포대가 서로의 응집력 때문에 달려 올려지지 않자 이를 강제로 달아 올리려고 상승 레버를 무리하게 조작을 했었다고 가정을 한다면, 이때는 위로 달아 올리려는 힘과 화물이 안 떨어지려는 힘이 서로 충돌하게 되고, 이때 에너지가 발생한다.

여기서 발생하는 에너지의 크기와 에너지 흐름의 진로가 문제인데, 에너지의 크기는 운전자의 운전 방법에 정 비례할 것이고,
발생한 에너지의 흐름은 ① 집게 → ② 집게와 붐대의 연결 부위 → ③ 붐대 → ④ 붐대와 붐대의 연결 부위 → ⑤ 붐대 → ⑥ 붐대와 수직 몸체 연결 부위 → ⑦ 수직 몸체 → ⑧ 수직 몸체와 베드와의 연결 부위 → ⑨ 베드의 방향으로 이동한다는 결론에 도달한다.

그렇다면, 에너지가 위 방향으로 흐를 때 과부하가 먼저 걸렸어야 할 연결 부위인 ②, ④, ⑥에서 파손되지 않고 마지막 연결 부위인 ⑧에서 볼트가 파손되었는가 하는 문제가 대두된다.

살피건대, 위와 같이 에너지가 흐르면서 연결 부위마다 과부하 현상이 발생하여야 하겠지만, 붐대의 총 길이는 9m인데, 작업 당시는 붐대의 길이를 약 7m 이하로 줄여야만 작업이 가능하므로 결국 붐대의 길이를 약 2m 정도 줄여서 작업했다고 보아야 한다.

여기서, ②의 연결 부위는 볼트가 아닌 특수 선회장치 구조로 되어 있어 과부하를 견딜 수가 있었고, ④와 ⑥의 연결 부위에서 과부하를 견딜 수 있었던 것은 약 2m 정도 줄어든 붐대의 길이가 ④와 ⑥의 붐대와 붐대를 연결하고 지지하는 원통형 파이프식 철물(명칭은 모름)이 각각 약 1m 내외에서 겹치면서 붐대의 길이가 줄어들었을 것이므로, 원통형 파이프가 지지의 역할을 충분히 하여 과부하를 견디면서 에너지는 ⑦ → ⑧ → ⑨의 방향으로 진행하였다.

결국, 발생 전달된 과부하 에너지는 ⑧에서 모아졌고, 수직 몸체와 베드의 연결 부위에 집중되면서 힘의 쏠림으로 볼트가 파손될 수도 있다. 이때 기계 자체

가 전도되지 아니한 것은 소위 '베이스하우징'이라고 불리는 몸체와 베이스에 고정력 볼트로 구속되어 고정되어 있고, 이 밖에 6개의 베이스 빔 고정 볼트, 3포인트 볼트 등이 구속되어 있고, 장비 자체의 무게를 감안할 때 이들의 상호 결속 작용에서 장비는 전도되지 아니한 것으로 추정이 가능하다.

(4) 사고의 원인(추정)

지금까지 살펴본 결과 이 건 사고를 유발시킨 요인이 강력한 에너지의 발생에 있음은 부인할 수 없는 사실이고, 그러함에도 불구하고 결과적으로 장비가 전도되지 않았다는 점에서 사고의 원인을 장비의 결함에 있다고 보기는 어렵고, 여기서 강력한 에너지란 운전자의 무리한 레버(②번 레버로 추정됨)조작으로 위에서 올리는 힘과 아래에서 당기는 힘의 반작용으로 힘이 충돌하면서 강력한 에너지가 아래 → 방향으로 흐르면서 철 구조물(베드)이 워낙 견고함으로 더 이상 흐르지를 못하고 이에 막혀 수직 몸체와 베드의 연결 부위에 집합되면서 에너지의 축적 과포화 상태에서 볼트가 파손되었다면 이는 일단 운전자의 무리한 레버 조작이 사고의 원인으로 볼 수 있고, 그러함에도 장비는 약 5°정도만 기울어졌을 뿐, 전도되지 않았다는 점에서 장비의 결함으로 보기에는 특별한 단서를 발견하지 못했다.

다만, 만약, 당시 운전자가 안전대를 착용하고, 안전대 고리를 운전석 난간대에 걸었더라면 이 건 사고는 면할 수가 있었을 것이나, 사업주가 운전자에게 안전대를 지급하지 아니한 것은 장비가 고정되어 있고, 장비 운전석은 추락의 위험이 있는 장소가 아니기 때문인 것으로 확인되었다.

3. 중대재해 발생과 현장 근로감독

본 건은 중대재해 발생을 이유로 사망 사건 조사 외 사업장에 대하여 추가로 현장 근로 감독을 하여 별건으로 입건한 후 사망 사건과 병합하여 송치한 건으로, 범죄인지 여부에 다툼의 소지가 있는 명령에 복종하였음에도 범죄인지를 한 것은 과잉처분이라는 오해를 가져올 여지가 있는 사례임.

(1) 감독 대상 및 지적 사항

1) 감독 대상

① 굴착 등 재해 예방 관련 5개 항목, ② 추락·낙하 관련 2개 항목, ③ 지하 매설물 작업 관련 3개 항목, ④ 감전 관련, ⑤ 건설 기계 기구 등 예방 시설 5개 항목, ⑥ 계절별 취약 요인 3개 항목, ⑦ 작업지휘자 배치 여부, ⑧ 안전관리비 사용 적정성, ⑨ 안전 교육 4개 항목, ⑩ 개인 보호구 지급 착용 2개 항목 등 무려 27개 항목에 대한 점검을 받았다. (건설업 안전·보건 감독 점검표)

2) 지적 사항

   1) 방망 미설치 → 작업 조건상 방망 설치를 해서는 안 되는 장소임.
   2) 개구부 덮개 설치 불량 → 개구부 가장자리에 "울"이 형성되어 있고, 합판으로 덮개를 설치하였으므로 이중 안전 조치가 되어 있음, 다만, 작업자들이 자재운반을 위해 필요에 따라 임시로 일부를 개방한 것임.
   3) 둥근톱 작업대에 미접지 → 분전반에 접지가 되어 있어 감전 위험성이 없음.

(2) 지적 사항에 대한 검토

1) 방망 미설치 관련

   거푸집을 해체할 때는 거푸집 연결핀을 제거한 후, 장비로 인양하는데, 해체하기 전에는 작업자가 거푸집 벽면에 접근할 수도 접근할 이유도 없어 작업자가 없는 상태가 되어 추락의 위험이 있다고 볼 수가 없다.

다만, 거푸집을 해체할 때, 거푸집 연결핀을 제거할 때와 인양 고리를 걸때는 추락 위험이 있으므로, 이때는 적절한 안전 조치가 필요한데, 방망을 설치하면 다른 작업을 할 수가 없어 작업 조건상 방망을 설치해서는 안 되고, 그 대신 작업 발판을 마련하면 된다.

문제는 작업 발판을 어느 시점에서 마련하는가의 문제인데, 거푸집을 해체하기 전에는 작업자가 없어 사람이 거푸집 법면에 올라갈 경우는 없으므로 추락 문제는 발생하지 아니하므로, 거푸집 해체 단계 이전에 작업 발판을 마련하면 되는 상황이었다.

이 건의 경우, 만약, 시공자가 안전 조치를 취하지 아니한 상태에서 거푸집 해체 작업을 지시하였거나, 해체 작업을 하는 것을 알면서 이를 방치하였다면 당연히 범죄사유가 되겠지만, 시공자는 그 같은 작업을 지시하지도, 방치하지도 않았다.

다만, 작업 공정상 거푸집 해체는 점검할 당시 시점을 기준으로 하여 약 1주일 후에나 해체 작업을 할 계획이었으므로 해체 작업 이전에 안전 조치를 마련하면 되는 것이지 반드시 점검 시점에서 조치가 되어 있어야 하는 것은 아니다.

例: 아파트 외부 벽체 낙하물 방지망을 설치함에 있어 적정한 시점을 선택하여 설치하면 그것으로 족하며, 아무 때고 시도 때도 없이 점검을 나와 그 시점에서 설치하지 않았다 하여 형사입건을 하는 것은 무리임.

2) 개구부 덮개 설치 불량

아래 사진과 같이 개구부의 가장자리에는 철근이 약 20cm~30cm 간격으로 개구부를 감싸고 있어 "울"을 형성하고 있으므로 설사 개구부가 완전히 개방되었다 하더라도 규칙 제43조 1항의 위반은 아니고, 동 개구부는 원래 가로 4m × 세로 1m 크기였고, 합판으로 덮어 막아 놓았으므로 결국 안전조치를 "울"과 "덮개" 이중으로 마련한 셈이었다.

다만, 하수급인 업체 소속 근로자들이 자재를 운반하기 위하여 덮개의 모서리 일부분을 임시로 개방한 상태였다. (지하 2층은 동바리와 수평 연결재가 촘촘히 있어 계단으로의 자재 운반이 곤란한 경우 동 개구부를 이용하고 있음)

개구부의 안전 조치는 "울" 또는 "덮개" 중 한 가지만 취하면 법 위반이 아니며, 이 건 2가지 모두를 조치하였고, 안전대를 지급하여 울에 걸고 작업을 할 수 있도록 하였으므로 법정 기준 이상으로 조치를 취하였고, 작업자들이 필요에 따라 임시로 일부 개방하였다 하여 법 위반은 아니다.

지적 당시 상태의사진 　　　　　　　　　　　 시정조치 후 상태 사진

3) 둥근톱 작업대 미접지 부분

둥근톱은 전기 기계 기구로써 감전 위험을 방지하기 위한 분전함에 접지가 되어 있고(녹색선), 둥근톱 작업대 아래 누전차단기가 설치되어 있어 감전으로부터의 위험에 대한 안전 조치가 확보되어 있다.

※ 둥근톱은 주로 톱날에 의한 부상이 빈번한바, 오히려 "가죽장갑, 실장갑 사용 금지"와 같은 실질적인 행정지도가 없었던 것이 더 아쉽다.

– 「산업안전 기준에 관한 규칙」 제95조(장갑의 사용 금지) 참조

위 지적은 분전함 외 둥근톱 작업대에도 접지를 하라는 것인데, 이는 법정 기준 이상의 안전 조치를 추가로 요구한 것이다. (권고 사항에 한정된다는 의미임)

산업안전보건법 제23조 제3항은 같은 '법 제29조 제1항에서 규정하고 있는 사업주'가 하여야 할 안전상의 조치 사항을 노동부령에 정하고 있으며, 노동부령에 규정하고 있는 안전 조치 외의 다른 가능한 안전 조치가 취해지지 않은 상태에서 위험성이 있는 작업이 이루어졌다는 사실만으로 산업안전보건법 제23조 제3항 위반의 범죄를 구성하지 아니한다. (대법원 2009. 5. 28. 선고 2008도7030 판결)

다른 한편, 산업안전 기준에 관한 규칙 제106조에서 "사업주는 목재 가공용 둥근톱 기계(휴대용 둥근톱은 포함하되, 원목제재용 둥근톱 기계 및 자동 손잡이 장치를 부착한 둥근 기계를 제외한다.)에는 톱날 접촉 예방 방지 장치를 설치하여야 한다."라고 규정하고 있는바, 이 건 둥근 톱날에 덮개를 설치하였다.

(3) 범죄 구성 관련

(구)산안법 제51조(감독상의 조치) 제⑦항에서 "고용노동부장관은 산업재해가 발생하거나, 위험 상태가 해제 또는 개선되지 아니하였다고 판단될 때."라고 규정하고 있다.

즉, 행정청은 점검 결과 사안이 위 법률 조항에 위반하였다 하여 무조건 입건하는 것은 아니고, "① 산업 재해가 발생하거나, ② 위험 상태가 해제 또는 개선되지 아니하였다고 판단될 때."의 경우인데, 이 건 전자의 ①의 경우는 이 건으로 사고가 발생하지 않았고, 후자인 ②의 경우에는 법 위반 사항이 명확하지 않거나 권고대상일 뿐, "위험상태가 지속 또는 개선되지 아니한 때"에 해당하지 아니한다.

한편, 근로감독관 집무 규정 제31조(범죄인지 기준)에서 다음과 같이 설명하고 있다.

② 제1항의 산안법 등 위반 사항에 대하여 작업 중지·제거·파기 등 명령, 시정지시 및 그 밖에 행정조치를 하는 경우에는 그 조치를 서면 등으로 지시하고, 이를 이행하지 않으면 범죄 인지 보고를 하고 수사에 착수하여야 한다.

③ 감독관은 감독, 점검, 조사 등의 업무를 수행하는 과정에서 다음 각 호의 어느 하나에 해당하는 법령 위반 사항을 발견한 경우에는 해당 법령 위반 사항에 대하여 범죄 인지 보고를 하고 수사에 착수하여야 한다.
  - 산업재해가 발생할 급박한 위험이 있을 때 또는 중대재해가 발생하였을 때 즉시 작업을 중지시키지 아니하였거나, 근로자를 작업장소로부터 대피시키지 아니하는 등 안전 및 보건에 관하여 필요한 조치를 하지 아니한 경우(산안법 제51조)
  - 중대재해 발생 현장을 훼손하거나 원인 조사를 방해한 경우(산안법 제56조 제3항)
  - 작업 중지·제거·파기 등 명령을 위반한 경우로 규정하고 있다.

그러므로, 이 건 작업 중지명령서에서 "안전 조치를 완료한 후, 지방노동관서장의 확인을 받아 작업을 재개하시기 바라며."라고 하면서 시정명령을 하였고, 시공자가 동 명령에 따르지 않거나 이행을 해태함으로써 위험의 형태를 지속시킬 경우에 한하여 입건해야 한다고 본다.

그렇다면 이 건은 일단, 시공자는 명령 불이행에 대한 형사처벌 명분을 제거하기 위하여 위법성 여부를 떠나 명령에 복종하여 전격 이행하였으므로 적어도 형사처벌을 전제로 범죄를 인지한 것은 과잉처분이라는 오해를 가져올 여지가 있다.

4. 근골격계 질환의 업무상 재해

업무상 질병임을 입증한다는 것은 그리 쉬운 일이 아니며, 본 사례는 근골격계 질환에 대한 업무상 질병임을 증명하는 입증 방법을 구체적으로 추적 증명한 사례임.

질병(상병) 발생 경위

재해자: 홍길동

위 상병 발생 경위는 다음과 같다.

다　음

(1) 상병의 인지 경위

위 근로자가 소속된 사업장은 "○○ C&G(주)(이하 '회사'라 함)"이고, 회사는 ○○시 소재지에서 상시근로자 약 80여 명을 고용하여 제조 생산된 TV 브라운관 자재인 LCD 유리원판을 포장하는 용역 회사이다.

근로자는 Box를 포장하는 동일한 작업에 약 6년 6개월 동안 근무해 오던 중, 얼마 전어느 시점인가부터 오른쪽 어깨에 통증을 호소하였으나 별것 아닌 것으로 생각하고 계속 포장 작업을 해 왔다.

그러나 근로자의 경우, 시간이 갈수록 통증은 그 속도가 급격히 악화되어 병가를 신청하여 고향으로 내려가 동네 ○○의원에서 15일 동안 입원 치료를 받았다.

위 입원 치료 기간 중 MRI 촬영을 하고 판독하여 어깨 인대 손상이라는 결과를 알게 되었다.

이후, 병가가 끝나고 나서 출근을 하여 201_. 3. 30. ~ 31. (2일)간 작업을 하였고, 작업이 힘들어 도저히 더 이상 직장 생활이 어려워 할 수 없이 201 3. 31. 회사의 권고로 사표를 제출하고, 곧바로 201_. 4. 1. ~ 2.까지 ○○의원에서 2일 동안 입원한 후, ○○병원으로 다시 전원을 하여 통원 치료를 받았다.

○○병원에서 통원 치료를 받는 동안 통증이 악화되어 결국, 주치의사의 권유로 201_. 5. 19. 서울 ○○병원에서 같은 해 5. 27. 수술을 받고 6. 3. 퇴원, 다시 ○○병원에 입원, 현재 가료 중에 있다.

이하에서는 근로자의 담당 업무가 무엇이었고, 근무 시간, 작업 순서, 작업 방법, 망치질 횟수 등 작업 조건에 대하여 구체적으로 하나하나 살펴보겠다.

(2) 근로자의 담당 업무

근로자의 담당 업무는 LCD 유리원판을 Box의 형태로 포장하여 창고에 입고시키는 것이 주 업무이고, 하루에 포장할 수 있는 Box의 수량은 평균하여 9~10Box 정도가 되며, 작업 시간의 대부분은 Box를 Packing하는 포장 작업에 소요됨. (1일 8시간 기준)

LCD 원판유리는 그 소재가 특수 유리로 TV 브라운관의 원자재인 까닭에 조금이라도 손상이 되지 않도록 2중으로 특수 포장을 하며, 포장 방법, 즉 작업 방법이 비교적 단순하지만, 힘이 집중되어 반복되는 작업임.
  - Box란: LCD 원판유리를 감싸는 유리 보호막으로 소재는 특수 목제 판임.
  - 포장된 Box의 무게는 大: 3.5t, 中: 2.5t, 小: 1.5t~2t 등 다양함.
  - Box의 포장은 모두 수작업이며, 포장된 Box는 지게차로 창고에 적재함.

(3) 근무 시간

1주임을 기준으로 하여 학, 수, 목, 금요일 근무는 3교대 근무로써 1일 8시간 근무이고, 토, 일, 월요일 근무는 2교대 근무로써 1일에 4시간 연장 근무를 하므로 이때 1일 근로 시간은 12시간이다. (휴게 시간 포함)

이렇게 순환 근무를 하므로 주 단위로는 6일 근무가 되고, 월 단위로는 24일~25일을 근무하게 되며, 1일 평균 근로 시간은 약 9시간, 주 평균 근로 시간 수는 약 56시간이다. (휴게 시간 포함)

(4) 작업 순서

① LCD 원판유리가 생산됨 → ② LCD 원판유리를 지게차로 받친 상태를 유지한 채 1차 밴딩 작업 → ③ 밴딩을 한 Box를 Packing 장소로 운반 → ④ 2차 밴딩 할 빈 포장 Box 해체, → ⑤ 1차 밴딩 된 Box를 지게차로 받친 상태에서 해체한 박스 소재를 1차 밴딩한 LCD 원판유리 묶음의 표면을 감싸며 망치질로 못을 박아 붙이는 2차 밴딩 작업 → ⑥ 지게차로 내림 → ⑦ 내린 Box를 아이언 밴드로 다시 묶음, → ⑧ 지게차로 운반하여 창고에 입고

(5) 작업 방법

1) 1차 밴딩 작업 방법(②)

일명 '패드'라고 불리 우는 규격품 유리 보호제를 LCD 원판유리에 덧붙인 후, 밴딩 끈으로 묶어 고정시킴.

패드의 무게는 크기에 따라 약 15kg~20kg이고, 밴딩을 할 때 작업자의 자세는 두 팔을 들어 만세를 부르는 자세에서 패드가 이탈되지 않도록 아래 방향에서 위 방향으로 밀어 받치면서 밴딩 줄을 잡아당기면 밴딩 줄이 팽팽하게 조여지면서 1차 밴딩이 종료됨. **(1차 밴딩을 "가" 밴딩이라 함)**

2) 2차 밴딩 작업 방법(⑤)

특수 소재로 만든 빈 목재판 Box를 해체하면 용도별로 분리되고, 분리된 Box의 소재를 작업이 용이하도록 정리함.

이와 같이 해체된 규격품의 무게는 규격에 따라 조금씩 다르지만, 평균하여 작은 것은 약 15kg, 큰 것은 약 20kg 정도가 됨.

이 같은 개별 규격 목재판을 하나씩 들고 이동시켜 오른손으로는 망치질로 못을 박으면서 고정시키는 방법으로 작업을 순차적으로 하나씩 돌아가면서 못질을 하여 붙인 후, 아이언 밴드로 묶고 난 다음 클립으로 꽉 압축시켜 조여 준 후 카터로 밴드 줄을 절단하면 2차 밴딩 작업이 종료되면서 비로소 Box 모양의 포장이 형성됨.

그렇다면, 이 건 신청인의 경우, 망치질을 도대체 얼마나 하였고, 그 망치질이 오른쪽 어깨에 어떤 영향을 끼쳤으며, 망치질과 밴딩 줄을 잡아당기고 조이고 하는 반복 동작이 신청인의 상병 사이에 인과관계가 있는지 등을 따로 확실하게 살펴볼 필요가 있고, 이것이 이 건의 중심이다.

살피건대, 근로자가 오른손으로 망치질을 한 횟수를 추정해 보면 아래와 같다.

【작업 조건】
① 망치의 무게: 약 3kg
② 못대가리는 위아래로 이중임

③ 한 개의 못을 박는 데 망치질의 횟수
  • 작은 못: 약 3회~4회
  • 큰 못: 약 5회~6회(단, 숙련공인 경우를 기준 함)

④ 1개의 Box를 Packing하는 데 소요되는 못의 수량
  • 작은 못: 42개
  • 큰 못: 10개

⑤ 1일 Box 생산량
  • 1일 3교대 근무 시 생산량: Box 9개~10개 포장
  • 1일 2교대 근무 시 생산량: Box 12개~13개 포장
  • 1일 평균 생산량:【(9 + 10)/2 × 4 + (12 + 13)/2 × 2】/6 = 10.5Box 포장

위와 같은 작업 조건에서 신청인이 망치질을 어느 정도 하였는지를 추정하여 한번 살펴보겠다.

다만, 망치질 횟수 산정 기초 단위는 작업 시간보다는 Box를 포장할 수 있는 생산량을 기준으로 하되, 재직 기간 동안 못질의 횟수를 최소한으로 줄이기 위하여 연장 근로한 날은 빼고, 1일 생산량을 평균하여 9.5개의 Box 포장을 기준량으로 하고, 월 24일 근무하였을 경우를 조건으로 하면 아래와 같은 결과를 얻을 수가 있다.

아　　래

1) Box 1개를 포장할 때 망치질을 하는 평균 횟수,

　작은 못 망치질 횟수: 42개의 못 × 3.5회 망치질 = 147회

　큰 못 망치질 횟수: 10개의 못 × 5.5회 망치질 = 55회

　합계: 약 202회(소수점 이하 절사)

2) 하루 망치질 횟수

　작은 못 망치질 횟수: 9.5Box × 42개의 못 × 3.5회 망치질 = 1,396회

　큰 못 망치질 횟수: 9.5Box × 10개의 못 × 5.5회 망치질 = 522회

　합계: 1,918회

3) 한 달 망치질 횟수

　1,918회 × 24일 = 46,032회

4) 1년 망치질 횟수

　연차 휴가 평균 15일, 주휴일 53일, 추석 3일, 구정 3일, 여름휴가 7일, 기타 결근 등을 공제하면 365-74일 = 291일을 근무했다고 가정한다면 1,918회 × 291일 = 558,138회

5) 재직 기간을 통산한 망치질 횟수

　558,138회 × 약 6.5년 = 3,627,897회라는 산술적 계산이 나옴.

물론 위의 수치가 정확한 것은 아니지만, 문제는 망치질 횟수의 정확성이 아니라 신청인의 상병이 직업에서 온 질환임을 입증하는 입증 방법상의 문제로 망치질의 횟수와 속도,

가해지는 힘 외에 밴딩 줄을 잡아당기고 조이고 하는 등 일련의 부수 과정에서 어깨에 부담을 주는 업무인지의 여부를 판단하는 정황 증거에 의미를 부여코자 함에 있다.

특히, 망치질은, 2중으로 된 못대가리를 정 조준하여 힘을 주어 내려치는 속도감 있는 연속 동작의 반복이며, 왼손으로부터 나무판이 떨어지지 않게 하려면 망치질을 하는 오른손의 작업 동작이 자동적으로 민첩해지고, 힘이 주어질 수밖에 없다.

그렇다면 이 건 신청인의 오른쪽 어깨 질환의 발병 원인은 오른쪽 어깨에 부담되어 인대 손상 등 질환으로 진행된 것을 아무도 부인할 수는 없다.

(6) 이 건이 업무상 질병인 이유

산업재해보상보험법 시행령 "별표 3"【2. 근골격계에 발생한 질병】내용은 다음과 같다.

업무에 종사한 기간과 시간, 업무의 양과 강도, 업무 수행 자세와 속도, 업무 수행 장소의 구조, 등이 근골격계에 부담을 주는 업무(이하 "신체부담업무"라 한다.)로서 다음의 어느 하나에 해당하는 업무에 종사한 경력이 있는 근로자의 팔, 다리, 또는 허리 부분의 근골격계 질환이 발생하거나 악화된 경우에는 업무상 질병으로 본다.

다만, 업무와 관련이 없는 다른 원인으로 발병한 경우에는 업무상 질병으로 보지 않는다.

1) 반복 동작이 많은 경우

2) 무리한 힘을 가해야 하는 경우

5) 그 밖에 특정 신체 부위에 부담이 되는 상태에서 하는 업무

【고용노동부고시 제2013 - 32호】

근골격계 질병의 업무상 질병 인정 기준을 마련하고 있는데, 그 내용은 다음과 같다.

가. 근골격계 질병의 정의 및 범위를 특정 신체 부위에 부담을 주는 업무로 ① 근육, ② 인대, ③ 힘줄, (생략) 와 관련된 신경 및 혈관에 미세한 손상이 누적되어 통증이나 기능 저하가 초래되는 급성 또는 만성질환으로 설정하고,

나. 구분은 팔, 다리, 허리로 구분한 뒤, 팔 부분은 다시 목, 어깨로, 팔꿈치, 손목으로 구분하고 있다.

신청인의 경우 LCD 유리원판을 Box로 포장하는 업무가 주된 업무였으며, 포장하는 작업 방법이 위에서 살펴본 바와 같이 밴딩 줄을 당기고, 조이고, 못을 박기 위해 망치질을 한 것은 어깨에 부담을 주는 업무이고, 부담을 주는 업무를 장기간 동안 계속적·반복적으로 해 온 탓에 오른쪽 어깨에 과부하가 걸려 어깨는 망가질 수밖에 없었던 지경에 이르렀으므로, 이 건 위 법정 기준에 부합하여 업무상 질환임에 의심할 여지가 없다.

※병원에서 수술 직후, 회진 때 주치의는 "도대체 무슨 일을 어떻게 했기에 어깨가 이렇게 되었나?"라고 말씀하시면서 혀를 찼음.

다음으로는, 최근 업무상 질병 인정 기준의 경향과 대법원의 판례를 살펴보겠다.

근로자가 근로환경에서 노출되는 환경적 요인과 질환과의 인과관계를 살핌에 있어 실제로 작업 환경과 관련된 요인과 개인적 환경요인이 서로 중복되어 충돌하는 경우도 있으므로 "업무의 연관성"을 쉽게 구별하여 판단하기란 쉬운 일이 아니며, 현실적으로 업무와 관련된 악화 요인이 50% 이상 기여한 경우 "업무의 연관성"이 있는 것으로 해석하는 추이임.

그러나 신청인의 경우 개인적 환경 요인은 없으므로 신청인의 위와 같은 망치질과 밴딩 줄을 당기고 조이는 Box 포장 작업이 일상적인 주된 환경적 요인으로 볼 때 50%가 아닌 100%에 육박한다고 보아도 그리 과언이 아님.

근로자가 회사 측과 대질조사를 청하는 이유도 근로환경적 요인과 어깨 질환과의 인과관계를 회사 측이 적극적으로 부인할 것은 뻔할 뻔 자(字)일 것이고, 이때 귀 공단은 현장을 방문하여 근로자들이 실제로 얼마나 힘들게 부담되는 노동에 노출되어 있는가를 확인하고, 작업 방법이 이 건 업무와의 인과관계가 있는지를 찾아보기 위해 직접 현장 체험을 하는 등 방법으로 실증적 조사를 하지 아니할 것도 충분히 예상되므로 신청인은 이를 우려하여 경계코자 함에 있다. (※ 동료 산재 신청 사건 처리 과정에서의 전례로 보아 의심할 수밖에 없음)

한편, 우리 대법원은 "공무상 질병 또는 부상이라 함은 공무 수행 중에 발생한 질병 또는 공무 중에 입은 그 자체뿐만 아니라 질병 또는 부상이 완치되지 않은 상태에서 계속 과중한 직무를 수행한 탓으로 위 질병 또는 부상이 급격히 악화되어 새로운 질병 또는 부상이 생긴 경우를 포함한다고 정의함으로써 업무상 질병의 범위를 확대하고 있다. 나아가, 대법원은 업무와 질병과의 인과관계는 반드시 의학적, 자연과학적으로 명백히 입증하여야 하는 것은 아니고 제반 사정을 고려할 때 업무와 질병 사이에 상당 부분 인과관계가 있다고 추단되는 경우에도 그 입증이 있다고 보아야 하고, 또한 평소에 정상적인 근무가 가능한 기초 질병이나 기존 질병이 직무의 과중 등이 원인이 되어 자연적인 진행 속도 이상으로 급격하게 악화된 때에도 그 입증이 있는 경우에 포함된다고 함으로서 규범적 부분도 중시하고 있다."

※ 위 대법원 판례는 형성된 지 이미 오래된 판례로 널리 통용되고 있음

그렇다면 이 건, 근로자의 어깨 질환은 업무와의 인과관계를 살핌에 있어 의학적 지식의 범위를 벗어나지 않았음은 물론, 밴딩 줄을 당기고, 조이고, 망치질하는 것을 반복해 왔다면 규범적으로도 업무상 질환임에는 틀림이 없다는 것이 객관적인 이유이다.

(7) 결론

산업재해는 사회적 차원에서의 대처 노력이 요구되고, 특히 열악한 근무 환경에 노출된 직업성 질환 문제는 산업재해의 영역 밖에 계속 방치하기보다는 산업재해의 영역 내에서 현재의 의학 지식의 범위를 벗어나지 않는 범위 안에서 더욱 적극적, 규범적으로 접근할 필요가 있다.

5. 선원법과 산업재해

선원법과 산업재해보상보험법 사이에서 어느 법령을 적용하는가 하는 것이 종종 문제가 된다. 본 건은 바지선이 해상에서 침몰한 사건으로 산업재해보상보험법이 적용되는지가 쟁점이며, 이 건의 경우, 바지선이 부선으로써 선원법의 적용을 받는 선박인지의 여부를 정리한 사례임.

(1) 사고 발생 경위

A 회사는 B 회사에서 시공하는 "○○항 동방파제 축조 공사"에 하수급인으로 해상 방파제 DCM 공사에 참여해 오던 중, ○○항에서 회사의 소유인 바지선에 건축 자재를 싣고 예인선에 의해 예인되어 오던 중, 전복된 산업재해이다.

(2) 처분의 내용

산업재해보상보험법 제6조 및 같은 법 시행령 제2조에 따르면 선원법에 따라 재해보상이 되는 사업은 산업재해보상보험법의 적용을 제외하도록 규정하고 있으며, 선원법 제3조에 의거 해운법 제24조에 따라 해상화물운송 사업을 하기 위하여 등록한 부선은 선원법 적용 대상으로 규정하고 있다.

이 건 회사가 부선(바지선)에 시멘트를 적재하고 운반하던 중 발생한 사고로 근로자 사망 사실은 인정되나, 부선은 국내항 사이에 시멘트 등을 운반하는 사업에 투입된 선박으로 해운법에 따른 해상화물운송 사업으로 산업재해보상보험법의 적용 제외 사업에 해당하므로 귀사에서 제출한 유족 급여·장의비 대체 지급 청구서는 부득이 부지급 결정하였음을 알려드림.

(3) 처분의 법적 근거로 삼은 관련법 내용

1) (구)산업재해보상보험법 제6조(적용 범위)

이 법은 근로자를 사용하는 모든 사업 또는 사업장(이하 "사업장"이라 한다.)에 적용한다. 다만, 위험률, 규모 및 장소 등을 고려하여 대통령령으로 정하는 사업에 대하여는 그러하지 아니하다.

2) 산업재해보상보험법 시행령 제2조(법의 적용제외 사업)

① 산재법 제6조 단서에서 "대통령령으로 정하고 있는 사업"이란 다음 각 호의 어느 하나에 해당하는 사업 또는 사업장(이하 "사업"이라 한다.)을 말한다.

② "선원법", "어선원 및 어선재해보상법, 또는 사립학교 교직원 연금법"에 따라 재해보상이 되는 사업.

3) 선원법 제3조(적용 범위)

① 이 법은 특별한 규정이 있는 경우를 제외하고는 "선박법에 따른 대한민국 선박('어선법'에 따른 어선을 포함한다.)" 대한민국 국적을 취득할 것을 조건으로 용선한 외국 선박 및 국내 항과 국내 항 사이만을 항해하는 외국 선박에 승무하는 선원과 그 선박 외 선박 소유주에 대하여 적용한다. 다만, 다음 각 호의 어느 하나에 해당하는 선박에 승무하는 선박과 그 선박의 소유주에게는 이 법을 적용하지 아니한다.

1. 총 톤수 5톤 미만의 선박으로써 항해선이 아닌 선박

2.- 3. (기략)

4. 선박법 제1조의2 제1항 제3호에 따른 부선. 다만, 해운법 제24조 제1항에 따라 해상화물운송 사업을 하기 위하여 등록한 부선은 제외한다

선박법 제1조의2(정의)

제1항: 이 법에서 "선박"이란 수상 또는 수중에서 항행용으로 사용할 수 있는 배 종류를 말하며, 그 구분은 다음 각 호와 같다.
제3호(부선): 자력항행능력(自力航行能力)이 없어 다른 선박에 의하여 끌리거나 밀려서 항행되는 선박

이 사건 원처분의 부지급 이유가 "부선은 국내항 사이에 시멘트 등을 운반하는 사업에 투입된 선박으로 해운법에 따른 해상화물운송 사업으로 산업재해보상보험법의 적용 제외사업에 해당한다."라는 것으로, A 회사가 행하고 있는 사업이

국내항 사이에 시멘트 등을 운반하는 해운법상 해상화물운송 사업인지의 여부가 이 사건의 쟁점으로, A 회사는 자신이 행하는 사업이 본질적으로 해상화물운송 사업이 아니므로 소속 근로자의 산업재해에 대하여는 "선원법"의 적용 대상이 아니라고 주장하면서 공단과의 상반된 입장에서 충돌하고 있다.

(4) A 회사가 영위하는 사업은 해상화물운송 사업이 아님

이하에서는 회사가 영위하는 사업이 해상화물운송 사업이 아님을 여러 가지 측면에서 고찰해 보겠다.

1) 회사의 사업 일반

광의의 "사업"이라 함은 영리·비영리를 불문하고 일정한 목적을 가지고 이를 달성하기 위하여 조직을 갖추어 영속적·반복적으로 조직 활동을 이어가는 사회활동으로 총칭되지만, 협의의 "사업"이란 자본을 투자하여 일정한 조직을 갖추고 일정한 장소에서 유형·무형의 영리를 목적으로 일정한 계획하에 계속적·반복적으로 경제 활동을 영위하는 생산 활동을 의미한다.

A 회사의 사업을 살펴보면, A 회사는 건설산업기본법상 전문건설업 면허를 취득하고, 하수급인의 지위에서 각종 건설공사에 참여하고 있다.

A 회사가 건설공사에 참여하는 범위는 지상 구축물(빌딩, 아파트 등), 항만 시설 건축공사 및 이와 유사한 구조물 설치 공사 중, 토목 공사에 속하는 연약지반 구조물 설치 공사로 주로 건설 장비인 항타기, 항발기를 이용하여 연약지반을 견고하게 하기 위하여 파일을 박는 것이 주 공사의 내용이다.

파일을 땅속에 박으려면 항타기 등 건설 장비와 레미콘(일명 "벌크"라고도 함), 작업 인부 등이 필요한데, 이 건의 "○○항 동방파제 축조 공사"는 ○○항만에서 공사가 시공되기 때문에 항만까지는 육로가 없어 모든 장비와 건축자재인 벌크는 바지선을 이용하고, 작업 인부는 여객선을 이용할 수밖에 없다.

따라서, A 회사의 사업은 건설 공사라는 하나의 사업을 영위하고 있으며, 동 건설 공사를 시공하기 위하여 장비와 건축 자재를 부선인 바지선을 이용하여 해상으로 운송하는 것을 두고, 해상화물운송 사업을 영위한다고는 말할 수가 없다.

즉, 장비와 건축 자재를 부선인 바지선을 이용하여 해상으로 운송한 것은 건설 공사의 작업 공정 중 하나에 불과할 뿐, 이것이 업(業)으로서의 독립된 해상화물운송 사업은 아니다.

2) 실체법상 회사의 사업은 해상화물운송 사업이 아님
   – 해운법 관련 법조문

   해운법 제1조(목적): 이 법은 해상운송의 질서를 유지하고, 공정한 경쟁이 이루어지도록 하며, 해운업의 건전한 발전과 여객 화물의 원활한 운송을 도모함으로써 이용자의 편의를 향상시키고, 국민경제의 발전과 공공복리의 증진에 이마지 하는 것을 목적으로 한다.

   해운법 제2조(정의): 이 법에서 사용하는 용어의 뜻은 다음과 같다.
   1. "해운업"이란 해상여객 운송사업, 해상화물 운송사업, 해운 중개업, 해운 대리점업 및 선박 관리업을 말한다.

3. "해상화물 운송사업"이란 해상이나 해상과 접하여 있는 내륙 수로에서 선박(예인 선에 결합된 부선을 포함한다.)으로 물건을 운송하거나 이에 수반되는 업무(동대선을 포함한다.)를 처리하는 사업(수산업자가 어항에서 자기의 어획물이나 그 제품을 운송하는 사업은 제외한다.)으로써 "항만운송사업법" 제2조 제2항에 따른 항만운송사업 외 의 것을 말한다.

해운법 제23조(해상화물 운송 사업의 종류): 내항과 내항사이, 내항과 외항 사이 정기 또는 부정기적인 해상화물 운송 사업(요점 정리)

해운법 제24조(사업의 등록) 제1항: 내항 화물운송사업을 경영하려는 자는 해양수산 부령으로 정하는 바에 따라 해양수산부장관에게 등록하여야 한다.

해운법 제28조, 제29조

가. 이 건 해운법 제1조에서 정한 목적 사업에 맞지 않는다.
해운법 제1조(목적)에서 "이 법은 해상 운송의 질서를 유지하고, 공정한 경쟁이 이루 어지도록 하며, (중략) 이용자의 편의를 향상시키고, (중략) 목적으로 한다."라고 규 정하고 있다.

여기서 ① "공정한 경쟁"이라 함은 해상화물운송 사업을 영위하는 사업자들 간의 경 쟁을 의미하는바, A 회사는 경쟁을 하는 상대가 없다. ② "이용자의 편의"라 함은 선박을 이용하는 화물의 소유주를 의미하는바, 이때 화물의 소유주는 소위 제3인 고객을 뜻하는데 A 회사의 경우 고객이 없다.
(※ 해운법 제2조에서 "수산업자가 어항에서 자기의 어획물이나 그 제품을 운송하는 사업"은 경쟁자와 이용자(고객)가 없기 때문에 이 법의 적용에서 배제하고 있음.)

나. 해운법 제2조 관련
① "해운업"이란 해상 여객 운송 사업, 해상 화물 운송 사업, 해운 중개업, 해운 대 리점업 및 선박 관리업을 말하는바, 회사가 행하는 사업은 건설산업기본법에 의

한 건설업일 뿐, "해운업"이 아니다.

② 중복되나, 해운법 제2조에서 "수산업자가 어항에서 자기의 어획물이나 그 제품을 운송하는 사업"은 경쟁 상대와 운임 또는 수수료를 지불하는 화주로서의 고객이 없기 때문에 해상화물운송 사업의 범위에 포함을 시키지 아니한 것과 마찬가지로 회사의 이 건 건축 자재 운송도 같은 맥락에서 해운법상 해상화물운송 사업의 범위에서 제외되어야 한다.

다. 해운법 제23조 관련

해운법 제23조에서는 해상화물운송 사업의 종류를 규정하고 있는바, 그 내용은 내항과 내항 사이, 내항과 외항 사이 해상 운송 화물을 정기 또는 부정기적으로 운송하는 사업으로 구분하고 있다.

여기서 정기적이라 함은 고객으로서 제3자인 화주와 선주 사이 연간 계약 등 방법에 의해 화물을 정기적으로 운송하는 경우이고, 부정기적이라 함은 그때그때 화물의 종류와 수량에 따라 단가 계약에 의해 운송해주는, 이른바 해운법상 해상화물운송 종류를 의미한다.

회사는 자신의 건축 자재를 자신의 바지선에 싣고 00항에서 건축 현장까지 운반한 것으로 여기에는 해운법상 해상화물의 종류를 구분하는 기준인 정기적·부정기적 해상화물운송의 개념이 아니므로 회사의 건축 자재 운반은 이 법에서 정하고 있는 해상화물운송 사업의 종류에 해당하지 않는다.

라. 해운법 제24조 관련

① 내항 화물운송 사업을 경영하려는 자는 해양수산부령으로 정하는 바에 따라 해양수산부장관에 등록하여야 한다.

② 제1항과 제2항에 따라 등록을 하려는 자는 해양수산부령으로 정하는 바에 따라 사업계획서를 붙이 신청서를 해양수산부장관에게 제출하여야 한다.

시행규칙 제16조에서 해상화물운송 사업을 등록하려는 자는 소정 서식에 따라 해상화물운송사업 등록신청서에 다음 각 호의 서류를 첨부하여 해양수산부장관 또는 지방해양수산청장에게 제출하도록 규정하고 있다.

이 건의 경우, 회사는 전문 건설업체로서 연약지반 공사, 방파제 공사 등을 영위하는 건설업을 사업으로 하고 있을 뿐, 해상화물운송 사업을 영위하는 것은 아니며, 부선(바지선) 역시 건축 자재만 필요에 따라 운반하고, 그 외 해운법상 화물은 취급하지 아니하기 때문에 회사가 영위하는 사업은 해상화물운송 사업이 아니므로 해상화물운송 사업 등록 신청 대상 또한 아니다.

마. 기타 해운법 제28조 및 제29조 관련
해운법 제28조 및 제29조는 비록 내항과 외항을 운행하는 정기 해상화물운송 사업에 해당하는 운임의 공표와 운임의 협약에 관한 사항이지만, 해상화물운송 사업자가 화주로부터 일정 운임을 받는다는 측면에서는 내항과 내항 간 정기 또는 부정기적인 해상화물운송 사업자에게도 운임을 받는다는 것은 마찬가지이다.

즉, 해운법상 해상화물운송 사업의 사업주는 고객으로부터 일정한 운임을 받고, 그 대신 화물을 안전하게 지정된 장소까지 운송해주는 것으로, 고객인 화주와 해상화물운송 사업주 간에는 거래가 성립된다. 이 건의 회사는 건축 자재를 운반함에 있어 위와 같은 거래가 부존재(不存在) 하므로 회사가 싣고 간 건축자재의 운반은 해운법상 화물이 아니다.

【소 결】
이 건 회사가 건축공사의 시공에 하수급인으로 참여하면서 자신이 직접 건축 자재를 해상으로 운반한 행위가 해운법상 해상화물운송 사업에 해당하려면 적어도 아래와 같은 요건을 모두 동시에 충족하여야 한다.

해상화물운송 사업이 되기 위한 전제 조건

1. 해운법 제1조의 입법 취지에 따라 해상화물운송 사업자 간 공정한 경쟁 대상자가 있어야 할 것.

2. 정기적·부정기적으로 선박법에 의한 선박을 이용하여 화물의 운반을 위탁한 제3자의 화물주("해운법"에서는 "이용자"로 표기됨)가 있어야 할 것.

3. 제3의 이용자와 운송업자 간 운임 또는 수수료 등, 비용의 지급과 수입이라는 거래가 있어야 할 것.

4. 내항과 내항 또는 내항과 외항을 정기 또는 부정기적으로 운항하는 해운법상 해상화물운송 사업일 것.

5. 해상화물운송 사업 면허취득 및 주무 중앙행정기관에 등록할 것.

회사는 건설산업기본법상 건설 면허를 소지하고 이 건 (주)○○에서 시공하는 "○○항 동방파제 축조 공사"에 하수급인으로 참여하면서 건축 자재를 회사 소유 바지선을 이용하여 ○○항에서 ○○건축 현장까지 운반한 것으로 이는 화물 운송 수입을 목적사업으로 한 국내항과 국내항 사이만을 정기적·부정기적으로 항해하는 것이 아니므로 해운법상 해상화물운송 사업이 아니어서 선원법 제3조 제1항에 따른 선원법이 적용되지 않는다.

나아가, 회사가 건축 자재를 운반함에 있어 위에 적시된 "해상화물운송 사업자가 되기 위한 전제조건 1-5"를 모두 결하고 있어 회사는 해상화물운송 사업을 영위하지 않고 있음이 분명하여, 본 건 선원법의 적용 대상이 아님이 명백하다 하겠다.

(5) 처분의 취소 사유에 대하여

산업재해보상보험법 제6조 및 같은 법 시행령 제2조에 따르면 선원법에 따라 재해보상이 되는 사업은 산업재해보상보험법의 적용을 제외하도록 규정하고 있는바, 이 건 산재법 적용 여부는 선원법 자체로만 판단하는 것이 아니라 "산재법", "선박법", "해운법" 등 유기적으로 연결되어 있는 관련법을 종합적으로 판단하여야 한다.

이 건의 경우, 건축 자재 운반이 국내항과 국내항, 사이만을 정기적·부정기적으로 항해하는 것이 아님은 물론, 위 "해상화물운송 사업자가 되기 위한 필요적·충분조건 1-3"의 요건을 모두 결하고 있고, A 회사의 사업 자체가 일정한 조직을 갖추어 해상화물운송 대가로 운임 등 수수료의 수입을 경영의 목표로 한 경제활동으로써의 해상화물운송 사업이 아님은 쉽게 알 수 있는 사안이다.

그렇다면 이 건 공단이 회사의 사업을 해상화물운송 사업임을 전제로 한 처분은 응당 취소되어야 할 것이다.

다음으로, 공단은 "고인이 승선한 부선은 국내항 사이에 시멘트 등을 운반하는 사업에 투입된 선박으로 해운법에 따른 해상화물운송 사업으로 산업재해보상보험법의 적용 제외 사업에 해당하므로"라고 판단을 하였는데, 이는 법률상 처분의 근거를 제대로 살피지 못한 것에 기인된 위법한 처분이다.

여기서 공단은 회사가 싣고 간 벌크(레미콘)를 "시멘트 등을 운반하는 사업"이라고 하였는데, 다시 말하지만, 회사는 시멘트 등의 운반 사업을 하는 것이 아니고, 단지, 공사를 시공하기 위하여 건축 자재인 시멘트 등을 운반한 것일 뿐이며, 공사 기간도 도급 계약에 따라 한정되어 있어 정기적·부정기적 화물 운송이라는 영속적 사업 개념 자체가 아니다.

공단은 "사업"이 무엇인지에 대하여 살피지 아니한 채, 단순히 "시멘트를 바지선에 싣고 해상으로 운송하였다."라는 사실 행위 하나에만 집착한 나머지 해운법 제1조, 제2조, 제23조, 제24조, 제28조의 내용을 미처 살피지 아니함으로써 위법한 처분을 자초하였다.

(6) 결론

공단은 처분장에서 이 건 "해운법에 따른 해상화물운송 사업으로 산업재해보상보험법의 적용 제외사업에 해당하므로 귀사에서 제출한 유족급여·장의비 대체지급 청구서는 부득이 부지급 결정하였음을 알려드립니다."라고 하였으나, 본 건 A 회사의 건축자재 해상 운반은 건축공사 공정의 하나일 뿐, 이를 해운법상 지속적으로 화물 운송에 따른 수입을 목적으로 한 경제활동인 "해상화물운송사업"은 아니므로 산업재해보상보험법 제89조에 의거 회사의 수급권 대위에 따른 청구권 행사는 정당하다 하겠고, 회사의 청구에 대한 공단의 부지급 결정처분은 위법한 처분이므로 마땅히 취소되어야 한다는 의견임.

【보충 의견】

가. 선원법 제3조 관련

A 회사가 임대한 부선은 선박법에 따른 선박이기는 하지만, 선원법 제3조 제1항 제4호의 후단 단서규정에 따라 해상화물운송 사업을 하기 위하여 해운법 제24조 제1항에 따라 해양수산부장관에게 등록해야 할 부선이 아니어서 선원법의 적용을 받지 아니한다.

나. 선원법 제94조 관련

공단은 영세 중소기업인 A 회사와 선박 소유주를 상대로 선박주에게 보상의 책임이 있다는 것을 주장하고 있다.

이 건 부선은 해상화물운송 사업을 목적으로 임대한 것이 아니므로 동 부선은 선원법 제3조 제1항 제4호 단서규정에 따라 선원법의 적용을 받지 아니한다.

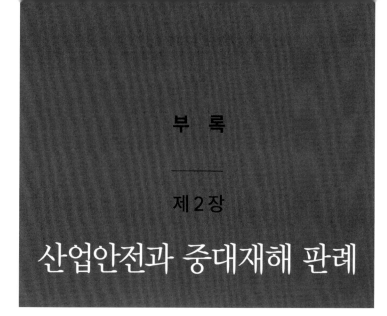

부 록

———

제 2 장

산업안전과 중대재해 판례

1. 산업안전보건법 위반(검찰 처분 등) 판례 목차

1) 사업주 책임 관련[(구)산안법 제29조 위반]

2) 작업반장의 임의 작업

3) 추락(안전대 걸이 관련)

4) 포크레인 접속 사고

5) 굴삭기 주용도 관련

6) 안전조치가 취해지지 아니한 사실만으로 죄가 성립되는 것은 아님

7) 차주 겸 운전자의 산안법 적용

8) 규칙에서 정하지 않은 안전상의 조치 의무

9) 법인 대표자를 소정의 사업주로 보지 아니한 판례

10) 사업주의 산안법 위반 여부(행위자로 보지 아니한 사례)

11) 죄형법정주의와 명확성 원칙

12) 장비 대여업자는 유죄, 나머지는 무죄를 선고한 사례

13) 업무상과실치사죄는 유죄, 법인에 대한 산안법은 무죄를 선고하면서 상상적 경합 관계를 선고한 판례

14) 기계와 기구의 정의 및 작업계획서 작성 위반 부분에 대한 내사 종결

15) 감전 관련 작업자 과실

16) 감전 관련 작업자의 임의 작업

17) 사업주의 감독 범위

18) 전담 유도자 배치 의무 여부

19) E/V 피트 내 안전대 부착 설비 미설치 관련

20) 굴삭기의 주용도 외 사용

21) 교량 작업 시 작업자의 임의 작업

22) 작업 시간 종료 후 발생한 사고

23) 피의자가 예상할 수 없었던 사고

24) 추락(낙하물 방지망 관련)

산업안전보건법 위반 판례

1) 사업주 책임 관련[(구)산안법 제29조 위반]

법 제29조 제1항과 제2항의 사업주는 동일한 장소에서 행하여지는 사업의 "일부"를 도급에 의하여 행하는 사업으로서 대통령령이 정하는 사업의 사업주를 의미하는바, 원수급인은 주간사로서 총괄적으로 전체 공사를 관리·감독하면서 공정을 조정하는 역할을 수행하기 위하여 그 공사 현장에 관리 인원만을 배치하였을 뿐, 그 공사나 공정 중의 일부를 피의자 회사들의 근로자들이 직접 담당하여 시행하지 않고 있으므로 피의자 회사들은 동일한 장소에서 행하여지는 사업의 일부가 아닌 "전부"를 도급에 의하여 행하는 사업의 사업주에 해당한다 할 것이므로 법 제29조 위반의 책임을 묻기 어렵다고 한 판례(대법원 2005도4802호, 2007형제1171호, 대법원 2007도5782호)

❹피의자 ○○주식회사는 위 인테리어 공사나 공정 중의 일부를 ❹피의자 소속 근로자들이 직접 담당하여 시행하지 않고 전부를 ❷피의자에게 도급을 주어 시행하였으므로 산업안전보건법 제29조의 사업주에 해당하지 아니한다 하겠음.

또한, ❶피의자와 ❸피의자의 산업안전보건법 위반 여부는 별론으로 하더라도, ❷피의자와 ❹피의자는 위 피의자들의 해당 업무에 관하여 상당한 주의와 감독을 게을리하지 아니하였고 관련 조항이 헌법재판소의 헌법불합치결정을 받은 바 있으므로 그 혐의가 인정되지 아니한다 하겠음.

1. 터널 공사를 도급받은 건설회사의 현장소장과 위 공사를 발주한 한국전력 공사의 사업주에게 과실범의 공동정범을 인정한다.

2. 이른바 시공관리계약의 형태로 공사를 도급받은 수급인 건설회사 소속직원들이 공사현장에서 작업에 종사하였다면 그 건설회사는 산업안전보건법 제23조 제2항 소정의 사업주에 해당한다.

3. 위 2의 수급인 건설회사의 대표이사는 위 사업주에 해당하지 아니한다.
(대법 94도660, 1994. 5. 24.)

2) 작업반장의 임의 작업

작업반장이 현장소장의 작업 중단 지시를 무시하고 작업을 지시함으로써 발생하는 사고에 대해서는 현장소장의 과실로 인한 것이라고 볼 수 없다는 판례. (대법원 83도3365, 1984. 4. 10.)

3) 추락(안전대 걸이 관련)

높은 곳(2m 이상)에서 작업하는 작업자의 안전대 불착용을 그의 과실이라고 하기 위하여는 거푸집 해체 작업이 안전대를 착용하고서도 실시할 수 있고, 시설을 작업자가 쉽사리 이용할 수 있는 상황이어야 한다. (대법원 84다카2207, 1985. 3. 26.) (* 비계 설치 또는 해체 시 참조)

4) 포크레인 접속 사고

포크레인은 작업 시 요란한 소리를 내면서 거대한 몸체가 움직이고 있어 일
반인으로서는 누구나 그 작업 반경 내에 들어가면 충격 사고의 위험을 예견할 수 있는 것이므로 중기운전기사로서는 작업 시작 전에 그 작업 반경 내에 장애물이 있는지 여부를 살피고, 작업 도중 앞과 양옆을 면밀히 살핀 이상 통상의 주의 의무를 다하였다고 할 것이고, 그밖에 중기운전자가 살필 수 없는 몸체 뒷부분에 사람이 접근할 것을 예견하여 별도로 사람을 배치하여 그 접근을 막을 주의 의무까지는 없다. (대법원 85도1831, 1985. 11. 12.)

5) 굴삭기 주용도 관련

굴삭기에 인양용 로프를 연결하여 물건을 이동시키는 것도 굴삭기의 주용도에 포함된다고 봄이 상당하다. (대구지방법원 2008노3443 상소심에서)

6) 안전 조치가 취해지지 아니한 사실만으로 죄가 성립되는 것은 아님

안전 조치를 취하지 않은 채 작업을 하도록 지시하거나, 그 안전 조치가 취해지지 않은 상태에서 위 작업이 이루어지고 있다는 사실을 알면서도 이를 방치하는 등 그 위반 행위가 사업주에 의하여 이루어졌다고 인정되는 경우에 한하여 성립되는 것이지, 단지 사업주의 사업장에서 위와 같은 위험성이 있는 작업이 필요한 안전 조치가 취해지지 않고 이루어졌다는 사실만으로 성립되는 것은 아니다. (대법원 2007. 3. 29. 선고 2006도8874 판결)

7) 차주 겸 운전자의 산안법 적용

사업주의 안전상의 조치 의무는 작업장 내의 모든 사람에게 적용되는 것이 아니라 사업주와 실질적인 고용 관계가 있는 근로자에 대하여만 적용되는바, 공사에 필요한 작업을 위하여 일일 임대차 계약에 의하여 임차한 카고트럭의 소유자 겸 운전자가 작업 중 현장에서 사망한 사안에서 임차인이 사업주와 피해자 사이에 실질적인 고용 관계가 성립하였다고 보기 어려워, 사업주가 법 제23조의 안전상의 조치 의무를 부담한다고 할 수 없다. (대구지법 2007. 2. 13. 선고 2006고정3671 판결 항소심)

8) 규칙에서 정하지 않은 안전상의 조치 의무

산업안전보건법 제23조 제3항은 같은 법 제23조 제1항에서 규정하고 있는 사업주가 하여야 할 안전상의 조치 사항을 노동부령에 정하고 있으며, 노동부령에 규정하고 있지 아니한 안전 조치 사항을 취하지 아니하였다면 그것이 비록 사고 예방을 위하여 필요한 조치라고 하더라도 산업안전보건법 제23조 제3항 위반의 범죄를 구성하지 아니한다. (대법원 2009. 5. 28. 선고 2008도7030 판결)

9) 법인 대표자를 소정의 사업주로 보지 아니한 판례

"법 제2조 제3호의 '사업주'란 어떤 사업에서의 경영주체로서 경영상의 손익 계산이 귀속하는 자를 가리키는 것으로서, 공사를 도급받은 수급인의 회사 소속 직원들이 공사 현장에서 작업에 종사하였다면 그 회사는 법 소정의 사업주라고 볼 수 있지만, 그 회사의 대표이사를 법 소정의 사업주라고 볼 수는 없으므로(대법원 1994. 5. 24. 선고 94도660호 판결), 이 사건에 있어서 회사의 대표이사인 피고인은 법 소정의 사업주가 아니라고 할 것이다. 또한, 회사의 규모, 피고인의 업무와 회사의 개별 현장에서 행하여지는 작업과의 관계, 이 사건 사고 현장에서 이루어진 회사의 작업에 대한 안전관리 책임은 회사의 현장소장인 공소외인이 담당하고 있었던 점, 피고인과 공소외인 사이의 업무분담 관계 등을 고려하여 볼 때 이 사건 사고 현장에서 직접 근로자들을 지휘, 감독하지 않았던 피고인을 이 사건 사고 현장에서 작업 중 근로자가 추락할 위험을 방지하기 위하여 필요한 조치를 취하지 아니한 행위자라고 볼 수는 없다 할 것이다."(의정부지법 2005. 3. 31. 선고 2004노1726호 판결, 확정)

10) 사업주의 산안법 위반 여부(행위자로 보지 아니한 사례)

사업주가 자리를 비운 사이에 자동차정비공장의 공장장이 연료탱크의 용접 작업을 임의로 의뢰받아 필요한 안전 조치를 취하지 아니한 채 실시한 사안에서, 사업주에게 법 제23조 제1항에 규정된 안전상 조치 의무를 다하지 아니한 책임을 물을 수 없다." (대법원 2006도8874 판결)

11) 죄형법정주의와 명확성 원칙

헌법 제12조 제1항 후문은 누구든지 법률과 적법한 절차에 의하지 아니하고는 적법·보안 처분 또는 강제 노역을 받지 아니한다고 규정하고 있다. 이러한 죄형법정주의는 범죄와 형벌이 법률로 정하여져야 함을 의미하는 것으로 이러한 죄형법정주의에서 파생되는 명확성의 원칙은 누구나 법률이 처벌하고자 하는 행위가 무엇이며, 그에 대한 형벌이 어떠한 것인지를 예견할 수 있고, 그에 따라 자신의 행위를 결정할 수 있도록 구성 요건이 명확할 것을 의미하는 것이다. (헌재 2000. 6. 29. 98헌가10 판례집 12-1,741, 748)

행정법규의 내용이 애매모호하거나 추상적이어서 불명확하면 무엇이 금지된 행위인지를 국민이 알 수 없어 법을 지키기가 어려울뿐더러 범죄의 성립 여부가 법관의 자의적인 해석에 맡겨져 죄형법정주의에 의하여 국민의 자유와 권리를 보장하려는 법치주의의 이념은 실현될 수 없기 때문이다. (헌재 1996. 12. 26. 93헌바65, 판례집 8-2, 785, 792-793)

12) 장비 대여업자는 유죄, 나머지는 무죄를 선고한 사례

이 사건 사고가 장비의 고장으로 인하여 발생한 것인지 여부는 서면교부 의무 위반으로 산안법 위반죄의 성립에 영향을 미치지 아니하고, 그 법의 목적이 기계를 대여받은 자의 작업장 내 근로자들의 안전을 도모하는 데 있고, 그 운전원은 대여업자의 지시, 감독을 받는 것이 아니라 대여받은 자의 지시 감독을 받으면서 작업을 하는 이상, 운전원을 함께 파견하였다는 사정만으로 대여업자에게 위와 같은 서면교부 의무가 없는 것은 아니라고 할 것이므로, 피고인 ○○○의 주장은 이유 없다. 나머지 피고인들은 앞에서 살펴본 바와 같이 공소 사실은 죄가 되지 아니하거나 범죄의 증명이 없는 경우에 해당한다. (대구지법 2008노3443(항소심))

13) 업무상과실치사죄는 유죄, 법인에 대하여는 산안법은 무죄를 선고하면서 상상적 경합 관계를 선고한 판례

작업자가 무경험자인 사실과 스프링 누락의 위험성을 경시한 사실은 업무상 과실에 해당하여 유죄를, 안전규칙 제452조의2 제1호는 "설계도서"가 아니라 "설계서"라고 정하고 있고, 제2호는 제1호의 "설계서"와는 따로 "설계도서"에 포함되는 "건설공사시방서"를 규정하고 있어 문언상 위 과업수행계획서가 안전규칙 소정의 "설계서"에 해당한다고 보기 어렵고(위 "설계서"는 위 건설기술관리법 시행규칙 제14조의2 제3항 소정의 "설계도서 중 설계도면 및 설계내역서로 한정하여 해석함이 상당하다고 할 것이다.), 한편, (중략) 이 사건 사고가 발생한 웨지 및 앙카베럴 교체 작업에 관하여 설계서 또는 건설공사시방서에 따른 시공 여부를 확인하지 않았다는 사실을 인정할 증거가 없다. 따라서 산안법 위반 부분의 공소 사실은 범죄의 증명이 없는 때에 해당하므로 형사소송법 제325조 후단에 의하여 무죄를 선고해야 할 것이나 피고인 ○○○, ○○○에 대하여 는 이와 상상적 경합범의 관계에 있다고 판시, 업무상과실치사죄를 유죄로 한 이상 따로 무죄의 선고를 하지 않는다. (서울지법 동부지원 2003고단193(산), 386 (병합))

14) 기계와 기구의 정의 및 작업계획서 작성 위반 부분에 대한 내사 종결

본건 공사 관련 작업계획서에 "이탈 방지 압륜의 볼트를 단단히 조이고 단단히 조여져 있는지 토크랜치로 확인한다."라고 기재되어 있는 이상 단지 본건 압륜에 설치된 볼트의 개수를 기재하지 않았다는 것만으로 작업계획서를 작성하지 않은 것이라고 볼 수 없고, 사고 직전 피내사자가 피해자에게 명시적으로 위 압륜의 볼트를 체결하라고 지시한 사실이 있는 이상, 사업주 및 도급인이 위 작업계획서의 내용을 준수하지 않은 것이라고 볼 수도 없다.

15) 감전 관련 작업자 과실

작업이 끝나고 이동전선을 회수할 때 분전반에 연결된 이동전선코드를 뽑지 않고 이동전선을 회수하다 발생한 사고에 대한 무혐의.

16) 감전 관련 작업자의 임의 작업

본건 사고가 공사 현장 누전차단기의 작동 이상으로 인한 것이라는 사실을 인정할 증거가 부족한 가운데 ○○○이 본인 업무 범위를 벗어나 현장의 전구를 교체하던 중 당한 사고까지 사업주 책임을 인정하기 어렵다. (○○밴처다임 신축공사)

17) 사업주의 감독 범위

사업주가 업무 매뉴얼에 따라 정해진 안전 관리 책임을 다한 이상 매 작업마다 주 전원을 차단하였는지 여부를 확인하는 등 근로자들이 비정상적인 방법으로 작업하는지 여부를 일일이 확인할 책임과 의무까지 피의자에게 기대할 수 없다.

18) 전담 유도자 배치 의무 여부

크레인으로 화물을 인양할 때 작업자 자신이 유도자 역할을 하여 작업을 하면서 유도 신호를 할 수밖에 없고, 유도와 관련 작업을 1인이 동시에 수행하는 경우 이와 별도로 해당 작업만을 전담하여 감시하는 추가적인 유도자를 반드시 배치하여야 한다고는 보기 어렵다.

19) E/V피트 내 안전대 부착 설비 미설치 관련

엘리베이터 피트 내 작업 발판에서 작업을 한 경우 안전대 부착 설비를 별도로 설치하지 않았다는 사정만으로 사업주의 과실을 인정하지 아니한 사례.

20) 굴삭기의 주용도 외 사용

노동부령 제30조, 제5항, 제15호의 "물건이 떨어지거나 날아올 위험이 있는 장소"란 통상적인 낙하물에 의한 위험방지를 위해 방호망 등을 설치할 의무를 의미하고, 굴삭기를 주용도 외의 용도로 사용함으로서 버킷을 분리하였다가 다시 장착하는 과정에서 버킷이 떨어지는 경우까지를 포함한다고는 해석되지 아니하고, 노동부령 제30조, 제5항에서 기계·기구에 의한 위험과 관련하여서는 제2호에서 기계·기구 등이 전도 또는 도괴될 우려가 있는 장소와 제5호에서 "건설용 리프트를 운행하는 장소"를 별도로 규정하고 있으므로 해석상 마찬가지여서 노동부령 제30조 제5항 제2호 나 제5호 위반에 해당한다고 볼 수 없다.

21) 교량 작업 시 작업자의 임의 작업

27개 교량 철근 조립 공사는 시방서대로 작업이 되어 아무런 문제가 없었기 때문에 위 시방서대로 작업이 진행되고 있는 것으로 알았고, 추후 위 작업이 시방서대로 시행되고 있는지 등을 확인할 예정이었는데, 작업자들이 작업을 빨리 하려고 지지 철근 설치 및 교차지점 결속 등의 조치를 취하지 아니한 것은 근로자의 과실이다. (당진·대전 간 고속도로 제4공구 ○○건설 관련 자료)

22) 작업 시간 종료 후 발생한 사고

피의자는 거푸집 해체 작업을 전혀 지시한 바 없고, 작업반장이 스스로의 판단에 따라 작업 시간 종료 후 피해자들과 함께 거푸집 해체 작업을 하다가 사고가 발생한 것에 대한 무혐의.

23) 피의자가 예상할 수 없었던 사고

피의자 자신은 산업안전보건법상의 안전보호조치를 모두 취하였을 뿐 아니라 사고 예방을 위한 업무상 주의 의무를 다하였고, 근로자가 작업계획서에 위반하여 피의자가 전혀 예상할 수 없는 방식으로 독자적으로 작업하다가 사고를 야기한 본건의 경우까지 산업안전보건법의 책임을 지는 것은 억울하다며 범행 부인, 참고인 진술 등 증거 자료가 피의자 주장에 부합.

24) 추락(낙하물 방지망 관련)

홍길동이 작업 장소를 옮기면서 지급한 보호구를 외부 비계에 거는 것을 잊은 채 무리한 힘을 가하여 형틀 해체 작업을 하던 중 4.8m 높이의 낙하물 방지망 1단 바깥으로 추락한 사고로, 14.8m 높이의 작업 지점에 낙하물 방지망 2단을 설치하기가 어려웠던 공사 진행 단계이었던 데다가 위 홍길동의 추락 지점이 14.8m 높이의 낙하물 방지망 1단 바깥이었다는 것은 높이 14.8m의 위치나 그 아래쪽에 낙하물 방지망 2단을 설치하였다 하더라도 위 홍길동이 지상으로 추락하는 것을 막지 못하였을 것으로 보이는 점 등에 비추어 보면 피의자들이 산업안전보건법상 조치의무나 업무상 주의 의무를 게을리하였다고 보기 어려움.

25) 추락(사업주가 주의 의무를 다 하였다면)

피의자가 작업반장의 지위에 오를 정도의 숙련공인 위 홍길동에게 안전대를 지급하여 이를 착용케 하고, 작업을 하게 한 이상 피의자는 위 규정상의 "근로자에게 안전대를 착용하도록 하는 등"의 주의 의무를 다한 것으로 봄이 타당하여 피의자에게 본건 죄책을 묻기 어려움.

26) 형틀이 낙하한 사고(작업 순서 관련)

거푸집의 해체·인양 작업을 함에 있어 형틀을 벽에 부착시키는 고정핀을 제거하려면 먼저 고정핀의 제거로 위 형틀이 낙하하지 않도록 크레인으로 상단 부분을 고정시킨 다음 후속 작업을 하여야 함에도 그러한 선행 절차를 취하지 아니한 채 피해자가 고정핀을 제거하던 중 하중을 이기지 못해 형틀이 낙하함에 따라 피해자가 사망한 것은 인정됨. 이는 피해자가 스스로의 판단에 따라 먼저 고정핀을 제거하다가 사고를 당한 것이 피의자가 안전조치 없이 피해자에게 위 13층의 형틀을 해체하라고 지시한 바 없다는 변소와 참고인 등 진술 및 증거 자료가 부합하여 혐의 없음. 다만, 재해 발생 보고를 기간 내에 보고하지 아니한 부분은 범죄로 인정한 사례.

27) B/T 위에서의 추락 사고

피의자들은 피해자에게 안전모, 안전대 등 안전보호장구를 모두 지급하고, 이를 착용하도록 교육한 사실, 피해자가 그러한 교육에도 불구하고 안전대를 착용하지 않은 사실이 인정된다.

한편, 산업안전기준에 관한 규칙 제371조, 제3호는 높이가 2미터 이상인 추락 위험이 있는 모든 장소에 적용되는 규정이고, 이와는 별도로 피의자가 전혀 예상할 수 없는 방식으로 독자적으로 작업하다가 사고를 야기한 본 건의 경우까지 산업안전보건법의 책임을 지는 것은 억울하다며 범행 부인, 참고인 진술 등 증거 자료가 피의자 주장에 부합.

28) 개인 보호구 미착용에 대한 책임의 한계

피의자는 비계 작업에 10여 년 이상 종사한 숙련공으로서 안전 교육을 시킨 후 안전대 등 보호 장비를 지급하여 작업하도록 하였는데, 재해자는 작업에 방해된다는 이유에서 방지망을 임의로 해체하던 중 추락한 것으로, 현장에서 수시로 순시하면서 보호구 미착용 시 이를 시정하는 등 감독을 하는데 이 건 피해자가 임의로 안전대를 풀어놓고 작업을 하다가 추락한 것으로 이를 예상하지 못하였다고 변소. 동료 작업자의 진술도 부합. 불기소 처분한 사례.

29) 추락(이동 통로를 벗어나 이동 중 추락)

안전대 등 개인 보호구를 지급하였고, 피해자가 다른 장소로 이동하는 과정에서 지정된 통로가 아닌 엑스자형 교차 가새를 통하여 내려오다가 발을 잘못 디뎌 추락한 것은 사업주의 법 위반이 아님.

30) 동료 작업자의 실수에 의한 사고

교육 이수자만 고소 작업대를 조작하도록 조치하였음에도 고소 작업대에서 작업하던 다른 근로자가 임의로 조작하다 천정에 협착 사망 사건에 대한 무혐의.

31) 안전 교육, 안전 요원을 배치한 경우 사업주 책임 여부

사업주가 굴삭기 작업을 함에 있어 재해가 발생하지 않도록 정기적인 안전 교육과, 점검을 해왔고, 안전요원 지정 배치 등 안전 사고 방지를 위한 통상의 조치를 취했다면 산안법 위반으로 보기 어렵다고 한 사례.

32) 붕괴(기초 철근 배근 시 현장소장의 확인 의무 관련)

철근공들이 기초 시설물의 철근 결속을 일부 누락하는 등 시방서대로 시공하지 아니한 데다 현장소장이 규칙 제452조의 2의 확인 의무를 소홀히 하여 그 시설물이 붕괴하면서 근로자가 사망한 사건에 대한 무혐의. 단, 사고 기초 외 기초는 시방서대로 시공됨.

33) 추락(지정 통로가 아닌 곳으로 이동)

열병합발전소 원청업자가 보일러 보온재 공사를 설비 업체에 하도급을 준 사안에서 하수급인 업체 소속 근로자가 안전대를 걸지 아니하고 지정된 통로가 아닌 비계를 넘어 이동 중 개구부 안으로 추락 사망한 사건에 대한 무혐의.

34) 크레인 조종자의 운전 실수에 따른 사고

크레인 조종석에 앉아있던 자가 일어서면서 조종석의 레버에 접속하여 오작동이 되면서 크레인에 매달려있던 버켓이 낙하되어 크레인 이동작업을 지휘하던 근로자가 버켓에 충격되어 사망한 사건에 대한 무혐의.

35) 추락(안전대 미사용 관련)

근로자에게 안전벨트 등 안전 장구를 지급하였음에도 작업의 편의를 위해 임의로 벨트를 풀고 안전방망을 해체한 후 작업을 하다가 추락 사망한 사건에 대한 무혐의.

36) 비계 해체 작업

이 사건 비계 해체 작업을 함에 있어 안전요원 배치, 안전관리자 배치, 사전 특별 안전 교육 실시, 매일 아침 안전 교육, 작업자들이 작업 내용을 숙지하고 있었던 점, 출입 금지 조치, 비계 해체 작업을 위해 안전 난간대와 작업 발판을 해체한 점, 안전모 착용 및 안전대를 걸고 작업하도록 통제하고 있었던 점 등에서 이 건 규칙상의 안전 조치 의무를 위반한 것이라고 볼 수 없다. (대법원 2009. 5. 28. 선고 2008도7030 판결)

37) 도급 사업에 있어서의 판례(대법원 2010. 6. 24. 선고 2010도2615 판결)

〈판시사항〉

1. (구)산업안전보건법 제29조 제2항이 규정한 "사업주"의 의미
2. 건설산업기본법 제40조 제1항의 "건설업자"에 수급인 외에 하수급인도 포함이 되는지 여부(적극)
3. 건축사 등 공사감리자가 감리업무를 소홀히 하여 사상의 결과가 발생한 경우 업무상 과실치상의 죄책을 지는지 여부(적극)
4. 발주자 또는 원수급인이 (구)산업안전보건법 제29조 제2항의 "사업주"에 해당하는지 여부(소극)
5. (구) 산업안전보건법 제66조의2, 제23조 제1항 위반죄는 사업주와 근로자 사이에 실질적인 고용 관계가 있어야 성립하는지 여부(적극) 및 그 고용 관계 유무의 판단.

상고인: 피고인, 검사(쌍방이 동시 상고)
원심: 수원지법 2010. 1. 21. 선고 2008노809 판결
주문: 상고를 모두 기각한다.

〈이 유〉

1. 피고인 ❶, 피고인 ❺(주식회사)의 상고 이유에 대하여

원심은, 이 사건 주요 원인이 그 판시와 같이 기둥과 보의 접합부에 적절한 보강 조치를 취하지 않은 채 공사를 진행한 데에 있다고 전제한 다음, 피고인 ❺주식회사의 현장소장인 피고인 ❶은 설계도서 등에 정해진 바에 따라 콘크리트 보강 작업을 하는 등의 방법으로 건물의 구조적 안전성을 확보하지 아니한 채 공사를 진행하여 이 사건 사고의 원인을 제공하였다고 판단하였다.

원심이 적법하게 채용한 증거들을 원심의 판결 이유에 비추어 살펴보면 사실인정은 정당한 것으로 수긍할 수 있고, 거기에 상고 이유에서 주장하는 바와 같이 논리와 경험칙에 위배하여 사실을 인정하는 등 자유심증주의의 한계를 벗어난 위법이 없다.

2. 피고인 ❷, 피고인 ❻(주식회사)의 상고 이유에 대하여

동일한 장소에서 행하여지는 사업의 일부가 아닌, "전부"를 도급에 의하여 행하는 사업의 사업주는 산업안전보건법 제29조 제2항의 의무를 이행하여야 하는 사업주에 해당하지 아니하나, 동일한 장소에서 행하여지는 공사나 공정의 일부를 직접 담당하여 시행하는 사업주는 위 규정에 정한 사업주로서 산업재해 예방을 위한 조치를 취할 의무가 있다. (대법원 2005. 10. 28. 선고 2005도4802 판결 등 참조)

원심은 피고인 ❻ 주식회사가 발주자로부터 이 사건 건물신축공사 전부를 도급받아 피고인 ❼ 주식회사 등 10여 개 업체에 하도급을 주는 방식으로 진행하였다고 전제한 다음, 피고인 ❻ 주식회사의 안전보건 총괄 책임자로서 하청 업체의 시공과정의 문제점을 확인하고, 붕괴 위험이 있는 곳에서는 작업을 하지 못하도록 하는 등의 조치를 취할 의무가 있음에도 이를 제대로 이행하지 아니하여 이 사건 사고의 원인을 제공하였다고 판단하였다. 나아가, 원심은 그 판시와 같이 피고인 ❻ 주식회사가 공사 현장에 다수의 직원을 배치하여 안전보건업무 등을 맡게 하고, 인부를 직접 고용하여 안전 시설의 설치 등의 작업을 하였다는 등의 사정을 근거로, 피고인 ❻ 주식회사는 이 사건에 적용되는 ((구)산업안전보건법(2006. 3. 24. 법률 제7920호로 개정되기 전의 것. 이하 같다.) 제29조 제2항에 규정된 "동일한 장소에서 행하여지는 사업의 일부를 도급에 의하여 행하는 사업의 사업주"에 해당하고, 피고인 ❷는 같은 법 제71조에 규정된 "행위자"에 해당한다고 판단하였다.

3. 상고이유 3에 대하여(감리 관련)

이 부분은 위 피고인들이 이를 항소이유로 삼거나 원심이 직권으로 심판대상으로 삼은바가 없는 것을 상고이유에서 비로소 주장하는 것으로서 적법한 상고이유가 되지 못할 뿐만 아니라, 직권으로 살펴보아도 원심이 이 부분 공소사실을 유죄로 인정한 것은 정당하다.

한편, 건설산업기본법은 "건설업자"라는 용어를 "수급인"과 명확히 구분하여 사용하고 있는 점, 특히, 건설산업기본법 제25조 제1항"은 "발주자 또는 수급인은 공사 내용에 상응한 업종의 등록을 한 건설업자에게 도급 또는 하도급을 하여야 한다."라고 되어 있어 "하도급을 받은 자는 건설업자"를 상정하고 있는 점, 여러 종류의 공사를 여러 업체에 하도급 주어 시공하는 경우, 건설산업기본법 시행령 제35조에 의한 "당해 공사의 공종에 상응하는 건설기술자"의 배치는 공종에 따른 전문기술 인력을 보유한 하수급인이 맡는 것이 적절한 점 등을 고려하면, 건설산업기본법 제40조 제1항의 "건설업자"에는 수급인뿐만 아니라 하수급인도 포함된다 할 것이다.

다른 한편, 건축법, 건축사법, 건설기술관리법 등의 관련법령에서 일정한 용도·규모 및 구조의 건축물을 건축하는 공사에는 반드시 건축사 등의 일정한 자격을 갖춘 자에 의한 공사 감리를 받도록 규정한 취지는, 건축주나 공사 시공자로부터 독립한 전문가로 하여금 관계법령과 설계도서 등에 따른 적법한 시공 여부를 확인하고, 안전 관리 등에 대한 지도·감독을 하게 함으로써, 건축물 붕괴 사고, 하자 분쟁, 유지보수비의 급증, 건축물 수명 단축에 따른 재건축 등의 후유증을 유발하는 부실공사를 예방하기 위한 것으로 볼 수 있으므로(헌법재판소 2009. 6. 25. 선고 2007헌바39 전원 재판부 결정), 공사감리자가 관계법령과 계약에 따른 감리 업무를 소홀히 하여 건축물 붕괴 등으로 인하여 사상의 결과가 발생한 경우에는 업무상과실치사상의 죄책을 면할 수 없다. (대법원 1994. 12. 27. 선고 94도2513판결 참조)

(중략) 시공 능력을 과신한 나머지 위와 같은 업무를 제대로 수행하지 아니하는 등 업무상 주의 의무를 게을리하여 이 사건의 사고의 원인을 제공하였다는 이유로, 위 피고인에게 업무상과실사상죄가 성립된다고 판단한 원심은 법리오해의 위법이 없다.

4. 주위적 공소 사실에 관한 부분에 대하여

산안법 제29조 제2항 및 제1항은 도급 사업에 있어서 안전 조치에 관한 규정이고, 같은 법 제18조 제1항은 안전보건총괄책임자에 관한 규정인데, 양자는 모두 그 규범의 수범자를 "동일한 장소에서 행하여지는 사업의 일부를 도급에 의하여 행하는 사업으로서 대통령령이 정하는 사업의 사업주"라는 동일한 용어로 규정하고 있는 점, 산업안전보건법 제29조 제1항은 1996. 12. 31. 법률 제5248호로 개정되기 전에는, 그 규범의 수범자를 "제18조의 규정에 의하여 안전보건총괄책임자를 두어야 할 사업주라고 규정하고 있었고, 그에 따라 제18조와 제29조의 사업주의 의미는 동일하게 해석할 수밖에 없었던 점,

위 법률 개정으로 산업안전보건법 제29조가 제18조의 규정을 그대로 인용하는 형식은 없어졌으나, 이는 제18조가 적용되는 사업 중에서 건설업의 경우 규모와 관계없이 제29조를 확대 적용하기 위한 입법기술상의 필요에 의한 것으로 보이고, 법 개정을 전후하여 제29조 제1항의 해석을 달리할 사정은 없다는 점, (중략) 한편, 산안법 제18조 제1항에서 규정하는 안전보건총괄책임자의 지정 업무는 사업의 일부를 도급한 발주자 또는 사업의 전부를 도급받아 그중 일부를 하도급에 의하여 행하는 수급인 등 사업의 전체적인 진행 과정을 총괄하고 조율할 능력이나 의무가 있는 사업주에게 해당하는 사항이라고 할 수 있으므로, 사업의 발주자 또는 수급인이 동일한 장소에서 행하여지는 사업의 일부를 도급에 의하여 행하는 경우에 그 수급인으로부터 사업의 일부를 하도급받은 하수급인은 산안법 제29조 제2항에 의하여 산업재해 예방 조치를 취하여야 할 사업주에 해당하지 아니한다고 봄이 상당하다.

5. 예비적 공소 사실에 관한 부분에 대하여

산안법 제66조의2, 제23조 제1항 위반죄는 단순히 사용자의 소속 근로자에 대한 관리 감독 소홀에 대한 책임을 묻는 것이 아니라 (중략) 사업주와 근로사 사이에 실질적인 고용관계가 있어야 한다. (대법원 2009. 5. 14. 선고 2008도101 판결) 여기서 실질적인 고용 관계 유무는 고용 계약이나 도급 계약 등 형식에 좌우되는 것은 아니나, 근로의 실질에 있어 근로자가 종속적인 관계에서 사용자에게 제공하는 사정이 인정되는 경우에 한하여 실질적인 고용 관계를 인정할 수 있다.

피고인 ❼ 주식회사가 이 사건 골조공사 중 일부를 피고인 5 주식회사에 재하도급을 하였을 뿐이고, 이 사건 공사 현장에서 그 소속 근로자들로 하여금 작업을 하게 하거나 피고인 ❺ 주식회사 소속 근로자들을 상대로 작업 지시를 한 사실을 인정할 증거가 없으므로 이 부분 공소 사실은 범죄의 증명이 없는 경우에 해당한다는 원심판단은 위법이 없다.

38) 도급 사업의 안전 조치 1(대법원 2016. 3. 24. 선고 2015도8621 판결)

도급 계약의 경우 원칙적으로 도급인에게는 수급인의 업무와 관련하여 사고 방지에 필요한 안전 조치를 취할 주의 의무가 없으나, 법령에 의하여 도급인에게 수급인의 업무에 관하여 구체적인 관리·감독 의무 등이 부여되어 있거나 도급인이 공사의 시공이나 개별 작업에 관하여 구체적으로 지시·감독하였다는 등의 특별한 사정이 있는 경우에는 도급인에게도 수급인의 업무와 관련하여 사고 방지에 필요한 안전 조치를 취할 주의 의무가 있다. (대법원 1996. 1. 26. 선고 95도2263 판결, 대법원 2009. 5. 28. 선고 2008도7030 판결 등 참조)

(구)산업안전보건법(2013. 6. 12. 법률 제11882호로 개정되기 전의 것, 이하 같다.) 제29조 제3항은 "제1항에 따른 사업주는 그의 수급인이 사용하는 근로자가 고용노동부령으로 정하는 산업재해 발생 위험이 있는 장소에서 작업을 할 때는 고용노동부령으로 정하는 산업재해 예방을 위한 조치를 하여야 한다."라고 규정하고 있는바, 여기서 말하는 '제1항에 따른 사업주'란 구 산업안전보건법 제29조 제1항에 규정된 '같은 장소에서 행하여지는 사업으로서 사업의 일부를 분리하여 도급을 주어야 하는 사업 중 대통령령으로 정하는 사업의 사업주'를 의미한다. (대법원 2005. 10. 28. 선고 2005도4802 판결, 대법원 2009. 5. 28. 선고 2008도7030 판결 등 참조)

(구)산업안전보건법 제29조 제1항은 사업의 일부를 도급한 발주자 또는 사업의 전부를 도급받아 그중 일부를 하도급에 의하여 행하는 수급인 등 사업의 전체적인 진행 과정을 총괄하고 조율할 능력이나 의무가 있는 사업주에게 그가 관리하는 작업장에서 발생할 수 있는 산업재해를 예방하기 위한 조치를 하여야 할 의무를 (구)산업안전보건법 제29조 제1항의 '같은 장소에서 행하여지는 사업'은 사업주와 그의 수급인이 같은 장소에서 작업을 하는 사업을 의미하고, 장소적 동일성 외에 시간적 동일성까지 필요하다고 볼 수 없다.

원심 판결 이유를 관련 법리와 원심이 적법하게 채택한 증거들에 비추어 살펴보면, 원심이 그 판시와 같은 이유를 들어 피고인 ❷ 주식회사가 구 산업안전보건법 제29조 제3항의 사업주에 포함되고, 피고인 ❶의 의무 위반과 피해자들의 사망 또는 상해의 결과 사이에 상당 부분 인과관계가 인정된다고 판단한 것은 정당하고, 거기에 상고 이유 주장과 같이 논리와 경험의 법칙을 위반하여 자유심증주의의 한계를 벗어나거나 (구)산업안전보건법상 안전 조치 의무, 인과관계의 인정과 단절에 관한 법리를 오해하는 등의 잘못이 없어 상고를 모두 기각한다.

39) 도급 사업의 안전 조치 2(대법원 2014. 5. 29. 선고 2014도3542 판결)

산업안전·보건에 관한 기준을 확립하고 그 책임의 소재를 명확하게 하여 산업재해를 예방하고 쾌적한 작업 환경을 조성함으로써 근로자의 안전과 보건을 유지·증진하려는 산업안전보건법의 목적(같은 법 제1조)과 같은 법 제67조 제1호, 제23조 제1항의 각 규정 내용 등에 비추어 보면, 사업주가 같은 법 제23조 제1항 각 호의 위험 예방을 위하여 필요한 조치를 취하지 아니하는 경우에는 이로 인하여 실제로 재해가 발생하였는지 여부에 관계없이 같은 법 제67조 제1호에 의한 산업안전보건법 위반죄가 성립한다. (대법원 2006. 4. 28. 선고 2005도3700 판결 참조)

그리고 사업주가 자신이 운영하는 사업장에서 기계·기구, 그 밖의 설비에 의한 위험(제1호), 폭발성, 발화성 및 인화성 물질 등에 의한 위험(제2호), 전기, 열, 그 밖의 에너지에 의한 위험(제3호)을 예방하기 위하여 필요한 조치로써 산업안전보건 기준에 관한 규칙에 따른 안전 조치를 하지 않은 채, 근로자에게 안전상의 위험성이 있는 작업을 하도록 지시한 경우에는, 산업안전보건법 제67조 제1호, 제23조 제1항 위반죄가 성립하며(대법원 2007. 3. 29. 선고 2006도8874 판결 등 참조), 이러한 법리는 사업주가 소속 근로자로 하여금 사업주로부터 도급을 받은 제3자가 수행하는 작업을 현장에서 감시·감독하도록 지시한 경우에도 그 감시·감독 작업에 위와 같은 안전상의 위험성이 있는 때에는 마찬가지로 적용된다.

(중략) 감시·감독 업무만을 담당하는 데에 그쳤다는 이유를 들어, 피고인 회사 및 위 ○○ 공장의 공장장으로서 안전보건관리책임자인 피고인 1에게 산업안전보건법 제23조 제1항에 따른 안전조치를 할 의무가 있다고 보기 어렵다고 보아 무죄로 판단하였고, 원심은 판시와 같은 이유로, 제1심의 이러한 판단이 정당하다고 인정하였다.

그러나 제1심 및 원심판결 이유에서 사업주가 작업을 도급 준 다음 소속 근로자로 하여금 수급 업체에서 수행하는 작업을 지시·감독하도록 한 것에 불과한 경우에는 사업주에게 소속 근로자에 대하여 산업안전보건법 제23조 제1항에 따른 안전 조치의무가 없다고 단정하여 전제로 삼은 부분은, 앞서 본 법리에 배치되는 것으로서 잘못이라 할 것이다.

그리고 (중략) 작업 현장에 위 직원들을 배치하여 그 작업을 감시·감독하게 한 이상, 그 감시·감독 과정에서 처할 수 있는 위와 같은 위험을 예방하기 위하여 필요한 안전 조치를 할 의무가 있다고 보아야 한다.

40) 당사자 적격

이행의 소송에서는 소송물인 이행 청구권을 주장하는 자와, 그에 의하여 이행 의무자로 지정된 자는 당사자 적격이 있다. (대법원 20021. 11. 2001다58481 판결)

41) 신호수의 귀책 사유

사업주의 안전 조치에도 불구하고 신호수의 충분하지 못한 제지로 재해자가 출입금지 구역 안으로 들어갔다가 낙하물에 충격 사망 건에 대한 무혐의.

42) 상상적 경합범

1. 산업안전보건법에 관한 기준을 확립하고, 그 책임의 소개를 명확하게 하여 산업재해를 예방하고, 쾌적한 작업 환경을 조성함으로써 근로자의 안전과 보건을 유지·증진하려는 산업안전보건법의 목적과, 같은 법 제67조 제1호, 제23조 제1항의 각 규정 내용 등에 비추어 보면, 사업주가 같은 법 제23조 제1항의 각 호의 위험 예방을 위하여 필요한 조치를 취하지 아니한 경우에는 이로 인하여 실제로 재해가 발생하였는지 여부에 관계없이 같은 법 제67조 제1호에 의한 이 법 위반의 죄가 성립한다. (대법원 2006. 4. 28. 선고 2005도3700 판결)

2. 피고인 1에 대한 제1심 판시 업무상과실 치사 및 업무상과실 치상 범죄 사실과 아울러 원심 판결 이유를 앞서 본 법리에 비추어 보면, 피고인 회사의 안전보건관리의 책임자인 피고인 1은 비록 공소외인 등 피고인 회사 소속 직원들에게 직접 이 사건 사일로 맨홀 설치 작업을 하도록 지시한 것은 아니라 하더라도 이 사건 사일로 내부에 존재하는 플러프를 완전히 제거하는 등의 사전 작업이 이루어지지 아니하여 용접 작업을 비롯한 인화성 물질 등에 의하여 화재 및 폭발이 발생할 위험이 있는 위 맨홀 작업 현장에 위 직원들을 배치하여 그 작업을 감시·감독하게 한 이상 위 직원들이 그 감시·감독 과정에서 처할 수 있는 위와 같은 위험을 예방하기 위하여 필요한 안전 조치를 할 의무가 있다고 보아야 한다.

3. 따라서, 이와 달리 피고인들에게 위 폭발 사고와 관련하여 피고인 회사 소속 직원들을 위하여 ㈜산업안전보건법 제23조 제1항에 따른 안전 조치를 하여야 할 의무가 있다고 보기 어렵다 하여 이 부분 공소 사실에 대하여 무죄로 인정한 원심의 판단에는 위 법률 규정에서 정한 안전 조치 의무에 관한 법리를 오해하여 판결에 영향을 미친 위법이 있다. 이를 지적하는 상고 이유 주장은 이유 있다.

4. 그런데, 원심 판결 중, 피고인 1에 대한 유죄 부분과 위 파기 부분은 형법 제37조 전단의 경합범 및 형법 제40조의 상상적 경합범 관계에 있어 그 전체에 대하여 하나의 형이 선고되어야 하므로, 원심 판결 중 피고인 1에 대한 유죄 부분은 위 파기 부분과 함께 파기되어야 하고, 결국, 원심 판결 중 피고인 1에 대한 부분은 전부 파기되어야 한다.

43) 자기책임주의와 양벌규정

1. 사건 개요

가. 피고인은 2015. 9. 19.부터 서귀포시 ○○로 ○○에서 ○○관광호텔 신축공사를 하는 사업주이다. 피고인은 피고인의 현장소장인 노○봉의 다음과 같은 위반 행위를 방지하기 위한 상당한 주의와 감독을 게을리하였다. 피고인의 현장소장인 노○봉은 2016. 5. 31. 작업 중 근로자가 추락할 위험이 있는 장소인 피트층 슬라브로 이동하는 이동 통로, 1층 바닥 슬라브에 있는 개구부 및 장비 반입구, 굴착 상단부, 피트층 외부 비계의 작업 발판 단부에 안전 난간을 설치하지 않음으로써 위험을 예방하기 위하여 필요한 조치를 이행하지 아니하였다.

나. 청구인은 약식명령에 불복하여 정식재판을 청구하였고(제주지방법원 2016고정749), 공판 과정에서 산업안전보건법 제67조와 제71조에 대하여 위헌법률심판 제청 신청을 하였다. (제주지방법원 2017초기10) 제주지방법원은 2017. 2. 2. 청구인의 위헌법률심판 제청 신청을 기각하였다. 청구인은 2017. 3. 30. 헌법소원심판을 청구하였다.

다. 제주지방법원은 2017. 2. 2. 피고인에게 벌금 1,500,000원을 선고하였고, 위 판결은 그대로 확정되었다.

2. 심판 대상

이 사건의 심판 대상은 당해 사건 재판의 전제가 되는 산업안전보건법 제67조 제1호 중 제23조 제3항 부분(이하 '이 사건 형벌 조항'이라 한다.), 산업안전보건법 제71조 본문 중 '법인의 대리인, 사용인, 그 밖의 종업원이 그 법인의 업무에 관하여 제67조 제1호 중 제23조 제3항을 위반한 때에는 그 법인에게도 해당 조문의 벌금형을 과한다.' 부분(이하 '이 사건 양벌규정 조항'이라 한다.)의 위헌 여부이다. [[관련 조항] '기략']

3. 청구인의 주장

사업장의 안전 조치 의무 위반에 대해서는 과태료의 제재를 가하는 것으로 충분하므로, 이 사건 형벌 조항은 책임과 형벌의 비례 원칙에 위반된다. 이 사건 양벌규정 조항은 범죄 행위를 하지 않은 법인을 처벌하므로 헌법 제13조 제3항에 규정된 자기책임 원리에 반한다.

4. 판단

가. 이 사건 형벌조항이 과잉 형벌인지 여부

(1) 어떤 행정법규 위반 행위가 간접적으로 행정상의 질서에 장해를 줄 위험성이 있어서 행정질서벌을 과하여야 하는지, 아니면 직접적으로 행정 목적과 공익을 침해하여서 행정형벌을 과하여야 하는지는 당해 위반 행위가 행정법규의 보호법익을 침해하는 정도와 가능성에 따라 정하여야 한다. 나아가 어떤 행정법규 위반 행위에 대해 행정형벌을 과하여야 하는 경우, 법정형의 종류와 형량을 정하는 것은 형벌 본래의 기능과 목적 달성에 필요한 정도를 현저히 일탈하는 것과 같은 특별한 사정이 없는 한 헌법상 허용되는 입법자의 재량이다. (헌재 2014. 1. 28. 2011헌바174 등 참조)

(2) 산업안전보건법 제23조 제3항은 작업 중 근로자가 추락할 위험이 있는 장소, 토사·구축물 등이 붕괴할 우려가 있는 장소, 물체가 떨어지거나 날아올 위험이 있는 장소, 그 밖에 작업 시 천재지변으로 인한 위험이 발생할 우려가 있는 장소에 위험을 방지하기 위하여 필요한 조치를 할 사업주의 의무를 규정하고 있다.

산업안전보건법 제23조 제3항에 규정된 사업주의 안전 조치 의무는 근로자의 신체의 완전성을 보호하기 위한 규정이다. 산업안전보건법은 근로자의 안전을 유지하는 것을 목적으로 하고, 신체의 완전성은 인간 존엄의 기반이 되므로 이를 보호하는 것은 중요한 공익에 해당된다. 산업안전보건법 제23조 제3항 위반 행위는 그러한 행정목적과 공익을 침해하는 정도가 크고, 그 가능성 또한 크기 때문에 행정목적과 공익을 직접적으로 침해하는 행위에 해당된다.

그 현실적 이유는 다음과 같다.

먼저, 산업안전보건법 제23조 제3항을 위반하는 행위로 인해 상해나 사망의 결과가 발생할 수 있으므로, 그로 인한 행정목적 및 공익 침해의 정도가 매우 크다. 이는 통계를 통해 분명히 알 수 있다. 고용노동부가 작성한 2016년 산업재해 발생 현황에 따르면, 2016년 산업재해로 인한 사망자 수 중 사고 사망자 수는 996명으로 전년 대비 14명이 증가하였다. 업종별로는 산업안전보건법 제23조 제3항 위반 행위가 많이 발생하는 업종인 '건설업'에 종사하였던 사망자가 499명으로 1위이다(전체 사망자의 51.5%). 사망 사고의 유형별로는 주로 산업안전보건법 제23조 제3항 위반 행위로 인해 많이 발생하는 사고 유형인 '떨어짐'이 37.8%(366명), '부딪힘'이 10.4%(101명)이다. 이 둘을 합하면 전체 사망사고의 48.2%에 이른다. 이는 그 뒤를 잇는 사망 사고 유형인 '끼임' 10.5%(102명)이나 교통사고 8.5%(82명)에 비해 월등히 높은 비율이다. 사고로 인해 사망하거나 상해를 입은 사람들을 모두 합친 통계에 의하더라도, 주로 산업안전보건법 제23조 제3항 위반 행위로 인해 발생하는 사고 유형인 '떨어짐'과 '물체에 맞음'이 각각 17.7%(14,679명)와 8.8%(7,246명)에 이른다. 이 둘을 합하면 전체 재해 유형들 중 가장 높은 비율을 차지하게 된다.

다음으로, 산업안전보건법 제23조 제3항을 위반하는 행위는 이를 엄히 처벌하지 않으면 그 발생 가능성이 매우 커진다. 이는 다음과 같은 사용주와 근로자 관계의 구조적 특징 때문이다. 이윤 추구라는 영업활동의 본질상, 사업주는 산업재해 예방을 위한 안전 조치나 산업재해 발생을 인간의 존엄성 문제보다는 영업 비용 증가의 문제로 인식하기 쉽다. 특히 안전 조치에 들이는 비용은 산업재해가 실제로 발생하지만 않으면 공연한 지출에 해당되므로, 사업주의 입장에서는 이윤 증대를 위해 가급적 이를 줄이고자 하는 유혹도 있다. 반면, 근로 제공을 통해 생계유지를 위한 임금을 받아야만 하는 근로자의 입장에서는, 사업장에 산업재해 예방을 위한 안전 조치가 제대로 되어 있지 않다는 이유로 근로 제공을 거부하기보다는 위험한 근로 조건을 무릅쓰고 근로를 제공해야 하는 경우가 있다. 산업안전보건법 제23조 제3항 위반 행위에 대해 형사처벌과 같은 엄격한 공적 제재를 가하지 않는다면, 위와 같은 구조적 특징에서 비롯되는 안전상의 공백이 커지기 쉽다. 그에 따른 위험이 현실화되어 산업재해가 발생하면, 근로자는 심한 경우 사망하거나 평생 동안 산업재해로 인한 고통을 안고 살아가야 한다. 이와 같은 결과는 금전적으로는 완전히 회복할 수 없다.

나. 이 사건 양벌규정 조항이 책임주의 원칙에 반하는지 여부

  ⑴ 헌법상 법치국가의 원리 및 죄형법정주의로부터 도출되는 <u>책임주의 원칙에 의하면,</u>
<u>법인의 대리인, 사용인, 그 밖의 종업원이 법인 업무 수행 중에 범한 위법 행위에 대</u>
<u>하여 법인에게도 형사책임을 묻기 위해서는, 불법의 결과 발생에 관하여 법인에게도</u>
<u>그 의사 결정 및 행위 구조상의 책임이 인정되어야 한다.</u>

      즉, 법인에 대한 양벌규정 조항이 책임주의 원칙에 부합하려면, 법인의 독자적인 책
임 유무에 따라 법인에 대한 형사처벌 여부가 결정되도록 하여야 한다. (헌재 2010. 5.
27. 2009헌가28, 헌재 2010. 7. 29. 2009헌가18 등)

  ⑵ 이 사건 양벌규정 조항 단서는 "법인 또는 개인이 그 위반 행위를 방지하기 위하여
해당 업무에 관하여 상당한 주의와 감독을 게을리하지 아니한 경우에는 그러하지
아니하다."라고 규정한다. 단서 중 '해당 업무에 관한 상당한 주의와 감독'은 <u>불법의</u>
<u>결과 발생을 방지하기 위한 법인 자신의 의무이다.</u>

      이 사건 양벌규정 조항 단서에 의해 불법의 결과 발생에 관하여 독자적인 책임이 없
는 법인은 형사처벌의 대상에서 제외된다.

  ⑶ <u>이 사건 양벌규정 조항은 법인의 독자적인 책임이 인정되지 않는 경우에는 법인에 대</u>
<u>해 형사처벌을 과하지 않는 내용의 단서를 두고 있으므로, 책임주의 원칙에 어긋나</u>
<u>지 않는다.</u>

44) 산업재해를 예방하기 위한 조치 의무

대법원은 수급인의 근로자에 대하여 안전보건 조치 의무를 부담하는 도급인에 관하여,
"사업의 전체적인 진행 과정을 총괄하고 조율할 능력이 있는 사업주에게 그가 관리하
는 작업장에서 발생할 수 있는 산업재해를 예방하기 위한 조치를 하여야 할 의무가 있
다."라고 판시함. (대법원 2010. 6. 24. 선고 2010도2615 판결, 대법원 2016. 3. 24. 선고 2015도
8621 판결)

45) 안전 조치 의무

- 중기 운전자로서 작업 시작 전에 그 작업 반경 내에 장애물이 있는지 살피는 등의 주의 의무를 다했다면 그밖에 살필 수 없는 몸체 뒷부분까지 그 접근을 막을 주의 의무까지는 없다. (대법원 85도1831, 1985. 11. 12.)

- 이 사건 비계 해체 작업을 함에 있어 안전요원 배치, 안전관리자 배치, 사전 특별 안전 교육 실시, 매일 아침 안전 교육, 작업자들이 작업 내용을 숙지하고 있었던 점, 출입 금지 조치, 비계 해체 작업을 위해 안전 난간대와 작업 발판을 해체한 점, 안전모 착용 및 안전대를 걸고 작업하도록 통제하고 있었던 점 등에서 이 건 규칙상의 안전 조치 의무를 위반한 것이라고 볼 수 없다. (대법원 2009. 5. 28. 선고 2008도7030 판결(비계 해체 작업))

46) 도급인(수범자) 및 그 대표이사(행위자)에게 '무죄'를 선고한 종국 판례(고 김용균 사건) (대상판결: 대법원 2023. 12. 7. 선고 2023도2580 판결)

1. 사안의 개요

피고인 A(도급인)는 피고인 B와 위탁 용역 계약을 체결하여, 피고인 B로 하여금 발전 설비 운전 관련 업무를 담당하게 하였음.

2018년 12월 10일 22:41경 내지 23:00경 피고인 A의 발전소 컨베이어 벨트의 턴오버 구간에서 단독으로 점검 작업을 하던 피고인 B 소속 운전원인 피해자가 컨베이어 벨트와 아이들러의 물림점에 신체가 협착되어 사망하는 사고가 발생됨.

2. 판결 요지

대법원은 도급인 A와 그 대표이사, 본부장을 무죄로 본 원심 판결을 확정함. 이하는 원심인 대전지방법원 2023. 2. 9. 선고 2022노462 판결의 내용임.

가. 피고인 A 및 대표이사가 산업안전보건법위반죄의 죄책을 부담하는지

    1) 피해자를 비롯한 컨베이어 운전원들의 채용 절차나, 업무 교육, 근무 시간 및 담당 구역 등을 정하는 것은 모두 B의 권한이었으며, 여기에 A가 직접적으로 관여한 사실은 없다.

    2) A가 B에 컨베이어 설비에 대한 운전 절차 매뉴얼을 제공하거나 매일 상탄량과 혼탄 비율을 정하여 준 사실, 공문 등을 통해 동절기 석탄 설비 운영 지침 등 각종 지침을 하달하고 수시로 설비 점검 및 낙탄 처리 등을 요청한 사실 등은 분명히 확인된다.

그러나 A의 지시·감독 권한은 화력발전소의 특성상 원활한 작업 공정의 이행에 필요한 범위에서 설비의 소유자이자 발전소의 전체 공정을 총괄하는 주체인 A에 용역 업무에 대한 관리 권한을 부여한 것으로 볼 수 있다.

A가 B에 대하여 행한 구체적인 지시·감독 행위는 도급인으로서 행사 가능한 일반적인 지시권의 범주 내에서 이루어진 것으로 판단되는바, 이로써 B 소속 운전원들이 A에 종속되어 근로를 제공하였다고 볼 수는 없다.

    3) A가 용역 업무 수행에 투입되는 근로자들의 인원과 투입 시기, 근무 방식(일근 또는 교대 근무), 등급 사정 등 B의 인력 운용에 일부 관여한 사실은 있으나, 이는 용역 업무의 원활한 수행을 담보하기 위한 것으로 도급인 A와 수급인 B 소속 근로자 사이의 '실질적 고용관계 인정 여부'는 현재까지 피해자를 비롯한 B 소속 운전원들과 A의 사이에 근로자 파견 관계가 인정되었다거나 직접 고용 간주 여부가 문제 되었다는 사정은 보이지 않는다.

    4) A의 B에 대한 구체적 지시, 감독 행위는 용역 계약의 목적을 달성하기 위한 도급인으로서의 일반적인 지시권에 기초한 권한 행사에 해당하고, 업무에 대한 지시·감독 관계와 근로의 실질에 있어서의 종속·고용 관계는 그 의미를 달리하여 반드시 동일하게 판단할 것은 아니므로 원심 판결에 어떠한 이유 모순이 있다고 보기 어렵다.

나. 피고인 A의 대표이사가 업무상과실치사죄의 죄책을 부담하는지

1) 피고인은 S본부 이외에도 A의 본사 및 그 산하 발전 본부를 포함한 회사 전체의 업무를 총괄하는 대표이사이다. A의 안전보건 매뉴얼(증거 순번 206번)에 의하면 대표이사(최고경영자)는 안전보건 방침을 설정하고 안전보건 매뉴얼을 승인하며 안전보건 활동을 위한 자원을 제공하는 역할을 담당하고, 그 외에 산하 발전 본부별 안전보건 관리 계획의 수립 및 이행과 작업 환경 점검 및 개선, 유해 위험 예방 조치 등에 관한 사항은 각 발전 본부의 안전보건관리책임자에게 위임되어 있었다.

2) 특별한 사정이 없는 한 A 본사의 대표이사인 피고인이 이 사건 컨베이어 벨트를 포함한 S본부 내 개별적인 설비 등에 대하여까지 작업 환경을 점검하고 위험 예방 조치 등을 이행할 구체적, 직접적 주의 의무를 가진다고 보기 어렵다.

3) 피고인이 A의 대표이사로 취임한 직후 각종 안전 사고 관련 업무 보고를 받은 사실은 있으나, 이는 협력 업체의 안전 사고가 지속적으로 발생하고 있다는 일반적인 내용이고, 구체적으로 컨베이어의 설비나 작업 방식에서 비롯된 위험이 조명되거나 개선 방안에 대한 지적이 이루어지지는 않았다. 또한 당시 피고인은 안전품질처 외에도 다양한 부서로부터 다방면의 업무 보고를 받고 회사의 전반적인 업무와 현황을 파악하던 단계였다.

4) 설령 피고인이 회전체 끼임 사고의 위험성 및 동종 사고 예방의 필요성에 대한 인식을 가지게 되었다고 볼 수 있더라도, 구체적 설비의 형태나 작업 방식이 현저히 다른 이 사건 컨베이어 벨트에 대하여까지 그러한 인식을 가질 수 있었다고 보기는 어렵다. 피고인이 대표이사 취임을 전후로 하여 A 산하의 다른 발전소에서 컨베이어 벨트와 관련한 협착 사고가 발생한 사실은 없었고, 2004년 9월경 S본부에서 있었던 근로자의 컨베이어 벨트 협착 사고는 피고인이 대표이사로 취임하기 약 14년 전에 발생한 사고로서 피고인이 위 사고의 내용이나 대책에 관하여 직접 보고받았다고 볼 만한 증거는 보이지 않는다.

5) 이 사건 사고 당시 위험 작업에 2인 1조 근무 배치가 필요하다는 일반적 인식이 있었고 2인 1조 근무를 위한 인력 증원은 피고인의 승인이 필요한 사항이라 하더라도, 위에서 본 바와 같이 피고인이 이 사건 컨베이어벨트 설비의 현황이나 운전원들의 작업 방식의 위험성에 관하여 구체적으로 인식할 수 있었다고 보기 어렵다.

3. 의의 및 시사점

　중대재해처벌법 도입의 계기가 된 故 김용균 사건의 대법원 판결임.

　산업안전보건법에 따른 안전·보건 조치 의무의 수범자는 법인이며, 실제 행위자는 안전보건관리(총괄)책임자라는 전제에서, 대표이사의 경우 특별한 사정이 없는 한 사업장 내 개별적인 설비 등에 대하여까지 작업 환경을 점검하고 위험 예방 조치 등을 이행할 구체적, 직접적 주의 의무를 가진다고 볼 수는 없어 산업안전보건법위반죄 및 업무상과실치사죄에 관하여 무죄로 판단

47) 건설공사 발주자와 도급인의 판단 기준(○○항만 갑문 추락 사고)

본 건은 2020. 6. 3. 08:15경 인천 중구 항만 갑문에 있는 갑문 정기 보수공사 현장에서, 재하수급인 E사 소속 근로자로서 갑문 상하부 가이드 장치 분리 작업을 위해 갑문 상부에서 윈치를 이용하여 18m 아래 갑문 하부 바닥으로 H빔, 유압잭, 공구 등을 내리는 작업을 하던 중, 피해자 인근에 있던 윈치프레임이 전도되면서 갑문 아래로 추락하자, 윈치프레임의 컨트롤러 및 H빔에 연결된 가이드 줄을 잡고 있던 피해자도 함께 아래 갑문 바닥으로 추락하여 사망한 사고임.

<u>1심에서 법원은 건설공사 시공을 주도해 총괄·관리하는 지위를 규범적 관점에서 평가해야 한다고 판결하며, ○○항만공사가 시공을 주도하고 총괄·관리하는 지위에 있으며, 도급인인 사업주로서의 책임을 엄격하게 지워야 한다고 판단하고 전 대표 B의 산업안전보건법 위반 및 업무상과실치사 혐의에 대해 징역 1년 6개월을 선고</u>
이후, 항소심에서 법원은 해당 건설공사의 시공을 직접 수행할 자격이나 능력 없이 건설공사를 다른 사업주에게 도급할 수밖에 없는 자인 경우에는 산업안전보건법상 책임을 회피하기 위해 임의로 외관을 야기하였다는 등의 사정이 없는 한 <u>위험의 외주화의 문제가 생긴다고 보기 어려운 점</u>, 건설공사의 시공을 직접 수행할 자격이나 능력이 없는 자가 그 공사를 다른 사업주에게 도급한 경우에는 산업재해의 위험 및 이를 예방할 수 있는 조치에 대해 일반적으로 알 수 있는 지위에 있지 않은 점 등을 들어, 항만공사가 건설공사발주자에 해당한다고 판시, 무죄를 선고함.

<u>대법원은 2024년 11월 14일, 아래와 같은 사유로 ○○항만공사 및 대표자에게 무죄를 선고한 원심을 유죄 취지로 파기환송하였다.</u>

※ 법원의 판단 기준과 ○○항만공사의 책임

1) 개정된 산업안전보건법에 따라 도급사업주의 안전·보건 조치 의무는 수급사업주의 의무와 중첩적으로 부과되며, 도급사업주가 형사책임을 부담하는 것은 산업재해 예방을 위한 입법적 결단이다.

2) 도급사업주가 건설공사에서 발생할 산업재해 예방과 관련된 유해·위험 요소에 대해 실질적인 지배·관리 권한을 갖고 있는지를 기준으로 법적 책임을 판단한다.

3) ○○항만공사는 갑문 정기 보수공사에서 실질적인 지배·관리 권한을 가지고 있었고, 도급사업주로서 수급인에 대한 실질적인 영향력을 행사하였다고 판단되었다.

4) ○○항만공사는 건설공사 시공 자격 보유 여부와 상관없이 시공을 주도하고 총괄·관리하는 자로서, 수급사업주와 동일한 책임을 진다. (대법원 2024. 11. 14. 선고 2023도 14674 판결)

48) 사토장 사망 사고에 대한 손해배상 관련 판례
– 건설현장 외의 사토장에서 일어난 사망 사고에 대해 건설사에 대한 청구 기각

(원고 주장)
피고 ○○건설이 지정한 사토장으로서 피고 ○○건설의 사업장으로 보아야 한다. 그렇다면 피고 ○○건설은 산업안전보건법 제63조에 따라 이 사건 사토장에서 망인의 산업재해를 예방하기 위하여 안전 및 보건 시설의 설치 등 필요한 안전 조치 및 보건 조치를 하여야 할 의무가 있었다. 그러나 피고 건설은 그 사업장인 사토장에 신호수를 배치하지 않고, 신호 방법을 지정하지 않는 등 산업안전보건법상의 안전조치의무를 다하지 아니하였고, 그 결과 이 사건 사고가 발생하게 되었다. 따라서 피고 ○○건설은 망인의 상속인이자 유족인 원고들에게 이 사건 사고로 인하여 발생한 손해를 배상할 책임이 있다.

(판단)
원고들이 제출한 증거만으로는 이 사건 사토장이 피고 ○○건설의 사업장이라는 사실, 망인이 이 사건 공사와 관련하여 피고 ○○건설의 관계수급인의 근로자에 해당한다는 사실을 인정하기 부족하고 달리 이를 인정할 증거가 없다. 피고 ○○건설이 ○○티엔씨(하수급인)

로 하여금 이 사건 사토장에 사토를 반출하도록 지시하였다고 볼 만한 자료도 보이지 않는다.

손해배상책임

피고 ○○손해보험은 이 사건 굴삭기의 보험자로서 망인의 상속인이자 유족인 원고들이 입은 손해를 배상할 책임이 있다.

다만, 망인도 이 사건 굴삭기의 후방에서 작업하는 과정에서 이 사건 굴삭기의 움직임을 제대로 살피지 아니한 잘못이 있고, 이러한 망인의 과실도 이 사건 사고 발생의 한 원인이 된 것으로 보이므로, 이러한 망인의 잘못과 이 사건 사고의 경위 등을 고려하여 피고의 책임을 80%로 제한한다.

그렇다면 원고들의 피고 ○○손해보험에 청구는 위 인정 범위 내에서 이유 있으므로 이를 인용하고, 피고 ○○손해보험에 대한 나머지 청구 및 피고 ○○건설에 대한 청구는 이유 없으므로 이를 기각한다. (춘천 2021가합31623 손해배상(기))

2. 중대재해 처벌 등에 관한 법률 위반 판례 목차

1) 경영 책임자를 중대재해처벌법 위반으로 처벌한 판례(판결 제1호)

2) 중량물 낙하사고에 따른 경영책임자 실형 선고(판결 제2호)

3) 경영 목표와 경영 방침(판결 제4호)

4) 실질적 안전보건관리체계 위반(판결 제5호)

5) 공동주택 관리 업체의 첫 중대재해(판결 제6호)

6) 하도급사 대표자 사망에 대한 원청사 대표, 관리감독자, 안전관리자, 감리자를 처벌한 사례(판결 제7호)

7) 제조업 원동기 회전축 등의 생산 설비 접근금지 조치 미비(판결 제9호)

8) 지속적인 사고 위험 지적에도 개선되지 않은 상태에서 협착 사망에 대해 실형 선고(2번째 실형, 판결 제15호)

9) 하청 근로자들이 잘못된 작업 방식을 선택한 것에 대한 원청 대표의 책임(판결 제18호)

10) 계약 공사비 기준 해석에 따른 무죄 선고(1심 판결 중 첫 번째 무죄)

1) 경영 책임자를 중대재해처벌법 위반으로 처벌한 판례(판결 제1호)

본 사건은 피고인 회사(원청 수급인)가 요양병원의 증축 공사를 도급받아 관계수급인(하청 수급인)에 재하도급 준 것으로, 22년 5월 관계수급인의 소속 근로자가 작업도중 추락 사망한 사건으로 원수급인의 경영 책임자로 하여 실형(징역 1년 6월, 집행유예 3년)을 선고한 사례임. (의정부 고양지원 2022고단3254 판결)

피고인은 ㈜○○○의 경영 책임자로서 사업의 특성에 따른 유해·위험 요인을 확인하여 개선하는 안전보건관리책임자 등이 해당 업무를 충실하게 수행하는지 업무 평가와 기준을 전혀 마련하지 아니하여 안전보건관리책임자 등이 중량물을 인양하는 작업과 관련하여 추락, 낙하 위험을 적절히 평가하여 안전 사고를 예방하기 위한 작업 계획을 수립하지 못하게 하였으며, 그에 따라 안전대 지급 및 부착 설비가 설치되지 못하도록 하였다.

또한, 중대재해 발생 위험에 대비하여 작업 중지, 근로자 대피 위험 요인 제거 등 대응 조치에 관한 매뉴얼을 마련하지 않았다는 점을 통해 종사자를 사망에 이르게 한 것으로 판시.

2) 중량물 낙하 사고에 따른 경영 책임자 실형 선고(판결 제2호)

2022년 3월 경남 함안군의 ○○제강 공장에서 설비보수를 담당하던 관계수급사 근로자가 기중기의 슬링벨트 파단의 원인으로 떨어진 무게 1.2톤에 달하는 방열판에 깔려 사망하여 발생한 중대사고. 검찰은 원청의 경영 책임자인 대표이사(이하 피고인B)가 중대재해처벌 등에 관한 법률 위반(산업재해치사)과 산업안전보건법을 모두 위반하였다고 판단하여 대표이사에게 징역 1년의 실형을 선고한 사건(상상적 경합범 인정)

피고인 B는 ○○제강㈜의 실질적인 경영 책임자로서 사업장에서 종사자의 안전·보건상 유해 또는 위험을 방지하기 위하여 그 사업 또는 사업장의 특성 및 규모 등을 고려하여 안전보건관리책임자, 관리감독자, 및 안전관리총괄책임자 업무를 각 사업장에서 충실히 수행할 수 있도록 안전관리총괄책임자 등이 해당 업무를 충실히 수행하는지를 평가하는 기준을 마련하여 그 기준에 따라 안전보건관리책임자 등을 반기 1회 이상 평가 관리하여야 하고, 제3자에게 도급, 용역, 위탁 등을 하는 경우에는 종사자의 안전·보건을 확보하기위해 도급, 용역, 위탁 등을 받는 자의 산업재해 예방을 위한 조치 능력과 기술에 관한 평가 기준, 절차에 관한 기준을 마련한 뒤 그 기준과 절차에 따라 반기 1회 이상 점검하는등 안전관리체계의 구축 및 그 이행에 관한 조치할 의무를 이행하지 아니함으로써 중량물인 방열판을 들어 올리던 중 섬유 벨트가 끊어지면서 방열판이 낙하하여 중대 산업재해에 이르게 하였다. (부산고법 2023노167 창원 마산지원 2022. 고합 95)

※ 과거 산업안전보건법 위반으로 다수의 동종 전과가 양형 결정에 영향을 미침

3) 경영 목표와 경영 방침(판결 제4호)

본건 사고는 터파기 굴삭 작업을 하던 중 굴착기와 주위 환경 조건상 협착의 위험이 있는통로에 대해 출입을 통제하는 안전 조치를 취하지 아니하고, 굴삭기 작업 반경 내에 보행하는 작업자가 있는지 제대로 확인하지 아니한 채 굴삭기를 회전한 업무상과실이고, 마침, 흙막이 가시설 용접 작업을 위해 굴삭기 후방 통로를 이용하여 작업 장소로 이동하던협력업체 소속 피해자의 머리가 회전하는 굴삭기와 담장 사이에 협착되어 사망에 이르게하였다.

이 사건 경영 책임자에 대하여

① 경영목표와 경영방침을 설정하지 아니하여 종사자들이 안전보건에 관한 중요성을 인식하고 실현할 수 있는 실행 방향을 제시하지 아니하였고, ② 차량계 건설기계 작업 시 유도자를 배치하는 데 필요한 예산을 편성하지 아니하는 등 예산 집행을 관리하지 아니하였고, ③ 위험성 평가 기준 마련을 시행하지 않았으며, ④ 협착 사고 등 위험이 있을 경우를 대비하여 작업 중지, 위험 요인 제거 등 매뉴얼을 마련하지 아니하는 등 대응 조치를하지 아니하여 이 사건 중대재해에 이르게 하였다. 하여 원청 대표이사에게 징역 1년(집행유예 2년)을 선고함.

결국, 판례는 법 시행령 제4조 제2호 내지 제9조에 관한 것 등으로 구체화 되어야 하고, 업계에서 통용되는 표준적인 양식을 그대로 인용하거나 활용하는 데 그치거나, 안전 및 보건을 확보하기 위한 실질적이고 구체적인 내용이 포함되지 않고 명목상의 것에 불과할 경우에는 이 법이 요구하는 목표와 경영방침을 설정하였다고 볼 수 없다는 것이다.

(창원지방 마산지원 2023. 8. 25. 선고 2023고합8)

4) 실질적 안전보건관리체계 위반(판결 제5호)

본 사건은 협력업체 소속 일용직 근로자인 피재자는 190kg 상당의 U자형 철근 150개 1 묶음을 이동식 크레인에 묶어 인양하는 철근 인양 작업의 신호수로서 공사 현장 지하 2 층에서 무전기로 신호를 주던 중 U자형 철근이 8m 아래로 떨어져 피재자의 머리에 부딪혔고, 피재자는 병원으로 후송되었으나 결국 사망한 사건임.

법원은 2023. 10. 6. 회사의 대표이사에게 ① 사업 또는 사업장의 특성에 따른 유해·위험 요인을 확인하여 개선하는 업무 절차를 마련하지 아니한 점, ② 안전보건관리책임자 등이 업무를 충실히 수행할 수 있도록 평가하는 기준을 마련하지 아니한 점, ③ 도급받는 자의 산업재해 예방을 위한 조치 능력과 기술에 관한 평가 기준 및 절차를 전혀 마련하지 아니한 점을 근거로 중대재해처벌법위반죄를 인정하면서 법원은 ① 피고인이 만든 안전보건경영시스템 매뉴얼이 일반적인 공사 현장에서 지켜야 할 매뉴얼일 뿐 이를 공사 현장의 특성에 따른 유해·위험 요인을 확인하여 개선하는 업무절차라고 보기 어려운 점, ② 초청 강연, 자문 역시 공사 현장의 특성에 따른 유해·위험 요인을 확인하여 개선하는 업무 절차라고 볼 수 없는 점, ③ 종전에 실시된 위험성 평가 역시 이 사건 공사 현장의 실질적인 유해·위험 요인을 확인한 것이 아니라 형식적으로 작성되었고, ④ 2022. 2. 19. ~ 3.경 작성된 위험성 평가표에는 철근 인양 시에 1줄로 결속하여 인양할 경우의 위험성을 제거하기 위하여 2줄로 결속하여 인양 시 수평을 유지하여야 한다는 내용이 있음에도 이처럼 확인된 위험성을 개선하는 절차가 마련되지 아니하였고 이후의 위험성 평가표에는 해당 위험성 평가가 누락된 점 등을 근거로 유해·위험 요인 확인 및 개선 절차 자체는 존재하였더라도 그 절차가 해당 사업 또는 사업장의 특성에 따른 유해·위험 요인을 확인 및 개선하는 절차가 아니라면 해당 의무를 이행한 것으로 볼수 없다고 판단한 점을 주목할 필요가 있다.

법원은 ① 피고인이 안전보건경영시스템 매뉴얼 상 안전보건관리책임자의 업무 수행 평가 방법 및 기준, 평가에 따른 포상 기준을 정해두었다고 하나, 이는 본 공사 현장과 관련한 기준이라고 보기 어려운 점, ② 안전보건관리책임자인 현장소장 역시 수사 기관에서 평가 기준이 존재하는지 모른다는 취지로 진술한 점, ③ 마련된 안전보건경영시스템 매뉴얼은 일반적인 기준일 뿐 이를 두고 안전보건관리책임자가 업무를 각 사업장에서 충실히 수행할 수 있도록 해당 업무의 업무 충실도를 평가하는 기준을 마련했다고 보기 어려운 점을 근거로 하여 일반적으로 통용되는 평가 기준을 마련할 것이 아니라, 각 사업장의 특성을 고려하여 실질적으로 이를 평가할 수 있도록 마련해야 할 것을 요구하고 있다. (의정부 지법 2023. 10. 26. 판결 2022고단3255)

5) 공동주택관리업체의 첫 중대재해(판결 제6호)

아파트관리회사 소속 근로자가 아파트 1층 현관에서 사다리에 올라 천장 누수 방지 작업을 하다가 1.5m 높이에서 추락한 사건으로써 현장소장은 안전모를 착용하지 않은 채 사다리에 오르는 것을 봤는데도 안전모 착용을 지시하지 않았음.

법 위반 사항으로 ① 안전보건 목표와 경영 방침을 세우지 않았고, ② 유해·위험 요인 확인 및 개선 절차가 없었으며 ③ 안전보건관리책임자 평가 기준을 마련치 않았고 ④ 안전보건 관련 종사자 의견 청취 절차가 없었음 등을 사망의 원인으로 들었으며, 그에 따라 법원은 대표이사와 아파트관리소장에게 각각 징역 8월(집행유예 2년), 법인에게 벌금 3천만원을 선고하였다. (서울북부지법 2023. 10. 12. 선고 2023고단2537)

※ 공동주택관리업체의 경우 아파트 보수공사 등에 대해 관여하는 일이 잦고 대부분 소규모 업체로서 전문 인력 등의 문제로 안전관리에 대해 소홀할 수 있으므로 보다 적극적으로 중대재해처벌법에서 요구하는 최소한의 기본적인 안전관리체계 구축에 노력할 필요성이 제기된다. 또한, 언론에 따르면 아파트관리소장의 경우 중대재해 처벌을 피하려 은폐 시도한 정황이 양형 결정에 영향을 미침.

6) 하도급사 대표자 사망에 대한 원청사 대표, 관리감독자, 안전관리자, 감리자를 처벌한 사례(판결 제7호)

대학교 기숙사 철거(생활관 건설 공사)를 발주 받은 원청인 A회사는 해체 공사를 B회사에 하도급을 주었고, B 회사의 대표자가 굴뚝 해체 작업을 하다가 굴뚝 구조물 낙하로 인한 다발성 장기 손상으로 사망한 사건.

법 위반 사항으로 ① 안전보건 목표와 경영 방침 미설정 ② 유해·위험 요인 확인 및 개선 절차가 없었고, ③ 안전보건관리책임자 평가 기준을 마련치 않았으며, ④ 안전보건 관련 종사자 의견 청취가 없었고, ⑤ 비상 대응 매뉴얼 마련 및 점검이 이루어지지 않아 피해자가 사망에 이르게 된 원인으로 판단함.

법원은 대표이사에게 징역 1년 2월(집행유예 3년), 법인 벌금 2천만 원, 현장소장 금고 1년(집행유예 3년), 관리감독자/안전관리자/감리자 각각 금고 8월(집행유예 2년)을 선고함.

법이 도급, 용역, 위탁 등 계약의 형식에 관계없이 사업 수행을 위해 대가를 목적으로 노무를 제공하는 자를 보호 대상으로 정하고 있으므로 재해자가 회사의 대표이더라도 '종사자'로 해석하여 중대재해처벌법을 적용하였으며, 관리감독자, 안전관리자, 감리자까지 폭넓게 법 위반에 대한 처벌을 내린 사례임. (제주지법 2023. 10. 18. 선고 2023고단146)

7) 제조업 원동기 회전축 등의 생산 설비 접근금지 조치 미비(판결 제9호)

사업주는 작업장으로 통하는 장소 또는 작업장 내에 근로자가 이용할 안전 통로를 설치하여야 하고, 기계의 원동기 회전축 기어 풀리 플라이, 휠 벨트 체인 등에 의해 근로자가 위험에 처할 우려가 있는 부위에 덮개, 울, 슬리브 및 건널다리 등을 설치하여야 한다.

이 건 작업자들은 평소 아르곤가스벨브 조절, 용변, 흡연, 캐비닛 이용 등을 위해 작업 장소로부터 강관 생산 설비 건너편에 위치한 입측 출입문으로 이동할 필요성이 있었고, 위 장소까지 이동할 수 있는 별도의 통로가 마련되어 있지 않기 때문에 수시로 피터를 통해 생산 설비에 초속 3.6m 속도로 투입되는 띠강 위를 넘어다니거나 띠강 아래로 지나다니는 행동을 지속해 왔다.

이에 대해 재해 예방에 대한 수차례 기술 지도에도 불구하고 피고인(사업주)은 근로자들의 출입을 금지하는 조치를 취하지 않은 상태에서 근로자들이 띠강 코일을 넘나드는 것을 방치해 오던 중, 피해자가 띠강 코일을 넘으려다 뒤로 넘어지면서 자동 투입되는 띠강에 접속되어 과다출혈로 쇼크 사망하였다.

법원은 경영 책임자에 대하여 중대재해처벌 등에 관한 법률에 따라 사업의 특성 및 그 이행에 관한 조치 등을 하여야 함에도 불구하고, 피고인은 사업 또는 사업장 특성에 따른 유해·위험 요인을 확보하여 개선하는 업무 절차에 따라 유해·위험 요인의 확인 및 개선이 이루어졌는지를 반기 1회 이상 평가·관리하지를 아니하는 등 법령에 따른 의무를 이행하지 아니하였다고 판시하고, 대표이사에게 징역 1년(집행유예 2년), 나머지 안전관리총괄책임자 등에 대하여는 산업안전보건법 위반, 업무상과실 치사죄를 적용한 판례임. (대구 2023고단1746)

8) 지속적인 사고 위험 지적에도 개선되지 않은 상태에서 협착 사망에 대해 실형 선고(2번째 실형, 판결 제15호)

2022년 7월 14일 네팔 국적의 피해자 티○○(남, 41세)가 정밀주조 금형 청소 작업 중 금형 사이에 머리가 협착되어 즉사한 사건.

법 위반 사항으로 ① 유해·위험 요인 확인 및 개선 절차가 없었고, ② 안전보건 예산 편성 및 집행의 조치를 취하지 않았으며, ③ 안전보건관리책임자 평가 기준의 미비, ④ 비상 대응 매뉴얼 마련 및 점검의 조치 등 안전·보건 관계법령에 따른 의무 이행에 필요한 관리상의 조치를 취하지 아니하여 근로자를 사망에 이르게 하였다고 판시.
법원은 사고 전에 정밀안전보고서, 안전관리상태보고서 등에 끼임 사고 위험성 및 안전조치에 대한 지적 사항이 있었음에도 불구하고 적절한 조치를 취하지 않았으며, 상기에 적시한 사유로 대표이사에게 징역 2년, 회사 총괄이사에게 금고 1년 6개월, 법인 벌금 1억 5천만 원을 선고하여, 하급심 유죄 판결 중 2번째 실형이며 중대재해처벌법 시행 후 최고형의 사례가 됨. (2024년 5월 기준) (울산지법 2024. 4. 4. 선고 2022고단4497)

※ 사고 이전 지속적인 지적에도 사고 위험이 개선되지 않은 부분이 양형 결정에 영향을 끼침.

9) 하청 근로자들이 잘못된 작업 방식을 선택한 것에 대한 원청 대표의 책임 (판결 제18호)

2022년 11월 4일 울산 울주군의 원청 공장에서 중량물 고정벨트가 끊어져 중량물에 맞아 하청 근로자 1인 사망 및 1인 중상의 사고.

판결은 법 위반 사항으로 ① 유해·위험 요인 확인 및 개선 절차 부실 ② 안전보건관리책임자 평가 기준 관리 소홀 ③ 도급, 용역, 위탁 시 안전 관리 능력 평가 및 관리 소홀로 인하여 사고에 영향을 끼쳤다고 설시함.

이 사건은 하청 근로자들이 중량물 고정벨트를 잘못 고정한 것도 사고 원인이었지만, 이와 별개로 원청 대표가 중대재해처벌법상 의무를 이행하지 않아 징역형(집행유예)를 선고하여, 하청 근로자들이 잘못된 작업 방식을 선택한 것에 대해 원청 대표에 대해 책임을 물어 하청업체의 안전관리 능력을 평가하고 지속적으로 관리해야 할 책임의 중요성을 시사하는 사례임. (울산지법 2023고단5014)

10) 계약공사비 기준 해석에 따른 무죄 선고(1심 판결 중 첫 번째 무죄)

2022년 7월 경북 영덕군에서 화물차 기사가 지방상수도 정비 공사 현장에서 폐콘크리트 상차 작업도, 화물차의 시동을 켠 상태에서 화물차 기사가 운전석을 이탈, 이후 차량이 움직이며 화물차 기사를 덮쳐 사망한 사고.

회사 대표와 현장소장을 각각 중대재해처벌법과 산업안전보건법 위반 및 업무상과실치사 혐의로 재판하였으나, 현장소장에게 징역 6개월, 집행유예 2년, 회사 대표에게 무죄를 선고. 법원은 사고 발생 당시의 공사 금액이 50억 원 미만으로 중대재해처벌법에 해당하지 않는다는 주장을 인정함. (실제 회사가 계약한 공사비는 42억 2천만 원, 50억 이하 공사 현장은 24년 1월 27일부터 적용)

검찰은 관급자재대 10억 원까지 포함하여 총공사비 52억여 원에 달한다고 주장하였으나, 재판부는 "영세 사업자의 중대재해처벌법 시행 준비 기간을 충분히 두기 위해 유예 기간을 두기로 한 입법 취지를 고려하면, 공사 금액은 1차적으로 당사자 사이의 계약 금액을 기준으로 보는 것이 타당하다. 또한, 공사 금액 산정 시 관급자재비를 포함한다는 규정이 없음에도 입법 목적을 앞세운 해석을 통해 처벌 대상을 확대함으로써 그 규제 목적을 달성하려는 것은 형사법상 엄격 해석의 원칙, 죄형법정주의의 정신에 어긋난다."라고 판시함으로써 법원은 당사자 간 계약서상의 금액 기준을 중시. (대구지법 영덕지원)

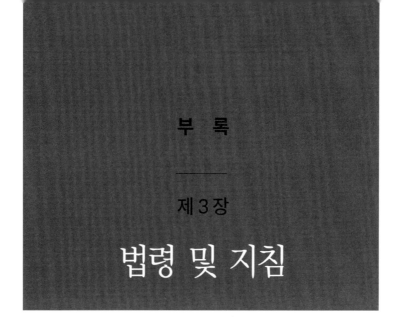

부 록

———

제 3 장

법령 및 지침

1. 안전 보건 교육 교육 대상별 교육 내용(시행규칙 "별표 5")

1) 근로자 안전 보건 교육
(제26조 제1항, 제28조 제1항, 제29조 제2항 제95조 제1항 관련)

가. 정기교육

교육내용
○ 산업안전 및 사고 예방에 관한 사항
○ 산업보건 및 직업병 예방에 관한 사항
○ 위험성 평가에 관한 사항
○ 건강증진 및 질병 예방에 관한 사항
○ 유해·위험 작업환경 관리에 관한 사항
○ 산업안전보건법령 및 산업재해보상보험 제도에 관한 사항
○ 직무스트레스 예방 및 관리에 관한 사항
○ 직장 내 괴롭힘, 고객의 폭언 등으로 인한 건강장해 예방 및 관리에 관한 사항

나. 삭제 〈2023. 9. 27.〉

다. 채용 시 교육 및 작업내용 변경 시 교육

교육내용
○ 산업안전 및 사고 예방에 관한 사항
○ 산업보건 및 직업병 예방에 관한 사항
○ 위험성 평가에 관한 사항
○ 산업안전보건법령 및 산업재해보상보험 제도에 관한 사항
○ 직무스트레스 예방 및 관리에 관한 사항
○ 직장 내 괴롭힘, 고객의 폭언 등으로 인한 건강장해 예방 및 관리에 관한 사항
○ 기계·기구의 위험성과 작업의 순서 및 동선에 관한 사항
○ 작업 개시 전 점검에 관한 사항
○ 정리정돈 및 청소에 관한 사항
○ 사고 발생 시 긴급조치에 관한 사항
○ 물질안전보건자료에 관한 사항

라. 특별교육 대상 작업별 교육

작업명	교육내용
〈공통내용〉 제1호부터 제39호까지의 작업	다목과 같은 내용
〈개별내용〉 1. 고압실 내 작업(잠함공법이나 그 밖의 압기공법으로 대기압을 넘는 기압인 작업실 또는 수갱 내부에서 하는 작업만 해당한다)	○ 고기압 장해의 인체에 미치는 영향에 관한 사항 ○ 작업의 시간·작업 방법 및 절차에 관한 사항 ○ 압기공법에 관한 기초지식 및 보호구 착용에 관한 사항 ○ 이상 발생 시 응급조치에 관한 사항 ○ 그 밖에 안전·보건관리에 필요한 사항
2. 아세틸렌 용접장치 또는 가스집합 용접장치를 사용하는 금속의 용접·용단 또는 가열작업(발생기·도관 등에 의하여 구성되는 용접장치만 해당한다)	○ 용접 흄, 분진 및 유해광선 등의 유해성에 관한 사항 ○ 가스용접기, 압력조정기, 호스 및 취관두(불꽃이 나오는 용접기의 앞부분) 등의 기기점검에 관한 사항 ○ 작업방법·순서 및 응급처치에 관한 사항 ○ 안전기 및 보호구 취급에 관한 사항 ○ 화재예방 및 초기대응에 관한사항 ○ 그 밖에 안전·보건관리에 필요한 사항
3. 밀폐된 장소(탱크 내 또는 환기가 극히 불량한 좁은 장소를 말한다)에서 하는 용접작업 또는 습한 장소에서 하는 전기용접 작업	○ 작업순서, 안전작업방법 및 수칙에 관한 사항 ○ 환기설비에 관한 사항 ○ 전격 방지 및 보호구 착용에 관한 사항 ○ 질식 시 응급조치에 관한 사항 ○ 작업환경 점검에 관한 사항 ○ 그 밖에 안전·보건관리에 필요한 사항

4. 폭발성·물반응성·자기반응성· 자기발열성 물질, 자연발화성 액체·고체 및 인화성 액체의 제 조 또는 취급작업(시험연구를 위 한 취급작업은 제외한다)	○ 폭발성·물반응성·자기반응성·자기발열성 물질, 자 연발화성 액체·고체 및 인화성 액체의 성질이나 상 태에 관한 사항 ○ 폭발 한계점, 발화점 및 인화점 등에 관한 사항 ○ 취급방법 및 안전수칙에 관한 사항 ○ 이상 발견 시의 응급처치 및 대피 요령에 관한 사항 ○ 화기·정전기·충격 및 자연발화 등의 위험방지에 관한 사항 ○ 작업순서, 취급주의사항 및 방호거리 등에 관한 사항 ○ 그 밖에 안전·보건관리에 필요한 사항
5. 액화석유가스·수소가스 등 인 화성 가스 또는 폭발성 물질 중 가스의 발생장치 취급 작업	○ 취급가스의 상태 및 성질에 관한 사항 ○ 발생장치 등의 위험 방지에 관한 사항 ○ 고압가스 저장설비 및 안전취급방법에 관한 사항 ○ 설비 및 기구의 점검 요령 ○ 그 밖에 안전·보건관리에 필요한 사항
6. 화학설비 중 반응기, 교반기·추 출기의 사용 및 세척작업	○ 각 계측장치의 취급 및 주의에 관한 사항 ○ 투시창·수위 및 유량계 등의 점검 및 밸브의 조작주 의에 관한 사항 ○ 세척액의 유해성 및 인체에 미치는 영향에 관한 사항 ○ 작업 절차에 관한 사항 ○ 그 밖에 안전·보건관리에 필요한 사항

7. 화학설비의 탱크 내 작업	○ 차단장치·정지장치 및 밸브 개폐장치의 점검에 관한 사항 ○ 탱크 내의 산소농도 측정 및 작업환경에 관한 사항 ○ 안전보호구 및 이상 발생 시 응급조치에 관한 사항 ○ 작업절차·방법 및 유해·위험에 관한 사항 ○ 그 밖에 안전·보건관리에 필요한 사항
8. 분말·원재료 등을 담은 호퍼(하부가 깔대기 모양으로 된 저장통)·저장창고 등 저장탱크의 내부작업	○ 분말·원재료의 인체에 미치는 영향에 관한 사항 ○ 저장탱크 내부작업 및 복장보호구 착용에 관한 사항 ○ 작업의 지정·방법·순서 및 작업환경 점검에 관한 사항 ○ 팬·풍기(風旗) 조작 및 취급에 관한 사항 ○ 분진 폭발에 관한 사항 ○ 그 밖에 안전·보건관리에 필요한 사항
9. 다음 각 목에 정하는 설비에 의한 물건의 가열·건조작업 가. 건조설비 중 위험물 등에 관계되는 설비로 속부피가 1세제곱미터 이상인 것 나. 건조설비 중 가목의 위험물 등 외의 물질에 관계되는 설비로서, 연료를 열원으로 사용하는 것(그 최대연소소비량이 매 시간당 10킬로그램 이상인 것만 해당한다) 또는 전력을 열원으로 사용하는 것(정격소비전력이 10킬로와트 이상인 경우만 해당한다)	○ 건조설비 내외면 및 기기기능의 점검에 관한 사항 ○ 복장보호구 착용에 관한 사항 ○ 건조 시 유해가스 및 고열 등이 인체에 미치는 영향에 관한 사항 ○ 건조설비에 의한 화재·폭발 예방에 관한 사항

10. 다음 각 목에 해당하는 집재장치(집재기·가선·운반기구·지주 및 이들에 부속하는 물건으로 구성되고, 동력을 사용하여 원목 또는 장작과 숯을 담아 올리거나 공중에서 운반하는 설비를 말한다)의 조립, 해체, 변경 또는 수리작업 및 이들 설비에 의한 집재 또는 운반 작업 가. 원동기의 정격출력이 7.5킬로와트를 넘는 것 나. 지간의 경사거리 합계가 350미터 이상인 것 다. 최대사용하중이 200킬로그램 이상인 것	○ 기계의 브레이크 비상정지장치 및 운반경로, 각종 기능 점검에 관한 사항 ○ 작업 시작 전 준비사항 및 작업방법에 관한 사항 ○ 취급물의 유해·위험에 관한 사항 ○ 구조상의 이상 시 응급처치에 관한 사항 ○ 그 밖에 안전·보건관리에 필요한 사항
11. 동력에 의하여 작동되는 프레스기계를 5대 이상 보유한 사업장에서 해당 기계로 하는 작업	○ 프레스의 특성과 위험성에 관한 사항 ○ 방호장치 종류와 취급에 관한 사항 ○ 안전작업방법에 관한 사항 ○ 프레스 안전기준에 관한 사항 ○ 그 밖에 안전·보건관리에 필요한 사항
12. 목재가공용 기계[둥근톱기계, 띠톱기계, 대패기계, 모떼기기계 및 라우터기(목재를 자르거나 홈을 파는 기계)만 해당하며, 휴대용은 제외한다]를 5대 이상 보유한 사업장에서 해당 기계로 하는 작업	○ 목재가공용 기계의 특성과 위험성에 관한 사항 ○ 방호장치의 종류와 구조 및 취급에 관한 사항 ○ 안전기준에 관한 사항 ○ 안전작업방법 및 목재 취급에 관한 사항 ○ 그 밖에 안전·보건관리에 필요한 사항

13. 운반용 등 하역기계를 5대 이상 보유한 사업장에서의 해당 기계로 하는 작업	○ 운반하역기계 및 부속설비의 점검에 관한 사항 ○ 작업순서와 방법에 관한 사항 ○ 안전운전방법에 관한 사항 ○ 화물의 취급 및 작업신호에 관한 사항 ○ 그 밖에 안전·보건관리에 필요한 사항
14. 1톤 이상의 크레인을 사용하는 작업 또는 1톤 미만의 크레인 또는 호이스트를 5대 이상 보유한 사업장에서 해당 기계로 하는 작업(제40호의 작업은 제외한다)	○ 방호장치의 종류, 기능 및 취급에 관한 사항 ○ 걸고리·와이어로프 및 비상정지장치 등의 기계·기구 점검에 관한 사항 ○ 화물의 취급 및 안전작업방법에 관한 사항 ○ 신호방법 및 공동작업에 관한 사항 ○ 인양 물건의 위험성 및 낙하·비래(飛來)·충돌재해 예방에 관한 사항 ○ 인양물이 적재될 지반의 조건, 인양하중, 풍압 등이 인양물과 타워크레인에 미치는 영향 ○ 그 밖에 안전·보건관리에 필요한 사항
15. 건설용 리프트·곤돌라를 이용한 작업	○ 방호장치의 기능 및 사용에 관한 사항 ○ 기계, 기구, 달기체인 및 와이어 등의 점검에 관한 사항 ○ 화물의 권상·권하 작업방법 및 안전작업 지도에 관한 사항 ○ 기계·기구에 특성 및 동작원리에 관한 사항 ○ 신호방법 및 공동작업에 관한 사항 ○ 그 밖에 안전·보건관리에 필요한 사항
16. 주물 및 단조(금속을 두들기거나 눌러서 형체를 만드는 일) 작업	○ 고열물의 재료 및 작업환경에 관한 사항 ○ 출탕·주조 및 고열물의 취급과 안전작업방법에 관한 사항 ○ 고열작업의 유해·위험 및 보호구 착용에 관한 사항 ○ 안전기준 및 중량물 취급에 관한 사항 ○ 그 밖에 안전·보건관리에 필요한 사항

17. 전압이 75볼트 이상인 정전 및 활선작업	○ 전기의 위험성 및 전격 방지에 관한 사항 ○ 해당 설비의 보수 및 점검에 관한 사항 ○ 정전작업·활선작업 시의 안전작업방법 및 순서에 관한 사항 ○ 절연용 보호구, 절연용 보호구 및 활선작업용 기구 등의 사용에 관한 사항 ○ 그 밖에 안전·보건관리에 필요한 사항
18. 콘크리트 파쇄기를 사용하여 하는 파쇄작업(2미터 이상인 구 축물의 파쇄작업만 해당한다)	○ 콘크리트 해체 요령과 방호거리에 관한 사항 ○ 작업안전조치 및 안전기준에 관한 사항 ○ 파쇄기의 조작 및 공통작업 신호에 관한 사항 ○ 보호구 및 방호장비 등에 관한 사항 ○ 그 밖에 안전·보건관리에 필요한 사항
19. 굴착면의 높이가 2미터 이상이 되는 지반 굴착(터널 및 수직갱 외의 갱 굴착은 제외한다)작업	○ 지반의 형태·구조 및 굴착 요령에 관한 사항 ○ 지반의 붕괴재해 예방에 관한 사항 ○ 붕괴 방지용 구조물 설치 및 작업방법에 관한 사항 ○ 보호구의 종류 및 사용에 관한 사항 ○ 그 밖에 안전·보건관리에 필요한 사항
20. 흙막이 지보공의 보강 또는 동바 리를 설치하거나 해체하는 작업	○ 작업안전 점검 요령과 방법에 관한 사항 ○ 동바리의 운반·취급 및 설치 시 안전작업에 관한 사항 ○ 해체작업 순서와 안전기준에 관한 사항 ○ 보호구 취급 및 사용에 관한 사항 ○ 그 밖에 안전·보건관리에 필요한 사항

21. 터널 안에서의 굴착작업(굴착용 기계를 사용하여 하는 굴착작업 중 근로자가 칼날 밑에 접근하지 않고 하는 작업은 제외한다) 또는 같은 작업에서의 터널 거푸집 지보공의 조립 또는 콘크리트 작업	○ 작업환경의 점검 요령과 방법에 관한 사항 ○ 붕괴 방지용 구조물 설치 및 안전작업 방법에 관한 사항 ○ 재료의 운반 및 취급·설치의 안전기준에 관한 사항 ○ 보호구의 종류 및 사용에 관한 사항 ○ 소화설비의 설치장소 및 사용방법에 관한 사항 ○ 그 밖에 안전·보건관리에 필요한 사항
22. 굴착면의 높이가 2미터 이상이 되는 암석의 굴착작업	○ 폭발물 취급 요령과 대피 요령에 관한 사항 ○ 안전거리 및 안전기준에 관한 사항 ○ 방호물의 설치 및 기준에 관한 사항 ○ 보호구 및 신호방법 등에 관한 사항 ○ 그 밖에 안전·보건관리에 필요한 사항
23. 높이가 2미터 이상인 물건을 쌓거나 무너뜨리는 작업(하역기계로만 하는 작업은 제외한다)	○ 원부재료의 취급 방법 및 요령에 관한 사항 ○ 물건의 위험성·낙하 및 붕괴재해 예방에 관한 사항 ○ 적재방법 및 전도 방지에 관한 사항 ○ 보호구 착용에 관한 사항 ○ 그 밖에 안전·보건관리에 필요한 사항
24. 선박에 짐을 쌓거나 부리거나 이동시키는 작업	○ 하역 기계·기구의 운전방법에 관한 사항 ○ 운반·이송경로의 안전작업방법 및 기준에 관한 사항 ○ 중량물 취급 요령과 신호 요령에 관한 사항 ○ 작업안전 점검과 보호구 취급에 관한 사항 ○ 그 밖에 안전·보건관리에 필요한 사항
25. 거푸집 동바리의 조립 또는 해체 작업	○ 동바리의 조립방법 및 작업 절차에 관한 사항 ○ 조립재료의 취급방법 및 설치기준에 관한 사항 ○ 조립 해체 시의 사고 예방에 관한 사항 ○ 보호구 착용 및 점검에 관한 사항 ○ 그 밖에 안전·보건관리에 필요한 사항

26. 비계의 조립·해체 또는 변경작업	○ 비계의 조립순서 및 방법에 관한 사항 ○ 비계작업의 재료 취급 및 설치에 관한 사항 ○ 추락재해 방지에 관한 사항 ○ 보호구 착용에 관한 사항 ○ 비계상부 작업 시 최대 적재하중에 관한 사항 ○ 그 밖에 안전·보건관리에 필요한 사항
27. 건축물의 골조, 다리의 상부구조 또는 탑의 금속제의 부재로 구성되는 것(5미터 이상인 것만 해당한다)의 조립· 해체 또는 변경작업	○ 건립 및 버팀대의 설치순서에 관한 사항 ○ 조립 해체 시의 추락재해 및 위험요인에 관한 사항 ○ 건립용 기계의 조작 및 작업신호 방법에 관한 사항 ○ 안전장비 착용 및 해체순서에 관한 사항 ○ 그 밖에 안전·보건관리에 필요한 사항
28. 처마 높이가 5미터 이상인 목조건축물의 구조 부재의 조립이나 건축물의 지붕 또는 외벽 밑에서의 설치작업	○ 붕괴·추락 및 재해 방지에 관한 사항 ○ 부재의 강도·재질 및 특성에 관한 사항 ○ 조립·설치 순서 및 안전작업방법에 관한 사항 ○ 보호구 착용 및 작업 점검에 관한 사항 ○ 그 밖에 안전·보건관리에 필요한 사항
29. 콘크리트 인공구조물(그 높이가 2미터 이상인 것만 해당한다)의 해체 또는 파괴작업	○ 콘크리트 해체기계의 점점에 관한 사항 ○ 파괴 시의 안전거리 및 대피 요령에 관한 사항 ○ 작업방법·순서 및 신호 방법 등에 관한 사항 ○ 해체·파괴 시의 작업안전기준 및 보호구에 관한 사항 ○ 그 밖에 안전·보건관리에 필요한 사항
30. 타워크레인을 설치(상승작업을 포함한다)·해체하는 작업	○ 붕괴·추락 및 재해 방지에 관한 사항 ○ 설치·해체 순서 및 안전작업방법에 관한 사항 ○ 부재의 구조·재질 및 특성에 관한 사항 ○ 신호방법 및 요령에 관한 사항 ○ 이상 발생 시 응급조치에 관한 사항 ○ 그 밖에 안전·보건관리에 필요한 사항

31. 보일러(소형 보일러 및 다음 각 목에서 정하는 보일러는 제외한다)의 설치 및 취급 작업 가. 몸통 반지름이 750밀리미터 이하이고 그 길이가 1,300밀리미터 이하인 증기보일러 나. 전열면적이 3제곱미터 이하인 증기보일러 다. 전열면적이 14제곱미터 이하인 온수보일러 라. 전열면적이 30제곱미터 이하인 관류보일러(물관을 사용하여 가열시키는 방식의 보일러)	○ 기계 및 기기 점화장치 계측기의 점검에 관한 사항 ○ 열관리 및 방호장치에 관한 사항 ○ 작업순서 및 방법에 관한 사항 ○ 그 밖에 안전·보건관리에 필요한 사항
32. 게이지 압력을 제곱센티미터당 1킬로그램 이상으로 사용하는 압력용기의 설치 및 취급작업	○ 안전시설 및 안전기준에 관한 사항 ○ 압력용기의 위험성에 관한 사항 ○ 용기 취급 및 설치기준에 관한 사항 ○ 작업안전 점검 방법 및 요령에 관한 사항 ○ 그 밖에 안전·보건관리에 필요한 사항
33. 방사선 업무에 관계되는 작업(의료 및 실험용은 제외한다)	○ 방사선의 유해·위험 및 인체에 미치는 영향 ○ 방사선의 측정기기 기능의 점검에 관한 사항 ○ 방호거리·방호벽 및 방사선물질의 취급 요령에 관한 사항 ○ 응급처치 및 보호구 착용에 관한 사항 ○ 그 밖에 안전·보건관리에 필요한 사항

34. 밀폐공간에서의 작업	○ 산소농도 측정 및 작업환경에 관한 사항 ○ 사고 시의 응급처치 및 비상 시 구출에 관한 사항 ○ 보호구 착용 및 보호 장비 사용에 관한 사항 ○ 작업내용·안전작업방법 및 절차에 관한 사항 ○ 장비·설비 및 시설 등의 안전점검에 관한 사항 ○ 그 밖에 안전·보건관리에 필요한 사항
35. 허가 또는 관리 대상 유해물질의 제조 또는 취급작업	○ 취급물질의 성질 및 상태에 관한 사항 ○ 유해물질이 인체에 미치는 영향 ○ 국소배기장치 및 안전설비에 관한 사항 ○ 안전작업방법 및 보호구 사용에 관한 사항 ○ 그 밖에 안전·보건관리에 필요한 사항
36. 로봇작업	○ 로봇의 기본원리·구조 및 작업방법에 관한 사항 ○ 이상 발생 시 응급조치에 관한 사항 ○ 안전시설 및 안전기준에 관한 사항 ○ 조작방법 및 작업순서에 관한 사항
37. 석면해체·제거작업	○ 석면의 특성과 위험성 ○ 석면해체·제거의 작업방법에 관한 사항 ○ 장비 및 보호구 사용에 관한 사항 ○ 그 밖에 안전·보건관리에 필요한 사항

38. 가연물이 있는 장소에서 하는 화재위험작업	○ 작업준비 및 작업절차에 관한 사항 ○ 작업장 내 위험물, 가연물의 사용·보관·설치 현황에 관한 사항 ○ 화재위험작업에 따른 인근 인화성 액체에 대한 방호조치에 관한 사항 ○ 화재위험작업으로 인한 불꽃, 불티 등의 흩날림 방지 조치에 관한 사항 ○ 인화성 액체의 증기가 남아 있지 않도록 환기 등의 조치에 관한 사항 ○ 화재감시자의 직무 및 피난교육 등 비상조치에 관한 사항 ○ 그 밖에 안전·보건관리에 필요한 사항
39. 타워크레인을 사용하는 작업시 신호업무를 하는 작업	○ 타워크레인의 기계적 특성 및 방호장치 등에 관한 사항 ○ 화물의 취급 및 안전작업방법에 관한 사항 ○ 신호방법 및 요령에 관한 사항 ○ 인양 물건의 위험성 및 낙하·비래·충돌재해 예방에 관한 사항 ○ 인양물이 적재될 지반의 조건, 인양하중, 풍압 등이 인양물과 타워크레인에 미치는 영향 ○ 그 밖에 안전·보건관리에 필요한 사항

1-2) 관리감독자 안전보건교육(제26조제1항 관련)

가. 정기교육

교육내용
○ 산업안전 및 사고 예방에 관한 사항
○ 산업보건 및 직업병 예방에 관한 사항
○ 위험성평가에 관한 사항
○ 유해·위험 작업환경 관리에 관한 사항
○ 산업안전보건법령 및 산업재해보상보험 제도에 관한 사항
○ 직무스트레스 예방 및 관리에 관한 사항
○ 직장 내 괴롭힘, 고객의 폭언 등으로 인한 건강장해 예방 및 관리에 관한 사항
○ 작업공정의 유해·위험과 재해 예방대책에 관한 사항
○ 사업장 내 안전보건관리체제 및 안전·보건조치 현황에 관한 사항
○ 표준안전 작업방법 결정 및 지도·감독 요령에 관한 사항
○ 현장근로자와의 의사소통능력 및 강의능력 등 안전보건교육 능력 배양에 관한 사항
○ 비상시 또는 재해 발생 시 긴급조치에 관한 사항
○ 그 밖의 관리감독자의 직무에 관한 사항

나. 채용 시 교육 및 작업내용 변경 시 교육

교육내용
○ 산업안전 및 사고 예방에 관한 사항
○ 산업보건 및 직업병 예방에 관한 사항
○ 위험성평가에 관한 사항
○ 산업안전보건법령 및 산업재해보상보험 제도에 관한 사항
○ 직무스트레스 예방 및 관리에 관한 사항
○ 직장 내 괴롭힘, 고객의 폭언 등으로 인한 건강장해 예방 및 관리에 관한 사항
○ 기계·기구의 위험성과 작업의 순서 및 동선에 관한 사항
○ 작업 개시 전 점검에 관한 사항
○ 물질안전보건자료에 관한 사항
○ 사업장 내 안전보건관리체제 및 안전·보건조치 현황에 관한 사항
○ 표준안전 작업방법 결정 및 지도·감독 요령에 관한 사항
○ 비상시 또는 재해 발생 시 긴급조치에 관한 사항
○ 그 밖의 관리감독자의 직무에 관한 사항

다. 특별교육 대상 작업별 교육

작업명	교육내용
〈공통내용〉	나목과 같은 내용
〈개별내용〉	제1호라목에 따른 교육내용(공통내용은 제외한다)과 같음

2) 건설업 기초안전보건교육에 대한 내용 및 시간(제28조제1항 관련)

교육 내용	시간
가. 건설공사의 종류(건축·토목 등) 및 시공 절차	1시간
나. 산업재해 유형별 위험요인 및 안전보건조치	2시간
다. 안전보건관리체제 현황 및 산업안전보건 관련 근로자 권리·의무	1시간

3) 안전보건관리책임자 등에 대한 교육(제29조제2항 관련)

교육대상	교육내용	
	신규과정	보수과정
가. 안전보건관리 책임자	1) 관리책임자의 책임과 직무에 관한 사항 2) 산업안전보건법령 및 안전·보건조치에 관한 사항	1) 산업안전·보건정책에 관한 사항 2) 자율안전·보건관리에 관한 사항
나. 안전관리자 및 안전관리전문 기관 종사자	1) 산업안전보건법령에 관한 사항 2) 산업안전보건개론에 관한 사항 3) 인간공학 및 산업심리에 관한 사항 4) 안전보건교육방법에 관한 사항 5) 재해 발생 시 응급처치에 관한 사항 6) 안전점검·평가 및 재해 분석기법에 관한 사항	1) 산업안전보건법령 및 정책에 관한 사항 2) 안전관리계획 및 안전보건개선계획의 수립·평가·실무에 관한 사항 3) 안전보건교육 및 무재해운동 추진실무에 관한 사항 4) 산업안전보건관리비 사용기준 및 사용방법에 관한 사항

나. 안전관리자 및 안전관리전문 기관 종사자	7) 안전기준 및 개인보호구 등 분야별 재해 예방 실무에 관한 사항 8) 산업안전보건관리비 계상 및 사용기준에 관한 사항 9) 작업환경 개선 등 산업위생 분야에 관한 사항 10) 무재해운동 추진기법 및 실무에 관한 사항 11) 위험성평가에 관한 사항 12) 그 밖에 안전관리자의 직무 향상을 위하여 필요한 사항	5) 분야별 재해 사례 및 개선 사례에 관한 연구와 실무에 관한 사항 6) 사업장 안전 개선기법에 관한 사항 7) 위험성평가에 관한 사항 8) 그 밖에 안전관리자 직무 향상을 위하여 필요한 사항
다. 보건관리자 및 보건관리전문기관 종사자	1) 산업안전보건법령 및 작업환경측정에 관한 사항 2) 산업안전보건개론에 관한 사항 3) 안전보건교육방법에 관한 사항 4) 산업보건관리계획 수립·평가 및 산업역학에 관한 사항 5) 작업환경 및 직업병 예방에 관한 사항 6) 작업환경 개선에 관한 사항(소음·분진·관리대상 유해물질 및 유해광선 등) 7) 산업역학 및 통계에 관한 사항 8) 산업환기에 관한 사항	1) 산업안전보건법령, 정책 및 작업환경 관리에 관한 사항 2) 산업보건관리계획 수립·평가 및 안전보건교육 추진 요령에 관한 사항 3) 근로자 건강 증진 및 구급환자 관리에 관한 사항 4) 산업위생 및 산업환기에 관한 사항

다. 보건관리자 및 보건관리전문기관 종사자	9) 안전보건관리의 체제·규정 및 보건관리자 역할에 관한 사항 10) 보건관리계획 및 운용에 관한 사항 11) 근로자 건강관리 및 응급처치에 관한 사항 12) 위험성평가에 관한 사항 13) 감염병 예방에 관한 사항 14) 자살 예방에 관한 사항 15) 그 밖에 보건관리자의 직무 향상을 위하여 필요한 사항	5) 직업병 사례 연구에 관한 사항 6) 유해물질별 작업환경관리에 관한 사항 7) 위험성평가에 관한 사항 8) 감염병 예방에 관한 사항 9) 자살 예방에 관한 사항 10) 그 밖에 보건관리자 직무 향상을 위하여 필요한 사항
라. 건설재해예방 전문지도기관 종사자	1) 산업안전보건법령 및 정책에 관한 사항 2) 분야별 재해사례 연구에 관한 사항 3) 새로운 공법 소개에 관한 사항 4) 사업장 안전관리기법에 관한 사항 5) 위험성평가의 실시에 관한 사항 6) 그 밖에 직무 향상을 위하여 필요한 사항	1) 산업안전보건법령 및 정책에 관한 사항 2) 분야별 재해사례 연구에 관한 사항 3) 새로운 공법 소개에 관한 사항 4) 사업장 안전관리기법에 관한 사항 5) 위험성평가의 실시에 관한 사항 6) 그 밖에 직무 향상을 위하여 필요한 사항

마. 석면조사기관 종사자	1) 석면 제품의 종류 및 구별 방법에 관한 사항 2) 석면에 의한 건강유해성에 관한 사항 3) 석면 관련 법령 및 제도(법, 「석면안전관리법」 및 「건축법」 등)에 관한 사항 4) 법 및 산업안전보건 정책방향에 관한 사항 5) 석면 시료채취 및 분석 방법에 관한 사항 6) 보호구 착용 방법에 관한 사항 7) 석면조사결과서 및 석면지도 작성 방법에 관한 사항 8) 석면 조사 실습에 관한 사항	1) 석면 관련 법령 및 제도(법, 「석면안전관리법」 및 「건축법」 등)에 관한 사항 2) 실내공기오염 관리(또는 작업환경측정 및 관리)에 관한 사항 3) 산업안전보건 정책방향에 관한 사항 4) 건축물·설비 구조의 이해에 관한 사항 5) 건축물·설비 내 석면함유 자재 사용 및 시공·제거 방법에 관하 사항 6) 보호구 선택 및 관리방법에 관한 사항 7) 석면해체·제거작업 및 석면 흩날림 방지 계획 수립 및 평가에 관한 사항 8) 건축물 석면조사 시 위해도평가 및 석면지도 작성·관리 실무에 관한 사항 9) 건축 자재의 종류별 석면조사실무에 관한 사항

바. 안전보건관리 담당자		1) 위험성평가에 관한 사항 2) 안전·보건교육방법에 관한 사항 3) 사업장 순회점검 및 지도에 관한 사항 4) 기계·기구의 적격품 선정에 관한 사항 5) 산업재해 통계의 유지·관리 및 조사에 관한 사항 6) 그 밖에 안전보건관리담당자 직무 향상을 위하여 필요한 사항
사. 안전검사기관 및 자율안전 검사기관	1) 산업안전보건법령에 관한 사항 2) 기계, 장비의 주요장치에 관한 사항 3) 측정기기 작동 방법에 관한 사항 4) 공통점검 사항 및 주요 위험요인별 점검 내용에 관한 사항 5) 기계, 장비의 주요안전장치에 관한 사항 6) 검사시 안전보건 유의사항 7) 기계·전기·화공 등 공학적 기초 지식에 관한 사항 8) 검사원의 직무윤리에 관한 사항 9) 그 밖에 종사자의 직무 향상을 위하여 필요한 사항	1) 산업안전보건법령 및 정책에 관한 사항 2) 주요 위험요인별 점검내용에 관한 사항 3) 기계, 장비의 주요장치와 안전장치에 관한 심화과정 4) 검사시 안전보건 유의사항 5) 구조해석, 용접, 피로, 파괴, 피해예측, 작업환기, 위험성평가 등에 관한 사항 6) 검사대상 기계별 재해 사례 및 개선 사례에 관한 연구와 실무에 관한 사항 7) 검사원의 직무윤리에 관한 사항 8) 그 밖에 종사자의 직무 향상을 위하여 필요한 사항

4) 특수형태근로종사자에 대한 안전보건교육(제95조제1항 관련)

가. 최초 노무제공 시 교육

교육내용

아래의 내용 중 특수형태근로종사자의 직무에 적합한 내용을 교육해야 한다.

- ○ 산업안전 및 사고 예방에 관한 사항
- ○ 산업보건 및 직업병 예방에 관한 사항
- ○ 건강증진 및 질병 예방에 관한 사항
- ○ 유해·위험 작업환경 관리에 관한 사항
- ○ 산업안전보건법령 및 산업재해보상보험 제도에 관한 사항
- ○ 직무스트레스 예방 및 관리에 관한 사항
- ○ 직장 내 괴롭힘, 고객의 폭언 등으로 인한 건강장해 예방 및 관리에 관한 사항
- ○ 기계·기구의 위험성과 작업의 순서 및 동선에 관한 사항
- ○ 작업 개시 전 점검에 관한 사항
- ○ 정리정돈 및 청소에 관한 사항
- ○ 사고 발생 시 긴급조치에 관한 사항
- ○ 물질안전보건자료에 관한 사항
- ○ 교통안전 및 운전안전에 관한 사항
- ○ 보호구 착용에 관한 사항

나. 특별교육 대상 작업별 교육: 제1호 라목과 같다.

2. 사업장 위험성 평가에 관한 지침

[시행 2025. 1. 2.] [고용노동부고시 제2024-76호, 2024. 12. 18., 일부 개정]

제1장 총 칙

제1조(목적)

이 고시는 「산업안전보건법」 제36조에 따라 사업주가 스스로 사업장의 유해·위험 요인에 대한 실태를 파악하고 이를 평가하여 관리·개선하는 등 필요한 조치를 통해 산업재해를 예방할 수 있도록 지원하기 위하여 위험성 평가 방법, 절차, 시기 등에 대한 기준을 제시하고, 위험성 평가 활성화를 위한 시책의 운영 및 지원 사업 등 그 밖에 필요한 사항을 규정함을 목적으로 한다.

제2조(적용 범위)

이 고시는 위험성 평가를 실시하는 모든 사업장에 적용한다.

제3조(정의)

① 이 고시에서 사용하는 용어의 뜻은 다음과 같다.

1. "유해·위험 요인"이란 유해·위험을 일으킬 잠재적 가능성이 있는 것의 고유한 특징이나 속성을 말한다.

2. "위험성"이란 유해·위험 요인이 사망, 부상 또는 질병으로 이어질 수 있는 가능성과 중대성 등을 고려한 위험의 정도를 말한다.

3. "위험성 평가"란 사업주가 스스로 유해·위험 요인을 파악하고 해당 유해·위험 요인의 위험성 수준을 결정하여, 위험성을 낮추기 위한 적절한 조치를 마련하고 실행하는 과정을 말한다.

4. '근로자'란 기간제, 단시간, 파견 등 고용형태 및 국적과 관계없이 「산업안전보건법」 제2조 제3호에 따른 근로자를 말한다.

② 그 밖에 이 고시에서 사용하는 용어의 뜻은 이 고시에 특별히 정한 것이 없으면 「산업안전보건법」(이하 "법"이라 한다.), 같은 법 시행령(이하 "영"이라 한다.), 같은 법 시행규칙(이하 "규칙"이라 한다.) 및 「산업안전보건기준에 관한 규칙」(이하 "안전보건규칙"이라 한다.)에서 정하는 바에 따른다.

제4조(정부의 책무)

① 고용노동부장관(이하 "장관"이라 한다.)은 사업장 위험성 평가가 효과적으로 추진되도록 하기 위하여 다음 각 호의 사항을 강구하여야 한다.

1. 정책의 수립·집행·조정·홍보
2. 위험성 평가 기법의 연구·개발 및 보급
3. 사업장 위험성 평가 활성화 시책의 운영
4. 위험성 평가 실시의 지원
5. 조사 및 통계의 유지·관리
6. 그 밖에 위험성 평가에 관한 정책의 수립 및 추진 ② 장관은 제1항 각 호의 사항 중 필요한 사항을 한국산업안전보건공단(이하 "공단"이라 한다.)으로 하여금 수행하게 할 수 있다.

제2장 사업장 위험성 평가

제5조(위험성 평가 실시 주체)

① 사업주는 스스로 사업장의 유해·위험 요인을 파악하고 이를 평가하여 관리 개선하는 등 위험성 평가를 실시하여야 한다.

② 법 제63조에 따른 작업의 일부 또는 전부를 도급에 의하여 행하는 사업의 경우는 도급을 준 도급인(이하 "도급 사업주"라 한다.)과 도급을 받은 수급인(이하 "수급사업주"라 한다.)은 각각 제1항에 따른 위험성 평가를 실시하여야 한다.

③ 제2항에 따른 도급 사업주는 수급 사업주가 실시한 위험성 평가 결과를 검토하여 도급 사업주가 개선할 사항이 있는 경우 이를 개선하여야 한다.

제5조의 2(위험성 평가의 대상)

① 위험성 평가의 대상이 되는 유해·위험 요인은 업무 중 근로자에게 노출된 것이 확인되었거나 노출될 것이 합리적으로 예견 가능한 모든 유해·위험 요인이다. 다만, 매우 경미한 부상 및 질병만을 초래할 것으로 명백히 예상되는 유해·위험 요인은 평가 대상에서 제외할 수 있다.

② 사업주는 사업장 내 부상 또는 질병으로 이어질 가능성이 있었던 상황(이하 "아차사고"라 한다.)을 확인한 경우에는 해당 사고를 일으킨 유해·위험 요인을 위험성 평가의 대상에 포함시켜야 한다.

③ 사업주는 사업장 내에서 법 제2조 제2호의 중대재해가 발생한 때에는 지체 없이 중대재해의 원인이 되는 유해·위험 요인에 대해 제15조 제2항의 위험성 평가를 실시하고, 그 밖의 사업장 내 유해·위험 요인에 대해서는 제15조 제3항의 위험성 평가 재검토를 실시하여야 한다.

제6조(근로자 참여)

사업주는 위험성 평가를 실시할 때, 법 제36조 제2항에 따라 다음 각 호에 해당하는 경우 해당 작업에 종사하는 근로자를 참여시켜야 한다.

1. 유해·위험 요인의 위험성 수준을 판단하는 기준을 마련하고, 유해·위험 요인별로 허용 가능한 위험성 수준을 정하거나 변경하는 경우
2. 해당 사업장의 유해 위험 요인을 파악하는 경우
3. 유해·위험 요인의 위험성이 허용 가능한 수준인지 여부를 결정하는 경우
4. 위험성 감소 대책을 수립하여 실행하는 경우
5. 위험성 감소 대책 실행 여부를 확인하는 경우

제7조(위험성 평가의 방법)

① 사업주는 다음과 같은 방법으로 위험성 평가를 실시하여야 한다.

1. 안전보건관리책임자 등 해당 사업장에서 사업의 실시를 총괄 관리하는 사람에게 위험성 평가의 실시를 총괄 관리하게 할 것
2. 사업장의 안전관리자, 보건관리자 등이 위험성 평가의 실시에 관하여 안전보건관

리책임자를 보좌하고 지도·조언하게 할 것

3. 유해·위험 요인을 파악하고 그 결과에 따른 개선 조치를 시행할 것

4. 기계·기구, 설비 등과 관련된 위험성 평가에는 해당 기계·기구, 설비 등에 전문 지식을 갖춘 사람을 참여하게 할 것

5. 안전·보건관리자의 선임 의무가 없는 경우에는 제2호에 따른 업무를 수행할 사람을 지정하는 등 그 밖에 위험성 평가를 위한 체제를 구축할 것

② 사업주는 제1항에서 정하고 있는 자에 대해 위험성 평가를 실시하기 위해 필요한 교육을 실시하여야 한다. 이 경우 위험성 평가에 대해 외부에서 교육을 받았거나, 관련 학문을 전공하여 관련 지식이 풍부한 경우에는 필요한 부분만 교육을 실시하거나 교육을 생략할 수 있다.

③ 사업주가 위험성 평가를 실시하는 경우에는 산업 안전·보건 전문가 또는 전문 기관의 컨설팅을 받을 수 있다.

④ 사업주가 다음 각 호의 어느 하나에 해당하는 제도를 이행한 경우에는 그 부분에 대하여 이 고시에 따른 위험성 평가를 실시한 것으로 본다.

1. 위험성 평가 방법을 적용한 안전·보건 진단(법 제47조)

2. 공정안전보고서(법 제44조). 다만, 공정안전보고서의 내용 중 공정 위험성 평가서가 최대 4년 범위 이내에서 정기적으로 작성된 경우에 한한다.

3. 근골격계 부담 작업 유해 요인 조사(안전보건규칙 제657조부터 제662조까지)

4. 그 밖에 법과 이 법에 따른 명령에서 정하는 위험성 평가 관련 제도

⑤ 사업주는 사업장의 규모와 특성 등을 고려하여 다음 각 호의 위험성 평가 방법 중 한 가지 이상을 선정하여 위험성 평가를 실시할 수 있다.

1. 위험 가능성과 중대성을 조합한 빈도·강도법

2. 체크리스트(Checklist)법

3. 위험성 수준 3단계(저·중·고) 판단법

4. 핵심 요인 기술(One Point Sheet)법

5. 그 외 규칙 제50조 제1항 제2호 각 목의 방법

제8조(위험성 평가의 절차)

사업주는 위험성 평가를 다음의 절차에 따라 실시하여야 한다. 다만, 상시근로자 5인 미만 사업장(건설 공사의 경우 1억 원 미만)의 경우 제1호의 절차를 생략할 수 있다.

   1. 사전 준비

   2. 유해·위험 요인 파악

   3. 삭제

   4. 위험성 결정

   5. 위험성 감소 대책 수립 및 실행

   6. 위험성 평가 실시 내용 및 결과에 관한 기록 및 보존

제9조(사전 준비)

① 사업주는 위험성 평가를 효과적으로 실시하기 위하여 최초 위험성 평가 시 다음 각 호의 사항이 포함된 위험성 평가 실시 규정을 작성하고, 지속적으로 관리하여야 한다.

   1. 평가의 목적 및 방법

   2. 평가 담당자 및 책임자의 역할

   3. 평가 시기 및 절차

   4. 근로자에 대한 참여·공유 방법 및 유의 사항

   5. 결과의 기록·보존

② 사업주는 위험성 평가를 실시하기 전에 다음 각 호의 사항을 확정하여야한다.

   1. 위험성의 수준과 그 수준을 판단하는 기준

   2. 허용 가능한 위험성의 수준(이 경우 법에서 정한 기준 이상으로 위험성의 수준을 정하여야 한다.)

③ 사업주는 다음 각 호의 사업장 안전보건정보를 사전에 조사하여 위험성 평가에 활용할 수 있다.

   1. 작업 표준, 작업 절차 등에 관한 정보

   2. 기계·기구, 설비 등의 사양서, 물질안전보건자료(MSDS) 등의 유해·위험 요인에 관한 정보

   3. 기계·기구, 설비 등의 공정 흐름과 작업 주변의 환경에 관한 정보

4. 법 제63조에 따른 작업을 하는 경우로서 같은 장소에서 사업의 일부 또는 전부를 도급을 주어 행하는 작업이 있는 경우 혼재 작업의 위험성 및 작업 상황 등에 관한 정보

5. 재해 사례, 재해 통계 등에 관한 정보

6. 작업 환경 측정 결과, 근로자 건강 진단 결과에 관한 정보

7. 그 밖에 위험성 평가에 참고가 되는 자료 등

제10조(유해·위험 요인 파악)

사업주는 사업장 내의 제5조의2에 따른 유해·위험 요인을 파악하여야 한다. 이때 업종, 규모 등 사업장 실정에 따라 다음 각 호의 방법 중 어느 하나 이상의 방법을 사용하되, 특별한 사정이 없으면 제1호에 의한 방법을 포함하여야 한다.

1. 사업장 순회 점검에 의한 방법

2. 근로자들의 상시적 제안에 의한 방법

3. 설문 조사·인터뷰 등 청취 조사에 의한 방법

4. 물질안전보건자료, 작업환경측정결과, 특수건강진단결과 등 안전보건자료에 의한 방법

5. 안전보건 체크리스트에 의한 방법

6. 그 밖에 사업장의 특성에 적합한 방법

제11조(위험성 결정)

① 사업주는 제10조에 따라 파악된 유해·위험 요인이 근로자에게 노출되었을 때의 위험성을 제9조 제2항 제1호에 따른 기준에 의해 판단하여야 한다.

② 사업주는 제1항에 따라 판단한 위험성의 수준이 제9조 제2항 제2호에 의한 허용 가능한 위험성의 수준인지 결정하여야 한다.

제12조(위험성 감소 대책 수립 및 실행)

① 사업주는 제11조 제2항에 따라 허용 가능한 위험성이 아니라고 판단한 경우에는 위험성의 수준, 영향을 받는 근로자 수 및 다음 각 호의 순서를 고려하여 위험성 감소를 위한 대책을 수립하여 실행하여야 한다. 이 경우 법령에서 정하는 사항과 그 밖에 근로자

의 위험 또는 건강 장해를 방지하기 위하여 필요한 조치를 반영하여야 한다.

　1. 위험한 작업의 폐지·변경, 유해·위험 물질 대체 등의 조치 또는 설계나 계획 단계에서 위험성을 제거 또는 저감하는 조치

　2. 연동 장치, 환기 장치 설치 등의 공학적 대책

　3. 사업장 작업 절차서 정비 등의 관리적 대책

　4. 개인용 보호구의 사용

② 사업주는 위험성 감소 대책을 실행한 후 해당 공정 또는 작업의 위험성의 수준이 전에 자체 설정한 허용 가능한 위험성의 수준인지를 확인하여야한다.

③ 제2항에 따른 확인 결과, 위험성이 자체 설정한 허용 가능한 위험성 수준으로 내려오지 않는 경우에는 허용 가능한 위험성 수준이 될 때까지 추가의 감소 대책을 수립·실행하여야 한다.

④ 사업주는 중대재해, 중대산업사고 또는 심각한 질병이 발생할 우려가 있는 위험성으로서 제1항에 따라 수립한 위험성 감소 대책의 실행에 많은 시간이 필요한 경우에는 즉시 잠정적인 조치를 강구하여야 한다.

제13조(위험성 평가의 공유)

① 사업주는 위험성 평가를 실시한 결과 중 다음 각 호에 해당하는 사항을 근로자에게 게시, 주지 등의 방법으로 알려야 한다.

　1. 근로자가 종사하는 작업과 관련된 유해·위험 요인

　2. 제1호에 따른 유해·위험 요인의 위험성 결정 결과

　3. 제1호에 따른 유해·위험 요인의 위험성 감소 대책과 그 실행 계획 및 실행 여부

　4. 제3호에 따른 위험성 감소 대책에 따라 근로자가 준수하거나 주의하여야 할 사항

② 사업주는 위험성 평가 결과 법 제2조 제2호의 중대재해로 이어질 수 있는 유해 위험 요인에 대해서는 작업 전 안전 점검 회의(TBM: Tool Box Meeting) 등을 통해 근로자에게 상시적으로 주지시키도록 노력하여야 한다

제14조(기록 및 보존)

① 규칙 제37조 제1항 제4호에 따른 "그 밖에 위험성 평가의 실시내용을 확인하기 위하여 필요한 사항으로서 고용노동부장관이 정하여 고시하는 사항"이란 다음 각 호에 관한 사항을 말한다.

1. 위험성 평가를 위해 사전 조사한 안전 보건 정보

2. 그 밖에 사업장에서 필요하다고 정한 사항 ② 시행규칙 제37조 제2항의 기록의 최소 보존 기한은 제15조에 따른 실시 시기별 위험성 평가를 완료한 날부터 기산한다.

제15조(위험성 평가의 실시 시기)

① 사업주는 사업이 성립된 날(사업개시일을 말하며, 건설업의 경우 실착공일을 말한다.)로부터 1개월이 되는 날까지 제5조의 2 제1항에 따라 위험성 평가의 대상이 되는 유해·위험 요인에 대한 최초 위험성 평가의 실시에 착수하여야 한다. 다만, 1개월 미만의 기간 동안 이루어지는 작업 또는 공사의 경우에는 특별한 사정이 없는 한 작업 또는 공사 개시 후 지체 없이 최초 위험성 평가를 실시하여야 한다.

② 사업주는 다음 각 호의 어느 하나에 해당하여 추가적인 유해·위험 요인이 생기는 경우에는 해당 유해·위험 요인에 대한 수시 위험성 평가를 실시하여야 한다.

다만, 제5호에 해당하는 경우에는 재해 발생 작업을 대상으로 작업을 재개하기 전에 실시하여야 한다.

1. 사업장 건설물의 설치·이전·변경 또는 해체

2. 기계·기구, 설비, 원재료 등의 신규 도입 또는 변경

3. 건설물, 기계·기구, 설비 등의 정비 또는 보수(주기적·반복적 작업으로서 이미 위험성 평가를 실시한 경우에는 제외)

4. 작업 방법 또는 작업 절차의 신규 도입 또는 변경

5. 중대산업사고 또는 산업재해(휴업 이상의 요양을 요하는 경우에 한정한다.) 발생

6. 그 밖에 사업주가 필요하다고 판단한 경우

③ 사업주는 다음 각 호의 사항을 고려하여 제1항에 따라 실시한 위험성 평가의 결과에 대한 적정성을 1년마다 정기적으로 재검토(이때, 해당 기간 내 제2항에 따라 실시한 위

험성 평가의 결과가 있는 경우 함께 적정성을 재검토하여야 한다.)하여야 한다. 재검토 결과 허용 가능한 위험성 수준이 아니라고 검토된 유해·위험 요인에 대해서는 제12조에 따라 위험성 감소 대책을 수립하여 실행하여야 한다.

1. 기계·기구, 설비 등의 기간 경과에 의한 성능 저하
2. 근로자의 교체 등에 수반하는 안전·보건과 관련되는 지식 또는 경험의 변화
3. 안전·보건과 관련되는 새로운 지식의 습득
4. 현재 수립되어 있는 위험성 감소 대책의 유효성 등

④ 사업주가 사업장의 상시적인 위험성 평가를 위해 다음 각 호의 사항을 이행하는 경우 제2항과 제3항의 수시 평가와 정기 평가를 실시한 것으로 본다.

1. 매월 1회 이상 근로자 제안 제도 활용, 아차 사고 확인, 작업과 관련된 근로자를 포함한 사업장 순회 점검 등을 통해 사업장 내 유해·위험 요인을 발굴하여 제11조의 위험성 결정 및 제12조의 위험성 감소 대책 수립·실행을 할 것
2. 매주 안전보건관리책임자, 안전관리자, 보건관리자, 관리감독자 등(도급 사업주의 경우 수급 사업장의 안전·보건 관련 관리자 등을 포함한다.)을 중심으로 제1호의 결과 등을 논의·공유하고 이행 상황을 점검할 것
3. 매 작업일마다 제1호와 제2호의 실시결과에 따라 근로자가 준수하여야 할 사항 및 주의하여야 할 사항을 작업 전 안전 점검 회의 등을 통해 공유·주지할 것

제3장 위험성 평가 인정

제16조(인정의 신청)

① 장관은 소규모 사업장의 위험성 평가를 활성화하기 위하여 위험성 평가 활동이 일정 수준 이상인 사업장에 대해 인정하는 사업을 운영할 수 있다. 이 경우 인정을 신청할 수 있는 사업장은 다음 각 호와 같다.

1. 상시 근로자 수 100명 미만 사업장(건설공사를 제외한다.). 이 경우 법 제63조에 따른 작업의 일부 또는 전부를 도급에 의하여 행하는 사업의 경우는 도급 사업주의 사업장(이하 "도급 사업장"이라 한다.)과 수급 사업주의 사업장(이하 "수급 사업장"이라 한다.) 각각의 근로자 수를 이 규정에 의한 상시 근로자 수로 본다.

2. 총 공사 금액 120억 원(토목 공사는 150억 원) 미만의 건설 공사

② 제2장에 따른 위험성 평가를 실시한 사업장으로서 해당 사업장을 제1항의 인정을 받고
  자 하는 사업주는 별지 제1호 서식의 위험성 평가 인정신청서를 해당 사업장을 관할하
  는 공단 광역본부장·지역본부장·지사장에게 제출하여야 한다.

③ 제2항에 따른 인정 신청은 위험성 평가 인정을 받고자 하는 단위 사업장(또는 건설공
  사)으로 한다. 다만, 다음 각 호의 어느 하나에 해당하는 사업장은 인정 신청을 할 수
  없다.
  1. 제22조에 따라 인정이 취소된 날부터 1년이 경과하지 아니한 사업장
  2. 최근 1년 이내에 제22조 제1항 제2호부터 제4호까지의 규정 중 어느 하나에 해
     당하는 사유가 있는 사업장

④ 법 제63조에 따른 작업의 일부 또는 전부를 도급에 의하여 행하는 사업장의 경우에는
  도급 사업장의 사업주가 수급 사업장을 일괄하여 인정을 신청하여야 한다. 이 경우 인
  정 신청에 포함하는 해당 수급 사업장 명단을 신청서에 기재(건설 공사를 제외한다.)하
  여야 한다.

⑤ 제4항에도 불구하고 수급사업장이 제19조에 따른 인정을 별도로 받았거나, 법 제17조
  에 따른 안전관리자 또는 같은 법 제18조에 따른 보건관리자 선임 대상인 경우에는 제
  4항에 따른 인정 신청에서 해당 수급 사업장을 제외할 수 있다.

제17조(인정 심사)
① 공단은 위험성 평가 인정신청서를 제출한 사업장에 대해 다음 각 호에서 정하는 항목
  에 대해 별표의 기준에 따라 인정 여부를 심사(이하 "인정 심사"라 한다.)하여야 한다.
  1. 사업주의 관심도
  2. 위험성 평가 실행 수준
  3. 구성원의 참여 및 이해 수준
  4. 재해 발생 수준

② 공단 광역본부장·지역본부장·지사장은 소속 직원으로 하여금 사업장을 방문하여 제1항의 인정 심사(이하 "현장 심사"라 한다.)를 하도록 하여야 한다. 이 경우 현장 심사는 현장 심사 전일을 기준으로 최초 인정은 최근 1년, 최초 인정 후 다시 인정(이하 "재인정"이라 한다.)하는 것은 최근 3년 이내에 실시한 위험성 평가를 대상으로 한다.

③ 제2항에 따른 현장심사 결과는 제18조에 따른 인정심사위원회에 보고하여야 하며, 인정심사위원회는 현장심사 결과 등으로 인정 심사를 하여야 한다.

④ 제16조 제4항에 따른 도급 사업장의 인정 심사는 도급 사업장과 인정을 신청한 수급 사업장(건설공사의 수급 사업장은 제외한다.)에 대하여 각각 실시하여야 한다. 이 경우 도급 사업장의 인정 심사는 사업장 내의 모든 수급 사업장을 포함한 사업장 전체를 종합적으로 실시하여야 한다.

⑤ 인정 심사의 운영에 필요한 세부사항은 고용노동부장관의 승인을 거쳐 공단 이사장이 정한다.

제18조(인정심사위원회의 구성·운영)

① 공단은 위험성 평가 인정과 관련한 다음 각 호의 사항을 심의·의결하기 위하여 각 광역본부·지역본부·지사에 위험성 평가 인정심사위원회를 두어야 한다.
  1. 인정 여부의 결정
  2. 인정 취소 여부의 결정
  3. 인정과 관련한 이의 신청에 대한 심사 및 결정
  4. 심사 항목 및 심사 기준의 개정 건의
  5. 그 밖에 인정 업무와 관련하여 위원장이 회의에 부치는 사항

② 인정심사위원회는 공단 광역본부장·지역본부장·지사장을 위원장으로 하고, 관할 지방고용노동관서 산재예방지도과장(산재예방지도과가 설치되지 않은 관서는 근로개선지도과장)을 당연직 위원으로 하여 5명 이상 10명 이하의 내·외부 위원으로 구성하여야 한다. 이때 외부 위원의 수는 위원장을 제외한 위원 수의 2 분의 1 이상으로 한다.

③ 외부 위원은 다음 각 호에 해당하는 사람 중에서 위원장이 위촉한다.

   1. 노동계·경영계를 대표하는 단체의 산업안전보건 업무 관련자

   2. 법에 따른 산업안전지도사 또는 산업보건지도사

   3. 「국가기술자격법」에 따른 안전·보건 분야의 기술사

   4. 「국가기술자격법」에 따른 안전·보건 분야의 기사 자격 또는 「의료법」 제78조에 따른 산업전문간호사 면허를 취득하고 안전·보건 분야 경력이 10년 이상인 사람

   5. 전문대학 이상의 학교에서 안전·보건 분야 관련 학과 조교수 이상인 사람

   6. 안전·보건 분야 박사학위 소지자로 안전·보건 분야 실무경력이 5년 이상인 사람

   7. 「의료법」 제77조에 따른 직업환경의학과 전문의

   8. 그 밖에 위원장이 자격이 있다고 인정하는 사람

④ 그 밖에 인정심사위원회의 운영에 관하여 필요한 사항은 고용노동부장관의 승인을 거쳐 공단 이사장이 정한다.

제19조(위험성 평가의 인정)

① 공단은 인정 신청 사업장에 대한 현장 심사를 완료한 날부터 1개월 이내에 인정심사위원회의 심의·의결을 거쳐 인정 여부를 결정하여야 한다.
이 경우 다음의 기준을 충족하는 경우에만 인정을 결정하여야 한다.

   1. 제2장에서 정한 방법, 절차 등에 따라 위험성 평가를 수행한 사업장

   2. 현장 심사 결과 제17조 제1항 각 호의 평가 점수가 100점 만점에 70점을 미달하는 항목이 없고 종합 점수가 100점 만점에 90점 이상인 사업장

② 인정심사위원회는 제1항의 인정 기준을 충족하는 사업장의 경우에도 인정심사위원회를 개최하는 날을 기준으로 최근 1년 이내에 제22조 제1항 각 호에 해당하는 사유가 있는 사업장에 대하여는 인정하지 아니한다.

③ 공단은 제1항에 따라 인정을 결정한 사업장에 대해서는 별지 제2호 서식의 인정서를 발급하여야 한다. 이 경우 제17조 제4항에 따른 인정 심사를 한 경우에는 인정심사 기준을 만족하는 도급 사업장과 수급 사업장에 대해 각각 인정서를 발급하여야 한다.

④ 위험성 평가 인정 사업장의 유효 기간은 제1항에 따른 인정이 결정된 날부터 3년으로 한다. 다만, 제22조에 따라 인정이 취소된 경우에는 인정 취소 사유 발생일 전날까지로 한다.

⑤ 위험성 평가 인정을 받은 사업장 중 사업이 법인격을 갖추어 사업장관리번호가 변경되었으나 다음 각 호의 사항을 증명하는 서류를 공단에 제출하여 동일 사업장임을 인정받을 경우 변경 후 사업장을 위험성 평가 인정 사업장으로 한다. 이 경우 인정 기간의 만료일은 변경 전 사업장의 인정 기간 만료일로 한다.

1. 변경 전후 사업장의 소재지가 동일할 것
2. 변경 전 사업의 사업주가 변경 후 사업의 대표이사가 되었을 것
3. 변경 전 사업과 변경 후 사업 간 시설·인력·자금 등에 대한 권리·의무의 전부를 포괄적으로 양도·양수하였을 것

제20조(재인정)

① 사업주는 제19조 제4항 본문에 따른 인정 유효 기간이 만료되어 재인정을 받으려는 경우에는 제16조 제2항에 따른 인정신청서를 제출하여야 한다. 이 경우 인정신청서 제출은 유효기간 만료일 3개월 전부터 할 수 있다.

② 제1항에 따른 재인정을 신청한 사업장에 대한 심사 등은 제16조부터 제19조까지의 규정에 따라 처리한다.

③ 재인정 사업장의 인정 유효 기간은 제19조 제4항에 따른다. 이 경우, 재인정 사업장의 인정 유효 기간은 이전 위험성 평가 인정 유효 기간의 만료일 다음 날부터 새로 계산한다.

제21조(인정사업장 사후 점검)

① 공단은 제19조 제3항 및 제20조에 따라 인정을 받은 사업장이 위험성 평가를 효과적으로 유지하고 있는지 확인하기 위하여 인정 기간 중 1회 이상 사후 점검을 할 수 있다. 다만, 사후 점검일 기준 잔여 공사 기간이 3개월 미만인 건설 공사는 제외할 수 있다.

② 사후 점검은 직전 현장 심사를 받은 이후에 사업장에서 실시한 위험성 평가에 대해 현장 점검을 하는 것으로 하며, 해당 사업장이 제19조에 따른 인정 기준을 유지하는지

여부 및 수립한 위험성 감소 대책을 충실히 이행하고 있는지 여부를 확인한다.

제22조(인정의 취소)

① 위험성 평가 인정 사업장에서 인정 유효 기간 중에 다음 각 호의 어느 하나에 해당하는 사업장은 인정을 취소하여야 한다.

1. 거짓 또는 부정한 방법으로 인정을 받은 사업장

2. 인정 기간 중 다음 각 목의 어느 하나에 해당하는 중대재해가 발생한 사업장. 다만, 법 제5조에 따른 사업주의 의무와 직접적으로 관련이 없는 재해로서 「고용보험 및 산업재해보상보험의 보험료징수 등에 관한 법률 시행령」 제18조의 5 제1항에서 정하는 사유는 제외한다.

   가. 사망자가 1명 이상 발행한 재해

   나. 3개월 이상 요양이 필요한 부상자가 동시에 2명 이상 발생한 재해

   다. 부상자 또는 직업성 질병자가 동시에 10명 이상 발생한 재해

3. 근로자의 부상(3일 이상의 휴업)을 동반한 중대산업사고 발생 사업장

4. 법 제10조에 따른 산업재해 발생 건수, 재해율 또는 그 순위 등이 공표된 사업장(영 제10조 제1항 제1호 및 제5호에 한정한다.)

5. 제21조에 따른 사후 점검을 거부하거나 점검 결과 다음 각 목의 어느 하나의 사유가 확인된 사업장

   가. 제19조에 따른 인정 기준을 충족하지 못한 경우

   나. 현장 심사 또는 사후 점검에서 개선하도록 지적된 사항을 이행하지 않아 조치 기간을 부여하였음에도 이행하지 않은 것이 확인된 경우

6. 사업주가 자진하여 인정 취소를 요청한 사업장

7. 그 밖에 인정 취소가 필요하다고 공단 광역본부장·지역본부장 또는 지사장이 인정한 사업장

② 공단은 제1항에 해당하는 사업장에 대해서는 인정심사위원회에 상정하여 인정 취소 여부를 결정하여야 한다. 이 경우 해당 사업장에는 소명의 기회를 부여하여야 한다.

③ 제2항에 따라 인정심사위원회가 인정취소를 결정한 경우 인정취소일은 제1항에 따른 인정취소 사유가 발생한 날로 한다.

제23조(위험성 평가 지원 사업)

① 장관은 사업장의 위험성 평가를 지원하기 위하여 공단 이사장으로 하여금 다음 각 호의 위험성 평가 사업을 추진하게 할 수 있다.

1. 추진 기법 및 모델, 기술 자료 등의 개발·보급

2. 우수 사업장 발굴 및 홍보

3. 사업장 관계자에 대한 교육

4. 사업장 컨설팅

5. 전문가 양성

6. 지원 시스템 구축·운영

7. 인정 사업의 운영

8. 그 밖에 위험성 평가 추진에 관한 사항

② 공단 이사장은 제1항에 따른 사업을 추진하는 경우 고용노동부와 협의하여 추진하고 추진 결과 및 성과를 분석하여 매년 1회 이상 장관에게 보고하여야 한다.

제24조(위험성 평가 교육 지원)

① 공단은 제23조 제1항에 따라 사업장의 위험성 평가를 지원하기 위하여 다음 각 호의 교육 과정을 개설하여 운영할 수 있다.

1. 사업주 교육

2. 평가 담당자 교육

3. 실무 역량 지원 교육

② 공단은 제1항에 따른 교육 과정을 광역본부·지역본부·지사 또는 산업 안전 보건 교육원(이하 "교육원"이라 한다.)에 개설하여 운영하여야 한다.

③ 제1항 제2호 및 제3호에 따른 교육을 수료한 근로자에 대해서는 해당 시기에 사업주가 실시해야 하는 관리감독자 교육을 수료한 시간만큼 실시한 것으로 본다.

제25조(위험성 평가 컨설팅 지원)

① 공단은 근로자 수 50명 미만 소규모 사업장(건설업의 경우 전년도에 공시한 시공 능력 평가액 순위가 200위 초과인 종합건설업체 본사 또는 총 공사 금액 120억 원(토목 공

사는 150억 원) 미만인 건설 공사를 말한다.)의 사업주로부터 제5조 제3항에 따른 컨설팅 지원을 요청받은 경우에 위험성 평가 실시에 대한 컨설팅 지원을 할 수 있다.

② 제1항에 따른 공단의 컨설팅 지원을 받으려는 사업주는 사업장 관할의 공단 광역본부장·지역본부장·지사장에게 지원 신청을 하여야 한다.

③ 제2항에도 불구하고 공단 광역본부장·지역본부·지사장은 재해 예방을 위하여 필요하다고 판단되는 사업장을 직접 선정하여 컨설팅을 지원할 수 있다.

제26조(지원 신청 등)

① 제24조에 따른 교육 지원 신청은 별지 제3호 서식에 따르며 제25조에 따른 컨설팅 지원 신청은 별지 제4호 서식에 따른다. 다만, 제24조 제1항 제3호에 따른 교육의 신청 및 비용 등은 교육원이 정하는 바에 따른다.

② 제24조 제1항에 따라 사업주 교육 및 평가 담당자 교육을 실시하는 기관의 장은 교육 이수자에 대하여 별지 제5호 서식 또는 별지 제6호 서식에 따른 교육 확인서를 발급하여야 한다.

③ 공단은 예산이 허용하는 범위에서 사업장이 제24조에 따른 교육 지원과 제25조에 따른 컨설팅 지원을 민간 기관에 위탁하고 그 비용을 지급할 수 있으며, 이에 필요한 지원 대상, 비용 지급 방법 및 기관 관리 등 세부적인 사항은 공단 이사장이 정할 수 있다.

④ 공단은 사업주가 위험성 평가 감소 대책의 실행을 위하여 해당 시설 및 기기 등에 대하여 「산업재해예방시설자금 융자금 지원 사업 및 보조금 지급사업 업무처리규칙」에 따라 보조금 또는 융자금을 신청한 경우에는 우선하여 지원할 수 있다.

⑤ 공단은 제19조에 따른 위험성 평가 인정 또는 제20조에 따른 재인정, 제22조에 따른 인정 취소를 결정한 경우에는 결정일부터 3일 이내에 인정일 또는 재인정일, 인정 취소일 및 사업장명, 소재지, 업종, 근로자 수, 인정 유효기간 등의 현황을 지방고용노동관서 산재예방지도과(산재예방지도과가 설치되지 않은 관서는 근로개선지도과)로 보고하

여야 한다.

다만, 위험성 평가 지원시스템 또는 그 밖의 방법으로 지방고용노동관서에서 인정 사업장 현황을 실시간으로 파악할 수 있는 경우에는 그러하지 아니한다.

제27조(인정사업장 등에 대한 혜택)

① 장관은 위험성 평가 인정 사업장에 대하여는 제19조 및 제20조에 따른 인정 유효기간 동안 사업장 안전보건 감독을 유예할 수 있다.

② 제1항에 따라 유예하는 안전보건 감독은 「근로감독관 집무 규정(산업안전보건)」 제10조 제1항에 따른 사업장 안전보건감독 종합계획에서 정한 감독·점검 중 장관이 별도로 지정한 감독·점검으로 한정한다.

③ 장관은 위험성 평가를 실시하였거나, 위험성 평가를 실시하고 인정을 받은 사업장에 대해서는 정부 포상 또는 표창의 우선 추천 및 그 밖의 혜택을 부여할 수 있다.

제28조(재검토기한)

고용노동부장관은 이 고시에 대하여 2025년 1월 1일 기준으로 매 3년이 되는 시점 (매 3년째의 12월 31일까지를 말한다.)마다 그 타당성을 검토하여 개선 등의 조치를 하여야 한다.

부 칙

이 고시는 발령한 날부터 시행한다.

3. 산업안전보건법 요지 및 관련 법령/기준 검색

No.	산업안전보건법	주 요 내 용	벌 칙
1	제15조 [안전보건관리책임자] 제16조 [관리감독자] 제17조 [안전관리자] 제18조 [보건관리자] 제19조 [안전보건관리담당자]	• 공사금액 20억원이상 현장은 현장소장 등을 안전보건관리책임자로 지정하고 안전보건 업무 총괄 • 반장, 조장, 부서장 등 관리감독자로 지정하고 안전점검 등 안전보건업무 수행 • 안전보건에 관해 사업주 보좌 및 관리감독자에게 지도·조언	500만원 이하 과태료
2	제24조 [산업안전보건위원회] 제25조 [안전보건관리규정]	• 공사금액 120억원 이상 현장 근로자(근로자대표 등 9명 이내)와 사용자 위원(사용자 대표, 안전관리자 등 9명 이내) 동수 구성, 분기 1회이상 정기회의 개최 • 상시 근로자 100명이상 사용시 안전보건관리규정 작성	500만원 이하 과태료
3	제29조 [근로자안전보건교육] 제31조 [건설업기초안전보건 교육] 제32조 [관리책임자등에 대한 교육]	• 정기교육실시: 비사무직(분기6시간), 사무직(분기3시간), 관리감독자(연간16시간) • 채용시교육 : 일용직(1시간이상), 일용직외 근로자(6시간이상) • 특별안전보건교육실시: 건설업(2시간이상), 건설외(16시간 이상) • 관리감독자교육: 전업종 작업반장 등을 관리감독자로 지정, 연간 16시간교육 ※ 교육일지작성(참석자 명단 날인포함) • 기초안전보건교육: 건설일용근로자(4시간이상) • 안전보건관리책임자 등 직무교육실시:안전보건관리책임자, 안전관리자 등 신규 및 보수교육 실시	500만원 이하 과태료
4	제34조 [법령요지의 게시]	• 본 법령요지를 게시하여 근로자로 하여금 알게하여야함	500만원 이하 과태료
5	제36조 [위험성평가]	• 건설물, 기계·기구·설비, 원재료, 가스, 증기, 분진, 근로자의 작업행동 또는 그 밖의 업무로 인한 유해·위험요인을 찾아 평가하고, 그 결과에 따라 이 법과 이법에 따른 명령에 따른 조치를 하여야 하며 근로자에 대한 위험 또는 건강장해를 방지하기 위하여 필요한 경우에는 추가적인 조치하여야 함.	500만원 이하 과태료
6	제37조 [안전보건표지의 부착 등]	• 안전보건표지를 부착(산업안전보건법 시행규칙 별표6 참조)	500만원 이하 과태료
7	제38조 [안전조치]	• 위험기계·기구 설비 위험방지: 리프트, 크레인, 둥근톱, 프레스 등 방호장치 • 전기, 열, 기타 에너지로 인한 위험방지: 접지, 누전차단기 설치 등 • 추락, 낙하, 비래, 붕괴 등 위험방지: 작업발판, 안전난간 설치, 안전모 안전벨트 착용 등 • 굴착, 하역, 벌목, 조작, 운반, 해체, 중량물 취급등 위험방지 조치 : 작업계획서 작성(중량물 취급, 트럭/지게차 등 차량계 하역운반 기계) 등	5년 이하의 징역 또는 5천만원 이하 벌금 근로자 사망에 이르게 한 자는 7년 이하의 징역 또는 1억원 이하의 벌금
8	제39조 [보건조치]	• 분진, 밀폐공간작업, 사무실 오염, 소음·진동 이상기압, 온·습도 방사선, 근골격계부담작업, 화학물질 등에 의한 건강 장해예방 조치 - 국소배기 설치가동, 밀폐공간 프로그램, 호흡기보호 프로그램, 휴게시설, 방독마스크, 귀마개 등 보호구 지급 및 착용등 조치	
9	제42조 [유해위험방지계획서 작성제출등]	• 지상높이 31미터이상인 건축물, 깊이 10미터이상인 굴착공사 등 현장은 착공전에 안전보건공단에 유해위험방지계획서 제출	1천만원 이하 과태료

No.	산업안전보건법	주 요 내 용	벌 칙
10	제57조[산업재해발생 은폐금지 및 보고 등]	• 산업재해발생 보고(재발방지계획서등 작성 3년 보관) 　- 근로자 사망시 : 관할노동지청 산재예방과에 지체없이 전화 및 팩스 보고 　- 부상 · 질병시 : 휴업재해 3일이상 업무상 부상발생시(업무상 질병 승인후) 관할 고 　　용노동지청 산재예방지도과에 재해발생(승인)일로부터 1개월이내에 산업재해조사표 　　보고	(은폐) 1천만원이하 벌금 (중대재해) 3천만원이하 과태료 (산업재해) 1천500만원이하 과태료
11	제64조 [도급에 따른 안전보건조치]	• 안전보건에 관한 협의체 구성 및 운영, 작업장 순회점검, 관계 수급인이 근로자에게 하 는 안전보건교육을 위한 장소 및 자료 제공, 교육실시 확인, 경보체계운영과 대피방법 훈련 • 위생시설이용의 협조.	500만원이하 과태료
12	제72조 [산업안전보건관리비]	• 공사금액 4천만원 이상 현장, 발주자 또는 자체 사업자는 산업안전보건관리비를 도급 금액 또는 사업비에 계상 및 지급, 도급업체는 안전보건을 위해서만 사용하고 그 사용 내역 작성	1천만원이하 과태료
13	제73조 [재해예방지도]	• 공사금액 1억원이상 120억원미만 건설현장(토목공사는 150억 미만) 매월 안전보건관 리비 사용 및 재해예방 지도	300만원이하 과태료
14	제80조 [유해 · 위험 기계 · 기구 등의 방호조치]	• 유해 · 위험기계 등의 방호조치 실시 • 지게차, 크레인, 승강기 리프트 용접기, 연삭기, 목재가공 둥근톱, 가스집합용접장치, 프 레스 전단기, 압력용기, 보일러, 롤로기, 수동대패, 산업용로봇, 예초기, 원심기, 공기압 축기, 랩핑기, 금속절단기 등 방호장치를 하지 않고 사용하면 안됨	1년이하징역 또는 1천만원 이하 벌금
15	제84조 [안전인증]	• 유해위험기계 등의 안전인증 　- 크레인, 리프트, 곤도라, 고소작업대, 기계톱(이동식만 해당), 프레스, 전단기, 압력용 　　기, 롤러기, 사출성형기 등은 안전인증을 받은 제품만을 사용 판매하여야 함 　　(사용 사업주는 근로자들이 안전인증을 받은 제품만을 사용토록 해야함)	3년이하징역 또는 3천만원 이하 벌금
16	제93조 [안전검사]	• 유해 · 위험기계기구 등의 주기적 안전검사 실시 　- 크레인(2톤이상), 리프트, 곤돌라, 압력용기, 프레스, 국소배기장치(49종 50%초과), 　　원심기(산업용), 화학설비 및 그 부속설비, 건조설비 및 그 부속설비, 롤러기, 사출성 　　형기, 고소작업대, 컨베이어, 산업로봇은 주기적 안전검사 실시	1천만원이하 과태료
17	제111조 [물질안전보 건자료의 제공]	• 화학물질을 함유한 제제를 제조 · 수입 · 운반 · 저장할 경우 물질안전보건자료(MSDS) 를 게시 또는 비치 • 화학물질 등을 함유한 용기/포장 등에 경고표지 부착 및 근로자 교육 실시	500만원이하 과태료
18	제119조 [석면조사] 제121조 [석면해체 · 제거업의 등록 등] 제122조 [석면의 해체 · 제거]	• 건축물이나 설비를 철거하거나 해체하려는 경우 소유주 또는 임차인등은 일반석면조 사를 한 후 그 결과를 기록하여 보존하여야 함(고용노동부 지정 석면 조사기관) • 일정 면적이상의 석면함유 건축물 설비 철거시 석면해체 제거업자를 통해 철거해체해 야 함(고용노동부 지정 석면해체업자)	5년이하징역 또는 5천만원 이하 벌금
19	제125조 [작업환경측정]	• 물리적인자 소음(80AdB 이상), 분진/화학물질 등에 노출되는 근로자가 있는 작업장에 대해 작업환경측정 실시 　- 6개월에 1회 이상	1천만원이하 과태료
20	제129조 [건강진단]	• 일반건강진단 : 사무직은 2년에 1회, 비사무직은 1년에 1회 • 특수건강진단 소음, 분진, 화학물질 등 노출근로자(유해인자별 6개월 ~ 2년 1회)	1천만원이하 과태료
21	제164조 [서류의 보존]	• 산업재해발생기록, 안전보건교육, 안전관리자 · 보건관리자 · 산업보건의 선임에 관한 서류, 석면조사서류, 작업환경측정 · 건강진단 서류등:3~30년간 등 보관	300만원이하 과태료

(산업안전보건공단)

※ 관련 법령/기준 검색

법령/기준/지침	인터넷 주소
건설기술진흥법, 시행령, 시행규칙	국가법령정보센터홈페이지(https://www.law.go.kr) → '건설기술진흥법' 검색란 입력
건설공사 안전관리지침	국토교통부 홈페이지(https://www.molit.go.kr) → 정보마당 → 훈령/지침/고시 → '건설공사 안전관리 지침' 검색란 입력
국가건설기준	국가건설기준센터(https://www.kcsc.re.kr)
시설물의 안전관리에 관한 특별법, 시행령, 시행규칙	국가법령정보센터홈페이지(https://www.law.go.kr) → '시설물의 안전관리에 관한 특별법' 검색란 입력
엔지니어링산업 진흥법, 시행령, 시행규칙	국가법령정보센터홈페이지(https://www.law.go.kr) → '엔지니어링산업 진흥법 검색란 입력
산업안전보건법, 시행령, 시행규칙	국가법령정보센터홈페이지(https://www.law.go.kr) → '산업안전보건법' 검색란 입력
산업안전보건기준에 관한 규칙	국가법령정보센터홈페이지(https://www.law.go.kr) → '산업안전보건기준에관한규칙' 검색란 입력
기술상의 지침 및 작업환경 표준	안전보건공단 홈페이지(https://www.kosha.or.kr) → 안전보건정보 → 산업안전보건기준/안전보건기술지침 → 참조할 공종별 표준작업지침 항목 선택

중대재해처벌법령	법제처홈페이지(www.moleg.go.kr/) → 정책자료
중대재해처벌법(중대산업재해) 해설서	고용노동부 홈페이지(www.moel.go.kr) → 정책자료 → 분야별정책 → 안심일터 → 332번 게시글
안전보건관리체계 구축을 위한 가이드북	고용노동부 홈페이지(www.moel.go.kr) → 정책자료 → 정책자료실 → 3713번 게시글
건설업 중대산업재해 예방을 위한 자율점검표	고용노동부 홈페이지(www.moel.go.kr) → 정책자료 → 분야별정책 → 안심일터 → 336번 게시글
보도·홍보·안내 자료 (시행 안내서, 안내 동영상, 리플릿 등)	고용노동부홈페이지(www.moel.go.kr) → 뉴스·소식 → 보도자료 (안전공단) 홈페이지(www.kosha.or.kr) → 자료마당 → 통합자료실 → 안전보건자료실
주요 사고 유형별 예방 자료	(안전공단) 홈페이지(www.kosha.or.kr) → 자료마당 → 통합자료실 → 안전보건자료실

* 상기 검색 site는 해당 부서 홈페이지 관리 정책에 따라 게시글 위치가 다소 이동될 수 있음

4. 중대재해 처벌 등에 관한 법률

중대재해 처벌 등에 관한 법률	중대재해 처벌 등에 관한 법률 시행령
중대재해 처벌 등에 관한 법률	**중대재해 처벌 등에 관한 법률 시행령**
[법률 제17907호, 2021. 1. 26., 제정] 시행 2022. 1. 27.	[대통령령 제32020호, 2021. 10. 5., 제정]
제1장 총칙	**제1장 총칙**
제1조(목적) 이 법은 사업 또는 사업장, 공중이용시설 및 공중교통 수단을 운영하거나 인체에 해로운 원료나 제조물을 취급하면서 안전·보건 조치의무를 위반하여 인명피해를 발생하게 한 사업 주, 경영책임자, 공무원 및 법인의 처벌 등을 규정함으로써 중대 재해를 예방하고 시민과 종사자의 생명과 신체를 보호함을 목적 으로 한다.	**제1조(목적)** 이 영은 「중대재해 처벌 등에 관한 법률」에서 위임된 사항과 그 시행에 필요한 사항을 규정함을 목적으로 한다.
제2조(정의) 이 법에서 사용하는 용어의 뜻은 다음과 같다. 1. "중대재해" 란 "중대산업재해" 와 "중대시민재해" 를 말한다. 2. "중대산업재해" 란 「산업안전보건법」 제2조제1호에 따른 산업 재해 중 다음 각 목의 어느 하나에 해당하는 결과를 야기한 재해 를 말한다. 가. 사망자가 1명 이상 발생 나. 동일한 사고로 6개월 이상 치료가 필요한 부상자가 2명 이 상 발생 다. 동일한 유해요인으로 급성중독 등 대통령령으로 정하는 직 업성 질병자가 1년 이내에 3명 이상 발생	**제2조(직업성 질병자)** 「중대재해 처벌 등에 관한 법률」 (이하 "법" 이 라 한다) 제2조제2호다목에서 "대통령령으로 정하는 직업성 질 병자" 란 별표 1에서 정하는 직업성 질병에 걸린 사람을 말한다.
	[별표 1] **직업성 질병(제2조 관련)** 1. 염화비닐·유기주석·메틸브로마이드(bromomethane)·일산 화탄소에 노출되어 발생한 중추신경계장해 등의 급성중독 2. 납이나 그 화합물(유기납은 제외한다)에 노출되어 발생한 납 창백 (蒼白), 복부 산통(産痛), 관절통 등의 급성중독 3. 수은이나 그 화합물에 노출되어 발생한 급성중독 4. 크롬이나 그 화합물에 노출되어 발생한 세뇨관 기능 손상, 급성 세 뇨관 괴사, 급성신부전 등의 급성중독 5. 벤젠에 노출되어 발생한 경련, 급성 기질성 뇌증후군, 혼수상태 등 의 급성중독 6. 톨루엔(toluene)·크실렌(xylene)·스티렌(styrene)·시클로 헥산(cyclohexane)·노말헥산(n-hexane)·트리클로로에틸렌 (trichloroethylene) 등 유기화합물에 노출되어 발생한 의식장해, 경련, 급성 기질성 뇌증후군, 부정맥 등의 급성중독

중대재해 처벌 등에 관한 법률	중대재해 처벌 등에 관한 법률 시행령
3. "중대시민재해"란 특정 원료 또는 제조물, 공중이용시설 또는 공중교통수단의 설계, 제조, 설치, 관리상의 결함을 원인으로 하여 발생한 재해로서 다음 각 목의 어느 하나에 해당하는 결과를 야기한 재해를 말한다. 다만, 중대산업재해에 해당하는 재해는 제외한다. 가. 사망자가 1명 이상 발생 나. 동일한 사고로 2개월 이상 치료가 필요한 부상자가 10명 이상 발생 다. 동일한 원인으로 3개월 이상 치료가 필요한 질병자가 10명 이상 발생 4. "공중이용시설"이란 다음 각 목의 시설 중 시설의 규모나 면적 등을 고려하여 대통령령으로 정하는 시설을 말한다. 다만, 「소상공인 보호 및 지원에 관한 법률」 제2조에 따른 소상공인의 사업 또는 사업장 및 이에 준하는 비영리시설과 「교육시설 등의 안전 및 유지관리 등에 관한 법률」 제2조제1호에 따른 교육시설은 제외한다. 가. 「실내공기질 관리법」 제3조제1항의 시설(「다중이용업소의 안전관리에 관한 특별법」 제2조제1항제1호에 따른 영업장은 제외한다) 나. 「시설물의 안전 및 유지관리에 관한 특별법」 제2조제1호의 시설물(공동주택은 제외한다) 다. 「다중이용업소의 안전관리에 관한 특별법」 제2조제1항제1호에 따른 영업장 중 해당 영업에 사용하는 바닥면적(「건축법」 제84조에 따라 산정한 면적을 말한다)의 합계가 1천제곱미터 이상인 것 라. 그 밖에 가목부터 다목까지에 준하는 시설로서 재해 발생 시 생명·신체상의 피해가 발생할 우려가 높은 장소	7. 이산화질소에 노출되어 발생한 메트헤모글로빈혈증(methemoglobinemia), 청색증(靑色症) 등의 급성중독 8. 황화수소에 노출되어 발생한 의식 소실(消失), 무호흡, 폐부종, 후각신경마비 등의 급성중독 9. 시안화수소나 그 화합물에 노출되어 발생한 급성중독 10. 불화수소·불산에 노출되어 발생한 화학적 화상, 청색증, 폐수종, 부정맥 등의 급성중독 11. 인[백린(白燐), 황린(黃燐) 등 금지물질에 해당하는 동소체(同素體)로 한정한다]이나 그 화합물에 노출되어 발생한 급성중독 12. 카드뮴이나 그 화합물에 노출되어 발생한 급성중독 13. 다음 각 목의 화학적 인자에 노출되어 발생한 급성중독 　가. 「산업안전보건법」 제125조제1항에 따른 작업환경측정 대상 유해인자 중 화학적 인자 　나. 「산업안전보건법」 제130조제1항제1호에 따른 특수건강진단 대상 유해인자 중 화학적 인자 14. 디이소시아네이트(diisocyanate), 염소, 염화수소 또는 염산에 노출되어 발생한 반응성 기도과민증후군 15. 트리클로로에틸렌에 노출(해당 물질에 노출되는 업무에 종사하지 않게 된 후 3개월이 지난 경우는 제외한다)되어 발생한 스티븐스존슨 증후군(stevens-johnson syndrome). 다만, 약물, 감염, 후천성면역결핍증, 악성 종양 등 다른 원인으로 발생한 스티븐스존슨 증후군은 제외한다. 16. 트리클로로에틸렌 또는 디메틸포름아미드(dimethylformamide)에 노출(해당 물질에 노출되는 업무에 종사하지 않게 된 후 3개월이 지난 경우는 제외한다)되어 발생한 독성 간염. 다만, 약물, 알코올, 과체중, 당뇨병 등 다른 원인으로 발생하거나 다른 질병이 원인이 되어 발생한 간염은 제외한다. 17. 보건의료 종사자에게 발생한 B형 간염, C형 간염, 매독 또는 후천성면역결핍증의 혈액전파성 질병 18. 근로자에게 건강장해를 일으킬 수 있는 습한 상태에서 하는 작업으로 발생한 렙토스피라증(leptospirosis) 19. 동물이나 그 사체, 짐승의 털·가죽, 그 밖의 동물성 물체를 취급하여 발생한 탄저, 단독(erysipelas) 또는 브루셀라증(brucellosis) 20. 오염된 냉각수로 발생한 레지오넬라증(legionellosis) 21. 고기압 또는 저기압에 노출되거나 중추신경계 산소 독성으로 발생한 건강장해, 감압병(잠수병) 또는 공기색전증(기포가 동맥이나 정맥을 따라 순환하다가 혈관을 막는 것) 22. 공기 중 산소농도가 부족한 장소에서 발생한 산소결핍증 23. 전리방사선(물질을 통과할 때 이온화를 일으키는 방사선)에 노출되어 발생한 급성 방사선증 또는 무형성 빈혈 24. 고열작업 또는 폭염에 노출되는 장소에서 하는 작업으로 발생한 심부체온상승을 동반하는 열사병

중대재해 처벌 등에 관한 법률	중대재해 처벌 등에 관한 법률 시행령
	제3조(공중이용시설) 법 제2조제4호 각 목 외의 부분 본문에서 "대통령령으로 정하는 시설" 이란 다음 각 호의 시설을 말한다.

1. 법 제2조제4호가목의 시설 중 별표 2에서 정하는 시설

[별표 2]

**법 제2조제4호가목의 시설 중
공중이용시설(제3조제1호 관련)**

1. 모든 지하역사(출입통로·대합실·승강장 및 환승통로와 이에 딸린 시설을 포함한다)

2. 연면적 2천제곱미터 이상인 지하도상가(지상건물에 딸린 지하층의 시설을 포함한다. 이하 같다). 이 경우 연속되어 있는 둘 이상의 지하도상가의 연면적 합계가 2천 제곱미터 이상인 경우를 포함한다.

3. 철도역사의 시설 중 연면적 2천제곱미터 이상인 대합실

4. 「여객자동차 운수사업법」 제2조제5호의 여객자동차터미널 중 연면적 2천제곱미터 이상인 대합실

5. 「항만법」 제2조제5호의 항만시설 중 연면적 5천제곱미터 이상인 대합실

6. 「공항시설법」 제2조제7호의 공항시설 중 연면적 1천5백제곱미터 이상인 여객터미널

중대재해 처벌 등에 관한 법률	중대재해 처벌 등에 관한 법률 시행령
	7. 「도서관법」 제2조제1호의 도서관 중 연면적 3천제곱미터 이상인 것
	8. 「박물관 및 미술관 진흥법」 제2조제1호 및 제2호의 박물관 및 미술관 중 연면적 3천제곱미터 이상인 것
	9. 「의료법」 제3조제2항의 의료기관 중 연면적 2천제곱미터 이상이거나 병상 수 100개 이상인 것
	10. 「노인복지법」 제34조제1항제1호의 노인요양시설 중 연면적 1천제곱미터 이상인 것
	11. 「영유아보육법」 제2조제3호의 어린이집 중 연면적 430제곱미터 이상인 것
	12. 「어린이놀이시설 안전관리법」 제2조제2호의 어린이놀이시설 중 연면적 430제곱미터 이상인 실내 어린이놀이시설
	13. 「유통산업발전법」 제2조제3호의 대규모점포. 다만, 「전통시장 및 상점가 육성을 위한 특별법」 제2조제1호의 전통시장은 제외한다.
	14. 「장사 등에 관한 법률」 제29조에 따른 장례식장 중 지하에 위치한 시설로서 연면적 1천제곱미터 이상인 것
	15. 「전시산업발전법」 제2조제4호의 전시시설 중 옥내시설로서 연면적 2천제곱미터 이상인 것
	16. 「건축법」 제2조제2항제14호의 업무시설 중 연면적 3천제곱미터 이상인 것. 다만, 「건축법 시행령」 별표 1 제14호나목2)의 오피스텔은 제외한다.
	17. 「건축법」 제2조제2항에 따라 구분된 용도 중 둘 이상의 용도에 사용되는 건축물로서 연면적 2천제곱미터 이상인 것. 다만, 「건축법 시행령」 별표 1 제2호의 공동주택 또는 같은 표 제14호나목2)의 오피스텔이 포함된 경우는 제외한다.
	18. 「공연법」 제2조제4호의 공연장 중 객석 수 1천석 이상인 실내공연장
	19. 「체육시설의 설치·이용에 관한 법률」 제2조제1호의 체육시설 중 관람석 수 1천석 이상인 실내 체육시설
	※ 비고 둘 이상의 건축물로 이루어진 시설의 연면적은 개별 건축물의 연면적을 모두 합산한 면적으로 한다.
	2. 법 제2조제4호나목의 시설물 중 별표 3에서 정하는 시설물. 다만, 다음 각 목의 건축물은 제외한다. 가. 주택과 주택 외의 시설을 동일 건축물로 건축한 건축물 나. 건축물의 주용도가 「건축법 시행령」 별표 1 제14호나목2)의 오피스텔인 건축물

중대재해 처벌 등에 관한 법률	중대재해 처벌 등에 관한 법률 시행령

	[별표 3]
	
	법 제2조제4호나목의 시설물 중
	공중이용시설(제3조제2호 관련)
	
	1. 교량
	
	가. 도로교량 1) 상부구조형식이 현수교, 사장교, 아치교 및 트러스교인 교량
	              2) 최대 경간장 50미터 이상의 교량
	              3) 연장 100미터 이상의 교량
	              4) 폭 6미터 이상이고 연장 100미터 이상인 복개구조물
	
	나. 철도교량 1) 고속철도 교량
	              2) 도시철도의 교량 및 고가교
	              3) 상부구조형식이 트러스교 및 아치교인 교량
	              4) 연장 100미터 이상의 교량
	
	2. 터널
	
	가. 도로터널 1) 연장 1천미터 이상의 터널
	              2) 3차로 이상의 터널
	              3) 터널구간이 연장 100미터 이상인 지하차도
	              4) 고속국도, 일반국도, 특별시도 및 광역시도의 터널
	              5) 연장 300미터 이상의 지방도, 시도, 군도 및 구도의 터널
	
	나. 철도터널 1) 고속철도 터널
	              2) 도시철도 터널
	              3) 연장 1천미터 이상의 터널
	              4) 특별시 또는 광역시에 있는 터널
	
	3. 항만
	
	가. 방파제, 파제제(波除堤) 및 호안(護岸) 1) 연장 500미터 이상의 방파제
	              2) 연장 500미터 이상의 파제제
	              3) 방파제 기능을 하는 연장 500미터 이상의 호안
	
	나. 계류시설 1) 1만톤급 이상의 원유부이식 계류시설 (부대시설인 해저송유관을 포함한다)
	              2) 1만톤급 이상의 말뚝구조의 계류시설
	              3) 1만톤급 이상의 중력식 계류시설
	
	4. 댐 1) 다목적댐, 발전용댐, 홍수전용댐
	        2) 지방상수도전용댐
	        3) 총저수용량 1백만톤 이상의 용수전용댐
	
	5. 건축물 1) 고속철도, 도시철도 및 광역철도 역 시설
	           2) 16층 이상이거나 연면적 3만제곱미터 이상의 건축물
	           3) 연면적 5천제곱미터 이상(각 용도별 시설의 합계를 말한다)의 문화·집회 시설, 종교시설, 판매시설, 운수시설 중 여객용 시설, 의료시설, 노유자시설, 수련시설, 운동시설, 숙박시설 중 관광숙박시설 및 관광휴게시설

중대재해 처벌 등에 관한 법률	중대재해 처벌 등에 관한 법률 시행령
	6. 하천

가. 하구둑	1) 하구둑
	2) 포용조수량 1천만톤 이상의 방조제
나. 제방	국가하천의 제방[부속시설인 통관(通管) 및 호안(護岸)을 포함한다]
다. 보	국가하천에 설치된 다기능 보

7. 상하수도	
가. 상수도	1) 광역상수도
	2) 공업용수도
	3) 지방상수도
나. 하수도	공공하수처리시설 중 1일 최대처리용량 500톤 이상인 시설
8. 옹벽 및 절토사면 (깎기비탈면)	1) 지면으로부터 노출된 높이가 5미터 이상인 부분의 합이 100미터 이상인 옹벽
	2) 지면으로부터 연직(鉛直)높이(옹벽이 있는 경우 옹벽 상단으로부터의 높이를 말한다) 30미터 이상을 포함한 절토부(땅깎기를 한 부분을 말한다)로서 단일 수평연장 100미터 이상인 절토사면

※ 비고

1. "도로"란 「도로법」 제10조의 도로를 말한다.
2. 교량의 "최대 경간장"이란 한 경간(徑間)에서 상부구조의 교각과 교각의 중심선 간의 거리를 경간장으로 정의할 때, 교량의 경간장 중에서 최댓값을 말한다. 한 경간 교량에 대해서는 교량 양측 교대의 흉벽 사이를 교량 중심선에 따라 측정한 거리를 말한다.
3. 교량의 "연장"이란 교량 양측 교대의 흉벽 사이를 교량 중심선에 따라 측정한 거리를 말한다.
4. 도로교량의 "복개구조물"이란 하천 등을 복개하여 도로의 용도로 사용하는 모든 구조물을 말한다.
5. 터널 및 지하차도의 "연장"이란 각 본체 구간과 하나의 구조로 연결된 구간을 포함한 거리를 말한다.
6. "방파제, 파제제 및 호안"이란 「항만법」 제2조제5호가목2)의 외곽시설을 말한다.
7. "계류시설"이란 「항만법」 제2조제5호가목4)의 계류시설을 말한다.
8. "댐"이란 「저수지·댐의 안전관리 및 재해예방에 관한 법률」 제2조제1호의 저수지·댐을 말한다.
9. 위 표 제4호의 지방상수도전용댐과 용수전용댐이 위 표 제7호 가목의 광역상수도·공업용수도 또는 지방상수도의 수원지시설에 해당하는 경우에는 위 표 제7호의 상하수도시설로 본다.
10. 위 표의 건축물에는 그 부대시설인 옹벽과 절토사면을 포함하며, 건축설비, 소방설비, 승강기설비 및 전기설비는 포함하지 않는다.

중대재해 처벌 등에 관한 법률	중대재해 처벌 등에 관한 법률 시행령
	11. 건축물의 연면적은 지하층을 포함한 동별로 계산한다. 다만, 2 동 이상의 건축물이 하나의 구조로 연결된 경우와 둘 이상의 지하도상가가 연속되어 있는 경우에는 연면적의 합계로 한다.
	12. 건축물의 층수에는 필로티나 그 밖에 이와 비슷한 구조로 된 층을 포함한다.
	13. "건축물"은 「건축법 시행령」 별표 1에서 정한 용도별 분류를 따른다.
	14. "운수시설 중 여객용 시설"이란 「건축법 시행령」 별표 1 제8 호의 운수시설 중 여객자동차터미널, 일반철도역사, 공항청사, 항만여객터미널을 말한다.
	15. "철도 역 시설"이란 「철도의 건설 및 철도시설 유지관리에 관한 법률」 제2조제6호가목의 역 시설(물류시설은 제외한다)을 말한다. 다만, 선하역사(시설이 선로 아래 설치되는 역사를 말한다)의 선로구간은 연속되는 교량시설물에 포함하고, 지하역사의 선로구간은 연속되는 터널시설물에 포함한다.
	16. 하천시설물이 행정구역 경계에 있는 경우 상위 행정구역에 위치한 것으로 한다.
	17. "포용조수량"이란 최고 만조(滿潮) 시 간척지에 유입될 조수(潮水)의 양을 말한다.
	18. "방조제"란 「공유수면 관리 및 매립에 관한 법률」 제37조, 「농어촌정비법」 제2조제6호, 「방조제 관리법」 제2조제1호 및 「산업입지 및 개발에 관한 법률」 제20조제1항에 따라 설치한 방조제를 말한다.
	19. 하천의 "통관"이란 제방을 관통하여 설치한 원형 단면의 문짝을 가진 구조물을 말한다.
	20. 하천의 "다기능 보"란 용수 확보, 소수력 발전이나 도로(하천을 횡단하는 것으로 한정한다) 등 두 가지 이상의 기능을 갖는 보를 말한다.
	21. 위 표 제7호의 상하수도의 광역상수도, 공업용수도 및 지방상수도에는 수원지시설, 도수관로·송수관로(터널을 포함한다) 및 취수시설을 포함하고, 정수장, 취수·가압펌프장, 배수지, 배수관로 및 급수시설은 제외한다.
5. "공중교통수단"이란 불특정다수인이 이용하는 다음 각 목의 어느 하나에 해당하는 시설을 말한다.	
가. 「도시철도법」 제2조제2호에 따른 도시철도의 운행에 사용되는 도시철도차량	
나. 「철도산업발전기본법」 제3조제4호에 따른 철도차량 중 동력차·객차(「철도사업법」 제2조제5호에 따른 전용철도에 사용되는 경우는 제외한다)	
다. 「여객자동차 운수사업법 시행령」 제3조제1호라목에 따른 노선 여객자동차운송사업에 사용되는 승합자동차	3. 법 제2조제4호다목의 영업장
라. 「해운법」 제2조제1호의2의 여객선	4. 법 제2조제4호라목의 시설 중 다음 각 목의 시설(제2호의 시설물은 제외한다)
마. 「항공사업법」 제2조제7호에 따른 항공운송사업에 사용되는 항공기	가. 「도로법」 제10조 각 호의 도로에 설치된 연장 20미터 이상인 도로교량 중 준공 후 10년이 지난 도로교량
6. "제조물"이란 제조되거나 가공된 동산(다른 동산이나 부동산의 일부를 구성하는 경우를 포함한다)을 말한다.	나. 「도로법」 제10조제4호부터 제7호까지에서 정한 지방도·시도·군도·구도의 도로터널과 「농어촌도로 정비법 시행령」 제2조제1호의 터널 중 준공 후 10년이 지난 도로터널
7. "종사자"란 다음 각 목의 어느 하나에 해당하는 자를 말한다.	다. 「철도산업발전기본법」 제3조제2호의 철도시설 중 준공 후 10년이 지난 철도교량
가. 「근로기준법」상의 근로자	

중대재해 처벌 등에 관한 법률	중대재해 처벌 등에 관한 법률 시행령
나. 도급, 용역, 위탁 등 계약의 형식에 관계없이 그 사업의 수행을 위하여 대가를 목적으로 노무를 제공하는 자 다. 사업이 여러 차례의 도급에 따라 행하여지는 경우에는 각 단계의 수급인 및 수급인과 가목 또는 나목의 관계가 있는 자 8. "사업주"란 자신의 사업을 영위하는 자, 타인의 노무를 제공받아 사업을 하는 자를 말한다. 9. "경영책임자등"이란 다음 각 목의 어느 하나에 해당하는 자를 말한다. 　가. 사업을 대표하고 사업을 총괄하는 권한과 책임이 있는 사람 또는 이에 준하여 안전보건에 관한 업무를 담당하는 사람 　나. 중앙행정기관의 장, 지방자치단체의 장, 「지방공기업법」에 따른 지방공기업의 장, 「공공기관의 운영에 관한 법률」 제4조부터 제6조까지의 규정에 따라 지정된 공공기관의 장	라. 「철도산업발전기본법」 제3조제2호의 철도시설 중 준공 후 10년이 지난 철도터널(특별시 및 광역시 외의 지역에 있는 철도터널로 한정한다) 마. 다음의 시설 중 개별 사업장 면적이 2천제곱미터 이상인 시설 　1) 「석유 및 석유대체연료 사업법 시행령」 제2조제3호의 주유소 　2) 「액화석유가스의 안전관리 및 사업법」 제2조제4호의 액화석유가스 충전사업의 사업소 바. 「관광진흥법 시행령」 제2조제1항제5호가목의 종합유원시설업의 시설 중 같은 법 제33조제1항에 따른 안전성검사 대상인 유기시설 또는 유기기구

제2장 중대산업재해

제3조(적용범위) 상시 근로자가 5명 미만인 사업 또는 사업장의 사업주(개인사업주에 한정한다. 이하 같다) 또는 경영책임자등에게는 이 장의 규정을 적용하지 아니한다.

제4조(사업주와 경영책임자등의 안전 및 보건 확보의무)
① 사업주 또는 경영책임자등은 사업이나 법인 또는 기관이 실질적으로 지배·운영·관리하는 사업 또는 사업장에서 종사자의 안전·보건상 유해 또는 위험을 방지하기 위하여 그 사업 또는 사업장의 특성 및 규모 등을 고려하여 다음 각 호에 따른 조치를 하여야 한다.
　1. 재해예방에 필요한 인력 및 예산 등 안전보건관리체계의 구축 및 그 이행에 관한 조치
　2. 재해 발생 시 재발방지 대책의 수립 및 그 이행에 관한 조치
　3. 중앙행정기관·지방자치단체가 관계 법령에 따라 개선, 시정 등을 명한 사항의 이행에 관한 조치
　4. 안전·보건 관계 법령에 따른 의무이행에 필요한 관리상의 조치
② 제1항제1호·제4호의 조치에 관한 구체적인 사항은 대통령령으로 정한다.

중대재해 처벌 등에 관한 법률	중대재해 처벌 등에 관한 법률 시행령
	제2장 중대산업재해 **제4조(안전보건관리체계의 구축 및 이행 조치)** 법 제4조제1항제1호에 따른 조치의 구체적인 사항은 다음 각 호와 같다. 1. 사업 또는 사업장의 안전 · 보건에 관한 목표와 경영방침을 설정할 것 2. 「산업안전보건법」 제17조부터 제19조까지 및 제22조에 따라 두어야 하는 인력이 총 3명 이상이고 다음 각 목의 어느 하나에 해당하는 사업 또는 사업장인 경우에는 안전 · 보건에 관한 업무를 총괄 · 관리하는 전담 조직을 둘 것. 이 경우 나목에 해당하지 않던 건설사업자가 나목에 해당하게 된 경우에는 공시한 연도의 다음 연도 1월 1일까지 해당 조직을 두어야 한다. 　가. 상시근로자 수가 500명 이상인 사업 또는 사업장 　나. 「건설산업기본법」 제8조 및 같은 법 시행령 별표 1에 따른 토목건축공사업에 대해 같은 법 제23조에 따라 평가하여 공시된 시공능력의 순위가 상위 200위 이내인 건설사업자 3. 사업 또는 사업장의 특성에 따른 유해 · 위험요인을 확인하여 개선하는 업무절차를 마련하고, 해당 업무절차에 따라 유해 · 위험요인의 확인 및 개선이 이루어지는지를 반기 1회 이상 점검한 후 필요한 조치를 할 것. 다만, 「산업안전보건법」 제36조에 따른 위험성평가를 하는 절차를 마련하고, 그 절차에 따라 위험성평가를 직접 실시하거나 실시하도록 하여 실시 결과를 보고받은 경우에는 해당 업무절차에 따라 유해 · 위험요인의 확인 및 개선에 대한 점검을 한 것으로 본다. 4. 다음 각 목의 사항을 이행하는 데 필요한 예산을 편성하고 그 편성된 용도에 맞게 집행하도록 할 것 　가. 재해 예방을 위해 필요한 안전 · 보건에 관한 인력, 시설 및 장비의 구비 　나. 제3호에서 정한 유해 · 위험요인의 개선 　다. 그 밖에 안전보건관리체계 구축 등을 위해 필요한 사항으로서 고용노동부장관이 정하여 고시하는 사항 5. 「산업안전보건법」 제15조, 제16조 및 제62조에 따른 안전보건관리책임자, 관리감독자 및 안전보건총괄책임자(이하 이 조에서 "안전보건관리책임자등"이라 한다)가 같은 조에서 규정한 각각의 업무를 각 사업장에서 충실히 수행할 수 있도록 다음 각 목의 조치를 할 것 　가. 안전보건관리책임자등에게 해당 업무 수행에 필요한 권한과 예산을 줄 것 　나. 안전보건관리책임자등이 해당 업무를 충실하게 수행하는지를 평가하는 기준을 마련하고, 그 기준에 따라 반기 1회 이상 평가 · 관리할 것

중대재해 처벌 등에 관한 법률	중대재해 처벌 등에 관한 법률 시행령
	6. 「산업안전보건법」 제17조부터 제19조까지 및 제22조에 따라 정해진 수 이상의 안전관리자, 보건관리자, 안전보건관리담당자 및 산업보건의를 배치할 것. 다만, 다른 법령에서 해당 인력의 배치에 대해 달리 정하고 있는 경우에는 그에 따르고, 배치해야 할 인력이 다른 업무를 겸직하는 경우에는 고용노동부장관이 정하여 고시하는 기준에 따라 안전·보건에 관한 업무 수행시간을 보장해야 한다. 7. 사업 또는 사업장의 안전·보건에 관한 사항에 대해 종사자의 의견을 듣는 절차를 마련하고, 그 절차에 따라 의견을 들어 재해 예방에 필요하다고 인정하는 경우에는 그에 대한 개선방안을 마련하여 이행하는지를 반기 1회 이상 점검한 후 필요한 조치를 할 것. 다만, 「산업안전보건법」 제24조에 따른 산업안전보건위원회 및 같은 법 제64조·제75조에 따른 안전 및 보건에 관한 협의체에서 사업 또는 사업장의 안전·보건에 관하여 논의하거나 심의·의결한 경우에는 해당 종사자의 의견을 들은 것으로 본다. 8. 사업 또는 사업장에 중대산업재해가 발생하거나 발생할 급박한 위험이 있을 경우를 대비하여 다음 각 목의 조치에 관한 매뉴얼을 마련하고, 해당 매뉴얼에 따라 조치하는지를 반기 1회 이상 점검할 것 　가. 작업 중지, 근로자 대피, 위험요인 제거 등 대응조치 　나. 중대산업재해를 입은 사람에 대한 구호조치 　다. 추가 피해방지를 위한 조치 9. 제3자에게 업무의 도급, 용역, 위탁 등을 하는 경우에는 종사자의 안전·보건을 확보하기 위해 다음 각 목의 기준과 절차를 마련하고, 그 기준과 절차에 따라 도급, 용역, 위탁 등이 이루어지는지를 반기 1회 이상 점검할 것 　가. 도급, 용역, 위탁 등을 받는 자의 산업재해 예방을 위한 조치 능력과 기술에 관한 평가기준·절차 　나. 도급, 용역, 위탁 등을 받는 자의 안전·보건을 위한 관리비용에 관한 기준 　다. 건설업 및 조선업의 경우 도급, 용역, 위탁 등을 받는 자의 안전·보건을 위한 공사기간 또는 건조기간에 관한 기준

중대재해 처벌 등에 관한 법률	중대재해 처벌 등에 관한 법률 시행령
제5조(도급, 용역, 위탁 등 관계에서의 안전 및 보건 확보의무) 사업주 또는 경영책임자등은 사업주나 법인 또는 기관이 제3자에게 도급, 용역, 위탁 등을 행한 경우에는 제3자의 종사자에게 중대산업재해가 발생하지 아니하도록 제4조의 조치를 하여야 한다. 다만, 사업주나 법인 또는 기관이 그 시설, 장비, 장소 등에 대하여 실질적으로 지배·운영·관리하는 책임이 있는 경우에 한정한다. **제6조(중대산업재해 사업주와 경영책임자등의 처벌)** ① 제4조 또는 제5조를 위반하여 제2조제2호가목의 중대산업재해에 이르게 한 사업주 또는 경영책임자등은 1년 이상의 징역 또는 10억원 이하의 벌금에 처한다. 이 경우 징역과 벌금을 병과할 수 있다. ② 제4조 또는 제5조를 위반하여 제2조제2호나목 또는 다목의 중대산업재해에 이르게 한 사업주 또는 경영책임자등은 7년 이하의 징역 또는 1억원 이하의 벌금에 처한다. ③ 제1항 또는 제2항의 죄로 형을 선고받고 그 형이 확정된 후 5년 이내에 다시 제1항 또는 제2항의 죄를 저지른 자는 각 항에서 정한 형의 2분의 1까지 가중한다. **제7조(중대산업재해의 양벌규정)** 법인 또는 기관의 경영책임자등이 그 법인 또는 기관의 업무에 관하여 제6조에 해당하는 위반행위를 하면 그 행위자를 벌하는 외에 그 법인 또는 기관에 다음 각 호의 구분에 따른 벌금형을 과(科)한다. 다만, 법인 또는 기관이 그 위반행위를 방지하기 위하여 해당 업무에 관하여 상당한 주의와 감독을 게을리하지 아니한 경우에는 그러하지 아니하다. 1. 제6조제1항의 경우: 50억원 이하의 벌금 2. 제6조제2항의 경우: 10억원 이하의 벌금 **제8조(안전보건교육의 수강)** ① 중대산업재해가 발생한 법인 또는 기관의 경영책임자등은 대통령령으로 정하는 바에 따라 안전보건교육을 이수하여야 한다.	**제5조(안전·보건 관계 법령에 따른 의무이행에 필요한 관리상의 조치)** ① 법 제4조제1항제4호에서 "안전·보건 관계 법령"이란 해당 사업 또는 사업장에 적용되는 것으로서 종사자의 안전·보건을 확보하는 데 관련되는 법령을 말한다. ② 법 제4조제1항제4호에 따른 조치에 관한 구체적인 사항은 다음 각 호와 같다. 1. 안전·보건 관계 법령에 따른 의무를 이행했는지를 반기 1회 이상 점검(해당 안전·보건 관계 법령에 따라 중앙행정기관의 장이 지정한 기관 등에 위탁하여 점검하는 경우를 포함한다. 이하 이 호에서 같다)하고, 직접 점검하지 않은 경우에는 점검이 끝난 후 지체 없이 점검 결과를 보고받을 것 2. 제1호에 따른 점검 또는 보고 결과 안전·보건 관계 법령에 따른 의무가 이행되지 않은 사실이 확인되는 경우에는 인력을 배치하거나 예산을 추가로 편성·집행하도록 하는 등 해당 의무 이행에 필요한 조치를 할 것 3. 안전·보건 관계 법령에 따라 의무적으로 실시해야 하는 유해·위험한 작업에 관한 안전·보건에 관한 교육이 실시되었는지를 반기 1회 이상 점검하고, 직접 점검하지 않은 경우에는 점검이 끝난 후 지체 없이 점검 결과를 보고받을 것 4. 제3호에 따른 점검 또는 보고 결과 실시되지 않은 교육에 대해서는 지체 없이 그 이행의 지시, 예산의 확보 등 교육 실시에 필요한 조치를 할 것

중대재해 처벌 등에 관한 법률	중대재해 처벌 등에 관한 법률 시행령
② 제1항의 안전보건교육을 정당한 사유 없이 이행하지 아니한 경우에는 5천만원 이하의 과태료를 부과한다. ③ 제2항에 따른 과태료는 대통령령으로 정하는 바에 따라 고용노동부장관이 부과·징수한다.	**제6조(안전보건교육의 실시 등)** ① 법 제8조제1항에 따른 안전보건교육(이하 "안전보건교육"이라 한다)은 총 20시간의 범위에서 고용노동부장관이 정하는 바에 따라 이수해야 한다. ② 안전보건교육에는 다음 각 호의 사항이 포함되어야 한다. 　1. 안전보건관리체계의 구축 등 안전·보건에 관한 경영 방안 　2. 중대산업재해의 원인 분석과 재발 방지 방안 ③ 고용노동부장관은 「한국산업안전보건공단법」에 따른 한국산업안전보건공단이나 「산업안전보건법」 제33조에 따라 등록된 안전보건교육기관(이하 "안전보건교육기관등"이라 한다)에 안전보건교육을 의뢰하여 실시할 수 있다. ④ 고용노동부장관은 분기별로 중대산업재해가 발생한 법인 또는 기관을 대상으로 안전보건교육을 이수해야 할 교육대상자를 확정하고 안전보건교육 실시일 30일 전까지 다음 각 호의 사항을 해당 교육대상자에게 통보해야 한다. 　1. 안전보건교육을 실시하는 안전보건교육기관등 　2. 교육일정 　3. 그 밖에 안전보건교육의 실시에 필요한 사항 ⑤ 제4항에 따른 통보를 받은 교육대상자는 해당 교육일정에 참여할 수 없는 정당한 사유가 있는 경우에는 안전보건교육 실시일 7일 전까지 고용노동부장관에게 안전보건교육의 연기를 한 번만 요청할 수 있다. ⑥ 고용노동부장관은 제5항에 따른 연기 요청을 받은 날부터 3일 이내에 연기 가능 여부를 교육대상자에게 통보해야 한다. ⑦ 안전보건교육을 연기하는 경우 교육일정 등의 통보에 관하여는 제4항을 준용한다. ⑧ 안전보건교육에 드는 비용은 안전보건교육기관등에서 수강하는 교육대상자가 부담한다. ⑨ 안전보건교육기관등은 안전보건교육을 실시한 경우에는 지체 없이 안전보건교육 이수자 명단을 고용노동부장관에게 통보해야 한다.

중대재해 처벌 등에 관한 법률	중대재해 처벌 등에 관한 법률 시행령
	⑩ 안전보건교육을 이수한 교육대상자는 필요한 경우 안전보건교육이수확인서를 발급해 줄 것을 고용노동부장관에게 요청할 수 있다. ⑪ 제10항에 따른 요청을 받은 고용노동부장관은 고용노동부장관이 정하는 바에 따라 안전보건교육이수확인서를 지체 없이 내주어야 한다. **제7조(과태료의 부과기준)** 법 제8조제2항에 따른 과태료의 부과기준은 별표 4와 같다.

중대시민재해 부분:

제3장 중대시민재해

제9조(사업주와 경영책임자등의 안전 및 보건 확보의무) ① 사업주 또는 경영책임자등은 사업이나 법인 또는 기관이 실질적으로 지배·운영·관리하는 사업 또는 사업장에서 생산·제조·판매·유통 중인 원료나 제조물의 설계, 제조, 관리상의 결함으로 인한 그 이용자 또는 그 밖의 사람의 생명, 신체의 안전을 위하여 다음 각 호에 따른 조치를 하여야 한다.

1. 재해예방에 필요한 인력·예산·점검 등 안전보건관리체계의 구축 및 그 이행에 관한 조치
2. 재해 발생 시 재발방지 대책의 수립 및 그 이행에 관한 조치

시행령 별표 부분:

[별표 4]

과태료의 부과기준(제7조 관련)

1. 일반기준

가. 위반행위의 횟수에 따른 과태료의 가중된 부과기준은 최근 1년간 같은 위반행위로 과태료 부과처분을 받은 경우에 적용한다. 이 경우 기간의 계산은 위반행위에 대해 과태료 부과처분을 받은 날과 그 처분 후 다시 같은 위반행위를 하여 적발된 날을 기준으로 한다.

나. 가목에 따라 가중된 부과처분을 하는 경우 가중처분의 적용 차수는 그 위반행위 전 부과처분 차수(가목에 따른 기간 내에 과태료 부과처분이 둘 이상 있었던 경우에는 높은 차수를 말한다)의 다음 차수로 한다.

다. 부과권자는 다음의 어느 하나에 해당하는 경우에는 제3호의 개별기준에 따른 과태료(제2호에 따라 과태료 감경기준이 적용되는 사업 또는 사업장의 경우에는 같은 호에 따른 감경기준에 따라 산출한 금액을 말한다)의 2분의 1 범위에서 그 금액을 줄여 부과할 수 있다. 다만, 과태료를 체납하고 있는 위반행위자에 대해서는 그렇지 않다.

1) 위반행위자가 자연재해·화재 등으로 재산에 현저한 손실을 입었거나 사업여건의 악화로 사업이 중대한 위기에 처하는 등의 사정이 있는 경우

2) 위반행위가 사소한 부주의나 오류로 인한 것으로 인정되는 경우

3) 위반행위자가 법 위반상태를 시정하거나 해소하기 위해 노력한 것이 인정되는 경우

4) 그 밖에 위반행위의 정도, 위반행위의 동기와 그 결과 등을 고려하여 과태료 금액을 줄일 필요가 있다고 인정되는 경우

2. 사업·사업장의 규모나 공사 규모에 따른 과태료 감경기준

상시근로자 수가 50명 미만인 사업 또는 사업장이거나 공사금액이 50억원 미만인 건설공사의 사업 또는 사업장인 경우에는 제3호의 개별기준에도 불구하고 그 과태료의 2분의 1 범위에서 감경할 수 있다.

중대재해 처벌 등에 관한 법률	중대재해 처벌 등에 관한 법률 시행령

중대재해 처벌 등에 관한 법률

3. 중앙행정기관 · 지방자치단체가 관계 법령에 따라 개선, 시정 등을 명한 사항의 이행에 관한 조치

4. 안전 · 보건 관계 법령에 따른 의무이행에 필요한 관리상의 조치

② 사업주 또는 경영책임자등은 사업주나 법인 또는 기관이 실질적으로 지배 · 운영 · 관리하는 공중이용시설 또는 공중교통수단의 설계, 설치, 관리상의 결함으로 인한 그 이용자 또는 그 밖의 사람의 생명, 신체의 안전을 위하여 다음 각 호에 따른 조치를 하여야 한다.

1. 재해예방에 필요한 인력 · 예산 · 점검 등 안전보건관리체계의 구축 및 그 이행에 관한 조치

2. 재해 발생 시 재발방지 대책의 수립 및 그 이행에 관한 조치

3. 중앙행정기관 · 지방자치단체가 관계 법령에 따라 개선, 시정 등을 명한 사항의 이행에 관한 조치

4. 안전 · 보건 관계 법령에 따른 의무이행에 필요한 관리상의 조치

③ 사업주 또는 경영책임자등은 사업주나 법인 또는 기관이 공중이용시설 또는 공중교통수단과 관련하여 제3자에게 도급, 용역, 위탁 등을 행한 경우에는 그 이용자 또는 그 밖의 사람의 생명, 신체의 안전을 위하여 제2항의 조치를 하여야 한다. 다만, 사업주나 법인 또는 기관이 그 시설, 장비, 장소 등에 대하여 실질적으로 지배 · 운영 · 관리하는 책임이 있는 경우에 한정한다.

④ 제1항제1호 · 제4호 및 제2항제1호 · 제4호의 조치에 관한 구체적인 사항은 대통령령으로 정한다.

중대재해 처벌 등에 관한 법률 시행령

3. 개별기준

위반행	근거 법조문	과태료		
		1차 위반	2차 위반	3차 이상 위반
법 제8조제1항을 위반하여 경영책임자등이 안전보건교육을 정당한 사유없이 이행하지 않은 경우	법 제8조 제2항	1천 만원	3천 만원	5천 만원

제3장 중대시민재해

제8조(원료 · 제조물 관련 안전보건관리체계의 구축 및 이행 조치) 법 제9조제1항제1호에 따른 조치의 구체적인 사항은 다음 각 호와 같다.

1. 다음 각 목의 사항을 이행하는 데 필요한 인력을 갖추어 중대시민재해 예방을 위한 업무를 수행하도록 할 것

   가. 법 제9조제1항제4호의 안전 · 보건 관계 법령에 따른 안전 · 보건 관리 업무의 수행

   나. 유해 · 위험요인의 점검과 위험징후 발생 시 대응

   다. 그 밖에 원료 · 제조물 관련 안전 · 보건 관리를 위해 환경부장관이 정하여 고시하는 사항

2. 다음 각 목의 사항을 이행하는 데 필요한 예산을 편성 · 집행할 것

   가. 법 제9조제1항제4호의 안전 · 보건 관계 법령에 따른 인력 · 시설 및 장비 등의 확보 · 유지

   나. 유해 · 위험요인의 점검과 위험징후 발생 시 대응

   다. 그 밖에 원료 · 제조물 관련 안전 · 보건 관리를 위해 환경부장관이 정하여 고시하는 사항

3. 별표 5에서 정하는 원료 또는 제조물로 인한 중대시민재해를 예방하기 위해 다음 각 목의 조치를 할 것

   가. 유해 · 위험요인의 주기적인 점검

   나. 제보나 위험징후의 감지 등을 통해 발견된 유해 · 위험요인을 확인한 결과 중대시민재해의 발생 우려가 있는 경우의 신고 및 조치

   다. 중대시민재해가 발생한 경우의 보고, 신고 및 조치

   라. 중대시민재해 원인조사에 따른 개선조치

중대재해 처벌 등에 관한 법률	중대재해 처벌 등에 관한 법률 시행령
	[별표5] **제8조제3호에 따른 조치 대상 원료 또는 제조물(제8조제3호 관련)** 1. 「고압가스 안전관리법」 제28조제2항제13호의 독성가스 2. 「농약관리법」 제2조제1호, 제1호의2, 제3호 및 제3호의2의 농약, 천연식물보호제, 원제(原劑) 및 농약활용기자재 3. 「마약류 관리에 관한 법률」 제2조제1호의 마약류 4. 「비료관리법」 제2조제2호 및 제3호의 보통비료 및 부산물비료 5. 「생활화학제품 및 살생물제의 안전관리에 관한 법률」 제3조 제7호 및 제8호의 살생물물질 및 살생물제품 6. 「식품위생법」 제2조제1호, 제2호, 제4호 및 제5호의 식품, 식품첨가물, 기구 및 용기 · 포장 7. 「약사법」 제2조제4호의 의약품, 같은 조 제7호의 의약외품(醫藥外品) 및 같은 법 제85조제1항의 동물용 의약품 · 의약외품 8. 「원자력안전법」 제2조제5호의 방사성물질 9. 「의료기기법」 제2조제1항의 의료기기 10. 「총포 · 도검 · 화약류 등의 안전관리에 관한 법률」 제2조제 3항의 화약류 11. 「화학물질관리법」 제2조제7호의 유해화학물질 12. 그 밖에 제1호부터 제11호까지의 규정에 준하는 것으로서 관계 중앙행정기관의 장이 정하여 고시하는 생명 · 신체에 해로운 원료 또는 제조물 4. 제3호 각 목의 조치를 포함한 업무처리절차의 마련. 다만, 「소상공인기본법」 제2조에 따른 소상공인의 경우는 제외한다. 5. 제1호 및 제2호의 사항을 반기 1회 이상 점검하고, 점검 결과에 따라 인력을 배치하거나 예산을 추가로 편성 · 집행하도록 하는 등 중대시민재해 예방에 필요한 조치를 할 것 **제9조(원료 · 제조물 관련 안전 · 보건 관계 법령에 따른 의무이행에 필요한 관리상의 조치)** ① 법 제9조제1항제4호에서 "안전 · 보건 관계 법령"이란 해당 사업 또는 사업장에서 생산 · 제조 · 판매 · 유통 중인 원료나 제조물에 적용되는 것으로서 그 원료나 제조물이 사람의 생명 · 신체에 미칠 수 있는 유해 · 위험 요인을 예방하고 안전하게 관리하는 데 관련되는 법령을 말한다. ② 법 제9조제1항제4호에 따른 조치의 구체적인 사항은 다음 각 호와 같다. 1. 안전 · 보건 관계 법령에 따른 의무를 이행했는지를 반기 1회 이상 점검(해당 안전 · 보건 관계 법령에 따라 중앙행정기관의 장이 지정한 기관 등에 위탁하여 점검하는 경우를 포함한다. 이하 이 호에서 같다)하고, 직접 점검하지 않은 경우에는 점검이 끝난 후 지체 없이 점검 결과를 보고받을 것

중대재해 처벌 등에 관한 법률	중대재해 처벌 등에 관한 법률 시행령
	2. 제1호에 따른 점검 또는 보고 결과 안전·보건 관계 법령에 따른 의무가 이행되지 않은 사실이 확인되는 경우에는 인력을 배치하거나 예산을 추가로 편성·집행하도록 하는 등 해당 의무 이행에 필요한 조치를 할 것
	3. 안전·보건 관계 법령에 따라 의무적으로 실시해야 하는 교육이 실시되는지를 반기 1회 이상 점검하고, 직접 점검하지 않은 경우에는 점검이 끝난 후 지체 없이 점검 결과를 보고받을 것
	4. 제3호에 따른 점검 또는 보고 결과 실시되지 않은 교육에 대해서는 지체 없이 그 이행의 지시, 예산의 확보 등 교육 실시에 필요한 조치를 할 것
	제10조(공중이용시설·공중교통수단 관련 안전보건관리체계 구축 및 이행에 관한 조치) 법 제9조제2항제1호에 따른 조치의 구체적인 사항은 다음 각 호와 같다.
	1. 다음 각 목의 사항을 이행하는 데 필요한 인력을 갖추어 중대시민재해 예방을 위한 업무를 수행하도록 할 것
	가. 법 제9조제2항제4호의 안전·보건 관계 법령에 따른 안전관리 업무의 수행
	나. 제4호에 따라 수립된 안전계획의 이행
	다. 그 밖에 공중이용시설 또는 공중교통수단과 그 이용자나 그 밖의 사람의 안전에 관하여 국토교통부장관이 정하여 고시하는 사항
	2. 다음 각 목의 사항을 이행하는 데 필요한 예산을 편성·집행할 것
	가. 법 제9조제2항제4호의 안전·보건 관계 법령에 따른 인력·시설 및 장비 등의 확보·유지와 안전점검 등의 실시
	나. 제4호에 따라 수립된 안전계획의 이행
	다. 그 밖에 공중이용시설 또는 공중교통수단과 그 이용자나 그 밖의 사람의 안전에 관하여 국토교통부장관이 정하여 고시하는 사항
	3. 공중이용시설 또는 공중교통수단에 대한 법 제9조제2항제4호의 안전·보건 관계 법령에 따른 안전점검 등을 계획하여 수행되도록 할 것
	4. 공중이용시설 또는 공중교통수단에 대해 연 1회 이상 다음 각 목의 내용이 포함된 안전계획을 수립하게 하고, 충실히 이행하도록 할 것. 다만, 공중이용시설에 대해 「시설물의 안전 및 유지관리에 관한 특별법」 제6조에 따라 시설물에 대한 안전 및 유지관리계획을 수립·시행하거나 공중이용시설 또는 공중교통수단에 대해 철도운영자가 「철도안전법」 제6조에 따라 연차별 시행계획을 수립·추진하는 경우로서 사업주 또는 경영책임자등이 그 수립 여부 및 내용을 직접 확인하거나 보고받은 경우에는 안전계획을 수립하여 이행한 것으로 본다.

중대재해 처벌 등에 관한 법률	중대재해 처벌 등에 관한 법률 시행령
	가. 공중이용시설 또는 공중교통수단의 안전과 유지관리를 위한 인력의 확보에 관한 사항
	나. 공중이용시설의 안전점검 또는 정밀안전진단의 실시와 공중교통수단의 점검 · 정비(점검 · 정비에 필요한 장비를 확보하는 것을 포함한다)에 관한 사항
	다. 공중이용시설 또는 공중교통수단의 보수 · 보강 등 유지관리에 관한 사항
	5. 제1호부터 제4호까지에서 규정한 사항을 반기 1회 이상 점검하고, 직접 점검하지 않은 경우에는 점검이 끝난 후 지체 없이 점검 결과를 보고받을 것
	6. 제5호에 따른 점검 또는 보고 결과에 따라 인력을 배치하거나 예산을 추가로 편성 · 집행하도록 하는 등 중대시민재해 예방에 필요한 조치를 할 것
	7. 중대시민재해 예방을 위해 다음 각 목의 사항이 포함된 업무처리절차를 마련하여 이행할 것. 다만, 철도운영자가 「철도안전법」 제7조에 따라 비상대응계획을 포함한 철도안전관리체계를 수립하여 시행하거나 항공운송사업자가 「항공안전법」 제58조 제2항에 따라 위기대응계획을 포함한 항공안전관리시스템을 마련하여 운용한 경우로서 사업주 또는 경영책임자등이 그 수립 여부 및 내용을 직접 점검하거나 점검 결과를 보고받은 경우에는 업무처리절차를 마련하여 이행한 것으로 본다.
	가. 공중이용시설 또는 공중교통수단의 유해 · 위험요인의 확인 · 점검에 관한 사항
	나. 공중이용시설 또는 공중교통수단의 유해 · 위험요인을 발견한 경우 해당 사항의 신고 · 조치요구, 이용 제한, 보수 · 보강 등 그 개선에 관한 사항
	다. 중대시민재해가 발생한 경우 사상자 등에 대한 긴급구호조치, 공중이용시설 또는 공중교통수단에 대한 긴급안전점검, 위험표지 설치 등 추가 피해방지 조치, 관계 행정기관 등에 대한 신고와 원인조사에 따른 개선조치에 관한 사항
	라. 공중교통수단 또는 「시설물의 안전 및 유지관리에 관한 특별법」 제7조제1호의 제1종시설물에서 비상상황이나 위급상황 발생 시 대피훈련에 관한 사항
	8. 제3자에게 공중이용시설 또는 공중교통수단의 운영 · 관리 업무의 도급, 용역, 위탁 등을 하는 경우 공중이용시설 또는 공중교통수단과 그 이용자나 그 밖의 사람의 안전을 확보하기 위해 다음 각 목에 따른 기준과 절차를 마련하고, 그 기준과 절차에 따라 도급, 용역, 위탁 등이 이루어지는지를 연 1회 이상 점검하고, 직접 점검하지 않은 경우에는 점검이 끝난 후 지체 없이 점검 결과를 보고받을 것
	가. 중대시민재해 예방을 위한 조치능력 및 안전관리능력에 관한 평가기준 · 절차
	나. 도급, 용역, 위탁 등의 업무 수행 시 중대시민재해 예방을 위해 필요한 비용에 관한 기준

중대재해 처벌 등에 관한 법률	중대재해 처벌 등에 관한 법률 시행령

제10조(중대시민재해 사업주와 경영책임자등의 처벌) ① 제9조를 위반하여 제2조제3호가목의 중대시민재해에 이르게 한 사업주 또는 경영책임자등은 1년 이상의 징역 또는 10억원 이하의 벌금에 처한다. 이 경우 징역과 벌금을 병과할 수 있다.

② 제9조를 위반하여 제2조제3호나목 또는 다목의 중대시민재해에 이르게 한 사업주 또는 경영책임자등은 7년 이하의 징역 또는 1억원 이하의 벌금에 처한다.

제11조(중대시민재해의 양벌규정) 법인 또는 기관의 경영책임자등이 그 법인 또는 기관의 업무에 관하여 제10조에 해당하는 위반행위를 하면 그 행위자를 벌하는 외에 그 법인 또는 기관에게 다음 각 호의 구분에 따른 벌금형을 과(科)한다. 다만, 법인 또는 기관이 그 위반행위를 방지하기 위하여 해당 업무에 관하여 상당한 주의와 감독을 게을리하지 아니한 경우에는 그러하지 아니하다.

1. 제10조제1항의 경우: 50억원 이하의 벌금
2. 제10조제2항의 경우: 10억원 이하의 벌금

제4장 보칙

제12조(형 확정 사실의 통보) 법무부장관은 제6조, 제7조, 제10조 또는 제11조에 따른 범죄의 형이 확정되면 그 범죄사실을 관계 행정기관의 장에게 통보하여야 한다.

제13조(중대산업재해 발생사실 공표) ① 고용노동부장관은 제4조에 따른 의무를 위반하여 발생한 중대산업재해에 대하여 사업장의 명칭, 발생 일시와 장소, 재해의 내용 및 원인 등 그 발생사실을 공표할 수 있다.

② 제1항에 따른 공표의 방법, 기준 및 절차 등은 대통령령으로 정한다.

제11조(공중이용시설·공중교통수단 관련 안전·보건 관계 법령에 따른 의무이행에 필요한 관리상의 조치) ① 법 제9조제2항제4호에서 "안전·보건 관계 법령"이란 해당 공중이용시설·공중교통수단에 적용되는 것으로서 이용자나 그 밖의 사람의 안전·보건을 확보하는 데 관련되는 법령을 말한다.

② 법 제9조제2항제4호에 따른 조치의 구체적인 사항은 다음 각 호와 같다.

1. 안전·보건 관계 법령에 따른 의무를 이행했는지를 연 1회 이상 점검(해당 안전·보건 관계 법령에 따라 중앙행정기관의 장이 지정한 기관 등에 위탁하여 점검하는 경우를 포함한다. 이하 이 호에서 같다)하고, 직접 점검하지 않은 경우에는 점검이 끝난 후 지체 없이 점검 결과를 보고받을 것

2. 제1호에 따른 점검 또는 보고 결과 안전·보건 관계 법령에 따른 의무가 이행되지 않은 사실이 확인되는 경우에는 인력을 배치하거나 예산을 추가로 편성·집행하도록 하는 등 해당 의무 이행에 필요한 조치를 할 것

3. 안전·보건 관계 법령에 따라 공중이용시설의 안전을 관리하는 자나 공중교통수단의 시설 및 설비를 정비·점검하는 종사자가 의무적으로 이수해야 하는 교육을 이수했는지를 연 1회 이상 점검하고, 직접 점검하지 않은 경우에는 점검이 끝난 후 지체 없이 점검 결과를 보고받을 것

4. 제3호에 따른 점검 또는 보고 결과 실시되지 않은 교육에 대해서는 지체 없이 그 이행의 지시 등 교육 실시에 필요한 조치를 할 것

중대재해 처벌 등에 관한 법률	중대재해 처벌 등에 관한 법률 시행령

제14조(심리절차에 관한 특례) ① 이 법 위반 여부에 관한 형사재판에서 법원은 직권으로 「형사소송법」 제294조의2에 따라 피해자 또는 그 법정대리인(피해자가 사망하거나 진술할 수 없는 경우에는 그 배우자·직계친족·형제자매를 포함한다)을 증인으로 신문할 수 있다.

② 이 법 위반 여부에 관한 형사재판에서 법원은 검사, 피고인 또는 변호인의 신청이 있는 경우 특별한 사정이 없으면 해당 분야의 전문가를 전문심리위원으로 지정하여 소송절차에 참여하게 하여야 한다.

제15조(손해배상의 책임) ① 사업주 또는 경영책임자등이 고의 또는 중대한 과실로 이 법에서 정한 의무를 위반하여 중대재해를 발생하게 한 경우 해당 사업주, 법인 또는 기관이 중대재해로 손해를 입은 사람에 대하여 그 손해액의 5배를 넘지 아니하는 범위에서 배상책임을 진다. 다만, 법인 또는 기관이 해당 업무에 관하여 상당한 주의와 감독을 게을리하지 아니한 경우에는 그러하지 아니하다.

② 법원은 제1항의 배상액을 정할 때에는 다음 각 호의 사항을 고려하여야 한다.

1. 고의 또는 중대한 과실의 정도
2. 이 법에서 정한 의무위반행위의 종류 및 내용
3. 이 법에서 정한 의무위반행위로 인하여 발생한 피해의 규모
4. 이 법에서 정한 의무위반행위로 인하여 사업주나 법인 또는 기관이 취득한 경제적 이익
5. 이 법에서 정한 의무위반행위의 기간·횟수 등
6. 사업주나 법인 또는 기관의 재산상태
7. 사업주나 법인 또는 기관의 피해구제 및 재발방지 노력의 정도

제16조(정부의 사업주 등에 대한 지원 및 보고) ① 정부는 중대재해를 예방하여 시민과 종사자의 안전과 건강을 확보하기 위하여 다음 각 호의 사항을 이행하여야 한다.

1. 중대재해의 종합적인 예방대책의 수립·시행과 발생원인 분석
2. 사업주, 법인 및 기관의 안전보건관리체계 구축을 위한 지원
3. 사업주, 법인 및 기관의 중대재해 예방을 위한 기술 지원 및 지도
4. 이 법의 목적 달성을 위한 교육 및 홍보의 시행

제4장 보칙

제12조(중대산업재해 발생사실의 공표) ① 법 제13조제1항에 따른 공표(이하 이 조에서 "공표"라 한다)는 법 제4조에 따른 의무를 위반하여 발생한 중대산업재해로 법 제12조에 따라 범죄의 형이 확정되어 통보된 사업장을 대상으로 한다.

② 공표 내용은 다음 각 호의 사항으로 한다.

1. "중대산업재해 발생사실의 공표"라는 공표의 제목
2. 해당 사업장의 명칭
3. 중대산업재해가 발생한 일시·장소
4. 중대산업재해를 입은 사람의 수
5. 중대산업재해의 내용과 그 원인(사업주 또는 경영책임자등의 위반사항을 포함한다)
6. 해당 사업장에서 최근 5년 내 중대산업재해의 발생 여부

③ 고용노동부장관은 공표하기 전에 해당 사업장의 사업주 또는 경영책임자등에게 공표하려는 내용을 통지하고 30일 이상의 기간을 정하여 그에 대해 소명자료를 제출하게 하거나 의견을 진술할 수 있는 기회를 주어야 한다.

④ 공표는 관보, 고용노동부나 「한국산업안전보건공단법」에 따른 한국산업안전보건공단의 홈페이지에 게시하는 방법으로 한다.

⑤ 제4항에 따라 홈페이지에 게시하는 방법으로 공표하는 경우 공표기간은 1년으로 한다.

중대재해 처벌 등에 관한 법률	중대재해 처벌 등에 관한 법률 시행령

② 정부는 사업주, 법인 및 기관에 대하여 유해·위험 시설의 개선과 보호 장비의 구매, 종사자 건강진단 및 관리 등 중대재해 예방사업에 소요되는 비용의 전부 또는 일부를 예산의 범위에서 지원할 수 있다.

③ 정부는 제1항 및 제2항에 따른 중대재해 예방을 위한 조치 이행 등 상황 및 중대재해 예방사업 지원 현황을 반기별로 국회 소관 상임위원회에 보고하여야 한다.

[시행일:2021. 1. 26.] 제16조

부 칙
〈법률 제17907호, 2021. 1. 26.〉

제1조(시행일) ① 이 법은 공포 후 1년이 경과한 날부터 시행한다. 다만, 이 법 시행 당시 개인사업자 또는 상시 근로자가 50명 미만인 사업 또는 사업장(건설업의 경우에는 공사금액 50억원 미만의 공사)에 대해서는 공포 후 3년이 경과한 날부터 시행한다.

② 제1항에도 불구하고 제16조는 공포한 날부터 시행한다.

제2조(다른 법률의 개정) 법원조직법 중 일부를 다음과 같이 개정한다.

제32조제1항제3호에 아목을 다음과 같이 신설한다.

아. 「중대재해 처벌 등에 관한 법률」 제6조제1항·제3항 및 제10조제1항에 해당하는 사건

중대재해 처벌 등에 관한 법률	중대재해 처벌 등에 관한 법률 시행령
	제13조(조치 등의 이행사항에 관한 서면의 보관) 사업주 또는 경영책임자등(「소상공인기본법」 제2조에 따른 소상공인은 제외한다)은 제4조, 제5조 및 제8조부터 제11조까지의 규정에 따른 조치 등의 이행에 관한 사항을 서면(「전자문서 및 전자거래 기본법」 제2조제1호에 따른 전자문서를 포함한다)으로 작성하여 그 조치 등을 이행한 날부터 5년간 보관해야 한다. **부 칙〈대통령령 제32020호, 2021. 10. 5.〉** 이 영은 2022년 1월 27일부터 시행한다.

현장 중심
산업(건설)안전과 중대재해 전략적 대응

펴 낸 날 2025년 3월 21일

지 은 이 조성주, 이승현
감   수 길기관
펴 낸 이 이기성
기획편집 이지희, 서해주, 김정훈
표지디자인 이지희
책임마케팅 강보현, 이수영
펴 낸 곳 도서출판 생각나눔
출판등록 제 2018-000288호
주   소 경기도 고양시 덕양구 청초로 66, 덕은리버워크 B동 1708, 1709호
전   화 02-325-5100
팩   스 02-325-5101
홈페이지 www.생각나눔.kr
이 메 일 bookmain@think-book.com

• 책값은 표지 뒷면에 표기되어 있습니다.
   ISBN   979-11-7048-830-9(13360)